职业院校教师培训与继续教育丛书

课程实施
与教学方法

主编◎韩　玉　戚文革

中国人民大学出版社

·北京·

图书在版编目（CIP）数据

课程实施与教学方法/韩玉，戚文革主编 . -- 北京：中国人民大学出版社，2024.1
（职业院校教师培训与继续教育丛书）
ISBN 978-7-300-31255-2

Ⅰ. ①课… Ⅱ. ①韩… ②戚… Ⅲ. ①职业教育-教学研究 Ⅳ. ①G712.0

中国版本图书馆 CIP 数据核字（2022）第 221308 号

职业院校教师培训与继续教育丛书

课程实施与教学方法

主 编 韩 玉 戚文革

Kecheng Shishi yu Jiaoxue Fangfa

出版发行	中国人民大学出版社			
社　　址	北京中关村大街 31 号		**邮政编码**	100080
电　　话	010 - 62511242（总编室）		010 - 62511770（质管部）	
	010 - 82501766（邮购部）		010 - 62514148（门市部）	
	010 - 62515195（发行公司）		010 - 62515275（盗版举报）	
网　　址	http://www.crup.com.cn			
经　　销	新华书店			
印　　刷	唐山玺诚印务有限公司			
开　　本	787 mm×1092 mm　1/16		**版　　次**	2024 年 1 月第 1 版
印　　张	25.25		**印　　次**	2024 年 1 月第 1 次印刷
字　　数	576 000		**定　　价**	88.00 元

"职业院校教师培训与继续教育丛书"
编 委 会

《课程实施与教学方法》
编 写 组

主　编　韩　玉　戚文革

副主编　许　远　丁建石

编　委　（按照姓氏笔画排序）

王德臣　叶陈勇　刘　刚

刘　欣　刘洪学　关雪梅

朱晶晶　李丽虹　李海凤

范　萍　苗银凤　金丽华

陶聆之　袁　懿　黄素容

黄睿豪　康亚红　靳剑辉

前　言

　　修炼师德师风，提升教师职业能力，是建设现代化职业教育体系的重要基础条件。

　　进入新时代以来，习近平总书记对职业教育工作作出的重要指示，为贯彻新理念、构建新格局，提高职业院校教师队伍素质指明了方向。习近平总书记在主持中共中央政治局第五次集体学习时强调，要把加强教师队伍建设作为建设教育强国最重要的基础工作来抓，专门指出要"加强师德师风建设，引导广大教师坚定理想信念、陶冶道德情操、涵养扎实学识、勤修仁爱之心"。这一精辟凝练的表述，丰富了"四有"好老师重要论述的思想内涵，为"四有"好老师怎样练成提供了清晰可循的方向和路径。

　　进入新时代以来，一系列法律法规政策的出台，为职业教育师资队伍特色发展提供了坚实的法律和制度保障。2022年修订的《中华人民共和国职业教育法》以法律形式确立了"国家保障职业教育教师的权利，提高其专业素质与社会地位""国家建立健全职业教育教师培养培训体系""鼓励行业组织、企业共同参与职业教育教师培养培训"等基础性国家制度。《中共中央　国务院关于全面深化新时代教师队伍建设改革的意见》等一系列关于教师队伍建设的大政方针的实施，教育部、财政部联合印发的《关于实施职业院校教师素质提高计划（2021—2025年）的通知》等具体举措的出台，有利于加快建成一支师德高尚、素质优良、技艺精湛、结构合理、专兼结合的高素质专业化的"双师型"教师队伍。

　　由于产教融合的跨界教育特征，职业教育教师面临着更为繁重的自身学习任务，广大教师唯有持续修炼、加大学习，才能跟上时代发展。例如，国际工程教育学会构建的国际工程教师（International Engineering Educator）能力框架就颇具代表性。其能力结构主要涵盖七项内容：第一，教育学、社会学、心理学及伦理学等跨学科知识和能力；第二，教学法与学科能力；第三，评估能力；第四，组织管理能力；第五，口头交流、书面表达与社会化能力；第六，自我反思与自主发展能力；第七，工程专业技术能力。在我国，各类职业院校的教师面临以下情况：第一，学情复杂、生源多样化，社会学习者不断增多，学习者对技能学习的需求日益多样化；第二，国际技能赛事标准越来越多地被引入到职业院校教学中，需求侧驱动的人才培养标准更迭加速；第三，随着数字产业化、产业数字化、生态友好、节能环保观念的深入发展，数字技能、绿色技能在各专（职）业中的占比不断加大，应用场景不断丰富，原有的教育理念、方法和技术手段不断被更新。

通过终身学习促进专业化发展，将成为职业院校教师职业能力提升的必由之路，成为教师践行工匠精神、修成工匠之师的必然之路。广大职业院校教师要持续更新观念，适应"三教"改革的新要求，努力提升课程实施能力、理论和实践教学水平、课程教材开发能力、科研能力、信息化应用能力、创新创业教育能力，为推动高质量发展和人才强国战略实施继续努力工作，为建设知识型、技能型、创新型劳动者大军贡献更多的智慧和力量。

《课程实施与教学方法》一书是"职业院校教师培训与继续教育丛书"之一，系根据《职业院校教师素质提高计划（2021—2025年）》有关要求组织编写的。全书共分为教学设计与实施、教学方法体系两个部分，具体包括九个模块，系统、全面地介绍了职业教育教学设计、课程实施、教学方法的有关内容。本书内容跨度大、综合性强、实践性强，既适合作为职业院校教师培训用书，也可供职业院校从事一线教学、教学管理、教学研究的教师和相关管理者参考借鉴，还可供职业技术师范院校相关专业教学使用。

本书由韩玉（沈阳师范大学教授）、戚文革（吉林电子信息职业技术学院教授）担任主编，许远（人力资源和社会保障部职业技能鉴定中心编审）、丁建石（天津职业大学教授）担任副主编。各模块编写分工如下：模块一，丁建石、范萍（沈阳市教育研究院）、刘洪学（吉林电子信息职业技术学院）；模块二，韩玉、王德臣（沈阳城建学校）；模块三，许远、康亚红（陕西财经职业技术学院）；模块四，戚文革、金丽华（北京电子科技职业学院）、韩玉；模块五，许远、朱晶晶（广州市公用事业技师学院）、刘欣（天津职业技术师范大学）、黄睿豪（上海市工业技术学校）、刘洪学；模块六，叶陈勇（福建船政交通职业学院）、关雪梅（昆明工业职业技术学院）；模块七，袁懿（北京市工贸技师学院）、关雪梅、李丽虹（中国人民大学出版社）；模块八，陶聆之（广西壮族自治区技工教育研究室）、黄素容（珠海格力职业学院）；模块九，刘刚（广东轻工职业技术学院）、丁建石。李海风（高等教育出版社）、靳剑辉（高等教育出版社）参加了教材框架的讨论和部分内容编写工作，全书由张元、赵文平、许远做了多轮统稿、修改，苗银凤（《中国培训》杂志编辑部）做了案例加工整理。

期待"职业院校教师培训与继续教育丛书"的出版能为广大职业院校教师坚定理想信念、修炼师德师风、提升职业能力、修成工匠之师有所裨益，相信通过全社会各方面不懈的努力，在未来，一批批"双师型"教学创新团队不断涌现，教师企业实践和企业技术技能人员兼职任教将成为常态，适应新时代需要的职业院校教师队伍日益壮大。

"职业院校教师培训与继续教育丛书"编委会

2023年12月

目　录

第一部分　教学设计与实施

第二部分　教学方法体系

第一部分
教学设计与实施

模块一 教学设计概要和学习者分析

模块导读

教学设计连接着教学理论和教学实践，是整个教学工作的关键环节，其质量决定着教学的质量。随着社会的进步和职业教育的现代化进程，教学系统越来越复杂、庞大，教师肩负的任务也越来越重大，教学设计的复杂程度也越来越高。

目前，职业院校的学生现状是什么？教学现状是什么？他（它）们的特点分别是什么？这些是我们进行教学设计的基础。本模块将围绕这些问题进行详细介绍。

单元一 教学设计概要

培训目标

- ◆ 了解教学设计的原则；
- ◆ 了解教学设计过程中教师的主要工作；
- ◆ 能够规范编写教学设计方案。

导入案例

教学设计的基本问题

教学设计是由教学目标分析与制定、达成目标的诸要素分析与设计、教学效果的评价构成的一个有机整体。关于教学设计的过程，教学设计专家马杰（R. Mager）做过简明而生动的描述，即可依据以下三个问题进行教学设计：

一是"我要去哪里（制定教学目标）"；

二是"我如何去那里（确定教学的策略和过程）"；

三是"我怎么判断我已经到达了那里（实施教学评价）"。

分析：很多教师虽然已经有数年甚至十几年的教学经验，但被问到"教学设计是什么？"，可能一时也难以回答。其实，教学设计的内容包括多个方面，首先是教学目标的明确；其次是为实现这一目标所应采取的教学策略的确定，即恰当地组织教学内容，选择教学方法和媒体，如何一步步展开问题，以及为执行这一策略所应采取的具体措施，包括语言的组织、教具的应用、板书的设计及其他各种活动的安排等；最后，一节课的效果如何，即对教学的评价，也是教学设计中应该考虑的重要问题。教学设计包含了目标、策略与评价三方面问题。

一、教学设计的初步认知

教育是一种以培养人为目的的活动。教学是教育的最基本途径，因而教学也是一种有目的的活动。为了顺利实现这种目的，人们总是事先对教学活动进行一定的设计和安排。因此，自从有了教学活动，也就有了教学设计。

教学设计连接着教学理论和教学实践，教学设计是整个教学工作的关键环节，其质量决定着教学的质量，随着社会的进步和职业教育的现代化进程，教学系统越来越复杂、庞大，教师肩负的任务也越来越重大，教学设计的复杂程度也越来越高。

（一）教学设计的概念

教学设计是教学目标、教学内容、教学实施的桥梁，是在一定教学理论指导下的实施预演。教学设计是以获得优化的教学效果为目的，以学习理论、教学理论及传播理论为理论基础，运用系统方法分析教学问题，确定教学目标，建立解决教学问题的策略方案，试行解决方案，评价试行结果和修改方案的过程。教学设计围绕学生为什么学、学什么、如何学、学到什么程度、学的效果如何评价这些主题开展。教师需要解决三个问题——"教什么""如何教""教得怎样"。这三个问题也相应反映了教学设计中的目标、策略、评价的基本内容，即教什么——学情分析、教学目标分析、教学内容分析；如何教——教学策略（教学组织形式、教学方法、教学辅助手段等）；教得怎样——教学评价。在教学设计的过程中，教师需要从教什么、如何教、教得怎样进行研究。[①]

（二）教学设计的基本要素和过程

教学设计有四个基本要素：分析教学对象、制定教学目标、选择教学策略、开展教学评价。各种完整的教学设计过程都是在四个基本要素（学习者、目标、策略、评价）

---

① 时俊卿，沈兴文. 新时代教与学策略［M］. 北京：语文出版社，2012：12.

的相互联系和相互制约所形成的构架上建立的。教学设计的基本过程可用教学设计过程的一般模式进行描述。这个过程可以分为四个阶段，即前端分析、阐明学习目标、制定教学策略和评价教学设计成果，如图1－1所示。[①]

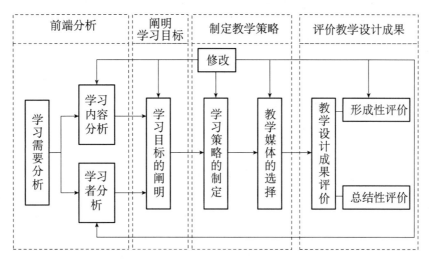

图1－1　教学设计过程的一般模式

1. 学习者分析

在教学活动中，学生是学习的主体，教师无论采用何种教学形式，学习最终是通过学生自己完成的，学习的结果最终也体现在学生身上。学生作为教学活动的主体，教学中的各个环节、各种任务等都是通过学生在教师的指导下完成的，而教学目标的达成情况也是通过学生的学习效果、能力和情感的变化反映出来的。因此，教师在教学设计和教学实施过程中要充分分析学生情况，充分体现学生主体地位，使学生在和谐、有利的环境中学习，从而达成教学目标，提升学生的职业能力。

2. 教学目标的阐明

开展核心教学活动，首先要进行教学设计，而教学设计又要以教学目标为依据，如果说教学目标是"的"，那么教学设计就是"矢"，只有确定明确的教学目标，才能进行教学设计。在教学活动中，教师的教学行为、教学内容、教学方法，学生学习行为等的完整性、和谐性，以及教学活动展开的阶段与步骤的连贯性、有序性，都受到教学目标的控制，教学设计中的各要素都要围绕教学目标这个核心进行。

3. 教学策略的制定

为了使教学活动顺利进行，有效地完成教学目标，教师应合理选择与设计教学策略。其中，教学组织形式、教学方式方法、教学辅助手段、教学活动程序安排等都是教学策略的重要组成部分，它们是保证教学目标实现的有效方法和途径。

---

① 雷体南，金林．教育技术学导论［M］．武汉：湖北科学技术出版社，2006：162.

4. 教学设计成果评价

在教学设计中，评价起到一种调控的作用。因为通过评价活动能够收到很多关于学生的反馈信息，能够将学生的反应输出状态与预期目标相比较，从而对教学设计方案的价值进行判断，不断修改和完善。

总之，上述四个基本要素是相互联系、相互制约的，它们共同构成了教学设计的总体框架。

（三）职业教育教学遵循的原则

现代职业教育教学主要遵循以下六项原则。

1. 工学结合、职业活动导向

工学结合是指理论学习和实际操作两者的结合。学生不仅要在职业学校学习文化知识、专业基础知识、专业理论和技术及校内实训，还要通过在企业等一些真实的工作情境中接受实践的锻炼，获得相关岗位的工作经验，从而提高综合职业能力。

职业活动导向是指由师生共同确定的行动产品服务来引导教学组织过程，使教师引导学生向更高水平发展。职业活动导向教学的开展是以学生为主体，以真实的或模拟的职业活动为起点，学生通过主动和全面的学习，达到脑力劳动和体力劳动的统一。教师营造一种类似于工作实际的学习环境和氛围，通过师生共同确定学习任务和目标，引导学生在学习过程中，心、手、脑并用，教、学、做结合，以达到培养学习兴趣、掌握专业知识和技能、提高团结协作能力的目的，同时促进学生职业行动能力的发展。

2. 突出职业能力

个体的职业能力通常是专业能力、方法能力、社会能力和关键能力的整合。职业能力的冰山模型如图 1-2 所示。

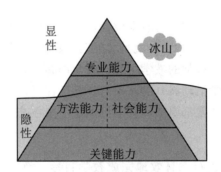

图 1-2 职业能力的冰山模型

专业能力是劳动者胜任职业工作、赖以生存的核心本领。合理的知识结构及专业的应用性、针对性是对专业能力的基本要求。

方法能力是基本发展能力，它是职业劳动者自身不断获取新知识、掌握新技能的重要手段。

社会能力是指从事职业活动所具备的人际交往、公共关系、环境意识、职业道德等社会性要求和行为能力。例如，在工作中的合作能力、协商能力、自我批评能力以及细心、诚实、认真、责任心。社会能力不仅是生存能力，还是职业者的发展能力，是现代社会中人们必须具备的基本素质。

关键能力是那些与具体工作任务和专门技能或知识无关的，但是对现代生产和社会顺利运转起着关键作用的能力的总称。如果职业者具备了这样一种能力，并成为自身的基本素质，那么，当职业发生变更或劳动组织发生变化时，他能够在变化的环境中重新获取新的职业技能与知识。这种能力在职业者未来的发展中起关键作用，是职业者的综合职业能力，也是方法能力与社会能力的进一步发展。[①]

现代职业教育就要确立"能力本位"的思想，以培养"职业能力"为目标，尤其是关键能力，从而促进人的全面发展。职业教育课程的学习目标设计应该突出职业能力培养主线，体现职业教育的职业性、实践性特点。

3. 以任务为载体

学习任务是学习目标的载体，是学习性的工作任务、设计选取时，要赋予鲜明的职业属性。学习过程反映了完成工作任务的完整过程，如图1-3所示，包括明确任务/获取信息→制订计划→做出决策→实施计划→检查控制→评定反馈六个环节。学习内容是职业的专业内容，也是劳动工具、方法和劳动组织方式的有机整体，而不是工作中可能涉及的某个学科的专业知识。

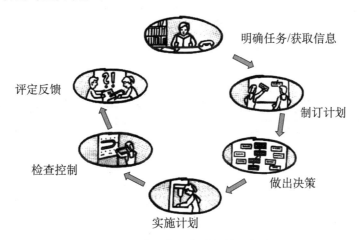

图1-3 一个工作任务的完整实施过程

学生在教师的指导下，学习处理实际问题，总结提炼出具体的专业知识和职业知识（包括劳动过程知识）以及技能并积累经验，学习科学的工作和学习方法，提高解决综合问题的能力，增进学习、工作与发展的密切联系。学生通过抽象思维和处理综合性问题，学习对整个职业行动过程的反思，最终获得控制工作过程的能力，以最快的速度获得职业能力。

---

① 邓泽民，王立职．现代五大职教模式［M］．北京：中国铁道出版社，2015：99．

4. 重视实践和实训

以职业活动为逻辑起点设计的实践和实训教学，是职业教育与社会企业岗位相融通的重要环节，是培养学生掌握从事专业领域实际工作的基本能力、基本技能，解决实际问题的能力和创新能力的重要手段，是培养学生职业能力的基本方式和重要途径，也是职业教育实现职业能力目标要求的核心和关键。

实践和实训教学环节，突出"做中学、做中教"的职业教育教学特色。"做中学、做中教"的主体是学生，"做"是学生和教师共同的教学行为。教师的"做中教"必须为学生的"做中学"服务，使学生会做和做得更好是教师"做中教"的直接目的。"只有在做中学才是真正的学，只有在做中教才是真正的教。"教师必须通过"做中教"来引导学生"做中学"，通过"做"将"教"和"学"连贯为一个整体，达到"教学做合一"（陶行知），从而实现"理论与实践并行""知识与技能并重""做学合一""手脑并用"（黄炎培）。

5. 以学生为中心

教学中"以学生为中心"是指在整个教学过程中，教师起组织者、指导者、帮助者和促进者的作用，利用情境、协作、会话等学习环境充分发挥学生的主动性、积极性和首创精神，最终达到使学生有效地实现对当前所学知识建构的目的，它提倡合作学习和团队学习，强调自主学习，学生对自己的学习负责。

在职业教育教与学的过程中，突出以学生为中心，教师从知识的传授者转化为一个咨询者、指导者，充当主持人的特殊角色，师生双边活动的内涵与过程如图1-4所示。教学中应遵循的原则有以下几项：[①]

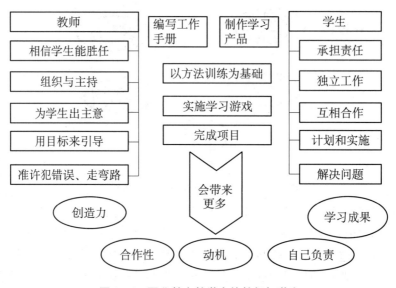

图1-4 职业教育教学中的教师与学生

---

① 王辉珠.现代职业教育学概论［M］.西安：西北大学出版社，2015：180-181.

（1）相信学生具备理性、自由，甚至具备自我否定的能力。

（2）不求教师和学生是一个完美的人，而是一个会犯错误并能从错误中学习的人。

（3）推动和促进独立思考，而不是提前给出答案。

（4）提倡共同负责，而不是一个人对所有事务负责。

（5）提出和允许提出多种建议，而不是只有一种答案。

（6）允许进行组织，而不是给出组织措施。

（7）允许学习者制订计划和控制学习过程，而不是所有的内容都由教师确定。

（8）允许学习者自己制定评价标准并检查学习成果。

（9）进行鼓励和赞扬，而不是指责和挑剔。

在职业教育中，教师应以行动导向的教学思想为指导深化教学改革。知识导向与行动导向是两种不同类型的课程模式（见表 1-1），由于行动导向教学对技能型人才的培养效果显著，因此日益被世界各国职业教育界与劳动界的专家所推崇，行动课程是培养技能的主要课程模式。在传统的以知识传授为主的课程模式中，教师是主角，学生是观众，教师想尽一切办法使知识易于被理解和接受，学生被教师要求认真听讲，学生的地位是被动的。

表 1-1　知识导向与行动导向两种不同类型的课程模式比较

类型	知识导向	行动导向
环境	教室	实验室、实习实训场所、工厂与车间
背景	学科	问题、任务、项目
认知过程	单向：教师为主（逻辑讲授、逻辑接受）	双向：学生为主，教师只是演示、传授、指导（学生：观察、模仿、练习、提高）
内容	是什么、为什么（陈述性知识）	做什么、怎么做（过程性知识）
形式（特点）	讲中教、听中学	做中教、做中学

行动导向采用"以学生为主体"的课程模式：教师创设学习情境，教学内容以任务为载体，教学方式多为小组合作探究，学生以平等身份与教师互动；教学方法具有多样性，如采用基于问题的学习法、讨论法、项目教学法、任务驱动法等提升教学效果；通过自评、互评、教师评价等形式来提升学生的学习热情和效率，教学评价内容是学生知识、能力、情感和素质的综合发展，采取口试、笔试、实验、实训等手段，学生自评、互评、小组评、教师评、企业导师评考试等多种形式，引导教师注重因材施教，促进学生全面发展，引导学生用所学知识和技能进行信息收集、整理、分析和解决问题。经过这样的学习过程，学生丰富了知识储备，加强了对多学科知识的综合应用能力，提高了学习兴趣和实践能力，培养了自主学习合作探究的意识，同时提高了对社会需求的认识能力，自身定位准确，与岗位的职业活动方式一致。

6. 理实一体化教学

传统的理论教学是在课堂进行，实践教学是在实验室、实习车间进行，实践和理论教学是在两个不同的空间和时间完成的。理实一体化教学将理论与实践融于一体，理论教学和实际操作交替进行，师生双方边教、边学、边做，实现了专业理论知识传授和实践操作技能训练的统一。

理实一体化教学改变了传统的理论和实践相分离的教学形式，解决了专业理论与专业技能相分离的教学问题，将应知的专业理论和应会的操作技能紧密结合在一起，以技能训练为主线，强化专业理论的指导作用，突出学生实际操作能力的培养，增强学习兴趣，促进学生对理论的理解，提高学生的实训兴趣，增强学生走向实际工作岗位的适应能力。

理实一体化教学的基本要求如下：

（1）具有与专业和规模相适应的硬件设备和学习环境。理实一体化教学不仅要求作为课堂的实习车间（实训室）要有足够的工位和必需的教学环境，而且不同的专业、不同的课程要求具有不同的设备和环境。

（2）具有与理实一体化教学相配套的教材。这种教材根据教学目标和任务，将各个知识点分解成实践训练项目，有步骤、按计划地依据项目开展理论、技术教学和技能训练。

（3）师资队伍素质高。实施理实一体化教学，要求教师不仅具有较扎实的专业理论功底，而且具有较熟练的实践技能，即具有"双师"素质，具有理实结合的教材分析及过程综合的能力。

二、教学设计方案的构成

一个完整的教学设计方案要根据职业院校学生的特点和职业要求设计教学目标、内容、过程、评价。要求是：教学设计要素齐全，整体构思通畅、合理，教学过程设计不仅体现各教学要素在教学过程中的渗透，而且反映整个教学的运作过程，各教学环节清晰，过渡自然，能成功地指导教学实践，体现职业教育教学理念，反映职业教育教学活动特色。

（一）教学设计方案的首页

首页内容包括：课程名称；课程类型；学时；授课教师；授课班级（××级××专业××班）；授课学期（××至××学年第××学期）；教材；参考资料（含参考书和参考文献）。

（二）教学设计方案的内容

教学设计方案的内容包括：[1]

（1）课题名称、设计者。

（2）教学内容分析。特别关注重点和难点分析，以及教学内容的重构。

（3）教学目标分析。从知识、技能、素养维度对该课题预计要达到的教学目标做出整体描述。

（4）学生特征分析。说明学生在知识与技能、过程与方法、素养三个方面的学习准

---

[1]　文源，汤晓伟，等．现代教育技术［M］．镇江：江苏大学出版社，2016.

备（学习起点），以及学生的学习习惯、学生特点等。要注意结合特定的情境，切忌空泛。说明教师是以何种方式进行学生特征分析的，比如通过平时的观察、了解，或是通过预测题目的编制和使用等。

（5）教学策略选择与设计。说明本课题设计的基本理念、主要采用的教学与活动策略，以及这些策略实施过程中的关键问题。

（6）教学资源与工具设计。教学资源与工具包括两个方面：一是支持教师教学的资源和工具；二是支持学生学习的资源和工具，如学习的环境、多媒体教学资源、特定的参考资料、参考网址、认知工具以及其他需要特别说明的传统媒体。

（7）教学过程。这一部分是教学设计方案的关键。在这一部分中，要说明教学的环节及所需的资源支持、具体的活动及其设计意图，以及需要特别说明的教师引导语，最好画出教学过程流程图。同时，流程图中需要清楚标注每一个阶段的教学目标、媒体和相应的评价方式。

（8）教学评价设计。创建量规，向学生展示他们将被如何评价（来自教师和小组其他成员）。另外，可以创建一个自我评价表，这样学生可以用它对自己的学习进行评价。

（9）帮助和总结。说明教师以何种方式向学生提供帮助和指导，可以针对不同的学习阶段设计相应的帮助和指导，针对不同的学生提出不同水平的要求，给予不同的帮助。

在学习结束后，教师对学生的学习做出简要总结。可以布置一些思考或练习题以强化学习效果，也可以提出一些问题或提供补充的链接鼓励学生超越这门课，把思路拓展到其他领域。

职业院校的教师可以按照表1-2所示的教学设计模板进行详细的教学设计。

表1-2　教学设计模板

课题名称					设计者	
课程		课时		教学对象	教师	
一、教学内容分析						
重点						
难点						

续表

二、教学目标（知识、技能、素养）

三、学习者特征分析

四、教学策略选择

五、教学环境及资源准备

六、教学过程

教学过程 （包括时间安排）	教师活动	学生活动	设计意图及资源准备

教学流程图

续表

七、教学评价
八、教学反思

（三）教学过程的结构化设计

　　课堂教学活动的结构流程设计，也称为教学过程结构流程图。教学过程结构流程图是近几年教科研活动中经常应用的一种课堂教学过程可视化工具。教学过程结构流程图常见的图例如表1-3所示。教学过程结构流程图具有设计科学、应用方便、美观明了等特点，是教师实施教学活动的蓝图，其作用在于：

　　（1）它可以直观地显示整个课堂活动中各个要素之间的关系、比重。

　　（2）它可以简洁地呈现教学中的重点和难点部分。

　　（3）它可以鲜明地体现教师教学过程设计的逻辑性、层次性等。

表1-3　教学过程结构流程图常见的图例

图形	意义说明
	开始、结束
	教师活动
	学生活动
	决策、判断
	一般教学内容
	教学媒体

续表

图形	意义说明
⟶	流程线
	教学媒体与教师活动的组合
	教学媒体与学生活动的组合
	教学媒体与教学内容的组合

教学过程结构流程图浓缩了教学过程，它层次清楚、简明扼要，使人一目了然。例如，某教学过程结构流程图如图1-5所示。

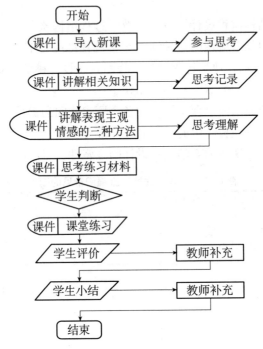

图1-5　某教学过程结构流程图

通过表1-4所列出的19个问题，有助于教师理清思路，弄清教学设计的基本问题。

表1-4　教学设计任务涉及的问题

序号	问题	解答
1	教案与教学设计的关系是什么？	
2	学生为什么需要学习本节课的内容？学了有什么用？	
3	学生需要学习哪些预备知识和技能？	

续表

序号	问题	解答
4	你和学生需要准备哪些工具？	
5	教学设计主要考虑哪些要素？	
6	要培养学生哪些方面的能力？教学目标如何可观察和测量？	
7	准备设置什么教学情境以吸引学生，唤起学生的学习兴趣？	
8	本节课主要采用何种教学组织形式？	
9	为提高学习效果，你认为学生应选择何种学习方法？如何引导学生学习？	
10	用什么方法突破学生的理解难点或操作问题？	
11	你会不会讲得太多？	
12	本节课需要哪些学习资源？哪些需要教师准备？哪些需要学生查询？	
13	教学过程中，你设计的学生的行为包括哪些？	
14	教学过程中，你设计的教师的行为包括哪些？	
15	如何合理分配时间？	
16	本节课设计的教学评价量规是什么？	
17	教学评价如何体现多元化？	
18	学生在课堂上出现睡觉、玩手机现象，你如何处理？	
19	学生在课堂上出现喧哗、早退现象，你如何处理？	

总结案例

"优雅仪态的塑造"说课稿

尊敬的各位评委、老师：

大家好！今天我说课的主题是"优雅仪态的塑造"。

我将从教学分析、教学过程、特色亮点以及教学效果四个方面进行讲解。

一、教学分析

在以往的仪态教学中，教师以书本知识为主、以主观口述为辅，通过动作示范完成教学。首先，由于学生知识理解能力的差异性，学习效果参差不齐，导致学生学习兴趣较低，课堂参与率不高，很难将感性认知上升为理性认知。其次，学生不能体验真实的工作场景，缺乏举一反三的实际应用能力。所以，课堂实效性达不到预期的效果。

针对以上教学问题，根据《公关礼仪训练》项目一"形象礼仪训练"中任务三"仪态礼仪"的教学要求，我将本课设计为2课时，基于文秘专业二年级学生已经学习过职业态度、职业道德等方面基础知识的实际，以课程标准和岗位需求为基础制定了课堂教学三维目标及教学重难点（如图1-6所示）。

● 知识与技能目标：掌握标准站姿、坐姿的原则和基本要求，以及站、坐的正确姿

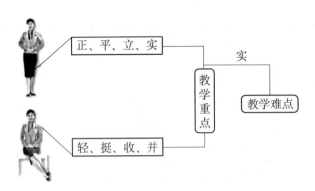

图 1-6 教学重点和难点

态，并将其有效运用于实际工作的不同场景中。

- 过程与方法目标：通过直观导入、教学重难点解决、数据采集等过程达到教学目的；通过软件与硬件资源相结合、虚拟与实际场景相结合的方法来完成教学目标。
- 情感态度与价值观目标：促使学生对公关礼仪产生浓厚的兴趣，为今后实际工作打下良好基础；引导学生热爱文秘专业，激发其运用专业知识为社会服务的热情。
- 教学重点：站姿的四点要领（正、平、立、实）、坐姿的四点要领（轻、挺、收、并）。
- 教学难点：鉴于学生不同的身体形态，如何更好地讲授站姿要领中的"实"成为教学的难点。

通过综合分析，拟定本课的教学策略为：采用虚实结合的实践导向型教学理念，利用"3+3"平台，将虚拟场景与实际教学相结合，如图 1-7 所示。

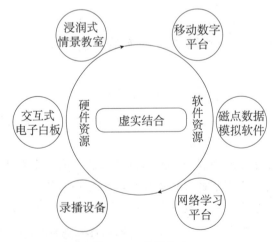

图 1-7 教学策略

二、教学过程

（一）课前：诊断分析、知识预演

运用网络学习平台，学生完成"商务接待"游戏闯关练习，完成课前预习任务。

由后台进行数据采集与分析，运用 SWOT 分析法，发现学生在商务接待交谈时的坐姿、站姿得分普遍较低。

这不仅能直观反映学生的预习情况，为知识诊断提供科学、有效的数据支撑，还能帮助教师及时了解学生预习效果，适时调整教学策略。

（二）课中：虚实结合、教学实施

1. 使用移动数字平台激发学生兴趣

在课程导入部分，将我主编的特色教材《惠言识礼》进行数字化处理（如图1-8所示），指导学生扫一扫教材中二维码，观看由教师示范的标准动作，以达到预先了解本课基本内容的目的。

图1-8 数字化教学资源应用

2. 使用交互式电子白板进行教学

以文字、图像、声音等多种方式向学生传递信息，化抽象为形象，其中抢答环节更能调动学生参与的积极性，增进师生间的互动性，有效激发学生对本课内容的兴趣。

3. 运用磁点数据模拟软件讲解分析

在教学设计中，把站姿的取点设计为"头、肩、腰、脚"四点，要求为"正、平、立、实"；坐姿的取点设计为"臀、胸、腿、脚"四点，要求为"轻、挺、收、并"。根据磁点数据模拟软件动作提示要求，学生不断调整站姿与坐姿，由软件评分系统结合学生完成情况进行客观打分（如图1-9所示），解决了教学重点。在日常学习中，教师很难用语言描述、动作示范来完成难点"实"的教学，磁点数据模拟软件可根据不同年龄段学生的身高、体重差异，修正学生的高低肩、前后倾等站姿问题，解决了教学难点站姿的"实"的理性理解问题。改人控为技控，变主观表达为客观评价，学生可根据系统的即时反馈进行调整，掌握正确姿态，充分体现"做中学、学中做"的教学理念。

图1-9 软件评分系统进行客观打分

4. 借助浸润式情景教室模拟现实场景

如何将优雅得体的身体姿态应用在实际工作场景当中？我借助浸润式情景教室（如图1-10所示），将教学意图渗透在文秘人员日常接待情景中，为教学的实践环节提供先进、真实的硬件环境，让学生身临其境地感受场景变化，正确判断并规范做出站姿与坐姿，并学会自我评价，增强情感体验。

图1-10　浸润式情景教室

（三）课后：课后回顾，能力提升

1. 录制微课，巩固复习

将上课内容进行全程录制并制成微课，根据教学重难点和学生学习情况，截取部分内容，通过网络学习平台将微课推送给每位学生，让学生观察自己上课时的表现。出其不意的课程录像，增强了学习过程的真实性与趣味性，学生通过观看微课产生比较清晰的视觉表象，从而发现不足，及时做出调整，将感性认知上升为理性认知。

2. 学习行为数据采集与分析

根据站姿与坐姿的"四字要领"，结合每位学生身高、体重、性别等信息，运用磁点数据分析软件进行学习行为数据采集与分析，跟进学生学习"痕迹"，形成持续、全面的课程教学数据，合理地利用这些数据对学生进行综合评价，对学生未来职业生涯发展具有重要意义。

三、特色亮点

（一）以生为本，知行合一

本课注重以生为本，知行合一，利用现代办公实务开放实训中心"3＋3"平台，引导学生自主探究和亲身实践，在轻松气氛中掌握知识，调动其参与的积极性。

（二）虚实结合，模拟实景

采用虚实结合的实践导向型教学情景模拟系统，为学生创设真实的工作场景，让学生走入仿真的工作岗位，引领学生从教室"小课堂"走向社会"大课堂"。

（三）素质提升，服务社会

学生通过本课的系统学习，综合素质得到了全面提升，在"学生职业体验日""多省市合作交流论坛""职业院校交流论坛"等系列活动中，受到与会人员的一致好评。

四、教学效果

（一）教学手段直观可视，学习兴趣增强

信息技术手段的合理融入，教学内容的直观呈现，使学生更加直观地获得教学信息，对知识体系构建的兴趣明显增强。

（二）师生互动，教学相长，课堂效果提升

本课将信息化技术与课程教学有机融合，创造实践条件和交互环境，学生从被动学习转变为主动学习，从抵触课堂转变为享受课堂。其中，80％学生的学习积极性提高，98％学生的课堂参与率提高，100％学生的作业完成率实现。

（三）信息手段推广应用，社会价值凸显

依托学校交流平台资源共享，此类教学方法已广泛应用于学校各专业。我们利用信息化技术更好地创造"以学生的发展为本""以适应信息社会的生存为本"的教育教学条件和环境，优化每位学生的学习效果，彰显每位学生的社会价值。

以上是我说课的全部内容，不当之处请各位专家予以指正，谢谢！

📖 探索思考

1. 请简述教学设计的主要过程，并指出在教学设计中教师的主要工作。

2. 请按照表1-2模板进行一次课的教学方案设计，并回答表1-4列出的19个问题。

单元二　学习者分析

▶ 培训目标

- ◆ 了解职业学校学生的基本特征；
- ◆ 能进行职业学校学生的学习心理分析；
- ◆ 掌握成人培训学员的学习特点。

导入案例

讲述韶华故事　点亮青春梦想
——包头职业技术学院优秀毕业生

高磊，包头职业技术学院材料工程系2019届智能焊接技术专业毕业生。现就职于中国二冶集团钢结构分公司，焊工高级技师，青年技术骨干。

通过2014年统一招生，高磊成为包头职业技术学院与包头机械工业职业学校联合培养的"3＋2"五年制学生，在包头机械工业职业学校焊接专业学习期间，他努力刻苦，即便是休息时间，也在车间里穿着厚厚的皮衣，挥洒汗水进行训练。凭借着对智能焊接技术专业的热爱与执着，高磊参加了内蒙古自治区中等职业院校技能大赛并获得第一名，参加了第44届世界技能大赛内蒙古自治区决赛并获得第二名。

2017年，高磊转段到包头职业技术学院继续在智能焊接技术专业学习。他注重理论知识的积累，继续保持对专业技术技能的探索与追求。在焊接实训基地，能够看到他刻苦钻研的身影，在校期间他得到老师的认可和同学的赞誉。怀揣着工匠的梦想，凭借着扎实的基础，高磊先后参加了第45届世界技能大赛内蒙古自治区选拔赛并获得第二名、第45届世界技能大赛全国机械行业选拔赛并获得二等奖，于2018年成为"焊接高级技师"。

2019年，高磊毕业后进入中国二冶集团钢结构分公司工作。在工作中，他保持着对专业的执着，发挥职业技能竞赛在技能人才工作中的重要作用，帮助企业解决焊接技术难题，引导广大劳动者积极参与职业技能竞赛，以赛促技，提升职业技能水平，走出一条属于自己的技能成长成才之路。他先后荣获"内蒙古自治区五一劳动奖章""包头工匠""全区技术能手""全市青年岗位能手""中冶先进工作者""中冶青年岗位能手"等称号，并被评为中国二冶"首席技师"。

资料来源：包头职业技术学院官网.

分析：当代职校生生长在国家综合实力和国际影响力不断提升的新时代。全球化和科技创新为他们提供了全新的学习和生活路径，他们切身感受到技术进步的力量。在变化不断加剧的环境里，他们拥有了更强的成长自信，成为自我行动的决定者，逐步形成学习观念和行为特点。他们不给自己设边界，探索不断成长的更多可能，进一步释放成长势能。

《国家职业教育改革实施方案》指出，职业教育与普通教育是两种不同的教育类型，具有同等重要地位。改革开放以来，职业教育为我国经济社会发展提供了有力的人才和智力支撑，现代职业教育体系框架全面建成，服务经济社会发展能力和社会吸引力不断增强，具备了基本实现现代化的诸多有利条件和良好工作基础。随着职业学校的扩招，职业学校的生源也呈现多元化的趋势。现代教学是以学习者为中心的教学，为了实现教学目标，教师必须将对教学对象——学习者的分析作为教学设计的起点，例如分析学习者起始状态，包括学生的学习态度、能力、知识背景等。针对不同的学习者和班级，所采用的教学设计方法应是有所差别的，这样才能做到因材施教。

一、职业学校的学生特征分析

教学设计的一切活动最终都是为了促进学习者的学习。因此，要获得成功或理想的教学设计，取得良好的教学效果，那就需要对学习者进行分析，以学习者的特征为教学设计的出发点。学习者的特征是指影响学习过程有效性的学习者的经验和背景。学习者特征分析就是要了解学习者的一般特征、学习风格，分析学习者在教学活动之前所具有的能力，并确定教学的起点。了解职业学校学习者特征的主要方法有观察、采访（面试）、填写学习者情况调查表和开展态度调查、查阅学习者的人事或学习档案等。

（一）生源结构分析

1. 普通高中与职业高中的比较

职业高中是在改革教育结构的基础上发展起来的中等职业学校，大部分由普通中学改建而成，一般招收初中毕业生，学制 3 年。培养目标与中等职业学校类似。学生初中毕业后考入职业高中，毕业后可以参加对口高考继续升学。

职业高中是高中的一部分，简称职高。职高学习知识性和技术性并重，而普高则更注重文化性。

职业高中学生不但要学习高中的基本课程（包括语文、数学、英语、物理、化学、道德与法治、历史与社会、信息技术、体育等），还要学习一些专业知识（种植、养殖、机电、电子电工、汽修、计算机、建筑、旅游、医卫、会计、文秘、商贸、英语、音乐、美术、服饰艺术、表演、烹饪、影视制作、印刷、动漫等）。对学生的要求是：具有能直接从事某一职业的技术理论知识、专业知识和操作技能；对于文化基础课，具有相当于普通高中的水平。

2. 中等专业学校、职业学校、技工学校间的比较

（1）生源不同。

中等专业学校简称中专，通常在九年制义务教育结束后可上中专，学历相当于高中。

职业学校简称职校，是中等专业学校的一个分支，是指以职业技能培训、提升劳动力就业水平为主的学校，是中国特色办学模式的产物。

技工学校简称技校，与中专、职校一样，学生毕业后等同于高中层次学历。技工学校旨在培养各类技术技能人才，中技属于中等教育，而高技一般等同于大专。

（2）学习侧重点不同。

中专和职校是理论学习与技能培养并重，技校侧重动手操作能力的培养。

（3）毕业证书不同。

中专、职校毕业颁发教育部门中等专业学校毕业证书，如果通过劳动部门的职业资格鉴定考试，可以获得初级或中级职业资格证书；技校毕业颁发劳动部门技校毕业证书和初、中、高级技工职业资格证。

3. 综述

学生在高等职业教育学习阶段之前，可能会经过以下几种学习路径：

（1）普通高中。

学生接受的是传统的学科教育，几乎没有接受过职业教育，没有接受过专门的技能训练。他们的优势是理论知识基础较为牢固，但缺乏实践操作技能。

（2）职业高中。

学生接受的是既有理论知识又有实践操作的综合训练教育。他们的优势是知识基础和实践操作技能较为均衡，更加有竞争力。

（3）中专、职校、技校。

中专和职校隶属于教育部门管辖，而技校隶属于劳动部门管辖。中专和职校的理论知识学习多一些，而技校的学习注重操作技能。

（4）"3＋2"高职教育班。

中职学校与高等职业技术学校合作，开设"3＋2"高职教育班，经省有关部门批准招收应届初中毕业生，学制五年，毕业后发给省教育厅验印的专科文凭。"3＋2"人才培养方案要整体设计，实现中、高职教育教学无缝对接。

（二）年龄特点

职业学校的学生在年龄段上属于高中学段的学生。这一年龄段正处于成长发展的青春期（11～12岁始）后期和青年期（28岁止）初期阶段。在这一年龄段中，学生身心发展处于多个转折点：他们的外形已与成人基本无异，别人和他们自己都不再认为他们是小孩子；他们的性别特征已十分显著，性发育已成熟，已度过躁动的青春期初期，抽象思维已发展到一定水平，将深入观察思考周围的世界和自己的人生，进而形成自己的世界观、人生观、价值观；他们要在精神和生活上"断乳"，从依附家庭转变到独立与人相处、独立步入社会；他们要集中进行多方面的学习，成为职业人，以便参与社会生产和社会生活，成为独立的社会人。

职业学校的学生不同于其他年龄段的学生，即便在职业院校系列中，他们也不同于18～19岁入学的高职院校学生，或者在职业学校进行继续教育学习的更为年长的成人学生，他们更为年轻稚嫩，处在更多的人生关键转折点上。因此，他们需要进行多方面学习。

（三）家庭背景

"00后"职业学校学生原生家庭综合条件优于过往代际。大多数学生的家庭整体条件尚好，学生在家庭中得到较好的抚育、供养和基本品质教养。家庭对孩子的发展寄予了厚望，超过半数希望孩子上大学甚至接受后续教育，近半数希望孩子有工作、能独立生活，超过10％期盼孩子将来能帮助家庭改善经济状况。这些期盼使学生（尤其农村学生）产生了明显的家庭责任感，成为学习重要的外部推动力。但是，职业学校学生的家长绝大多数为当前社会中文化水平、就业水平、收入水平均居"中下"的普通劳动者。学生家庭中因离异、丧偶、单亲等形成的非常态家庭比例较高；经济拮据、生活矛盾尖锐的问题家庭的比例也较高。由于家长的自身素质以及家庭条件的影响，学生在以往的家庭生活中没有得到更好的学习行为习惯以及其他良好心理、行为的养成。学生进入职业学校时，家长在学生不良行为习惯矫正方面既没有办法也缺乏信心，有些家长甚至缺乏基本认识。

职业学校学生的家长中，有90％没有上过大学；近半数家庭居住在远离市区或城镇中心区的农村地区，家长对于现代化的城市生活并不熟悉；75％的家长是40岁以上的普通工人、农民和个体劳动者，他们自己并不具备在当前劳动力市场上的竞争优势，也不太了解学生面对的就业形势和应该进行的就业准备。因此，家长在学生进入职业学校后难以给他们的职业学习提供直接的帮助和指导，家庭在物质条件上所能给予学生的支持也较为有限。

据了解，职业学校学生家长中有 80％～90％认为自己的家教内容和方法存在问题，希望在帮助教育孩子方面得到学校的指导。

家庭背景不仅影响了职业学校学生以往的学习和发展，而且还会影响职业学校学生入学后的学习和发展。

（四）以往学校教育和学习背景

职业学校学生在义务教育阶段大多就读于非重点学校，有些学校位于郊区或农村地区，基础条件较为落后。以往学校的教育教学在客观上没有帮助学生进行充分的认知学习并形成良好的认知结构，没有阻止并扭转学生在学业上节节败退直至落后于其他同龄人的趋势，造成了学生知识积累和学习能力方面的不足。这样的认知学习经历不但没有使学生取得应有的社会认知学习收益，反而使学生由于缺乏成功体验而产生学习自卑感，由于没有感受到学校教育足够的关注、爱护和帮助而对进一步的课程学习丧失兴趣和积极性，并且对学校教育的有效性缺乏信任。这种与低质量的认知学习同步发生的低质量的社会认知学习，造成了学生学习积极性和学习自控不足。

目前，我国初中学段的学生毕业后主要有两个出路：一是中考过关进入普通高中；二是中考落榜或不参加中考直接进入中等职业学校。普通高中招生具有优先选拔性，中考落榜进入职业学校，意味着职业学校学生离开了上高中、备高考、准备上大学的个人发展路径。进入中等职业学校，还意味着学生将面对以就业为导向的一系列学习内容，面对与这些内容相应的学习方式，与普通高中学生所面对的不一样。此外，进入中等职业学校，使"就业""成为职业人""独立步入社会"等问题摆在这些十五六岁的学生面前。

（五）心理素质

人的心理情况不仅与生理发育状况相关，还与人的成长过程和周围环境等因素息息相关，中等职业学校学生在心理素质方面存在一些共同的特点。

1. 安全开放心理

随着我国综合实力和国际影响力的不断提升，"00后"职业学校学生的物质生活更加富足。更安定的社会环境、更优越的生活条件，使他们更有安全感，拥有更强的文化自信。互联网和科技应用影响着他们的学习和生活，他们切身感受着科技创新的颠覆力量。在不断变化的环境里，他们成为自我行动的决定者。他们不给自己设边界，而是去探索不断成长的更多可能。

2. 自卑心理

这是中等职业学校学生意志方面的异常表现。许多中等职业学校的学生是因中考成绩不太好才不得已来学校学习的，与考上普通高中的同学相比，他们会觉得低人一等，加上社会上部分人对中等职业学校有偏见，认为就读中等职业学校的学生不是成绩太差就是表现不好。多方面的压力造成部分中职学生心理负担过重，产生一定的自卑心理，表现出悲观、失望的情绪，意志消沉，不能正确对待自己和控制自己，意志力薄弱；对待学习上的问题，他们表现为缺乏信心和毅力，往往认为自己无能为力，一旦遇到专业上的一些困难就选择放弃或逃避，找借口为自己开脱。

3. 逆反心理

相当多的中等职业学校学生自律性较差，如果教育方法不合适，则很容易使他们产生逆反心理。当他们对学校的教育产生不满、对教师产生不信任感时，就会对人、对事采取对立态度，把教师和同学的帮助误解成跟自己过不去，对学校的正确指导带有对立情绪，做一些令学校和教师头疼的事，甚至还会发生一些具有破坏性的过激行为；对教师在理论学习和专业技能训练活动中的严格要求不能正确对待，抵触或反感他人的说教，这势必影响其知识的学习和技能的提高。

4. 自立心理

中等职业学校学生的思维有一定的独立性和批判性，他们对很多事情有自己的意见和看法，渴望被承认；为了表现自己，他们有时会标新立异地做出令人吃惊、出乎意料的事。这种自立心理有其积极的一面，也有其消极的一面，因为盲目的自立心理往往会导致自以为是、自作主张，遇到问题不冷静，加上缺乏社会经验，会产生一些冲动、考虑不周到的行为，影响学生健康成长。

二、学生的学习特点

（一）学生的学习准备特点

1. 学习准备概述

"学习准备"相对于即将开始的新的学习过程而言，"职业学校学生的学习准备"是学生对于即将开始的职业学校课程学习的准备状态。我们所说的"生源质量"，其实就是学生的学习准备状况。把握新生的学习准备特点对于职业学校整个教育教学的设计、实施至关重要。

根据教育心理学学习模型和学习过程一般条件的理论以及职业学校课程学习的一般要求，职业学校学生的学习准备包括五个要素：一是学习积极性；二是学习自控能力；三是已有知识基础；四是读、写、算等基本能力；五是思维能力。这五个要素各具其能："学习积极性"为学习注入动力，决定着学生"想不想""愿不愿意"学习。"学习自控能力"在学习中负责调控自己的外部和内部的学习行为动作，决定着学生"会不会"学习。而学生头脑中有无适用的、足够的基础知识，是否掌握了进行信息交流传递的读、写、算基本技能，是否具有思维理解能力，又决定着学生"能不能"学。学习准备是一个有机的整体，是学生有效地进行职业学校课程学习的必要条件。

2. 职业学校新生的学习准备特点

就近年来的情况看，职业学校新生的学习准备主要特点是：整体水平偏低，水平异质差异显著。

所谓"整体偏低"，一是指当前职业学校新生这个群体中不足半数的学生学习准备比较充分，而逾半数学生的学习准备"比较不足"或"严重不足"；二是指学生在学习准备的五个要素上均不同程度地存在准备不足的问题。具体表现为：

（1）学习积极性偏低，学习动力不足。

在新生中，部分学生厌学、畏学甚至弃学。其深层原因有：由于在以往学习中屡遭失败，对基础课内容心生厌烦与恐惧，缺乏好奇心和求知欲；因为对所学专业的内容不喜欢或陌生而缺乏学习兴趣；由于在以往的学习中缺乏成功体验而对自己的自我调控能力、知识基础、基本学习能力缺乏起码的自信；因中考落榜而失落，没有形成正确的就业观、创业观、择业观、职业观，没有树立起适当而明确的职业学习近期目标与远期目标，对于自我提高与发展缺乏明确的追求；由于以往没有从学校的课程、教学、管理和老师的日常工作中得到期望的帮助和鼓励，因此对学校缺乏信任，存在明显的学习无助感；由于感到班级和校园中缺乏学习和积极向上的气氛，受到周围不良行为、自身不良行为习惯和情绪情感、家庭的消极影响，因此对学习缺乏信心等。

（2）学习习惯欠佳，学习自控能力不足。

学习习惯既包括学习的外部行为习惯（如课前的学习用具准备、课上的遵守课堂常规、课后的及时复习等），也包括学习的内部行为习惯（如思考问题、运用学习策略和方法等）。一般来说，学生经过小学至初中的九年学校教育，应该形成了较为良好的外部学习习惯，进入职业学校后，重点发展内部学习能力，形成良好的、适合个人学习风格的学习方法和学习策略。但是，据调查，当前职业学校中近半数学生的外部学习行为欠规范（表现如：课前未准备好课本和学习用具，上课迟到、早退，课堂上注意力分散、胡思乱想、睡觉、吃东西、说话、发短信、传纸条、随便离开座位、接话茬、扰乱课堂纪律，课后不做作业、不交作业，考试作弊等），而且已形成习惯；同时"自控体验""知识学习""不懂对策""补救性""总结性"等内部学习调控行为水平欠佳。以上情况反映出这些新生不仅内部学习习惯需要养成，而且外部学习习惯也需要规范矫正；同时他们不能在遵循起码的学习行为规范方面进行有效的自我调控，甚至缺乏自我调控意识。学习自控能力"差"或"较差"，使学生无力进行学习的自我调控，因而无力自主摆脱学习困境。这一现象也充分表明，当前职业学校的新生在学习提高方面具有明显的依赖课程和教学进行外部调控的特点。

（3）基础知识不足，基本学习能力低下。

基础知识是指学生经过小学、初中的学习应该积累起来的学科知识和社会常识；基本学习能力是指初中毕业后学生应具备的读、写、算、思维等基本能力。当前职业学校新生中逾半数由于缺乏必要的基础知识，已拥有的知识又欠准确、清晰、稳固、系统，因此存在知识基础结构缺损、功能不良的问题，同时，近半数学生入学时基本学习准备水平较差，达不到国家初中课程标准的要求。比如，在语文方面，由于识字量、词汇量小，对基本句式、基本表达方式掌握不足，导致听、说、读、写能力低下；在数学方面，由于基本数学概念模糊，基本运算能力差，一些学生甚至连小数、分数的四则运算都做不好；在思维发展方面，由于抽象思维基本没有建立，思维发展水平偏低，导致难以理解抽象概念表达的逻辑结构的内容等。基础知识不足和基本学习能力低下，使近半数的学生表示在课堂上"因为基础差，听不懂老师讲的课""感觉学习很吃力"，很难谈得上高效甚至是有效地学习。基本学习能力不足不仅导致学生在职业学校学习中的效率低下，还将使学生在离校后的职业生涯中难以继续学习和发展。

（4）存在其他不良行为习惯。

这里的不良行为泛指越轨行为和危险行为，表现在学习、生活、交往、情绪等各个方面。诸如吸烟、喝酒、沉迷网络等不良生活行为；说脏话、打架、交友不慎、离家或离校出走等不良交往行为。还有诸多情绪方面的不良行为习惯，如过分设防、人多局促、孤独沉默、恐惧新环境、过度焦虑、抑郁等。存在其他不良行为习惯是学习准备不足的重要相关表现。

1998 年以来，职业学校实行无淘汰招生，存在不良行为习惯的应届初中毕业生相对集中到职业学校。与同期的普通高中学校相比，职业学校学生中的不良行为具有发生率高、综合并发（即各类型不良行为在学生个体身上交叉、重叠、并发），并集中发生在学习准备不足的学生中，发生率的城乡差异、性别差异显著等特点。

不良的行为习惯使学生的注意力、时间、精力集中不到学业上，极大地影响了学生自身的学习发展。不仅如此，个别学生的不良行为还在学校中威胁着其他师生的身心健康，扰乱了学校的环境和气氛。

3. 学习准备水平异质差异显著

水平异质差异显著是指如果按准备水平将新生分成"准备充分""准备较不足""准备严重不足"基本性质不同的三类，那么三类人数各占一定的比例（约 4：4：2）。这种水平异质差异显著的情况在当前的各类职业学校中普遍存在，但是不同学校、不同专业、不同学科中的具体分布情况有所不同，给职业学校的课程教学工作造成极大困扰。

4. 职业学校其他年级学生的学习准备

一般来说，学校课程内容的安排总是递进承接的，前期课程内容的学习是为后续课程的学习做准备。另外，职业学校中还有相当数量的课程（比如学习初步操作技能的科目）是"零起点"的，即新的学习并不要求学生有相关的知识和技能基础，只要求学生有一定的学习积极性，能够按照教学要求去学习。依此来看，职业学校中其他年级学生在学习准备上应该没有什么问题。

然而，在当前的职业学校中，各个年级、多数科目的任课教师都对学生的学习准备不足甚为苦恼，教授高知识含量专业和科目的教师更是如此。这主要是因为新生大面积学习准备不足的问题在低年级尤其是一年级没有很好地解决，学生在低年级时学业成就极为有限。还因为学生的学习自控能力、读写算能力和思维能力在现有的课程教学条件下，短时间内很难有较大幅度的提高。学生的学习积极性水平虽然可以通过教育教学调动提高，但也受制于学习准备水平而容易出现波动。

（二）学生的学习需求特点

职业学校学生的学习需求是指职业学校学生必须通过学校学习来消除的学习目标与自身现状之间心理素质上的差距。职业学校学生的需求由专业学习目标指向的职业工作的要求、学生的素质现状和学生以现状为起点到达目标职业必须经历的学习过程三方面因素决定。

目标职业决定的职业学校学生的学习需求显示了社会发展对新增人员提出的具备全面的、职业的、可以实现持续发展的综合个人素质的高要求，这一学习需求虽因职业不同而不尽相同，但对所有学生一视同仁。自身准备状态决定学生学习需求的内容和数量，学生之间的差异较大。另外，学生必须遵循学习规律，逐一完成各个内容的学习过程，循序渐进地发展提高，因此，职业学校学生的学习需求还包括达到目标所必经的各个学习过程必需的基础素养。

职业学校学生的学习需求具有数量多、内容复杂、时效有限等特点。从学习内容涉及的生活领域看，职业学校学生的学习需求既涉及工作世界，也涉及学习世界和生活世界；从学习内容的性质上看，职业学校学生的学习需求既包括知识、技能的学习，也包括情感、态度、价值观、行为习惯的学习；与学习内容相适应，职业学校学生的学习方式也呈现复杂多样性。这些学习需求必须在短暂的在校期间的学习中得到满足。

（三）学生的学习前提分析

1. 初始能力分析

初始能力是学生在学习某一特定的专业内容之前，已经掌握的与这门专业有关的知识与技能，以及他们对这些学习内容的认识和态度的总和。教师通过了解学生的初始能力可以准确地确定教学起点，从而提高学生的学习效率，保证收到良好的教学效果。除此之外，还有助于正确地选择教学方法和教学媒体。

2. 预备技能分析

为了了解学生是否具备从事新的学习所需要的预备技能，教师可先通过学习内容确定学习起点，把起点以下的知识与技能作为预备技能，并以此为依据编写测试题，测试学习者对预备技能的掌握情况。

3. 学习态度分析

教师分析学生的态度，了解学生的学习兴趣，并以此为依据调动学生的积极性，可以提高教学质量。学习态度分析的内容涉及学生学习特定课程的态度、学生喜好的教学方法、学生偏爱的教学媒体等多个方面。

教师要了解学生对将要学习的内容有无兴趣、对这门学科是否存在着偏见和误解、有没有畏难情绪等。对态度的测量有问卷、采访、面试、谈话、观察等多种方法。谈话法就是通过与学生、班主任及其他任课教师谈话，了解学生学习态度的方法。观察法则是通过观察学生在学习过程中的言谈举止了解其学习态度的方法。

4. 目标技能分析

在进行新的教学之前，教师需要了解学生对目标技能的掌握情况。可以采用"一般性了解"的方法，也可以将"一般性了解"和"预测"两种方法结合起来使用。①

---

① 王海燕，李芒，等．课堂教学设计的学习者分析流程［J］．中国电化教育，2001（5）：31-34.

职业学校学生的学习状态表现在对学习的恐惧和麻木上，部分学生对专业学习无自信、无目标、无追求，以致在课堂上出现班级纪律差、不认真听课的现象。这是令很多教师倍感头疼和困惑的事情。机械加工技术、数控技术应用等专业的学习内容技术性强，要求学生具备一丝不苟、精益求精、吃苦耐劳等精神。他们将来的工作条件也可能相对较苦，在教学中如何开展成功案例教学来激发学生的学习积极性，是教育工作者必须认真思考的问题。

5. 学习风格分析

学习风格也称认知风格，是指个体在认知过程中所表现出来的习惯化的行为模式，其主要特征有以下两点：一是持久性，即在时间上是一个相对稳定的过程；二是一致性，即完成类似的任务时，始终表现出稳定性，具有鲜明的个性特点。学习风格包括个体知觉、记忆、思维等认知过程方面的差异，又包括个体态度、动机等人格形成和认知能力与认知功能方面的差异，是个体心理现象的有机组成部分，影响着学习和职业活动。下面主要介绍两种常见的学习风格——场独立型和场依存型。

（1）场独立型。表现为在认知加工信息中倾向于依据个人的内部参照，自我与非我的心理分化程度高，对他人提供的社会线索不敏感，行为是非社会定向的。场独立型风格的学习者，对数学和自然科学感兴趣、认知重构能力强、思维灵活，擅于解决新问题；适合领航员、建筑师、工程师以及涉及物理、数学知识研究的职业。

（2）场依存型。表现为在认知加工信息中倾向于依据外在参照，自我与非我的心理分化程度低，对他人提供的社会线索敏感，优先注意自己所处的社会人际关系。场依存型的学习者对人文和社会科学感兴趣、社会技能高、人际交往有优势、擅于解决熟悉问题；适合从事社会科学的教学、社会工作等涉及与人合作的职业。

学习风格包含很多的内容，主要有学习的条件、认知方式、人格因素和生理类型等几个方面。测定学习风格的方法有以下几种：

（1）观察法，即教师通过对学生的日常观察来确定。

（2）问卷法，即按照学习风格的具体内容设计一个调查量表，让学生根据自己的情况填写。

（3）征答法，让学生陈述自己的学习风格。

◎ 知识链接

千万别看扁中职学生
——访中国人民大学心理研究所所长俞国良

1. 中职学生的心理状况与普通高中生相比，主要的区别在哪里？

第一，中职学生存在较为明显的自卑情绪，而且是一种在极端自尊下掩盖的自卑。他们在某种程度上是自己瞧不起自己，但是自尊心又很强，如果其他人瞧不起他，他就感到非常伤心和难过。第二，学习动力严重不足。这与普通高中学生完全不一样，普通高中学生的学习目标是升学，这种目标越清晰，给人带来的动力就越大。第三，对自己的职业生涯感到迷茫。尽管职业学校对学生也会进行职业兴趣、职业潜质、职业生涯规划等方面的教育，但学生对自己究竟喜欢做什么、将来能做什么不清楚，对未来的目标很不明确。

我把中职学生的心理状况归纳为三个词：无奈、无望、无助。一年级刚进入职业学校时对现状感到无奈；二年级时想要改变自己，但觉得毫无希望；三年级就业时找不到理想的工作，又感到没有人能帮助他。换句话说，他们认为自己是"边缘人"。

2. 应该怎样看待中职学生？

千万不要把中职学生看扁。中职学生一定要树立"天生我材必有用"的信心。中职学生在智力水平上是没有问题的，只是在小学、初中积累下来的学习习惯、学习方法有问题。中职学生要树立自尊、自信、自强、自助、自立的人生态度。世上没有救世主，遇到挫折时，必须依靠自己，凭借着良好、稳定的心理素质，走出困境。

3. 针对中职学生的心理特点，管理部门和社会应该做些什么来帮助他们培养良好的心理素质？

第一，现在中职学校的心理健康教育还是选修课，应该将其作为必修课来开展。心理健康教育应成为针对全体学生的教育，因为心理问题主要靠自我调适来改善，个别情况才需要心理治疗和心理辅导。目前，已经有很多省市把中小学生的心理健康教育作为必修课，中职学校也应如此。

第二，中职学校要营造出健康的心理环境，通过活动和体验等方式，把心理健康教育在学校工作的方方面面体现出来，形成良好的育人环境，这也有利于贯彻以学生为本的理念，建设和谐校园。

第三，全社会要建设一个心理健康服务体系，具体包括三个方面：学校层面的心理健康教育体系；学校、家庭、医院、社会层面的心理辅导与心理咨询体系；心理疾病与心理危机干预体系。在西方国家，心理健康不仅是教育部门的事，司法、警察、妇女团体、民间组织等全都参与，形成一个政府层面的服务体系。实际上，上海、北京、辽宁等地在这方面已经有所作为，例如上海市颁布了《上海市精神卫生条例》，以法律的形式明确规定学校不进行心理健康教育是违法的。

联合国专家曾经预言，21 世纪最大的危机可能就是心理疾病。要帮助中职学生形成一种良好的心理健康状况，不仅是学校的责任，家庭和全社会都应承担起责任来，形成合力，为心理健康营造一种良好的氛围，这对于未成年人思想道德建设、和谐社会的建设、以人为本理念的贯彻都将发挥重要作用。

职业学校学生的智力和认知加工有以下特点：第一，短时记忆加工问题不大，但不善于把加工好的信息储存到长时记忆之中，因而造成了职业学校学生不善于积累知识的问题；第二，职校学生的学习风格多为动觉型，因而多数人动手操作任务完成较好，而听课和阅读能力欠缺；第三，认知发展水平多停留于具体运算阶段，而没能达到形式运算阶段；第四，职校学生的语言理解能力欠缺，这和他们阅读范围窄有关；第五，职校学生的学习动机问题比较严重，表现为厌学、学习目标不明确、学习缺乏主动性；第六，学习比较被动，学习方法掌握不牢，元认知能力也较欠缺，对自己学习的情况缺乏明确的了解，更不会根据学习内容和学习进度调节学习方法。

由此而提出的对策包括：根据职校学生的智力和认知加工特点以及职业教育本身的特点来建立学生的评价体系；根据职校学生的智力和认知加工特点，采用适合他们的教学方法，比如做中学等，教学方法要灵活多变；教会学生设置合理的学习目标，帮助学生利用目标导向来实现自我约束，教学内容的选择要考虑学生的兴趣和特点，要分析学情，考虑学生理解和掌握的难点；多给予学生及时的反馈和鼓励，在教学过程中利用积极的情绪和情感因素激励学生，教学内容呈现方式和载体要丰富，可以利用富有色彩和动感的教学媒体资源，从而吸引学生的注意；非常有必要对学生开展学习策略、自我调节和元认知方面的训练。

三、学生的学习心理分析

（一）学习的含义

学习是伴随人类生活始终的一项活动。学习是终身的，为了生存和发展必须学习，为了人类的进步必须学习。古往今来，许多教育家、思想家、心理学家都高度重视学习，他们不仅躬身实践，而且致力于学习问题的研究，取得了丰硕的研究成果。

我国著名思想家、教育家孔子说："学而时习之，不亦乐乎？"孔子把学和习分开使用；《礼记·月令》篇中"鹰乃学习"一语，目前我国最早将学与习连在一起使用的资料。学习有广义和狭义之分。

广义的学习，是指有机体因后天获得的经验而引起的比较持久的行为和行为倾向的变化。首先，"有机体"是指生命体，既可以是动物也可以是人类，学习只能发生在有生命的肌体身上。也就是说，广义的学习是人和动物的共有现象。其次，"后天获得的经验"是指学习必须是由经验引起的，凡不是由后天获得的经验或因练习而引起的行为变化，都不能称为学习。最后，"比较持久的行为和行为倾向的变化"是指学习所得结果可以长时间地影响有机体，成为有机体的第二天性。

狭义的学习，是指在学校情境下学生的学习，这种学习不同于一般社会成员的学习（培训）。它是一种专业化的学习，是指学生在教师的指导下，有目的、有计划、有组织、有系统地掌握前人的知识、经验、技能，培养个性和思想品德的过程。狭义的学习有两大特点：一是学生是以学习前人积累的间接经验为主，而不是以直接实践为主，这样可以避免人类认识活动中的许多曲折和错误，直接接受人类经过千百次实践获得的成果。二是学生的学习是在教师的指导下有目的、有计划地进行的活动，有效率且精准度高。一般来说，本书中提到的学习多为狭义的学习范畴。

（二）学习的分类

根据学习内容分类，可分为知识学习、技能学习、社会规范学习，如表1-5所示；根据学习方式分类，可分为接受学习、发现学习、意义学习、机械学习，如表1-6所示。

表1-5 根据学习内容分类

	学习过程	解决问题要素
知识学习	通过心智活动，在头脑中建立相应的知识结构	知与不知，知之深浅
技能学习	通过学习，形成活动方式。有心智技能（学习策略、解题策略）和操作技能两种	做什么，怎么做，会不会做
社会规范学习	外在行为转化为主体内在行为	人类特有，知情意

表1-6 根据学习方式分类

	教师角色	学生角色
接受学习	把学习内容以定论的形式教给学生	被动接受内化，定期提取，有效运用
发现学习	不直接教给学生，由学生自我发现	发现内容——内化为自身知识
意义学习	利用原有经验，习得理解新信息	由表及里地学习并适当转化成果
机械学习	督促、监督	死记硬背

（三）学习的特点

1. 专业性

职校学生的学习目的、性质、途径、内容和方法都是围绕专业学习展开的，都是为未来的职业做准备。

2. 多样性

职校学生的学习形式复杂多样，如课内学习、课外阅读、实训课、实习课、学术报告和讲座、社会实践、社团活动、毕业设计等。

3. 实践性

实践性教学环节在职业教育的学习中居于十分重要的地位，在总学时中占的比例为30%～50%，主要有实验实训课、课程设计、认知实习、课程实习、岗位实习、毕业设计等。实践性教学环节对学生培养的作用至关重要，学生通过观察、实践，获得本专业领域的最直接、最关联的感性知识和操作技能，可培养专业兴趣。

4. 自主性

职校学生的学习具有高度自主性。主要表现在：有自由支配的时间，学习内容有选择性，学习方法重视自主，在知识和技能习得上已经不用完全照搬教师的方法，而是在了解自身的前提下，灵活选择运用学习方法。

5. 探索性

职校学生的学习不仅仅是满足于会做题、会背书、会考试，而是需要掌握科学知识的形成过程，掌握初步研究的科学方法，了解专业发展存在的问题及其可能的解决途径。职校学生要做好持续研究、久久为功的准备，就必须具备科学探索精神。

（四）学习的心理结构

学生的学习心理结构包括学习动力、智力以及自我评定等诸多因素。它们可以概括为智力因素和非智力因素两大类，如图 1-11 所示。

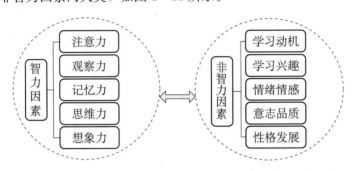

图 1-11 学习的心理结构

1. 智力因素是学习的必要心理条件

心理学认为，调节认识的心理过程包括注意、观察、记忆、思维和想象等多种成分，所以智力也主要由注意力、观察力、记忆力、思维力、想象力五个要素构成。

（1）注意力。注意力是指心理活动指向和集中于一定事物的能力，起着维持和协调的作用。

（2）观察力。观察力是指全面正确地认识事物特点的能力，是一种知觉同思维相结合的能力。

（3）记忆力。记忆力是指人脑储存和再现以往知识和经验的能力，是整个智力结构的基础。

（4）思维力。思维力是指人脑间接概括反映客观事物的本质与规律的能力，是智力活动的核心。

（5）想象力。想象力是指人们在已有记忆表象基础上创造新形象的能力，是智力活动的翅膀。

人的智力是在遗传的基础上，在环境影响和教育的主导下，通过人的积极主动地实践而形成和发展的，所以影响智力水平的因素既有先天的也有后天的。

2. 非智力因素是学习的重要心理条件

非智力因素包括学习动机、学习兴趣、情绪情感、意志品质、性格发展等。非智力因素主要有以下几方面作用：始动作用、指向作用、维持和调节作用、强化作用、补偿作用。

（五）学习的心理机制

学习的心理机制是一个连续获得知识和信息、发展智力的过程，一般包括感知、理解、巩固、运用四个阶段。学习的心理机制如图 1-12 所示。

1. 感知阶段

感知阶段是学习心理过程的开始，包括直接感知和间接感知。直接感知通过观察、

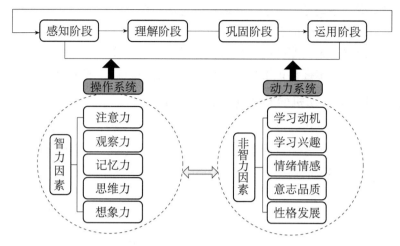

图 1 - 12　学习的心理机制

实验、调查、访问、实习、参观等方式获得；间接感知通过教师的讲解、阅读教材等方式获得。

2. 理解阶段

理解阶段是学习心理过程的第二阶段，学生通过自己的思维和想象，对感知的材料进行编码、加工、分析、综合、比较、判断和推理，形成概念和理解实质。

3. 巩固阶段

巩固阶段是学习心理过程的第三阶段，该阶段也是深化阶段。在理解消化的基础上进行巩固、加深是非常必要的，主要表现为复习、写作业、练习、探讨。

4. 运用阶段

运用阶段是学习心理过程的暂时终结阶段。运用就是把自己感知、理解、巩固后的知识和能力应用到实践中，发挥作用，以便形成相应的技能和技巧，促使新的循环开始。

（六）智力因素和非智力因素

在图 1 - 12 中，我们不难发现，智力因素是学习过程的操作系统，非智力因素是学习过程的动力系统，只有二者紧密相连，融会贯通，才能形成良性开放的学习循环系统。

1. 职业教育与学生的认知特点（智力因素）

职业学校的学生在认知方面的特点，主要从观察力、注意力、记忆力、想象力、思维力五个维度进行分析。

（1）观察力：观察是思考的前提和要素，学生对外部知识、职业特点逐步敏感。

（2）注意力：注意的集中性有了明显的提高，尤其是对生涩抽象的公式学习，学生能主动地集中注意力，不断优化注意的品质。

（3）记忆力：学生时期是人生的黄金记忆时间。学生可以主动自觉地完成有意识地记忆，但是要掌握一些记忆的方法，保障长时记忆的信息留存。

（4）想象力：职业学校的多半课程是边实践边学习，这样更加有助于提高学生的想象力，并且学生能够通过实践类的课程检验有意想象的正确率。

（5）思维力：逐步掌握认识事物、解释现象、发现问题、解决问题的能力。

2. 职业教育与学习动机的发展（非智力因素）

心理学研究表明，动机强度和工作效率之间不是一种线性关系，而是倒 U 形曲线关系，如图 1-13 所示。中等强度的动机最有利于任务的完成。也就是说，动机强度处于中等水平时，工作效率最高，一旦动机强度超过了这个水平，对行为反而会产生一定的阻碍作用。

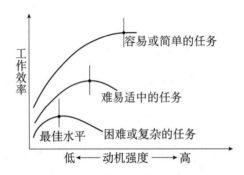

图 1-13　动机强度和工作效率之间的关系

如果学习的动机太强、急于求成，则会产生焦虑和紧张，干扰记忆和思维活动的顺利进行，使学习效率降低。考试中的"怯场"现象就是主要由动机过强造成的。

3. 职业教育与学生职业兴趣的发展（非智力因素）

霍兰德职业兴趣自测（Self-directed Search）是由美国职业指导专家霍兰德（John Holland）根据他本人大量的职业咨询经验及职业类型理论编制的测评工具。霍兰德认为，个人职业兴趣特性与职业之间应有内在的对应关系。根据兴趣的不同，人格可分为研究型（I）、艺术型（A）、社会型（S）、企业型（E）、传统型（C）、现实型（R）维度，每个人的性格都是六个维度的不同组合，如图 1-14 所示。

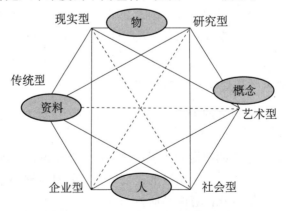

图 1-14　霍兰德人格六角形模型

（七）职业学习的特殊性

职业学习是人类学习的一种特殊形式，属于狭义的学习。职业学习的目标与内容、方式、条件和结果都有其特殊性，其机制如图1-15所示。[①]

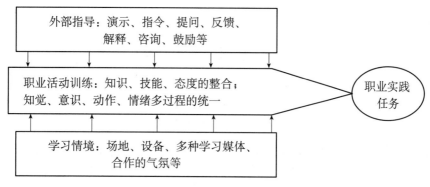

图1-15　职业学习机制

1. 学习的目标与内容：职业技能重于书本知识

如果职业学校的理论教学重于实践教学，把理论考试的成绩看得比技能考核成绩和职业实践的表现还重要，那就是本末倒置了。因为职业学校是学生从文化教育到职业社会的过渡，让学生掌握职业技能、适应职业社会是职业学校教育的基本目标。

2. 学习方式：职业活动训练重于读书与听讲

获得书本知识的基本条件是理解和记忆，然而靠这种方法是无法获得职业技能的。获得职业技能最重要的条件是职业活动训练。[②]

3. 学习条件：情境重于信息

许多教育者过于相信知识信息与语言的功能，以为只要理由讲透了，学生就能自动去做，只要方法说明了，学生就必然能做。其实，对于职业技能的学习，尽管学科知识有不同程度的积极作用，但这种作用是有限的。对于技术性较强的专业（如工程、医学等），教材和教师的讲解可以更有效地提高职业学习的效率，而对于经验性较强的专业（如商务、艺术、服务等），职业情境则往往比书本和讲授更重要，有时甚至根本无须书本和讲授，只需要职业情境（如学徒制以及做中学）。

4. 学习结果：实践重于应试

由于职业技能具有情境性和活动性特点，对它的观察、鉴别和考核不能依赖于笔试和口试，而要置于具体的职业情境，通过完成具体职业任务活动来进行。因此，职业学习的主要目标不是通过各种理论考试，而是胜任职业实践任务，通过职业实践的检验。即使是理论性学习内容，也要尽可能通过实践的方式来鉴定。

---

① 卢晓东. 在服务中育人：农业高职教育育人理念与实践探索［M］. 2009：119-122.
② 刘德恩. 职业学习理论探索［J］. 职教通讯，2005（3）：8-12.

（八）职业学习的过程模式

1. 单项职业技能的学习阶段

单项职业技能的形成类似于一般动作技能的形成，其阶段依次是感知、形成联系、自动化，如图 1-16 所示。

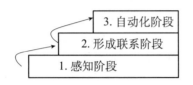

图 1-16　单项职业技能的形成阶段

在感知阶段，学生通过观察、听讲、阅读等方式，对操作任务与学习任务及其完成方法等形成初步的认识，这种认识可能是局部的，也可能是整体的。

在形成联系阶段，学生通过反复的练习或实践，把感知阶段形成的认识具体化，并最终把职业技能从口头或书面的知识转化为操作性的技能。

自动化阶段则是在大量的练习或实践之后才开始的。在这一阶段，常规操作的执行越来越少地依赖于意识控制，从而使学生有可能把更多的注意和意识放在非常规的、意外的或新的任务中，也可能进行技能的改进和创造。遗憾的是，很多职校学生的职业技能训练并未达到自动化阶段，甚至在感知阶段就终止了；而在职人员则更多的是在自动化阶段就止步不前了，他们并未将因自动化而富余的精力致力于技能的改进。

2. 整体职业能力的发展阶段

要胜任一种职业，需要掌握许多项单项职业技能，这些单项职业技能组合成一个彼此联系的有机整体，即整体职业能力。高水平的整体职业能力也称专家技能。整体职业能力的形成也要经过三个阶段，依次是接受、具体化和整合，如图 1-17 所示。

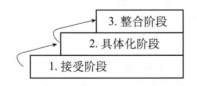

图 1-17　整体职业能力的形成阶段

在整体职业能力形成的接受阶段，学生一般处于学徒制和学校的职业教育中。在这一阶段，学生主要是通过听课、观察、阅读、初步的实习等方式获得职业知识与经验，并形成初级的技能，但这一阶段获得的职业能力往往是一般性的、常规的，因而还不太扎实，且难以适应多种职业情境。

在整体职业能力形成的具体化阶段，学生则是到了一个真实的职业情境，承担某种具体职责，运用上一阶段获得的知识、经验和技能，执行各种实际的职业任务。在这一阶段，不仅原有知识、经验和技能得以强化和矫正，从而大大提高精确度和熟练程度，而且能学到新的职业技能，并逐步把单项职业技能整合为有联系的模块，用于完成综合性的、复杂的职业任务。

在整体职业能力形成的整合阶段，学生已经承担了多种职责的任务，并且都能胜任，从而可能把多种职责所需的职业技能加以联系，融会贯通，最终能够完成更复杂的、更困难的任务，甚至可以完成跨领域的职业任务。

四、影响学生学习行为的其他因素

(一)学习者自身因素

1. 性别

男生和女生在身心发展的历程上存在很大的不同。从生理上来看，通常女生成熟得较早，会有意识地分配在学习上投入的精力、时间与机会，所以女生的倦怠程度相对较低。据研究，通常男生的倦怠程度略高于女生，这有可能是因为在学习方面，女生的积极性和主动性要比男生好，上课也比男生认真。

2. 年级

职业学校一年级的学生在学习方面表现出较少的情绪低落和不当学习行为，对学习生活怀有期待和憧憬，对学校活动以及老师、同学都怀有新鲜感，因此学习积极性相对比较高。从统计数据来看，二年级学生的学习热情已经开始有所减退，三年级学生的学习热情则是最低的，这也许是因为三年级学生正式进入职业学习的尾声，临近毕业，注意力不在校园学习方面。三年级的职校学生为即将毕业、就业做各种准备工作，部分学生不得不利用毕业前的时间纷纷走向社会，积累实践经验，以应对离校时的招聘。

3. 学习态度与学习成绩

学习态度与学习成绩是相互影响的，容易形成循环。学习态度越倦怠，学生的学习成绩越不理想，导致学生的学习成就感越低，情绪越低落，容易对学习采取逃避、放弃的态度，最终体现为严重的学习倦怠现象，进而形成一个恶性循环。

4. 原生家庭和成长环境

部分家庭条件优越的职校学生，对于生活的危机感不强，认为有较好的家庭经济支撑，不用担忧自己毕业后的经济来源，无须承担过多的经济压力，所以他们缺乏对自己的人生规划，缺乏学习的内在动力，因而更加容易地表现出学习不积极的心理态度和行为特征。对于家庭经济状况一般和困难的职校学生来说，首先他们要面对学业带来的压力，其次他们还需要关注家庭状况以及毕业后就业的压力，这迫使着他们尝试通过努力学习改变命运。

学生个体的成长环境差异，会对其认知结构、自我意识结构、智力和非智力因素产生积极的或不良的影响，如图1-18所示。

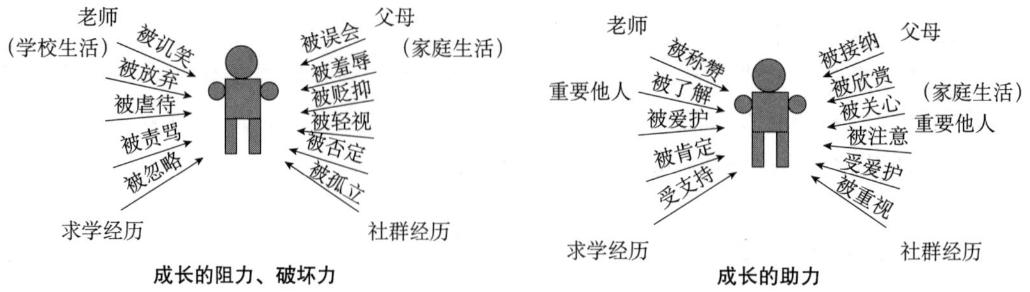

老师
(学校生活)　　　　　父母
　　　被讥笑　　被误会　(家庭生活)
　被放弃　　　　被羞辱
被虐待　　　　　被贬抑
　被责骂　　　　被轻视
　　被忽略　　被否定
　　　　　　　　被孤立
求学经历　　　　　　社群经历
成长的阻力、破坏力

老师　　　　　　　　父母
被称赞　　被接纳
重要他人　被了解　　被欣赏　(家庭生活)
　被爱护　　　被关心　重要他人
被肯定　　　被注意
受支持　　　受爱护
　　　　　　被重视
求学经历　　　　　　社群经历
成长的助力

图 1-18　个体成长环境差异

（二）其他外部因素

1. 选取专业

按照霍兰德的职业兴趣理论，个体从事感兴趣的专业工作，工作效能感最高。即便在今天，职业院校依然深受学科精英式教育影响。如果学生并不是根据自己的强项或者兴趣爱好选择专业，那么他们在学习过程中难免会对所学专业不感兴趣，也很容易造成学习困难，或者排斥所学专业，导致对于学校课程学习缺乏积极性和主动性，引起学习倦怠。

2. 课程设置

学校在课程设置上往往都是轻实践、重理论的，忽视了课程的实践、实操训练，缺乏培养学生亲自动手能力的课程。如果职业学校设置课程时专业的职业定向性不够，专业配置课程灵活性不够，那么学生所学的内容就适应不了社会的需求，激发不了学习兴趣。调查数据显示，绝大部分的学生更喜欢上实践课而不是单纯的理论课程。

3. 课堂教学

职业学校的学生在课堂上对教师的依赖色彩浓厚。部分学生认为，教师讲课与学生没有很好的互动占三成以上，教师讲课不够生动占三成，在一定程度上说明了教师的课堂教学方式方法不灵活，教师的专业课程知识不够扎实，教师的课堂能力有待提升，教学水平不能满足学生的需求。在实际教学中，教师在教学过程中如果没有根据学生的学习状况进行教学，没有结合实际生活拓展专业知识，缺乏有效、具有针对性的教学方式。忽略了学生的主体性地位，加上对学生态度冷漠，缺乏必要的鼓励，与学生互动不够多，课堂气氛不够活跃等，就会导致学生的学习兴趣不高，缺乏积极性和主动性，这些问题都会一定程度上引起学生学习倦怠。

◎ 知识链接

课堂心理气氛营造

一般来说，课堂心理气氛主要有积极的、消极的、对抗的三种，如表 1-7 所示。

表1-7　不同课堂心理气氛

	积极课堂	消极课堂	对抗课堂
综述	恬静活跃、宽松严谨	紧张拘谨、反应迟钝	失控、凌乱
教学情境	符合求知欲、心理发展	不满足，背离学生发展	不满足，失控
学生状态	思维活跃、纪律良好	注意力分散，无精打采	各行其是，故意捣乱
师生关系	和谐融洽、配合默契	应付了事	行为失序、情绪对立

积极和谐的课堂心理气氛是需要教师主动建构的。教师的领导方式，教师的移情、期望、焦虑和课堂掌控能力都可以改变心理气氛。除此之外，教师在课堂中尝试做到如下几点，或许有所裨益：

(1) 合理期望。

职业学校的学生，其实更需要教师的情感关注。皮格马利翁效应告诉我们，对个体的良性期待，可以很好地引导个体向积极的方向发展。也就是说，如果给学生贴上良性的标签，则对其发展有潜移默化的推动作用。

(2) 树立教师的教育威信。

"亲其师，信其道"是自古以来所信奉的尊师重道原则。如今的职业学校学生，他们思想活跃、视野宽广，接受知识的来源多元化、信息化。教师要用广博的知识、多元的教学方法、独特的教学魅力树立在学生中的威信。

(3) 维持学生良好的心理状态。

良好的心理状态莫过于认知、情感、意志三个维度的统合。心理状态是学生在一定时间内心理活动相对稳定的状况与水平。首先，教师应从学生的非言语行为中了解学生的心理状态，即从学生在课堂学习时的表情、目光、动作、姿势等方面观察了解其心理状态。其次，教师应满怀激情地面对学生。教师的一句热情而富有鼓励性的语言、一个信任的目光，都能引起学生的自信、兴奋，产生积极的心理状态。

4. 教学环境

教学环境包括心理环境和物理环境两个方面。良好的学习环境是学生积极认真学习、培养良好综合素质的沃土。俗话说"近朱者赤，近墨者黑"，一些意志力不够强的学生很容易受到其他同学影响。若是受到不积极的学生影响就会产生惰性，积累到一定程度后便会形成学习倦怠。

◎ 知识链接

课堂物理环境的舒适与合理

教师与学生置身于一定的课堂教学活动之中，要保证课堂物理环境的舒适与合理。

(1) 基本课堂座位设计模式（秧田形，如图1-19所示）。

基本特点：基本的课堂座位设计是以教师为中心的，教师的活动区域主要在教室的前面。学生要与教师进行目光的交流和接触，因此学生的座位是以纵横排列的秧田形安排的。

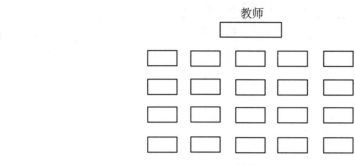

图 1-19 基本课堂座位设计模式

适用情形：讲解和演示授课，教师可较好地调整和控制学生，从而驾驭课堂。整班授课倾向于此排列方式。

（2）特殊课堂座位设计模式（矩形、环形、马蹄形，如图1-20所示）。

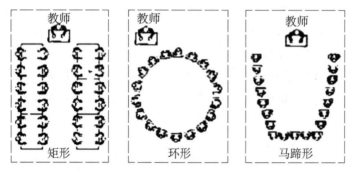

图 1-20 特殊课堂座位设计模式

基本特点：特殊课堂座位设计是以学生、课程为中心的，一般来说，需要学生对教学内容进行集体讨论时采用该模式。学生和教师一样，面对其他人交换意见和思想，学生的座位呈现矩形、环形、马蹄形。

适用情形：教授高年级有自制力的学生，讨论式教学和理实一体化教学倾向于此模式。

（3）智慧课堂座位设计模式（堆式、兴趣站，如图1-21所示）。

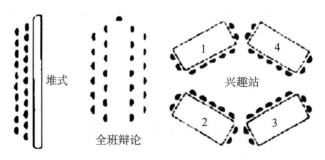

图 1-21 智慧课堂座位设计模式

基本特点：智慧课堂座位设计是以学生参与为中心的，一般来说，需要学生临时调整座位以便进行集体讨论、头脑风暴、小组合作学习时采用该模式。

适用情形：教授高年级学生，翻转课堂。

课堂物理环境设计得较恰当，对学生的生理需要和学习动机都有良性的助推作用。此外，教室的空气质量、通风状况、温度等条件都会对课堂教学效果有直接的影响。

资料来源：罗毅，蔡慧萍．英语课堂教学策略与研究方法［M］．武汉：华中科技大学出版社，2011：163-164.

5. 校园文化环境

学校环境对于人的陶冶作用是潜移默化的。学生在学校中不仅提升自身的文化素质，其他各方面的素质也在潜移默化中形成，如欣赏美、鉴定美的能力，以及自身品位的提升，都是在良好的校风中形成的。良好的校园文化能够对学生进行全面教育，促使学生德智体美劳的全面发展。学生在良好的校园文化中形成积极的人生态度，不断进取，自己的积极态度又会不断影响周围的同学，影响力不断提升。

优质的校园文化环境其实也是情境的建构，一种适合于职业教育的情境创设。在这种情境中，如果学生沉浸在校风、教风、学风相互融合的环境中，就会逐步形成专业认知、专业兴趣、专业学习动力。可见，校园文化环境有导向、凝聚、陶冶、激励的作用。职业学校要高度重视校园文化环境建设，加强学风和校风建设，通过借鉴国内外先进理念，提升教师素质，减少不良网络文化对校园文化的冲击等，提升校园文化环境建设的水平。

6. 社会文化环境

由于生源素质参差不齐，受传统观念的影响和就业困难等多重因素的挤压，部分职业学校的学生有厌学情绪。

有的家长希望他们的孩子来职业学校学习，以便有一技之长，找到就业岗位，而学生主观上希望自食其力、早日参加工作的则很少，大多数学生的学习目的并不明确，没有树立正确的人生观、价值观，学习自觉性、自律能力相对薄弱。

有的家长考虑到孩子现在年龄还小，没有合适的工作，待在家里不安分，倒不如送学校省心，对孩子在职业学校的学习要求不高，认为只要毕业后能找份工作、养家糊口就行。在这种思想的作用下，家长虽然鼓励学生上学，但对学生学习知识和提升能力没有要求。受家长影响，加上学生本身心智发育不成熟，产生了懒惰的心理。久而久之，导致教师组织教学活动困难重重，班级管理与教育的难度很大。部分学生对职业学校毕业生前途很不看好，认为就业岗位的工资待遇差，从而影响了学习积极性；有些学生不喜欢学校的生活环境，情绪焦虑、浮躁、无所事事、昏昏欲睡，精神萎靡不振。

五、成人学习

（一）成人学习理论

现代成人学习理论由爱德华·桑代克创始。1928年他编写的《成人学习》一书的出版，成为其系统的成人学习理论成熟的标志。

爱德华·桑代克在教育心理学研究中的成就，以著名的"学习律"为代表。他认为，学习的过程需要遵循三大规律，即准备律、练习律和效果律。

（1）准备律，是指学生的学习需求若得到满足就会愉悦，若得不到满足就会痛苦，若没有需求硬要他学习会没有效果。准备律指出了学习需求的重要性。

（2）练习律，是指虽然练习可以提高学习的效率、增强学习的效果，但一味加强机械训练有时会适得其反，练习要结合整体学习行为，综合运用。

（3）效果律，是指虽然强化有利于学习，但强化过头会适得其反，即强化分正强化和负强化。这就要求教师在学习评价时要具有针对性，要适度和恰当。

桑代克的成人心理学的主要结论是：成人学习能力虽然自 25 岁时开始减弱，但成人的学习动机较强，人生阅历和社会经验丰富，因此终身学习仍然具有一定优势。

美国成人教育家马尔科姆·诺尔斯的成人学习理论主要包括成人学习者研究、自我导向学习、合同学习模式。他提出成人学习者有六大基本特征：学习需要、自我认知、经验丰富、善于准备、学习策略、学习动机。他认为，成人学习的本质是自我导向的学习。

此外，比较著名的成人学习理论还有麦克卢斯的余力理论、麦基罗的知觉转换理论和诺克斯的熟练理论。

麦克卢斯的余力理论认为，成人因为肩负着生活压力，在其学习提高与工作奋斗之间存在着动态的平衡。当生活压力大、工作强度大时，他就会牺牲学习的时间；反之，当力所能及时，他就会投身学习去优化工作和生活环境。

麦基罗的知觉转换理论认为，成人之所以想要学习，是因为对自己的现状产生了不满，现状或来自工作、或来自生活、或来自自己的认知困惑。学习的过程和目的就是要重新获得对自我和环境的认知新评价，从而产生满意感，当然也同时带来行为上的改变。

诺克斯的熟练理论认为，成人的学习多依赖于以往的生活、工作经验，他们在学习新知识的过程中，总是自觉不自觉地联系以往的经验。反过来说，组织、开展成人的学习与培训，也需要尽可能地生活化、情境化，这样的学习环境能够使成人的学习更加容易找到感觉。

（二）成人学习特点

1. 学习动机十分功利

由于工作、生活的压力，成人往往是在遇到解决不了的问题时才最渴望学习。其学习的目的十分明确，不是为了知识的积累，而是为了尽快解决问题。

2. 学习的主动性、自觉性强

由于成人学习的目标十分明确，因此其学习的主动性、自觉性强，根本就不需要他人的督促，完全可以实现任何时间、任何地点、任何环境下的随时学习。

3. 学习行为强烈依赖以往的知识与经验

成人的感知力、记忆力、表达力等都在衰退，但其接受力、理解力、转化力却在不断增强。这主要依赖于成人知识经验的积累及学习方法的多样。

4. 学习的方式灵活多样

由于成人学习的目的性强，学习的途径、手段、方法也因人、因时、因事而异，组合多样，因而他们更希望通过参与解决问题的过程来学习新的知识。

将成人与在校学生学习行为特征进行对比，如表1-8所示。

表1-8　成人与在校学生学习行为特征的比较

学习行为特征	在校学生	成人
学习经验	很少的预备知识	丰富的准备知识与学习经验
自律程度	靠家长、老师强制	主动、自觉学习
学习动机	靠评价激励	靠对学习意义的理解和认识
计划行动	按部就班地被动学习	边学边用，迫切希望掌握新知识

（三）成人培训的组织实施

鉴于上述成人学习的四大特征，在组织实施成人学习培训时应尽力做到：

1. 充分了解学员的学习需求

成人学员学习的动机功利、目标明确，因此，培训前的学习需求调研至关重要。从某种程度而言，它直接关系培训活动组织与实施的成败。培训需求的调查方法多样，采取组合式的需求分析效果最好。

2. 给予学员足够的尊重

许多成人学员都是业务骨干或领导，因此培训教师应十分注意自己的言行，万不可直接说教甚至挖苦、训斥。一旦伤害了学员的自尊心，将直接影响其学习效果，导致培训活动不够圆满。

为了避免教师无意中伤害学员自尊心的现象出现，在培训过程中应主动设计一些活动，如通过破冰、角色互换等活动，拉近师生距离。

3. 帮助学员建立起对培训教师的信任感

成人学员往往追求完美，对教师的挑剔远甚于在校的青年学生。因此，教师一方面要在人格上展现师生平等的态度，另一方面，一定要注意塑造自己学术权威的形象。因为，一旦学员怀疑教师的学术能力，则学习的效果会大打折扣。因此，从事成人培训的教师更应该学习教育学，特别是培训师培训（TTT）的专业技术训练。

4. 学习的目标要系统而明确

尽管成人学员的学习目标明确，但要想与学习内容建立起紧密的联系并不容易。首

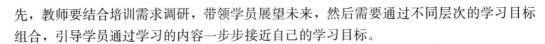
先，教师要结合培训需求调研，带领学员展望未来，然后需要通过不同层次的学习目标组合，引导学员通过学习的内容一步步接近自己的学习目标。

5. 学习内容应创设问题情境

正是由于学员都是带着问题来的，都是怀着解决问题的期待来参与培训活动的，因此学习的内容就不能照本宣科、机械地照搬理论，而要结合学员的问题情境开展案例教学。唯有这样的学习内容才能引发学员的学习兴趣。

6. 学习环境要实现非正式、无压力学习

成人学员远离学校和教室多年，早已不太习惯于满堂灌的接受式学习方式了。因此，成人培训活动的组织者应充分考虑到学员学习的舒适度，确保其在轻松、愉快、无压力、非正式的学习环境中领悟新知识。

7. 学习方式多采取体验式、参与式、小组讨论

要想实现零压力的非正式学习，就必须转变学习方式。适合成人的学习方式如参与式、体验式、头脑风暴、小组交流等，最适合成人间互相启发，碰撞生成新的知识。

8. 善于运用新技术实现混合式的泛在学习

要想使培训活动产生理想的学习效果，教师要善于挖潜，调动起学员业余时间学习的积极性。为此，新的信息技术，特别是移动学习技术将大显身手。教师可以借助混合学习技术，组织学员在线讨论、开设论坛，培养"坛主"，发动学员自组织、自学习。当然，教师一定要积极参与而不是做旁观者，但必要的时候要善于做幕后的服务者，要学会做"导演"而不是"演员"。

六、新型学习观的养成

学习的概念几经变迁，其动力是社会的发展和人类对学习本质认识的不断深化。当今，信息技术和知识社会发展迅速，如何认识现在、驾驭未来，是人类面临的重大挑战，为此，人们的首要任务就是学习。新时代为学习赋予了新的内容和使命，新型学习观已经初见端倪。

（一）创新学习观

创新学习观有两个基本特征：其一，预期性；其二，参与性。前者要求预测未来可能发生的事情，预见当前行为对未来的影响和后果，并将自己的学习行为（个人的和政府的）瞄准这种发展而展开，这是衡量创造性学习能力的一个重要标准，也是一种未来能力。参与性是指个体对公共信息交流、意志形成过程和决策产生过程的积极参与能力，这是个体表达意愿、申述理由和实现目标的能力，一种自觉性和负责精神。创新学习观把学习者作为学习的主体，要求其积极主动参与学习过程。

（二）终身学习观

作为教育机构，应当实施终身教育，使公民有机会获得新的知识。作为个人，应该确立终身学习的态度，做到不断学习、不断深造、不断充实，要确立灵活择业的思想，以保持与发展同步，使学习的重点开始转移：从摄取尽可能多的知识到学会学习，再到掌握学习策略，因为与知识相比，学习策略不易老化，所以"终身学习"的口号被越来越多的人接受，成为各国教育不可或缺的指导思想之一。

（三）素养学习观

素养学习观从职业教育角度分析传授知识与社会需求之间出现的巨大矛盾和脱离现象，认为社会发展要求择业者不但要具备一定的专业知识，而且要具备一些基本素养，如社交能力、合作共事能力、综合知识和适应能力等，职校学生应当学习和掌握如下素质：健全人格素质、社会能力、交际能力、自我意识、独立处事能力、创造性、灵活性、流动性、合作精神、学习能力、方法能力、媒体能力、外语能力、跨学科知识、跨文化能力、议事论理能力、推行意志能力、组织活动能力、决策能力、解决问题能力、自我负责精神等。

（四）构建性学习观

构建性学习观认为学习是一种积极主动的、主观构建的、知识积累的和有目的的行为过程，因此主动性、构建性、积累性和目的性是学习的本质。调动已经掌握的知识和经验，用于完成新的学习任务，克服畏难情绪和畏惧心理，发挥主动性，积极思考，在发现问题和解决问题过程中独立获得知识。

（五）未来学习观

人们对未来教育提出了几点预测：授以发现知识和摄取知识的能力是未来教育的首要任务；高校和中学将面临重大变革，职业教育的变化相对较小；教育机构增强开放性、多极化和扩大自主权；对口择业的可能性减少，因此教育必须宽口径；正规教育与职业教育相辅相成；学习模式呈现多样性，大量出现虚拟教育形式；学习并非直线性进行，而是网络式全方位铺展，强调岗位培训和在职学习。应该培养受教育者的"核心能力"，如跨义化能力、外语能力、心理索质、社会能力、学习能力、媒体能力、特殊专业知识以及其他具有核心意义的能力。

总结案例

不同生源类型学习特点分析——给青年教师的建议

表 1-9 将高中和职业高中、中专和技校、成人培训学员分为三种生源类型，从学习准备、学习过程、学习评价全过程入手，解构学生的学习心理机制、学习能力方法、学习成果等维度，试图归纳个体的差异，为青年教师提供间接经验。

表 1-9　不同生源类型学习特点

学习阶段	归类要素	第一类型		第二类型		第三类型
		高中	职业高中	中专	技校	成人培训学员
学习心理机制	智力因素（注意、观察、记忆、思维、想象）	4	3	2	2	3
	非智力因素（动机、兴趣、情绪、意志、性格）	4	3	2	3	4
学习能力方法	情境表现	3	4	3	3	3
	实践技能	2	3	3	3	4
	问题解决策略	4	3	3	2	3
学习成果	关注效果评价	4	4	3	3	2
	持续改进愿望	4	3	2	2	1
职业素养	生成职业素养	1	2	3	3	4
分值		26	25	21	20	24

说明：本表采用五级评分制。

5—完全做到；4—多数做到；3—半数做到；2—少数做到；1—极少数做到。

一、学习心理机制

（一）数据分析

从表 1-9 中可看出三种类型生源学习心理机制不同。从智力因素着手分析，中专、技校的学生评分较低，为 2 分，职业高中和成人培训学员为 3 分，普通高中为 4 分。按照多元智能理论的观点，教师面对的学生必然是多样的，那么教学应当树立差异发展的教学观和评价观。

由此得知，中专、技校的学生在智力因素发展方面较弱，多数的中专、技校不太注重理论知识体系的构建，也忽略学生思维力和想象力的发展，学生构建知识结构的能力稍弱；职业高中的学生与普通高中的学生对于知识的建构体系能力基本持平，但由于在三年的学制里，职业高中学生需要学习职业技能，故该项评分稍微低于普通高中学生；成人有成熟的知识经验和实践经验，其智力因素分数不会太低，基本与职业高中学生持平；普通高中的学生的基础知识比较扎实，构建知识结构能力较强。

从非智力因素入手分析，高中生和成人培训学员的分数较高，他们有较为稳定的动力支持系统，在学习困难面前，能够自控且具有良好的意志品质；职业高中和技校的学生经过专门的职业技能训练，学习动机和学习兴趣较稳定且定向，分数居中；相比较而言，中专学生在意志品质、情绪控制方面还有待于稳定提升。

（二）教学建议

青年教师授课前，对本班学生做一项基本的学情调查，才能制定出适合专业特点、课程要求、学生特质的教学实施方案，以便因材施教。

二、学习能力方法

（一）数据分析

从表 1-9 中可看出三种类型生源学习能力方法不同。按照建构主义学习理论的观点

（见图1-22），教学不能无视学习者的已有知识经验，简单、强硬地从外部对学习者实施知识的"填灌"，而是应当把学习者原有的知识经验作为新知识的生长点，引导学习者从原有的知识经验中长出新的知识经验。

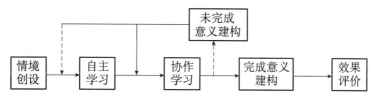

图1-22　建构主义学习理论

（1）情境表现信息。借助情境学习、在设定的情境中学习是职业教育重要的手段。针对职业教育生源特点和培养目标的要求，知识信息的掌握是从属于职业技能和职业能力的，"懂"不代表会做，"听明白"不代表有职业能力。职业技能与职业能力是通过职业情境中的训练（如学徒制以及做中学）获得的。

（2）实践技能测评。鉴于德莱弗斯模型在职业教育的应用价值，使学校和教师应更加明确在职业教育中的教学策略，更科学地促进学生的技能发展。成人培训学员的评分最高，因为在整合阶段，他们经历了多种职责的任务，并且都能胜任，从而也可能把多种职责所需的职业技能加以联系，融会贯通，最终能够完成更复杂的、新颖的、困难的任务，甚至可以完成跨领域的职业任务，这时可以称其为职业专家了。普通高中基础的学生在实践技能方面有短板，因为他们在高中阶段形成多是理论知识体系的建构，采用的是学科体系不断加深的学习模式，实践操作来说，基础最为薄弱。借鉴德莱弗斯模型，青年教师应该为学生提供职业入门教育，核心是让学生学习本职业（专业）的基本工作内容，了解职业轮廓，完成从职业选择向职业工作世界的过渡并初步建立职业认同感。该层次的学习任务是日常或周期性的工作、设备装配制造和简单修理技术等，目的是帮助学生了解本职业的基本概念、标准化要求和典型工作过程。

（3）问题解决策略。在这项评述中，技校的学生得分最低。由于技校学生接触的职业技能操作性知识较多，他们的思维方式多为情境中的问题解决，只是针对具体的问题解决，再加上没有厚实的专业知识基础，进入新语境、新情境中，他们缺乏知识和能力的迁移。

（二）教学建议

青年教师授课前，可根据班级的学情分析，借鉴建构主义学习理论和德莱弗斯模型，制定出有情境、有知识背景、有能力建构、有逐级成果目标的"四有"能力提升体系，以便因材施教。

三、学习成果

（一）数据分析

从表1-9中可看出三种类型生源学习成果不同。按照成果导向人才培养模式的观点，我们应更多地关注学生学到什么、是否愿意持续改进，还要不断地审视追问四个问题：

（1）想让学生取得的学习成果是什么？

(2) 为什么要让学生取得这样的学习成果?

(3) 如何有效地帮助学生取得这样的学习成果?

(4) 如何知道学生已经取得了这样的学习成果?

成人培训学员、技校的学生不太关注效果评价。因为他们熟悉职业能力操作,轻车熟路,经验丰富,所以他们不太有持续改进的愿望。但是我们会发现普通高中和职业高中的学生,他们介意自身成果,关注自身持续改进。因为他们要接触一个全新的职业环境学习,在这里,他们是新手,他们有强烈的动力系统,希望能够胜任、能够自我实现。每次取得的成果,哪怕是微不足道的一个知识点,对他们来说都是不断奋进的动力和源泉。他们希望通过三年的学习有所收获,他们迫切希望成功,希望改变处境。

(二) 教学建议

青年教师授课前,借鉴成果导向人才培养模式理论,主要做两件事情:第一,尝试列出教育目标、具体核心能力、核心能力的明确要求、详细的课程应对;第二,根据每个学生个体差异,制定个性化的评定等级,并适时进行评定,从而准确掌握学生的学习状态,对教学进行及时修正,以便因材施教。

四、职业素养

(一) 数据分析

从表1-9中可看出三种类型生源职业素养不同。借鉴职业胜任特质的冰山模型,我们不难分析出普通高中和职业高中的学生是职业的新手,他们的知识结构好像冰山的上层凸出部分,需要内化于心,进一步固化为职业素养。冰山之下是个体胜任力素质的内隐部分,包括社会角色、自我概念、人格特征以及动机和需要这四个基点,该部分是相对深层的且不易被测评出来的胜任力素质。冰山之下的部分需要青年教师重点关注。

(二) 教学建议

职业学校的学生正处在人格形成的关键时期,具有较大的可塑性。无论是课堂教学还是课程改革,青年教师都要不仅重视学生知识、技能的显性指标培养,更要对隐藏在冰山下的价值观、自我定位、职业素养给予更多关注,这样才能培养出合格的社会主义事业的建设者和接班人。

探索思考

1. 通过查找资料等,学习以下理论知识:多元智能理论、最近发展区理论、行为主义学习理论、认知主义学习理论、元认知学习理论、加涅学习理论、建构主义学习理论、行动导向学习理论,并结合实际形成一篇不少于500字的学习应用建议。

2. 选取所在学校的一个班级,进行学生学习特点分析。

3. 选取一节主讲课程的教学内容,根据职业学校学生的学习特点做出相应的教学设计,并回答表1-4中的19个问题。

模块二 # 教学内容和教学目标

模块导读

什么是教学内容？ 从总体上讲，教学内容是根据教学目标，有目的地选择各种直接经验（亲身体验）和间接经验的知识结构体系。 它是教学系统的基本结构要素之一，也是职业教育教学设计中不能回避的问题。 本模块介绍了教学内容的分析与确定、教学目标的分析与确定两大基本问题。

单元一 教学内容的分析与确定

培训目标

- ◆ 了解教学内容选择与组织模式；
- ◆ 能够进行教学重点分析；
- ◆ 能进行教学难点分析。

导入案例

中看不中用的教材

教材是教学内容的重要载体，也是学生学习的方向标。某职业学校烹饪专业，开发了中餐烹饪的教材。该教材印制精美，但是过于注重理论阐释，翻开后是长篇大论的烹饪概论，后面还附了西餐烹饪内容。因为教材没有从职业能力的需求出发，不适合学生的需求，也导致很多毕业生拿不到厨师证，所以很难成为职业教育的专业教材。

分析： 教学内容的选择要根据学员的特点和技能评价的要求，才能收到好的效果。

教学内容本质上是知识和技能，职业教育课程的教学内容，具体体现在课程标准（或教学大纲）、教材和教案（或讲稿）之中。它规定了在教学活动中传授知识、训练技能、塑造人格等的范畴，从而帮助学习者构建其知识结构、技能结构和素养结构。因此，要上好一堂课，首先是仔细领会课程标准等教学文件的要求，再根据具体的学生学情选择合适的教学内容，同时要分析这些内容的属性（知识、技能、态度），然后指出重点和难点。

一、教学内容的内涵和意义

（一）内涵

教学内容是一系列比较系统的直接经验和间接经验的总和。它是根据教学目标从人类的知识、经验体系中选择出来，并按照一定序列组织编排而构成的知识和经验体系。

教学内容具有两种形态：直接经验和间接经验。直接经验是指学习者在学习活动中直接获得的职业实践、社会生活实践以及各种学习实践的经验；而间接经验则是理论化、系统化的书本知识，是人类积累的知识成果，具体包含在各种形式的学科中。职业教育的课程类型和性质多样，基本上可以划分为两大类：一类是职业类课程，经过整合多以项目课程出现，偏重于直接经验的习得；另一类是类学科课程，是在传统学科课程的基础上经过一定整合、精简形成的以间接经验为主的课程。

（二）意义

教学内容是教学设计的核心性要素。它对教学目标的实现、合理安排教学活动方式都具有重要意义。

第一，教学内容与教学目标之间有直接的、内在的逻辑联系。任何类型课程的教学内容，都是以教学目标为直接依据来选择的，教学内容在一定程度上体现了教学目标的要求。教学内容的合理性程度和优化程度，制约着教学目标的实现，影响着人才培养的质量。

第二，教学内容的性质，直接决定着教学活动方式。显然，学习者获得直接经验的学习方式和取得间接经验的学习方式具有本质的区别。

二、教学内容的分类

（一）知识和知识结构

知识是人类在认知和改造世界的实践中所获得的认识和经验的总和，是人们对客观事物的现象及规律的认识的总和。它是人们认识和改造世界的工具，也是人们顺利完成各种职业活动所必须掌握和运用的工具。知识具有客观性，但它一旦被人内化（领悟、理解）和融会，便以经验或理论形式存在于人的头脑之中，或者通过物化存在于各种载体（书本、电脑等）之内。

知识可从不同的视角，用不同的标准进行分类。总的来说可分为自然科学、社会科学、思维科学、人文科学等。

1. 按知识的层次划分

按知识的层次划分，可把知识划分为：

（1）事实：是对具体事物的陈述及运用实例的描述，如对象、符号以及事件之间的关系等。

（2）概念（定义）：是对具有共同属性的一组对象、事件或符号的抽象性知识，如"二足而羽谓之禽"等。

（3）规律（定理）：是对客观事物因果关系的概括。

（4）规范（标准）：是对工程技术中的一些统一标准或特殊的规定。

（5）价值（应用）：是对某定律或某事物运用程度的判断。

（6）方法：是分析问题和解决问题的途径和措施。

在上述 6 种知识类型中，概念和规律具有很强的理论性；事实、规范、价值具有更多的实用性；方法有三个层次，即学科或职业的方法、一般科学方法和哲学方法，前者较具体，重实用，后两者则偏于理性。职业院校的教学内容偏重应用性知识，即事实、规范、价值和实用层次方法类知识。但是，过分强调实用，往往会形成一种短视的观念和行为，忽视一些带根本性的，能长期起作用的基础性知识。比如，在教学中过早、过分地强化技能，忽视或削弱必要的基础理论课的教学，最终将影响和削弱能力的培养，影响职业院校学生长远的发展。因此，职业院校的教学既要强调应用，也要考虑能长期起作用的基础性知识。

2. 世界经合组织对知识的划分

（1）事实知识，即只叙述事实，让人知道"是什么"的知识。

（2）原理知识，即关于社会与自然规律方面的，让人知道"为什么"的知识。

（3）技能知识，即做事的技法和能力方面的，让人知道"怎么做"的知识。例如，怎样操作设备、制造工具，如何掌握工艺，怎样进行市场调研，等等。

（4）人力知识，即指有关"谁"知道什么和知道怎样做的信息，让人知道"是谁的"知识。

这里的"知识"涵盖了常说的知识和能力两方面，也包括科学、技术、能力和管理等。

3. 教育界对知识的划分

在职业教育的教学中，常把知识分为公共科学文化知识、专业基础知识和专业知识三种，或分为基础知识和职业技术知识两种。

各类知识在职业院校学生学习期间和就业之后，均有其功能和作用，不能偏废。过分强调应用、忽视基础，将缺失"后劲"，不仅会影响专业技术的学习、掌握和应用，而且会有碍可持续发展；过分强调理论，忽视实践，忽视技能，忽视应用，就不能体现职业教育的特色，达不到培养从业能力的目标。保证必要的理论知识学习，旨在夯实职业院校学生的基础理论、基本知识和基本技能，提高其一般智能，获得职业群需要的关键能力；注重职业知识学习，旨在使职业院校学生扎实地掌握职业知识、职业技能。因此，在教学中必须科学地处理两者之间的关系。

（二）技能和技能结构

所谓技能，是通过训练而巩固的自动化了的活动方式，包括完成各项任务的动作活动方式和心智活动方式，也是人们运用知识或经验顺利完成某项工作或任务的一种活动方式。

技能大体可区分为动作技能（或操作技能）和心智技能（即智力活动技能或智慧技能）。

（1）动作技能，是指由一系列外在动作以合理完善的过程构成的操作活动方式，亦指以合理、完善的方式组织起来，并能顺利完成某项任务所涉及的，主要由人的体力和体能实现的一系列动作方式。

（2）心智技能，是指人脑进行认知的思维方式，亦指人在认知事物和解决问题时，按一定合理、完善的程序进行的，借助于内部语言在大脑中进行的思维活动方式。思维是心智技能的主要因素，掌握正确的思维方式方法，是心智技能的本质特征。

技能根据有无创造性又分为再造性技能和创造性技能。前者的特征是在技能活动中表现出较多的重复性或再现性，呈现的是一种已有的、固定的程序或算法，如做加减法、打字、跑步等；后者的特征是在技能活动中表现出一定的新颖性，呈现的是一种新思想、新观念、新方法，表现出变异性或变通性，让人有一种新颖感，如用新法解数学难题，富有创意的艺术设计等。在具体的学业或职业活动中，人们所运用的技能常常是一种综合体，部分是心智的，部分是动作的，部分是再造性的，部分是创造性的，彼此的比例和相关性也各有不同。

◎ 知识链接

动作技能和心智技能的联系与区别

动作技能和心智技能这两种技能，在实际活动中既有联系又有区别。

1. 联系

外部动作是心智技能的最初依据，也是其经常体现者；心智技能又是外部动作的谋划者、驱动者和调节者。不含心智技能的纯粹动作是少见的或是不存在的；同时，心智技能的形成和发展也离不开动作技能的作用。在完成较复杂、较困难的职业活动中，需要两种技能的共同参与。而确定某种职业技能属于哪一种，要依其主导的技能类型而定。

表2-1和表2-2分别列举了不同作业方式和不同技术等级的技能结构。

表 2-1 作业方式与技能结构

作业方式	技能结构
技艺型	动作技能≈心智技能
技能型	动作技能>心智技能
智能型	动作技能≪心智技能

表 2-2 技能等级与技能结构

技能等级	技能结构
初级工	动作技能≫心智技能
中级工	动作技能>心智技能
高级工	动作技能=心智技能

2. 区别

动作技能与心智技能的区别见表 2-3。技能训练，具有从操作技能到心智技能的发展过程，但在教学中没有严格的不容颠倒的程序，一般来说，不能将两者截然分开，可将心智技能训练寓于操作技能训练之中。

表 2-3 动作技能与心智技能的区别

动作技能	借助骨骼肌肉	活动过程外现	通过模仿练习获得	主要是后天习得	可以测量
心智技能	借助内部语言	活动过程内隐	掌握文化科学提高	既有先天因素，又有后天因素	难以测量

一般来说，技能训练皆可分解成清晰和明确的步骤。技能培育和训练要预先根据教学目标和技能训练内容，谋划和设计一套进行程序。通常，技能是介于知识和能力之间的一个概念，既有知识的成分，又有能力的成分，是从知识掌握到能力形成和发展的中介。可见，技能的形成和熟练，对知识的运用和能力的发展都有积极的意义。

资料来源：周永凯，李淑珍，等. 大学教学策略［M］. 北京：中国轻工业出版社，2016：60-61.

（三）能力和能力结构

所谓能力，就是胜任某项任务的主观条件，完成一定活动的本领。从心理学角度来看，它是直接影响活动效率和使活动顺利进行的个性心理特征的总和。能力是知识、技能内化了的个性品质，并能够在实际活动或职业活动中得以外化。

完成某种活动，需依赖主、客观条件。主观条件包括心理条件和生理条件。能力属于心理条件，而且是必备的心理条件。从功能方面讲，能力是在智力因素（观察力、注意力、记忆力、思维力和想象力）基础上形成的掌握和运用知识、技能进行创造的本领。综合而言，能力是人灵活运用知识、技能和智力因素，顺利完成某项实践活动（包括职业活动）的本领和心理特征。

能力一般可区分为一般能力和特殊能力。一般能力属于认知范畴，又称智力，包括观察力、注意力、记忆力、思维力和想象力，它是特殊能力的基础。特殊能力是指从事某种具体专业活动所必备的能力，如诗人会写诗，歌唱家会唱歌，舞蹈家会跳舞，设计师会设计，等等。各种职业能力均属于特殊能力。

能力存在于具体活动之中，并只能在活动中外呈出来。但是能力与活动不存在一一对应的关系，一种能力不单对一种活动起作用，同样，一种活动也不能只靠一种能力来完成。

@ 知识链接

能力与技能、知识的联系和区别

1. 能力与技能的联系和区别

能力与技能是两个既有紧密联系又有区别的概念。其中智力技能与能力的联系尤为紧密，且区别较小；动作技能与能力既紧密联系又有区别。

尽管动作技能含有知识和经验的因素，但它基本上属于能力的范畴，可以看作是一种特殊能力或职业能力。能力与技能的主要区别见表2-4。从形态上看，能力似无形，技能似有形；从内涵上看，能力概念宽，技能概念窄；等等。

表2-4 能力与技能的区别

能力	好似无形	概念较宽	多综合性	难分等级	活动体现	既有先天又有后天	先天性多且多为智力型	锻炼提高	提高缓慢	迁移性大	很难忘掉
技能	好似有形	概念较窄	多单一性	可分等级	动作展示	后天习得	先天性少且多为生理性	仿习强化	与日俱增	迁移性小	有些可忘

2. 能力与知识的联系和区别

能力和知识的关系是：知识是能力得以形成和发展的基础和前提，能力则是认知的掌握、运用和进一步获取知识的动力和条件；知识可通过人脑的内化转化为能力，能力则可使人获得更多的知识。换言之，能力是在学习、掌握和运用知识的过程中形成和发展的，知识的学习、掌握和运用会导致或促进能力的提高和发展，而能力又制约着掌握知识的速度、深度和持续度。也就是说，知识是一种潜在的、待开发的能力，能力是内化（类化、概括化和结构化）的知识；知识孕育着能力的形成和发展，能力影响着知识的吸纳、消化和迁移，影响着知识的扩展、整合和构建，还影响着知识的灵活运用、综合开发和创造。

但是，知识不等于能力，知识本身不是能力，知识多的人不一定能力就强。知识和能力的主要区别：从形成上看，知识可传授，能力靠培养、习练或训练；从掌握上看，知识靠后天吸纳、消化、理解或领悟而得之，能力则既有先天因素更有后天培育、锻炼的因素。两者的区别见表2-5。

表2-5 知识与能力的区别

知识	有形	具体	较死	属客观性	可以单一	后天习得	可以传授	立见效果	存于大脑或书本中	展现在表达中	易忘	解决知与不知	属于认识世界范畴
能力	无形	抽象	较活	带主动性	较为综合	先天后天	培养锻炼	需待时日	潜于大脑或知识内	体现在活动中	难忘	解决会与不会	属于改造世界范畴

正由于知识与能力之间存在如上的辩证关系，职业院校的教学应当把知识教学目标与能力培养目标有机结合起来，将知识教学体系与能力教学体系有机结合起来，建立一

种知能兼顾的新的综合体系。

资料来源：周永凯，李淑珍，等．大学教学策略［M］．北京：中国轻工业出版社，2016：62-63.

现代职业教育价值观极其重视能力的培养，提出"能力本位"的思想。从长远和发展的观点来看，能力更为重要，正如爱因斯坦所论述的："发展独立思考和独立判断的一般能力应始终放在首位，而不应当把获得专业知识放在首位。"当然，也不能因此忽视知识的传授，毕竟知识是形成、提升和发展能力的根基。

三、教学内容的选择

职业教育教学以学生为主体，要针对学生的学习类型来做教学设计。例如，职业院校的教学一般是先行动再理论，从行动中获得理论知识；多强调做中学，而不只是通过看书、听讲的方式进行学习。由于职业院校的学生不善于从抽象符号中提取信息，也不善于长期记忆这种信息，以及把信息转化成书面解题能力，因此，职业院校的学生不适合用考记忆的方式进行评价，往往对学生采取阶段式考试或是教学点形式的考试，从而避免了期末时一考定终身的现象。

做学习者分析的最终目的是分析出学生是哪一种类型的学习者，从而可以导出适合此类学生的教学设计。

为了实现职业教育的教学目标，需要选择合适的职业教育教学内容，并加以科学的组织，形成各种课程。因此，对职业教育教学内容的研究，需要解决职业教育教学内容的选择和组织两个重要问题。

教学内容的选择是为了教学目标的实现。为此，职业教育教学内容的选择应依据职业教育的教学目标进行。

（一）选择的来源

人的成长依靠直接经验和间接经验。直接经验是指亲身参加变革现实的实践而获得的经验；间接经验是从别人，从人类积累的那些经验里获得的经验。在接受教育期间，人的成长主要依靠间接经验，因此教学内容的选择，应从人类间接经验中，选择适合于学生学习特征和学生成长需要的经验。从人类教育教学实践分析，教学内容的选择取向主要分为以下七种：道德主义取向、百科全书取向、文化复演取向、形式训练取向、唯科学取向、经验取向和社会取向。

职业教育是培养技术技能人才的教育类型，这种类型人才需要人类积累的经验是以理论知识体系、技术方法体系和职业活动体系存在着。因此，职业教育教学内容应从理论知识体系、技术方法体系和职业活动体系中进行选择。职业教育教学内容选择的主流观点，归纳起来主要有三个，即学科、学习者和社会，但对于职业教育课程而言，还应包括职业，如图2-1所示。

在职业教育教学内容的来源上，要处理好这四个范畴（社会、职业、学科、学习者）之间的关系。

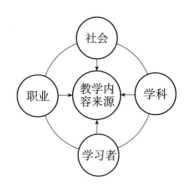

图 2 - 1　教学内容的选择范围

课程内容是课程目标的具体化，制约课程内容选择的主要因素有如下几点。

1. 社会需要

社会发展对职业院校学生素养发展的一般要求，是课程内容选择的客观依据。不同社会生产力的发展水平和状况、经济政治制度、社会意识形态，对学习者的素养发展会提出不同的要求。职业院校学生要主动适应经济社会生活和生产发展的需要，就必须具有认同社会主流的价值观念、思想意识和生活方式。因此，职业教育课程内容的选择，需要注重社会取向，要根据当今经济社会发展的需要，选择主动适应社会发展需要的内容。

"社会中心"课程论就极力强调，学校不仅应该帮助、指导学生在社会方面得到发展，而且还要帮助学生学会怎样主动参与社会活动。作为和经济社会关系最密切的职业教育，应十分重视从社会现实问题出发来选择教学内容。社会向前发展了，必然引起课程内容的变化。

2. 学习者需要

学习者身心发展规律、水平和需要，是一种客观存在，是制约着课程内容选择的内在要素。

首先，课程内容的选择需要适应学习者现有的发展水平和向前发展的规律。学习者身心现有的发展水平，制约着教学内容的广度和深度。超越或不及身心发展的现有发展水平的课程内容，都会损害教学质量。

其次，课程内容的选择必须考虑学习者身心发展的需要。既然课程的基本功能是育人，教学内容的选择就必须满足学习者身心发展的需要，促进学习者个性自由发展。人本主义课程论认为，自我实现是个体成长的最重要的需要，教学内容的选择应当充分关注和满足这种需要。启发学习者的学习需要、兴趣、爱好，发展他们的学习动机，是教学内容选择的第一要务，应成为课程内容设计的根本依据。

3. 科学文化知识

科学文化知识是教学内容的基本要素。因此，教学内容的选择，必须考虑人类科学文化知识的特点及发展趋势。

人类科学文化知识是教学内容的重要来源。它制约着教学内容选择的范围（广度）

和深度。科学文化知识越丰富，学习者的科学素质和人文素质就越高。现代科学文化知识发展很快，使人目不暇接，而学习时间有限，就特别需要精选。教学内容的选择，必须从人类科学知识总库中选择出最基础的知识。职业教育课程教学内容的选择尤其应该这样，理论知识的选择应以够用为度。

科学文化知识的发展速度，制约着课程内容更新的速度。人类科学文化知识的发展，客观地要求学校课程不断更新内容，推陈出新。

科学文化知识的结构制约着教学内容的结构。人类科学文化知识的结构，从古代知识形态上的原始综合化，到近代知识形态的细分化，再到现代知识形态的分化与综合并存的局面，使教学内容的结构也经历了多次重大变革和循序渐进的更新。

4. 职业技术

教学内容的选择还要考虑技术的发展，职业教育课程的内容必须要跟上技术发展的特点和趋势。自从人类进入工业社会尤其是后工业社会以来，职业工作过程的科学技术含量越来越大，机械化、自动化和智能化的程度越来越高，这就要求职业工作者不断更新职业技术和发展职业技能。尤其是高职教育课程内容的选择，要特别重视各种领域的职业技术的特点及发展趋势，要重视职业技术的结构及其更新速度。

（二）选择的原则

从职业能力的要求出发选择必要的理论知识时，要按照技术方法体系和职业活动体系安排职业教育教学内容，选择的原则也要因不同体系的特点不同而不同。

1. 理论知识的选择

选择学科理论知识时，要对照职业能力目标，分析相关学科理论知识与职业能力目标的关系。追求学生对知识整体框架的把握，不追求学生只掌握某些局部内容；强调这门学科及各部分理论知识的用途，不强调这门学科及各部分理论的学术研究。

一般学科课程内容的选择，需要保持学科理论知识的完整性、系统性和逻辑性。但是职业教育培养的职业人才，是应用型职业技术人才。该类学科课程内容选择应以实用、够用为准、为度。因此，职业教育类学科课程内容选择有其特殊性，主要从以下三个方面来选择科学的理论知识：

（1）科学技术的基本事实。它是形成理论知识的基本材料，是理论概括的基本对象。任何科学技术理论，都有确定的研究事实，都离不开基本的现象材料。对科学技术理论知识的选择，都必须先从科学技术所涉及的复杂现象或事实中选择出具有代表性的基本的科学技术事实，以便使职业院校学生从提供的这些事实中得到感性经验和认知基础。这类学科课程联系职业院校学生，联系现实生活、职业生活的一种重要途径，也是职业院校学生进行尝试性、探索性和发现性学习的前提。

在该类学科课程内容中，科学技术的基本事实不应由教师直接来提供，而应在创建的具体学习情境中体现出来。

（2）科学技术的基本概念。基本概念是理论的重要组成部分，是通过对科学事实进行抽象概括获得的，例如"二足而羽谓之禽""四足而毛谓之兽"等。科学技术理论不是停留在现象和事实表层上的描述，而是在概念的基础上，通过推理得到的理性认识。类学科的课程内容应体现这种基本概念和基本事实之间的逻辑联系，即适当地选择科学技术理论的基本概念，可使学习者在获得基本概念的基础上，掌握学科的理论知识。当然，还要注重概念之间的逻辑关系。

（3）科学技术的基本原理和方法。这是科学理论知识的实质性成分。科学技术的基本原理是在基本概念的基础上，通过命题或判断揭示客观事物内在规律的知识；科学的方法则是运用科学基本原理分析问题和解决问题的策略和技巧。这两者与基本概念之间也具有内在的逻辑联系。

学科内容的选择必须遵循科学技术知识本身的内在逻辑，从中选择最基本的部分，既能启发学习者的心智，又能满足学习者智能结构和技能技巧发展的需要。

当然，基础理论知识的选择需要处理好理论性和应用性、科学性与思想性、艺术性和工具性，以及基础知识与知识更新的关系。

传统学科课程内容的选择，要确保课程内容的基础性、系统性、理论性和结构性，从而使学习者既掌握系的科学文化基础知识和基本技能，又能发展关键能力；既具有全面发展的基础知识，又具有完善的独立个性。

职业教育类学科课程和普通高校学科课程不同，它更注重课程内容的应用性，在内容选择上以够用为度。因此，必然要突破传统的系统性、理论性和结构性，重新构建以应用为主体的内容体系。

2. 专业技能的选择

职业教育教学过程中要对照职业能力目标，分析相关技术、方法与职业能力目标的关系。选择技术、方法时，要注重让学生了解这种技术的产生与演变过程，培养学生的技术创新意识；注重让学生把握这种技术的整体框架，培养学生对新技术的学习能力；注重让学生在技术应用过程中掌握这种技术的操作，培养学生的技术应用能力；注重让学生区别同种用途的其他技术的特点，培养学生职业活动过程中的技术比较与选择能力。

因此，对于专业技能课程，其教学内容是以直接经验为主的，内容的选择具有与学科课程内容选择不同的标准和要求。

（1）直接经验选择的依据。直接经验选择的依据就是职业生活的逻辑，是关照学习者现实生活的逻辑。因此，专业技能课程内容的选择必须重视学习者各种发展的需要。专业技能课程的内容要高度重视职业实践活动、工作任务和工作过程的需要。

（2）直接经验的结构与体系。作为课程内容的直接经验不应当是零散的活动技术或支离破碎的生活体验，也不应是学习者琐碎的日常事务，而应是关照学习者现实生活世界的、具有较高精神价值的结构化、体系化的丰富的经验或体验。从来源上来说，课程中的直接经验也源于科学生活的知识。不过它不是以概念、原理的形式展现给学习者，而是以学习者直接的操作、探究、经验或体验等方式与学习者相结合，从而使他们体现经验的认知意义、情感意义和价值观意义。从这些含义上来讲，直接经验的选择，需要以学习者现实生活的逻辑为起点，构建出一定的结构和体系。当然，专业技能课程内容的选择也要注重其系统性、结构性、知识性，但更要注重可操作性、应用性和发展性。

（3）典型任务选择的方法。职业教育教学要对照职业能力目标，分析学校和企业可能提供的教学条件，然后选择典型任务，作为职业教育教学的内容。选择职业活动时，要注重所选择的任务具有典型性和趣味性，并要难易适度。典型性是指所选择的职业活动是学生毕业后从事职业活动时经常遇到的、具有代表性的活动；趣味性是指符合学生的心理特点、足以引起学生学习的兴趣，使学生不仅好学而且乐学；难易适度是指所选择的职业活动与学生的能力相适应。

3. 职业素养的选择

职业素养是人类在社会活动中需要遵守的行为规范。个体行为的总和构成了自身的职业素养，职业素养是内涵，个体行为是外在表象。

"职业信念"是职业素养的核心。良好的职业素养应包含良好的职业道德、正面积极的职业心态和正确的职业价值观意识，它是一个成功的职业人必须具备的核心素养。良好的职业信念应该是由爱岗、敬业、忠诚、奉献、乐观、用心、开放、合作及始终如一等这些关键词组成。

四、教学内容的结构分析

教学内容结构分析是指对选定的教学内容进行分析，确认其内容排列的逻辑理性。事实上，教学内容采用何种逻辑形式编排将直接影响课程内容结构的性质，也制约着课程实施中的学习活动方式。

教材是教学内容的主要载体，是学习主体对其进行信息加工的客体，是人类经验传承的主要渠道，是学生心理结构建构的物质基础，也是教师用以构建学生心理结构的外部工具或手段。教材的定义有广义和狭义之分。广义的教材指课堂上和课堂外教师和学生使用的所有教学材料，狭义的教材即教科书。那么，什么是"做中学"职业教育教材？"做中学"职业教育教材是以服务为宗旨、以就业为导向的职业教育教材。

"做中学"职业教育教材的结构不是单一的，而是动态的、完整的有机体。也就是说，"做中学"职业教材的结构是不可以割裂的，它们是相关的，它不仅与职业岗位的实际情境相关，而且其本身就是一个绵延不绝的发展历程。"做中学"职业教育教材的结构组织要素顺序上是相关的。"做中学"职业教育教材的内涵，是置学习者于工作环境之中，让其对所在的真实环境加以作为；与此同时，真实的工作环境作用于学习者会产生反应。因此，作为与师生之间的交互活动，就是职业院校学生学习内容的来源，也是"做中学"职业教育教材结构设计的理论支柱之一。

教学内容组织和编排应遵循连续性、顺序性和整体性三条逻辑规则，并要处理好以下组织形式。[①]

（一）直线式与螺旋式

直线式是将教学内容组成一个前后联系的"直线"，前后内容一般不重复，即课程

---

① 周永凯，李淑珍，等 . 大学教学策略［M］. 北京：中国轻工业出版社，2016：70.

内容直线式前进。其逻辑依据是，技能本身内在的逻辑是直线前进的，学科课程的知识内容就是这样依序前进的。

螺旋式是指课程内容按螺旋式重复出现，层层递进或提升。其逻辑依据是人的认识逻辑或认知发展规律，即人的认知是遵循由简单到复杂、由低级到高级逐步提高的。教学内容的组织和编排，应符合人的认知逻辑。认知内容重复呈现，有助于认知的提升、深化和扩展。

教学内容组织的两种逻辑方式各有利弊，分别适用于不同的课程。直线式对于理论性较弱的、操作性较强的教学内容较适合；螺旋式则适合理论性较强、不易理解和掌握的教学内容。不能笼统地说哪种逻辑组织形式最好，应该说，对于具体的课程内容而言，适合的便是最好的。

（二）纵向组织与横向组织

所谓纵向组织，就是按照知识的逻辑序列由已知到未知、从具体到抽象等先后顺序安排课程内容，或者按照操作技能的从简单到复杂的变化来安排课程内容。这种组织形式源于学习理论。

所谓横向组织，是指打破课程的知识界限和传统的知识体系，按照学习者的发展阶段，以学习者发展需要来探索社会和个人最关心的问题为依据组织课程内容，构成一个个相对独立的课程内容专题。横向组织是从人的成长过程的角度提出来的。从心理发展角度看，学习者生理的、社会的、认知的、情感的发展，都是按照一定的序列由内部进行调节的。因此，教学内容应从知识的横向联系加以组织、整合。

显然，纵向组织注重课程内容的系统性和知识的深度，而横向组织则强调教学内容的综合性和知识的广度。两种组织形式各有特点，不可偏废。

（三）逻辑顺序与心理顺序

逻辑顺序，是指按教学本身的体系和知识的内在联系组织课程内容；心理顺序，则是指按照学习者心理发展的特点来组织课程内容。

虽然教材的编者已经对教学内容的组织顺序进行了编排，但教师在课前还是要对这些内容的顺序重新加以确认，必要时可以做出调整。教学内容组织的实践表明，教学内容的组织只有把逻辑顺序和心理顺序有机地结合起来，才可能达到最佳的效果。

（四）教学内容选择和编排的程序

教学内容选择和编排的流程，如图 2-2 所示。[1]

（1）选择内容，划分单元。依据课程标准选择必学的内容，并按单元、章、节等结构组织材料。职业教育课程与教学多以模块、活动、项目、任务、案例等形成组织学习内容。

（2）构建单元顺序。根据知识或行动的逻辑结构，安排单元顺序与结构。

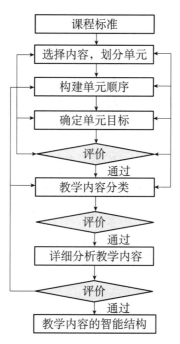

图 2 - 2　教学内容选择和编排

（3）确立单元目标。依据课程总目标分解形成各单元的子目标。

（4）第一次评价。对各单元目标汇总评价看能否达到总教学目标。如有问题，应修正前面各项或某项。

（5）教学内容的分类。如分为认知学习类、动作技能类、情意（情感、态度、价值观）类。

（6）第二次评价。针对分类后的教学内容重点检查各目标能否实现，有无重复、多余或欠缺，及时调整。

（7）详细分析教学内容。详细分析各单元、章、节及各知识点的教学内容，分清层次和相互之间的联系。

（8）第三次评价。对所有教学内容的分析结果进行组合和检查，做出增删。

（五）教学内容选择和编排的注意事项

教师通过对教学内容的选择、编排，可以获得知识、技能、态度的教学内容，符合各自的心理过程而不走样。教学内容各个部分之间的逻辑联系可分为并列型、顺序型和综合型三种，如图 2 - 3 所示。

（1）并列型：各部分内容相对独立，可互换位置，先学哪一部分均可。

（2）顺序型：各部分内容相关，逻辑性关系强，前一部分的学习将构成后一部分的基础，前后顺序不能颠倒。

（3）综合型：兼有并列型和顺序型的特点，应精心安排。

对于职业教育的教学内容，要考虑职业活动的特点，并处理好以下三个顺序：一是职业活动难易序列。遵循先易后难的教学原则，职业教育活动课程的垂直组织一般应遵

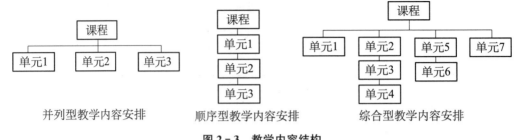

图 2 - 3　教学内容结构

循由易到难的逻辑设计。二是职业活动逻辑序列。任何一个职业活动的完成都需要经过一个完整的工作过程，而这个工作过程，从开始到结束都具有程序逻辑序列。职业教育课程应按照职业活动的逻辑序列进行垂直组织。三是职业能力形成逻辑序列。根据心理学研究成果，职业能力形成需要由多个环节构成，而每个环节又具有不同特点的、较为复杂的过程。

五、教学重点分析

（一）什么是教学重点

教学重点是教材中关键性的中心内容，是课堂结果的主要线索，掌握了这部分内容，对于巩固旧知识和学习新知识都起着决定性作用。

（二）确定教学重点的依据

"任凭弱水三千，我只取一瓢饮。"教师在确定教学重点时，应该做到以目标为根本依据。学科教学目标更多强调掌握知识的系统性和完整性，教学重点是教学目标中所要完成的最基本、最主要内容，而确定教学重点应该首先从本学科的角度出发，将某一知识是否在知识体系中有重要作用或影响作为确立的依据。只有明确了这节课的完整知识体系框架和教学目标，并把课程标准、教材整合起来，才能科学确定教学重点。例如：在"价值判断与价值选择"这节课中，知识能力目标是价值判断的含义及影响价值判断的因素。理解作出正确的价值判断和价值选择，必须遵循社会发展规律，站在最广大人民的立场上。初步具有认识和选择正确价值观、价值判断与选择的能力；培养学生奉献意识，培养尊重劳动、热爱人民的情感。所以本节课的教学重点就是将人民利益作为价值判断和价值选择的最高标准。从学科教学内容的科学系统来看，组成基本知识体系的主要环节为教学重点；从教育学的活动要求来看，培养学生能力、掌握学习方法是教学重点；从情感教育和品德养成来看，激发学生积极的情感、形成正确的价值观是教学重点。总之，教师在教学中，要结合实际，根据教学目标，恰当地将知识与能力、过程与方法、情感态度价值观统一起来，并结合职业能力的测评标准来确立教学重点。

（三）突出教学重点的方法

1. 攒聚突出法

每节新课都是由许多知识构成的，各知识之间有密不可分的联系。教师讲述各知识点时，都要有一个明确的指向，即指向教学重点，好像攒自行车辐条一样，每根钢线都与中轴绷得紧紧的，使之形成完整的知识体系。

2. 完善补充法

完善补充法是围绕重点作必要的补充，以求课堂讲授内容具体、深入、明确，使重点更加突出、丰满。例如，在处理事物发展是前进性和曲折性统一的这个重点问题时，结合学生掌握的历史知识进行学科间的综合。设置探究性的问题一：请你结合法国波旁王朝的复辟及灭亡的过程，说说波旁王朝最终被资本主义取代的原因。设置问题二：波旁王朝的多次复辟说明了什么道理？在讨论和思辨中，学生不是在被动地接受知识，而是主动地探究并获得知识。通过探究，学生明白了为什么"新生事物的发展其道路是曲折的，但前途是光明的"。为了更好地突出重点，顺势地过渡到第二个探究，要求学生"联系自己的实际，谈谈自己到职业院校以后，遇到过哪些烦恼和挫折，应该怎样看待成长中的烦恼"。这一设计，关注学生生活实际，使学生对这一堂课产生很大的兴趣，从而积极主动地学习，并把所学的理论用于自身实践，获得最深刻的情感体验。

3. 板书突出法

一般说来，写在黑板上的都是重要的。但如果写得复杂、混乱，缺少必要的关联，学生就不得要领。因此，板书要根据教学重点来设计。

六、教学难点分析

（一）什么是教学难点

教学难点是教学中难以理解或领会的内容，可以是情感、态度、价值观，或较抽象，或较复杂，或较深奥的教学内容。

职业学校的教学难点是怎么让所有学生都掌握教学内容，以及解决一部分学生不学的问题。当设备条件满足使用条件的时候，如何让所有学生都达标。

（二）教学难点的确立依据

难点是由两个方面决定的。一是教材的难度。教材本身从内容、形式到语言都有难易之分。抽象的、宏观的内容难度就大；具体的、与学生生活距离小的，难度就小些。形式有单一的，也有复杂的。语言有艰深晦涩的，也有通俗易懂的。二是学生知识基础和接受能力。学生基础扎实、知识面广的，解决问题就容易一些，相反就难一些。难点的存在跟一个人的禀赋也有关系，反应敏捷的，解决问题就容易一些，反应稍慢的就难一些。学生的多样性要求教学难点的确定有很强的针对性。所以确定难点有个前提，就是需要教师要了解学生、研究学生。要了解学生原有的知识和技能的状况，了解他们的兴趣、需要和思想状况，了解他们的学习方法和学习习惯。具体而言有以下几个方面：

第一，对于学习的内容，学生缺乏相应的感性认识，因而难以开展抽象思维活动，不能较快或较好地理解。例如，在学习唯物主义的三种基本形态的基本观点和局限性时，学生对唯物主义的认识基本停留在感性认识上，容易形成唯物主义的观点都是完全正确的错误认识，而唯物主义三种基本形态的基本观点又很抽象，所以，对于学生理解来说是难点。

第二，在学习新的概念、原理时，缺少相应的已知概念、原理作基础，或学生对已知概念、原理掌握不准确、不清晰，陷入了认知的困境。例如，在学习世界的本质是物质的知识点时，如果教师不能把物质和意识的概念讲透，那么学生在学习一系列辩证唯物论的知识时，就会存在认识不清的问题。所以，让学生明白这些概念的内涵就是教学时必须解决的重点和难点问题。

第三，已知对新知的负迁移作用压倒了正迁移作用。即已学过的知识在对学习新知识时，起了干扰作用，因而在已知向新知的转化中，注意力常常集中到对过去概念、原理的回忆上，而未能把这些概念、原理运用于新的学习之中，反而成为难点。

第四，教材中一些综合性较强、时空跨越较大、变化较为复杂的内容，学生一时难以接受和理解，而这些内容往往非一节课所能完成，又是教学中的大知识板块，这是教学中的"大重点"和"大难点"。这些问题讲好了，可以循序渐进地完成教学任务，融汇理解联系和发展的观点，进而形成唯物辩证法的知识体系，讲不好则会步步干扰，乱成一团。

备课时，教师要根据教材特点及学生情况，对可能出现的教学难点做出判断，并采取有效措施。教师只有在科学地了解学生的基础上，做出预见，预见学生在接受新知识时的困难、产生的问题，才能对症下药。

（三）教学难点的突破方法

突破教学难点，方法很多，或化抽象为具体，或化复杂为简单，或变生疏为熟悉，其目的都是化难为易。总结自己的教学实践经验，突破这些难点的方法主要有以下方法。①

1. 阶梯设疑法

阶梯设疑法就是说设计问题要有梯度，由浅入深，由易而难，步步推进地解决问题。如在讲解商品价值量的决定时，首先设置一个情境，轿车大幅度降价了，但仍然值几万元，自行车价格上涨了，但与轿车相比，还是相差甚远。设置问题 A：为什么轿车的价格与自行车的价格有着这样的差距呢？由此引出第一课学过的价值的含义。问题 B：

---

① 赖登维. 课堂教学如何突出重点讲清难点 [J]. 语文教学通讯，1998（3）：11-12.

价值应该由什么来衡量呢？是个别劳动时间还是社会劳动时间呢？由价值推出劳动——劳动时间——价值量，得出价值由价值量决定的，从而由此及彼，由表及里，步步为营，层层深入。最后，再利用图表的形式，通过列举恰当的事例，引导学生概括总结出：单位商品价值量是由社会必要劳动决定的，难点便迎刃而解。

2. 分解整合法

图示解答法是指教师利用图表的形式，将问题层层剖析，使学生对学习内容有一个比较清晰的、全面的认知，帮助其快速掌握学习内容。把一个问题从不同层次和不同角度分解成几个小问题来讲，然后再加以概括归纳，这样就容易把问题讲清楚。如在讲解物质决定意识时，以意识的含义为切入点，将问题转换为三个小问题：A. 意识是怎样产生的？B. 意识的物质器官是什么？为什么？C. 意识的本质是什么？为什么？随着这三个问题的突破，最终综合得出无论是意识的产生、载体还是本质都说明了物质决定意识，意识依赖于物质。

3. 图示解答法

例如，为了帮助学生把"主、次矛盾和矛盾的主次方面"这一难点理解透彻，教师可以利用图形以层层包含的方式将主、次矛盾和矛盾的主次方面加以区分、比较，从而使学生对于主要矛盾和矛盾的主要方面有直观的认识，明确一个是一对多的统一体，一个是一对一的一个统一体中的一个方面，再结合标志性词语，很快地掌握这个难点内容。

4. 联系实际法

教学实践证明，理论只有与实际相结合才更容易理解，才更有说服力。如上"价值判断和价值选择"课程时，以汶川地震后的拯救工作为背景材料，我们的总理、"90后"的青年人、部队在这个利益矛盾冲突的时刻，都做出了相应的选择。理论联系实际可设置三个问题：A. 材料中不同行为主体各自的价值选择是什么？B. 你赞成哪一种价值判断和价值选择？为什么？C. 假如你正身处地震灾区，你会怎么做？在感动和探究中，获得知识和情感体验，更深刻地体会当个人利益和国家利益冲突的时候，应当把个人、集体、社会三者统一起来作为自己选择的标准，自觉地站在人民群众的立场上进行选择是人生的最高境界。而对于青年人的价值选择，更让我们看到社会主义国家中人民利益远远高于一切的价值理念，这远远超越了理论的说教。

5. 构建知识结构体系法

构建知识结构体系有利于学生突破教学难点。因为教学难点是动态的，这就意味着学生如果对上节课的难点没有理解，那么下一节课这个难点还会进一步阻碍他的学习。这就需要教师帮助学生把课与课的知识构建起来，形成知识体系，从而使学生从起点出发，逐步深入地理解知识，达到层层突破教学难点的目的。

6. 巧设课堂习题法

教师通过精心设计与教学内容相匹配的课堂检测题，也可以达到突破教学难点的目的。这些检测题形式多样，有利于突破难点教学的主要有：（1）连线选择；（2）漫画型试题；（3）填表对比；（4）疑点判断；（5）主观性试题。

7. 多媒体教学法

多媒体在课堂教学中的最大优点之一就是形象、直观，恰当地利用多媒体辅助教学有利于学生理解教学难点。

七、做好教材研究工作

（一）教材内容的有效选取

苏霍姆林斯基在《给教师的一百条建议》中，讲述了一个故事：一位在学校工作了33年的历史学科老师，上了一堂非常出色的观摩课。邻校的一位教师问他："您的每一句话都具有巨大的思想威力。请问，您花了多少时间来准备这堂课？"那位老师回答说："这节课我准备了一辈子，而且，一般地说，每堂课我都准备了一辈子。但是，直接针对这个课题的准备，则花了约15分钟……"一辈子与15分钟，苏霍姆林斯基用案例的形式，道出了教师在备课中处理教材的真谛。

教学是一项富有创造意义的劳动，获得成就的前提是教师要把教材弄懂、弄熟、研究透。有位著名的特级教师在谈到优秀教师的成功条件时，非常推崇在备课上的功夫，他认为，"教师备课，要把百分之八十的精力放在深入研究教材上"。他说："教学上这法、那法，研读不透教材就是没法。作为教师，要想教育教学有所成就，必须在教材深入研究上花大力气，只有把教材分析透、整合透，在教学中才能得心应手，左右逢源，也才能获得丰厚的回报。"

1. 合理优化教材的基本策略

教师要树立新教材观，基于新教材观，教师研究和优化教材要从授课教材、动态教材、隐性教材上多下功夫，弥补原有教材的不足，使教材成为一个完整的体系，具有"立体感"；让教材更接近学生生活实际，提高"丰满度"；同时，教材的深入研究，为教师专业发展提供新的空间和机遇。

2. 运用信息技术

在数字化环境下，教师运用信息技术建设课程教材是知识转型时代的选择。它具有如下特点：

（1）动态形象：信息技术展示的形象具有动态特征，活化了教材中抽象、较难内容，易于学生理解和接受，节约了教学时间。

（2）时空开放：网络资源可以克服纸质教材的局限性，拓展学习时空、丰富教学资源、优化教材和提高新颖性。

（3）即时互动：运用信息技术让授课教材体现教学活动，不仅要及时地问答与合作，而且还要进行问题探究和细节再现，提升互动的深度和效度。

（二）深入研究教材的基本视角

深入研究教材，首先要研究教材的编制思想，编写者将其所采纳的课程思想融于教材，隐含着相应的教育功能，使用者需要将这些思想要素予以挖掘，融会贯通，方能将其教育效益发挥出来。

教材的教育功能可归纳为以下三个方面。

1. 教育价值

教材教育价值的具体体现是学生学习教材内容后与没有学习之间存在的差别。它是多方面的，主要是德、智、体、美等诸方面。教师更为关注的是教材的育人功能。

教材的育人功能客观地通过课程教材内容体现出来。教材的主要内容是所呈现的各种知识，而知识其实是一种社会科学文化的外显形态，因此，知识的背后是文化。

教材中文化层面的知识，必须涉及知识的来源、知识的结构和知识的应用等整体观。所以，在教学过程中，对知识来源的探索、知识结构的解析，以及知识应用的实践，都是引导学生在学习知识的同时学习做人。在分析教材时，如果教师忽略这部分内容的分析，教材研究就没有"到位"，教学设计就会"只见地，不见天"，教材的核心功能就会缺失。

教材中某个单元的教育价值研究与分析主要是通过认识该单元在整个教材体系中的地位以及比较与其他单元的关系来进行的。一般来说，教材的单元设置与布局总是为特定的课程目标服务的。由于每门学科的教学时间都十分有限，因此没有无缘无故设定一个单元的做法，教材编写者在设计与编制教材时的这种思想应该是清晰的，其教育价值也是可详见的。教师备课的任务之一就是要把教材编写者的思想（教育价值）分析出来，并体现到教学设计之中。

2. 学习过程

教材在编写时，不仅规范了学科知识的阐述并进行了科学的编排，而且还设计了很多不同形式的栏目，指导学生学习活动的开展。科学、合理的学习过程，对学生学习兴趣的激发和学习习惯、学习方法的养成是十分重要和必要的，教师要充分认识教材的这种特点，发挥好它的功能。

教师在做教材分析、进行备课时，不能只注意每个知识点的分析，还要重视不同知识之间的关系分析，注重单元结构的分析，以及教材中学生"活动栏目""思考与探究""参考资料"等内容的合理使用。

建议教师在备课时，通过做教学"内容结构图"或"教学路线图"，把教材分析与教学设计结合起来，展示教学内容、学与教的活动展开及指导学生学习过程的经历设计。教师长期坚持这项工作的好处就是把学与教、教材的结构与指导功能连接起来，形成一个有效的教学流程和教学体系。

3. 核心知识

核心知识是指在一个单元中必须掌握的核心概念、重点知识和基本原理、定理等。

在教学设计时，核心知识多数属于教学重点、难点，即教学中必须要落实的重要概念、原理、定理等知识。

确定核心知识的依据是以整个单元内容的深入研究为基础，在整体视野和过程中进行比较，在比较中从本质属性上展开分析，认识核心之所在。

核心知识具有：

（1）基础性。凡是核心知识，必然是属于该学科知识体系中最为基础的知识，即学习其他知识的基础。

（2）关键性。凡是核心知识，必然是在结构化的知识体系中能起关键作用的，即由其可拓展其他相关知识组成有联系的知识整体。

（3）关联性。凡是核心知识，必然是属于整个学科知识体系中的关联点，即掌握了这些核心知识，就能基本了解甚至掌握一个学科最为本质的要义和最主要的价值。

（三）教材处理要抓三个方面

在充分深入研究教材的基础上，需要对照课程标准，针对学生的实际，联系其他相关的教学要素，对教材进行科学、合理的处理。有效处理教材主要从以下三个方面展开。[①]

1. 根据课程标准，抓住教材的主线

教师在处理教材，进行备课、教学时，要根据学生的实际情况，以课程标准"内容与要求"为依据，按照"抓住主线、突出重点、分散难点、安排有序"的指导思想，有效处理教材的具体内容。

抓住主线处理教材的目的要求，一切要符合学生的认知规律，以便在有限的课堂教学时间里达到最佳的教学效果，让学生掌握最为基础的知识与最为基本的思想方法，促使学生智力与能力得到应有的发展。

建议教师在处理教材时，遵循教材主线的精神，对教材进行合理加工与提炼，体现"线索清晰、化难为易、化繁为简、化未知为已知"。让"新课"不新、"旧课"不旧，帮助学生在符合其认知规律的前提下，比较容易理解和掌握新的内容，学得和习得教材中的相关内容，并达到一定的要求，使教材处理实现有效性。

建议教师在教学设计时，将教材线索、教学过程联系制成一个课堂教学的"流程图"或"程序表"，包括主题流、信息流、问题流、学习流、教学流和相关的目标要求，横向沟通，纵向衔接，增强教学设计的系统性，逐步形成教学模式（规律），发展教学特色。

在课堂教学活动中，教与学是不可分割的整体，是教师与学生一种"沟通"与"合作"的和谐关系，是教师与学生围绕"教学文本"进行"对话"的过程，而这种对话和交流的过程就需要抓住知识形成过程中的"五点"：

（1）衔接点。新知识是由旧知识延伸和发展而来的，所以在教学中要抓住新旧知识的衔接点。

---

① 赵才欣. 有效教研：基础教育教研工作导论［J］. 上海：上海出版社，2008：85－87.

（2）转折点。它往往是教学的难点，转折得好，有利于旧知识到新知识的转化、思想的提升。

（3）重难点。在教学过程中，突出重点、突破难点的一个策略就是引导学生参与到学习过程中去，积极地思考和交流，形成自己对问题的认识和解决问题的体验。

（4）整合点。它具有一定的抽象性，根据学生的认知规律沟通相关知识的普遍原理、规律、结论等，注重学生对知识发生、发展过程的经历和方法的理解与运用。

（5）生长点。关注学生自主、合作、探究学习，设计变式创新练习，培养学生发现问题、提出问题、分析问题和解决问题的能力。

建议教师在备课时，针对以上"五点"，精心设计引导语、启发语、设问语、过渡语、链接语、总结语。

2. 结合学生实际，进行选择与调整

世界上没有一本教材是绝对具有"普适性"的，让任何学校和教师拿到它就可以照本宣科。所以教材只是可供师生教与学的学习载体，只有联系实际对教材作适当的选择与调整，以适应不同学校的实际情况和不同层次学生的学习需要，这才算是有效处理了教材。

学校与学生的差异性是对教材作选择、调整的首要依据。学生在预习教材时，可以对教材的内容进行分析、梳理、分类、评价，并以"不学也已经知道了""教师稍加点拨就能知道""希望教师作讲解""感到很费解"等并反馈给教师，为教师备课提供依据。

学生的生活经验也是对教材进行调整的依据之一。一般教材中知识的呈现和编排顺序有学科本身的规律，由远及近，由古至今。在现代社会中，学生感受最亲切的是曾经经历过或经验中的知识和问题，以此进行教材调整和教学设计，学生就容易接受学习的内容。

3. 联系学生生活，补充鲜活的内容

教材编写所使用的资料是受编写时间限制的，所以教材中的很多数据、实例需要及时更新升级。替代教材中旧的资料，补充更新为鲜活生动的学习内容。

学生通过自主、合作、探究学习所获得的，也是需要在教学中补充的资源。可以让学生来讲解、补充或设置交流讨论的内容，这是预设的教材中所缺乏的。一个有思想的教师会注意选用这些内容来活化教材、活跃课堂教学。

建议教师在备课时，针对学生的生活经验，选取一些学生能了解的社会知识、时事素材充实课堂教学内容，教给学生理论知识与社会实际相联系的思想方法。正确处理预设与生成的关系，教学内容体现鲜活与生动。同时，教师必须结合企业需求与学生未来职业生涯发展需要，用网络资源、专业年报年鉴和音视频材料等相关内容充实教材内容，给课堂教学注入活水。

（四）有效处理课堂教学的四个阶段

教师深入研究教材，要通过教材与编写者"对话"，备课时，要做到四度：

（1）深度。钻研教材，教师不能总是让学生在浅表思维上"打滚"，要把教材中学生看不到、摸不着的深层含义挖掘出来，备出深度。

（2）梯度。教材的知识分布不一样，难易度也不一样，教师要把梯度大的知识、重难点分散化，一步一步地引导学生进行深入理解，备出梯度。

（3）精度。把知识的精要方面和关键字句进行归纳和提取分析，备出精度。

（4）广度。使学生获得新的教材内容中有关的知识和观念，备出广度。

课程教材的结构，对学生来说，也是学习的知识结构；授课教材的知识结构直接影响每个学生的认知结构，而学生的认知结构又影响问题的解决及问题解决中策略的使用。教师的教学设计也可以看作一种外在的知识结构，因此，教师进行教学设计时，要领会教材编写的意图，选择材料，设置情境、呈现信息、激发兴趣、隐含问题，对学生学习进行预设，建立以问题为基础的教学。

教师授课"不是教教材，而是用教材教"。

整合课程资源，完成国家课程校本化建设。整合学校各学科的课程资源，实施国家课程校本化建设，形成各个专业较为系统、完整的学校课程体系。通过课程的整合与创新，进一步提高国家课程的执行力，提高课堂教学的有效性，从而全面提高教育教学质量，真正为学生成长、发展服务。

开发校本课程，形成学校的特色校本课程。充分利用学生、学校、社会课程资源，为学生提供丰富的多样化、选择性课程，促进学生的自主发展、自觉发展、个性发展和多元发展。加快校本课程建设，逐步完善学校教育资源库。

以国家课程为主体，以校本课程为基础，以拓展课程为延伸，以学生社团课程和实践课程为补充，构建学校课程体系。通过多样化课程，开阔学生视野，使学生更具人文素养与情怀；通过问题解决，培养学生优秀的思维品质；通过实践活动，培养学生的实践和创新能力，逐步提高学生的综合素质。

总之，教材的有效使用是以教材研究为基础，要讲究为课程目标服务的意识，必须体现效益性；要讲究提高单位时间的教学效果，必须体现效率性；要讲究为学生终身发展的能力奠基，必须体现效能性。

 **总结案例**

自编教材解决了大问题

（接导入案例）后来学校按照职业技能要求，按照烹饪协会的要求，重新开发了烹饪小册子，围绕着8道地方菜一共编写了8套小册子。这些小册子中有学生指南、学生工作页、教师观察清单，用这些教材进行教学，对于培养学生的职业技能非常有效，当年就有95％以上的学生考取了中级厨师证。而且这套小册子还被省里的扶贫办和农委拿来用于培训农民工。这套教材并不精美，但是非常实用。

分析：按照职业技能要求编订的小册子，使学生的学习状态能得到及时反馈，学习结果能得到及时确认和评价，进而大大提高了学生的烹饪技能。教学内容的选择只有根据学员的特点和技能评价的要求相结合，才能起到好的作用。

探索思考

1. 教学内容选择的来源有什么？选择的原则是什么？
2. 怎样确立教学重点及教学难点？确立的依据是什么？

单元二 教学目标的分析与确定

培训目标

- ◆ 了解教学目标的层次和功能；
- ◆ 了解教学目标的结构分析与分类；
- ◆ 能够确立和编写教学目标。

导入案例

教学目标编写不能随意

教学目标是分层级的，从宏观到微观分别为专业培养目标，专业课程体系下的一门课程的教学目标，一门课程下的一个单元的教学目标，一个单元下的一节课的教学目标，一节课下的一个环节的教学目标。因此，教学目标既有宏观的涵盖一个专业的目标，也有一个教学环节、一个教学点的微观目标。许多职业教育教师新手在分析教学目标时常常直接照搬课程目标，各个层级教学目标界定不清晰，目标聚焦不准确，或宽泛，或狭窄，不一而足。

以能力目标为例，无论哪个层级的能力教学目标都包括两个部分的能力：通用能力和专业能力，某职业院校"模具设计"课程能力目标具体表述为：

1. 通用能力

（1）良好的与人协调能力和与人沟通能力；

（2）自我管理、自我约束和自我发展能力；

（3）工作现场安全判断能力；

（4）良好的口语和书面表达能力；

（5）良好的解决实际问题的能力；

（6）培养学生热爱学习和终身学习能力；

（7）培养学生信息技术的运用能力；

（8）培养学生具备独立思考、逻辑推理、信息加工能力等。

2. 专业能力

（1）具备冲压模具和注塑模具的初级设计能力；

（2）具备产品工艺性分析与成形（型）工艺编制的能力（略）。

分析： 上述通用能力目标明显不是一门课程能够涵盖的，通用能力并不是虚无、不可触摸的，必须结合课程内容加以提炼，紧紧结合课程学习不断加以积淀，不能泛化，必须细化，不能"通用能力是个筐，什么都往里装"。

教学目标是教学活动实施的方向和预期达成的结果，是一切教学活动的出发点和最终归宿，更是教学价值的具体体现。因此，对职业教育教学目标的研究，应从职业教育教学目标的价值取向入手，提出职业教育教学目标及结构。

一、教学目标的定位和功能

"目标"在《现代汉语词典》中主要有两种含义：其一是射击、攻击或寻求的对象（如看清、发现对象）；其二是想要达到的境地或标准（如奋斗目标）。教学目标是后者，即教学活动的预期结果、达到的标准和要求，也就是教学活动所欲达到的学生身心发展的高度或层次。例如，通过一定的教学活动，要求学生能掌握什么样层次的知识、技能和素养等。

（一）教学目标的层次

教学目标是教育目标的重要组成要素或层次。一般来说，教育目标包括三个典型层次：专业培养目标、课程教学目标、单元教学目标（如图 2-4 所示）。

（1）专业培养目标。专业培养目标明确体现在专业目录和专业教学标准中，是对培养什么样的人的总体描述。不同学校在培养目标上也是允许有差异的。事实上，这也是客观存在，是所谓"大同小异"，在基本要求达到统一标准的前提下，形成各自的特色。

（2）课程教学目标。课程教学目标体现在课程标准中，是一门课程在培养人才上应达到的标准、要求。这里的"课程"是狭义上的、具体的，是指具体的一门课程。学校的培养目标要体现在各门课程的课程目标之中，教学目标是课程目标的进一步具体化。它是对具体的教学活动所要促成的学生身心发展的要求。教学目标是整个教育目标系统最低、也是最基础的层次。课程目标下还可划设单元教学目标、课时教学目标、环节教学目标等。教学活动也有多个层次，因此教学目标也有多个层次。其中典型的层次有二：单元目标和课时目标（如图 2-5 所示）。

（3）单元教学目标。单元教学目标是对一门课程中各个组成单元的学习的具体要求。对于职业教育中的项目课程（由若干项目或模块组成），单元目标即是项目教学目标或模块教学目标。

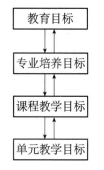

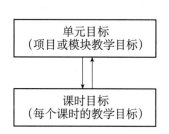

图 2-4　教育目标的层次　　　　图 2-5　教学目标的层次

（二）教学目标的功能

教学目标的功能，即教学目标对学习者所产生的作用和影响。归纳起来，主要有四种：导向功能、调控功能、中介功能和评价功能。

教学目标以其观念形态，储存或内化在师生的大脑里，指导或指挥师生的教学思维活动和行为，组织和协调师生的教学活动，以达到预期的教学结果。

教学目标由师生教学动机、教学活动、教学手段、教学结果等要素构成。因此，它必然具有激励和维持教学动机，指导、组织、协调师生思维、言行的导向功能，以及检验、评估实际结果的评价功能。后者是教学目标的特有功能，前两个功能则是评价功能的衍生物。

实际上，教学目标就是课程教学评价的标准。

首先，课程教学目标体系，是对学生学业成果和教师教学质量评价的基本评价体系和标准。这样，它就把课程教学规划、教学实施过程和结果在目标上统一起来，形成一股合力，保证教学过程的高效益和高效率。

其次，教学目标又是对教学产品进行检查、评估的基本标准。这种评价分为直接评价（课程教学评价）和间接评价（学业评价）。对于前者，教学目标是评价指标体系的主要依据之一，而对于后者，教学目标则起着标准的作用。

最后，教学目标能为教学内容、策略和方法的选择提供依据，判断"什么知识是有价值的""什么教学策略、方法是最优的"；同时，又能为教学组织、实施提供依据。

（三）教学目标的分类

课程教学目标是一定教育价值观（教育理想、宗旨）在课程教学范畴内的具体化，因此它总有一定的价值取向。明确教学目标的价值取向，对增强反省意识，提高制定目标的主体性、自觉性和积极性有重要意义。

经典的课程教学目标价值取向有如下几种。[1]

1. 普遍性目标

该目标是基于教育思想、社会政治经济发展状况与需求、意识形态及有关人的实践经

---

[1]　周永凯，李淑珍，等. 大学教学策略［M］. 北京：中国轻工业出版社，2016：45-46.

验等而形成的课程的一般宗旨，是教育活动中一般性、规范性的指导方针。这种目标具有普遍性、模糊性、规范性。传统社会中都采用这种目标，后来在西方国家受到行为目标的冲击。

普遍性目标适用范围广，灵活性强，教师可以根据具体教学实践来理解和设计教学目标。其缺点有：往往缺乏充分的根据，受日常经验影响；有一定模糊性，不够明确；不易观测。

2. 行为目标

行为目标是以具体的、可操作、可观测的行为的形式来陈述的教学目标。行为目标指明学习者经教学活动后所发生的行为变化。其主要特点有：

（1）强调目标的具体性、可测量性、可操作性；

（2）统一性，适用于所有的学习者且采用相同的标准；

（3）预定性，即行为目标在教育活动之前就已确定好。

由于唯科学主义思潮和行为主义心理学的影响，行为目标一经产生便很快流行。唯科学主义强调客观性、可观测性、精确性和量化，强调活动的程式化和规范化，行为主义心理学对人心理方面的研究，也有类似的要求。因此，两者都要求课程目标具体、明确、客观、可观测，并要求用外显的、客观性的行为来表述。

行为目标的优点：明确、具体、可观测。但它也存在一些缺陷，如很难测评，转化为行为的内容易被忽略；将学习分解为彼此独立的部分，可能破坏学习的整体性，不利于陶冶学习者的完整个性；缺乏灵活性，有时可能不适合实际情况。

3. 形成性目标

形成性目标也称为"生长性目标"或"生成性目标"。它是在实际教育情境中，随着教育过程的展开而逐渐形成的课程目标。其根本特征就是过程性、逐渐形成性。它克服了过程与结果、手段与目的之间的二元对立，可以带来教育教学活动的丰富性、开放性，使课程目标更切合教育的实际情境。但是，这种目标也存在明显的缺陷，如要求教师不仅熟悉课程内容体系和学习者身心发展的特征，而且要有相当强的研究能力，能在教育过程中随时提出恰当的课程目标，实际上很难做到；采用这种目标，需要做大量的额外工作，这不是所有教师都愿意做的。同时，学生没有了课程目标的导向，会使学习活动产生盲目性。

4. 表现性目标

该目标强调教学目标的独特性、首创性。它是指学习者从事某种活动后所取得的结果，注重的是学习者在活动中具有某种程度首创性的反应，而不是事先规定的结果。表现性目标是学者艾斯纳在批判行为目标的过程中提出来的一种课程目标。艾斯纳认为在教学设计以及评价中，应该准备行为目标、表现性目标和解决问题目标三种类型的目标，如图2-6所示。解决问题目标是不能预先规定的，他所关注的不是特定的行为，而是认知灵活性、理智地探索和高级心理过程。

表现性目标是开放性的，它只为学习者提供活动的领域、主题，而不规定完成活动后必须做出的某种行为，也不要求学习者做出一致的行为反应。它最关注的是学习者表现行为的个性、多元性，鼓励活动的个性特点。表现性目标的突出优点在于使课程目标适合于学习者的个性差异，能激发学生的求异思维和独创性，实现教育价值的多元性。但是，它不能对教育活动起到导向作用，难以保证学习者掌握必须把握的内容。

上述四类教学目标各有其优势和局限，在选择和确定教学目标时应该将后三者结合起来，使它们相互补充、相互协调。

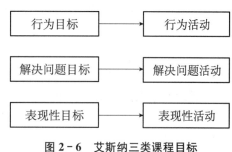

图 2-6　艾斯纳三类课程目标

二、教学目标的来源

职业教育教学的价值虽然在满足个体发展和社会发展的需要方面发挥着重要作用，但在满足职业发展需要方面的作用更加显现。因此，职业教育教学目标来源于个体发展、社会发展、职业发展的需要。上述三个方面也是教学目标的价值所在。当然，了解专家对课程目标的建议也是一个重要来源。

（一）个体发展的需要

在学生个体发展需要方面，职业教育教学目标的价值具体体现在学生个体发展的方向和水平上。长期以来，在教学目标的研究和使用上，人们一直十分关注学生个体发展的水平，忽视其发展的方向，而学生个体发展的方向往往比发展的水平更重要。

20 世纪 80 年代，美国著名发展心理学家、哈佛大学教授霍华德·加德纳博士在他提出的多元智能理论中指出，人类的智能是多元的而非单一的，每个人都拥有不同的智能优势组合。

（二）社会发展的需要

在社会发展的需要方面，职业教育教学目标的价值不但要体现在学生适应社会发展上，还要体现在承担起推动社会发展责任上。当今社会，政治上民主进程加快、经济上知识经济已见端倪、文化上以人为本、科学技术上空前发展等，都对学生个体的发展提出了较高的要求。

职业教育是与经济社会发展最密切的一种教育类型。以高新技术产业为支柱的知识经济时代的到来，对接受职业教育的学生个体提出了更高的要求。知识经济时代以创新为灵魂，以资产投入无形化、经济发展可持续化、世界经济一体化、价值取向智力化、学习终身化、市场竞争合作化、低碳环保绿色为主要特征，对劳动者的素质、就业方式和职业生涯发展等都提出了新的要求。因此，职业教育教学目标要关注社会发展的需要，就要注重对学生民主意识、创新能力、绿色理念的培养。

（三）职业发展需要

在职业发展的需要方面，职业教育教学目标的价值不仅要体现在越来越高的职业特质上，还体现在职业迁移能力上。

长期以来，职业发展存在两大趋势。一是各类职业对其从事者的职业特质要求越来越高。以高技术含量、高附加值、强竞争力为特征的高端制造业对技术技能人才特质的要求，以个性化服务为理念向社会提供高附加值的生产服务和生活服务的现代服务业对技术技能型人才服务特质的要求，以及现代文化艺术产业对技能型人才文化艺术特质的要求，都是前所未有的。二是新职业出现和旧职业消失速度在不断加快。职业是社会分工的结果，是人类社会生产和社会生活进步的标志。随着经济和社会的不断发展，科学技术的突飞猛进，职业的数量、种类、结构、要求都在不断地发生着变化。这种职业发展趋势加速了个人职业的变化，对个人的职业迁移能力提出了更高的要求。

(四) 了解专家对课程目标的建议

职业教育课程可以划分为职业类和学科类两大类，在设计和确定课程教学目标时，应分别向职业类专家和学科类专家进行咨询。

学科类专家最了解自己所在的学科领域，他们能够根据该学科的内涵和训练方法等，指出该学科能对一般人作出哪些贡献，能对某种职业人才有多大功用。

职业类专家最了解其所在的职业或行业领域，他们能够根据职业或行业的需求，提供职业教育职业类课程的认知目标、能力目标和情意目标。

当然，从上述三种来源获得的目标，可能是一般的或宽泛的，缺乏精确性，经过分类、整理，还需要进一步筛选，以删除次要的和有矛盾的目标。筛选时，要运用职业教育哲学和学习心理学这两个筛子。通过这样的筛选，留下的目标就是那些最有价值的、具体的、可测量的、操作性强的目标。

三、教学目标的结构分析

职业教育教学目标要承载个体发展、社会发展和职业发展的需要，体现个体发展、社会发展和职业发展的价值，就要多维指标来变现，这必然形成结构化的职业教育教学目标。

(一) 方向性目标

1. 方向性目标的提出

多元智能理论研究提供了人的智能结构是不同的科学依据，而不同智能结构在一定程度上决定着人们擅长什么职业。对我国接受职业教育的毕业生工作 10 年以后的发展调查也表明：一般分布在四个职业生涯方向上，一是技能得到充分发展，成为行家里手；二是营销能力得到开发，成为营销人才；三是进行管理，成为管理人才；四是自己创业，成为企业家。因此，职业教育教学应设定方向性目标。

2. 方向性目标的结构

职业生涯发展的成功从个体的角度分析，取决于个体智能结构与职业生涯发展的匹配。因此，职业教育教学的方向目标是智商、情商、财商、逆境商数、创业商数、创意商数、职业商数、领导影响力商数、机遇商数、成功商数、压力商数、健康商数、完美商数、人际社会交往商数、学习商数、魅力商数、系统商数、判断商数、精神商数、发展商数、道德商数、胆气商数、心理商数、意志商数、灵感商数等的组合。

（二）层次性目标

1. 层次性目标的提出

层次性教学目标的提出，使职业教育教学目标的针对性更强，不但知识、技能、态度、能力目标明确，而且职业要求情感、思维、行为和语言目标也明确起来。

另外，职业教育的教学价值追求技能型人才的培养与技能提升。实际上，任何一类教育都是追求培养各自领域的"能工巧匠"。特别是随着现代农业、高端制造业和现代服务业的发展，对技术技能型人才提出了很高的要求，技能附加值也成数十倍增长。这时，如果职业教育教学高层次目标还停留在学生能干，而不是能干到卓越和怎样才能干到卓越上，就赶不上时代的发展和产业发展的要求。

2. 层次性目标的结构

职业教育教学的层次性目标，分为三个层次：一是知识、技能和态度目标；二是职业能力目标；三是职业特质目标。

（1）第一层次：知识、技能和态度目标。

知识是个体通过与环境相互作用后获得的信息及其组织。

技能是通过学习而形成的合乎法则的活动方式。

态度是通过学习形成的影响个体行为选择的内部准备状态或反应的倾向性。

（2）第二层次：职业能力目标。

在心理学上，能力常常定义为直接影响活动效率，并使活动顺利完成的个性心理特征，是在知识学习、技能训练、态度养成后，通过完成任务形成的。所以，职业能力目标是比职业教育教学第一层知识、技能和态度目标更高层次的目标。在职业教育教学实践中，能力是指能够完成项目任务的能力。因此，能力目标一般用一项项完整的任务来描述。

（3）第三层次：职业特质目标。

调查发现，在从事不同职业的技术技能型人才中，那些卓越者之所以卓越，不是因为他知晓什么，也不是能干什么，甚至不是因为具备了各种职业所要求的共同的职业素质，而是他们把握了自己所从事职业的价值所在，具备了与所从事职业相匹配的、特有的职业素质。这种从事不同职业所特有的职业素质就是特质，是能够将工作中成就卓越与成就一般的人区别开来的深层特征。职业特质表现在职业情感、职业思维、职业行为、职业语言等多个方面。由于职业特质只有通过多次完成职业任务才能形成，也是比职业能力更为稳定的个体心理特征，因此，职业特质目标是在职业能力目标之上形成的，是职业教育教学的最高层次的目标。

四、教学目标的分类

如前所述，教学目标既具有教学的导向功能，更具有对教学的检查、评价的功能。为实现这些功能，教学目标必须是具体的、可测量的、操作性强的。根据国内外教育界课程专家的研究，具体化的教学目标应包括认知目标（知识目标）、动作技能目标（含操作技能和智力技能的目标）和情意目标（情感、意向、意志等目标）。①

（一）认知目标

认知学习是指对知识、智力技能和解决问题的能力的学习。其特征主要是知识的获得和应用。学习目标即知识和智力，主要涉及对知识的理解、记忆、思维、价值判断和问题解决等。

1. 布鲁姆认知领域教学目标分类

布鲁姆认知领域教学目标分类见表2-6。

表2-6 布鲁姆认知领域教学目标分类

目标层次	含义	亚分类	一般范畴
知道	对个别事物、事实的一般记忆	事实的知识 概念的知识 原理的知识 方法的知识	记忆普通名词或某一事实 知道方法或步骤 知道基本概念 知道某一规则、原理
领会	对知识内容系统化、内化，并解释、外推	转换 解释 推断	将数字转换为数式 转译文字资料为另一形式 估计预测某项结果
应用	将概念、原理、方法使用到另一新的情况	简单应用 复杂应用	应用法则解决实际问题 解答数学应用题
分析	将知识分解为各个因素或部分，找到其内部关系或联系	要素分析 关系分析 组织原理分析	找出复杂系统的各个要素 认出推理上的逻辑错误 分析因果关系 分析作品组织结构
综合	将各因素、部分加以组合，形成一个新的整体，产生独特的见解、认识	表达独特见解 制订新的计划 推导新的关系	写出有创见的作品或论文 发表独特的演说、见解 提出一项新的实验计划
评价	对特定的材料、方法等，依据内在或外在标准，给予价值的判断	内在标准判断 外部准则判断	论证材料的科学性 评判论文学术价值 评价赏析作品

---

① 周永凯，李淑珍，等. 大学教学策略 [M]. 北京：中国轻工业出版社，2016：47-54.

（1）"知道"，是感知和记忆具体事实、方法、过程、理论以及类型、结构和背景等内容。其心理过程主要是记忆，学习结果是记住已学过的材料。

（2）"领会"，是把握知识的意义。可借助解释、转换、推断等方式表示对知识的理解。解释即能用自己的话语说明或概述某知识信息（如数据、图表等）；转换则指用自己的话语或用与原先表述不同的方式表达所学内容，包括文字表述、表达式、图表、操作之间的翻译或互换；推断是预测发展的趋势。

（3）"应用"，是指将所学知识应用于新情境的能力。它包括概念、原理、规律、公式、方法、理论等的应用。"应用"需要有背景材料，构成问题情境，且是在没有解决问题的模式下正确地运算、操作、使用，是较高水平的理解。问题情境须具备两点：一是新问题；二是构成情境的材料须是学习者的常识或旧知。

（4）"分析"，是将复杂知识的整体分解成若干部分，并理解各部分之间联系的能力。既要理解知识的内容，又要理解其结构。

（5）"综合"，是将所学知识的各部分重新组合，以形成一个知识整体的能力。它强调的是形成新知的能力和创意创造能力。例如，突破常规思维模式，提出一种新构思、新见解或解决问题的新途径、新方法；能按自己构思整理学术的知识，将不完整的问题构成完整的问题；设计一个解决问题的新方案等。

（6）"评价"，是指对学习内容给予价值判断的能力。首先要在"综合"的基础上形成对每个问题的看法或价值观，再经过对客观对象和该标准之间的关系的分析作出判断。它是比"分析""综合"层次更高的学习水平。

上述六个层次由低向高发展，构成如图2-7所示的认知目标层次图。

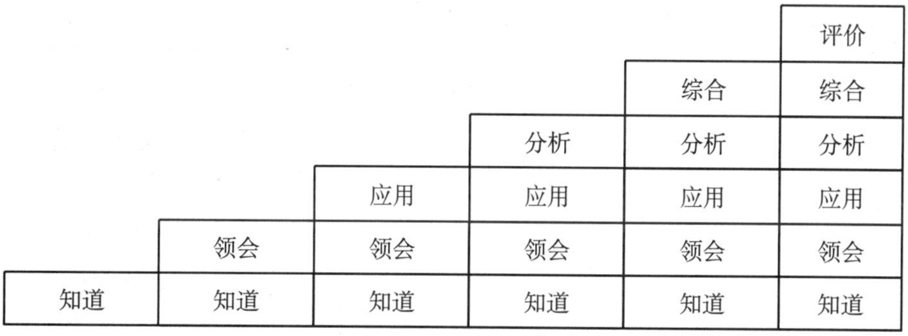

图 2-7　认知目标层次图

2. 加涅教学目标分类

（1）言语信息学习。言语信息既是知识，又含能力。言语信息回答"是什么"的问题，即知识；而学生经学习以后，能记忆事物的名称、符号、时间、地点、概念、含义，以及对事物的描述等具体事实，并能在需要时将这些事实表述出来，则也是一种能力，即记忆能力。

（2）智力技能学习。智力技能是指运用符号、学习、办事的能力。它也包含知识和能力。知识方面，智力技能可回答"为什么"和"怎么办"的问题；而能力方面，则是培养学生领悟、理解和运用概念与规则的能力，以及进行逻辑推理和审美推理的能力。

智力技能的发展遵循从简至繁、从低级到高级的过程，主要分为以下几类：

1）辨别学习，是将刺激的一个特征（或符号）和另一个特征（或符号）加以区别和联系的一种习得能力，包括连锁和辨别两个层次。例如花卉的花朵与绿叶。

2）概念学习，是在一系列事物中找出共同的特征，并赋予同类事物以同一名称的一种习得的能力。例如"二足而羽谓之禽""四足而毛谓之兽"等。概念学习包括具象概念和抽象概念两个层次。

3）规则学习，是一种揭示两个或多个概念之间的关系的学习。例如机械学中的"机构"的概念，"机构是具有一定的相对运动的构件的组合体"。

4）高级规则学习，则是把两个规则或多个规则结合在一起，组成一个能解决问题的高级规则，它是学生在解决问题过程中的思维产物，有某种新意。

智力技能的层次关系如图2-8所示。从图中可以看出，从低到高的学习层次之间是相互依存的，应科学合理地安排学习内容的顺序。

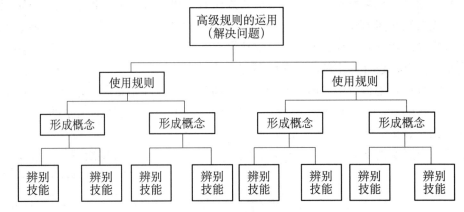

图2-8 智力技能的层次关系

在分析智力技能学习时，可以从选取的最高目标开始，依次向下进行。将智力技能的层次关系和加涅的累积学习层次相对照，可以得到图2-9中的对应关系。

				高级规则	高级规则学习
			规则	规则	规则学习
		抽象概念	抽象概念	抽象概念	概念学习
		具体概念	具体概念	具体概念	
	辨别	辨别	辨别	辨别	辨别	辨别学习
连锁	连锁	连锁	连锁	连锁	连锁	

图2-9 智力技能的层级与累积学习层次对应关系

（3）认知策略学习。认知策略是学习者在认知过程中发挥、调节和控制智力（包括观察力、注意力、记忆力、思维力和想象力及整体结构）的能力。

图2-10所示是S—O—R公式形象化表示。其中S、O、R代表刺激、学习者、反应的内部心理过程。由该模式可知学习过程由三个阶段组成：

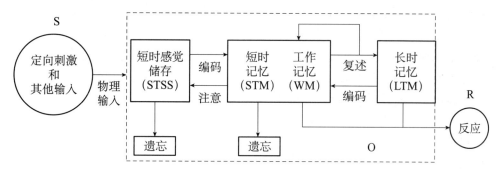

图 2 - 10 学习与记忆的信息加工模式

1）短时感觉储存：学习时的每一瞬间都有大量信息刺激人的感官。其中既有学习内容，也有其他干扰，在人脑中引起短时感觉储存。但是并非所有刺激信息都能进入记忆状态，只有那些受到注意、引起知觉的信息才能进入人的意识领域，其他信息便被删除。

2）注意与选择性知觉：进入意识领域的信息形成短时记忆，当注意力集中以后，人脑便会产生"选择性知觉"，只对与学习有关的信息引起知觉，而对其他信息无动于衷。

3）记忆：分为短时记忆和长期记忆两个阶段。只有对短时记忆的信息反复加强记忆，才能形成长期记忆。

经上述分析可知，学习过程是信息的收集、加工、储存，以及需要时提取运用的过程。"知觉"涉及的心理过程是信息收集："记忆"涉及的心理过程则是信息的加工、储存和提取。为了使学生有效学习，教师应通过各种方式来影响学生的注意、知觉和记忆，促进学生获得尽可能多的信息。

（二）动作技能目标

动作技能是一种习得的能力。它必须是经历学习、模仿、训练以后获得的身体协调一致的精确、流畅的动作。

动作技能有两种基本形式：借助某种装置和不用任何装置。前者如绘画、打字、演奏乐器、操作实验装置、驾驶交通工具等；后者如跑跳、游泳、唱歌、跳舞等。不管哪一种，动作技能中总是受内部知觉联系在一起，故有时把它称为知觉动作技能，其信息加工模式，如图 2-11 所示。

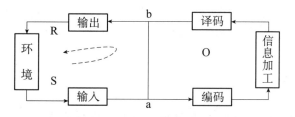

图 2 - 11 知觉—动作的信息加工模式

从信息加工的角度来看，人的任何运动或操作都可分解为 S—O—R 过程，从刺激（输入）到反应（输出），须经过五个步骤（如图 2-11 所示）：

（1）输入——环境刺激，引起神经冲动；

（2）编码——识别信息，并转化为符号；

（3）信息加工——运用联想、类比等思维，导出以符号表述的行动指令；

（4）译码——符号指令转化为神经冲动；

（5）输出——神经冲动引起肌肉反应，作用于环境。

开始训练时，总是一步一步地进行，经过一段时间，熟练后便会省去右侧三步（编码、信息加工、译码），似乎 a、b 两点直通，只要有刺激就有相应动作产生。这时动作技能的训练就完成了。

动作技能学习与训练，常用于实验课的工具和设备操作，体育课的健身训练，各种艺术课的技法、技能训练，艺术表演训练，计算机操作等。但对这类学习亚分类，尚不充分。下面介绍是目前应用较多的辛普森（E. Simpson）的分类体系：

（1）知觉，指运用感觉获得信息以指导动作，主要了解某动作技能的有关知识、性质、功能等，感知动作要领。

（2）准备，指为适应某动作技能的学习，做好心理、生理诸方面的准备。例如了解动作进程、要领、难度，使身体、心理到位，做到心里有数，从而跃跃欲试，以便开始练习。可以说，该阶段即技能学习的认知阶段。

（3）反应，指在教师指导下练习有关动作技能。例如模仿示范动作练习，试误练习，直至形成正确的动作等。

（4）自动化，指经过一定程度练习，形成习惯性反应，已能熟练地掌握应有的动作技能，并可以自信地、自动地完成。例如能迅速而准确地打字、准确演奏乐器规范动作、表演舞蹈基本动作等。

（5）复杂外显反应，指以最少的精力和时间表现全套的复杂的动作技能，连贯娴熟，得心应手。例如能熟练地演奏名曲、表演经典舞蹈、临摹名画、熟练应用计算机软件、维修精密仪器等。

（6）适应，指已练就的动作技能具有广泛的应变能力，可以适应环境条件以及要求的多变性。例如能根据时代要求和观众欣赏的要求改编传统的戏剧、舞蹈、乐曲等。

（7）创新，指在学习某种技能的过程中，形成并创造新的动作技能的能力。例如改进实验操作方法和操作装置、创造新的表演模式等。

动作技能的学习目标的层次，也是由低向高递升的（如图 2-12 所示）。一切动作技能可分解为若干从属的基本动作技能。动作技能学习内容的分析，不仅要分析实现教学目标所要掌握的各项基本动作技能，揭示它们之间的相互联系，还要列举学习这些技能应掌握的知识。

（三）情意目标

情意包括情感和意向，是对外界刺激（信息）作出肯定或否定的心理反应，如喜欢、厌恶等。个体的情意影响着人的行为，乃至人生的成败。广义的情意包括人的所有非智力因素，其中有认知成分、情感成分、意向成分和行为成分。如观念、信念、理想、人生价值、需要、兴趣、情绪、情感、品德、意志、态度、性格、行为倾向等。

						创新
					适应	适应
				复杂的外显反应	复杂的外显反应	复杂的外显反应
			自动化	自动化	自动化	自动化
		反应	反应	反应	反应	反应
	准备	准备	准备	准备	准备	准备
知觉	知觉	知觉	知觉	知觉	知觉	知觉

图 2-12　动作技能领域的学习目标层次

情意领域的教育目标分类视价值内化程度而定，克拉斯伍（D. R. Krathwohl，1964）发表了他的这种分类，共分五级：

（1）接受。即愿意关注某种事件或活动。例如认真听课、参加群体学术研究、喜欢鉴赏艺术作品等。

（2）反应。即积极参与某项活动，并以某种方式作出积极响应、表示满意。例如热情参与创意创造活动，树立成就感；积极参与志愿者活动，乐于培养奉献精神等。

（3）评价。即能用一定的价值观标准对某种事物、现象或言行进行判断，自发地表现出某种兴趣、需要或关注，以致偏爱某种价值观念。例如对某一科研课题或艺术创作产生浓厚兴趣、欣赏文学艺术作品、倾情有创意的技术发明等。

（4）组织。即能比较、辨清各种价值观念及其相互关系，选择、接受自己认可的价值观，形成个人的价值观体系，树立自己的人生目标。例如认可"天下为公"为人生最有意义的价值观，树立以奉献为主的价值观；又如认定"人生的本质力量在于创意创造"，积极树立创新意识、培养创造能力等。

（5）个性化。即内化了的价值体系转化为个人的性格特征，形成其个性品质，以及独具特色的世界观、人生观和价值观。例如有的大学生积极培养创新意识、创造精神和创业能力的倾向，就反映了他们的适应 21 世纪的价值观。

情意类学习目标也是逐层升华的，其结构层次图如图 2-13 所示。

				个性化
			组织	组织
		评价	评价	评价
	反应	反应	反应	反应
接受	接受	接受	接受	接受

图 2-13　情意类数学目标层次图

上述三种目标是彼此关联、相得益彰的。在现实的学习过程中，往往同时发生，互相促进。因此在确定具体的学习目标时，要综合考虑某一学习内容的不同类型学习目标的融合，使学生在认知、技能、情意等方面协调发展。

近些年来，国内一些教育家和学者借鉴国外关于学习目标的研究成果，结合国情对学习目标进行了一系列新的探讨和构思，见表 2-7 至表 2-10。

表 2-7　认知领域学习水平分类

学习水平	具体行为
记忆	记住学过的材料
理解	1. 将学习材料从一种形式转换成另一种形式 2. 理解学习材料 3. 对学习材料做简单判断
简单应用	将学习过的材料用于新的具体情境中去解决一些简单问题
综合应用	1. 对具体综合问题各组成部分的辨认 2. 部分之间各种关系的分析 3. 识别组合这些部分的原理、法则，综合运用解决问题
创见	1. 突破常规的思维方式，提出独到的见解或解题方法 2. 按自己的观点对学习过程的材料进行整理分类 3. 自己设计方案，解决实际问题

表 2-8　动作技能领域学习水平分类

学习水平	具体行为
模仿	1. 对演示、动作的模仿，对工具和装备的使用 2. 把描述语言转化为实际动作
理解	1. 装置结构原理 2. 动作作用解释 3. 动作结果的解释和概括
协调	1. 动作分解和组合协调的实现 2. 动作组合计划设计 3. 实验结果的解释和概括，并写实验报告
熟练	1. 对动作作用的估计 2. 对组合动作、设备进行设计和计划 3. 动作熟练进行 4. 结果的解释、推论及评价
创新	1. 新情境下对动作的设计和实现 2. 新情境下对结果的解释、整理

表 2-9　情感领域学习水平分类

学习水平	具体行为
接受	1. 在适当的环境中注意对象的存在 2. 给予机会时有意地注意对象 3. 集中注意教师的讲解和演示
思考	1. 能遵照教师指示作出系统动作 2. 能主动和对象打交道，且与过去的经验发生联系 3. 能有意识地、兴致勃勃地和对象打交道

续表

学习水平	具体行为
兴趣	1. 有深入研究的意愿 2. 愉快地和对象打交道 3. 有意愿立即停止自己的思考和动作
热爱	1. 关心对象的存在和价值 2. 价值经过内化成为自己的坚定信念 3. 认识到对象的美，成为自己的理想信念
形成品格	依据自己的价值观所形成的信念，内化为自己的品格，并用于指导自己的言论与行动

表 2-10　国内外教学目标层析对照

认知类	国内体系	记忆		理解	简单应用	综合应用		创见
	布鲁姆体系	知识		领会	应用	分析	综合	评价
	加涅系统	言语信息		辨别	概念	规则	高级规则	认知策略
动作技能类	国内体系	模仿			理解	协调	熟练	创新
	辛普森体系	知觉	准备	反应	自动化	复杂外显反应	适应	创新
情感意向类	国内体系	接受		思考	兴趣	热爱		形成品格
	克拉斯伍体系	接受		反应	评价	组织		个性化

五、教学目标的确立

（一）教学目标确立的依据

职业教育的目的是由国家的教育方针决定的。职业教育的培养目标是由国家教育行政主管部门组织职业教育和行业企业专家，在国家教育方针指导下，以教育目的为前提确定的。专业教学目标又由学校组织教学和行业专家，在职业教育培养目标的基础上确定。而课程教学目标则是以实现专业教学目标为前提，以人才培养实施方案为依据，由相关教研室编制。单元教学目标和课时教学目标又是按照课程教学目标的要求，由任课教师编制，经教研室审定。可见，教育的培养目标、专业教学目标、课程教学目标、单元教学目标、课时教学目标等都存在着密切的联系，并构成了一个完整的教育教学目标体系。因此，在教学目标的确立过程中，必须以培养目标、课程目标等为教学目标确立的依据，把各个教学目标放在整个教育教学目标体系中来衡量它的地位和作用。

（二）教学目标确立的步骤[①]

职业教育教学目标的确立过程大致可分为专业教学目标的确立、课程教学目标

---

① 邓泽民.职业教育教学设计［M］.北京：中国铁道出版社，2016：203-204.

的确立、单元教学目标的确立、课时教学目标的确立、环节教学目标的确立五个步骤。

1. 专业教学目标的确立

各专业的教学目标建立在相应的专业培养方案基础之上，而运用现代课程理论方法开发的专业培养方案，为专业教学目标的确立提供了明确的目标和内容。所以，确立专业教学目标首先要深入分析专业培养方案，尤其要把握住专业培养目标，然后依据专业培养目标，找出学生存在的差距，确定教学任务，构成专业教学目标。

2. 课程教学目标的确立

专业教学目标的实现需要依托各课程教学目标的实现。因此，课程教学目标是通过专业教学目标的科学划分形成的。

3. 单元教学目标的确立

教学活动一般以教学单元形式进行。因此，需要编制单元教学目标。职业教育单元教学目标依据课程教学目标划分产生，用职业能力和职业特质描述。

4. 课时教学目标的确立

课时教学目标确立的主要依据是单元教学目标（称为母目标），达成单元教学目标，学习者必须具备职业能力和职业特质（称为子目标）。

5. 环节教学目标的确立

在教学过程中，为了实现课时教学目标，根据职业能力和职业特质形成的过程，需要安排多个教学环节。每个教学环节应达到什么样的教学目标对于教学方案的设计也是十分必要的。这些环节教学目标一般包括知识的学习结果、技能学习结果和态度的变化结果，以及三者整合形成的职业能力和最终形成的职业特质。环节教学目标是按照课时教学目标形成过程环节确立的。

◎ 案例

分层次教学目标的确立

1. 专业教学目标的确立

吉林电子信息职业技术学院机械设计与制造专业的教学目标是培养思想政治立场坚定，具有社会责任感，德、智、体、美、劳全面发展的，适应机械行业经济需要，具有良好的职业素质，掌握机械加工制造领域必备的机械图样识读、机械产品加工制造、设备的调试维护保养、产品设计创新等知识，能从事夹具调试、设计、模具调试设计、设备的维护保养、数控加工、装配生产、售后服务和产品营销等工作的高素质劳动者和技术技能人才。

2. 课程教学目标的确立

根据机械设计与制造专业教学目标，以"机械制图 CAD"课程为例，教学目标解析如下：

（1）机械设计与制造专业专业课程学习领域（见表2-11）。

表2-11 机械设计与制造专业专业课程学习领域

序号	专业基础理实一体化学习领域	序号	专业实践学习领域
1	机械制图与CAD	1	冲弯模制造
2	机械加工技术	2	检具设计制造
3	零部件测绘与3D建模	3	分拣装置加工制造
4	机械设计基础与设备装调检测技术	4	装配部件的设计制造与控制综合实训（车钳铣电气液复合）
5	数控加工技术（模拟仿真、数车、数铣）		
6	特种加工技术		
7	产品逆向设计与3D打印技术		
8	机床控制技术		

（2）"机械制图CAD"课程具体教学目标（见表2-12）。

表2-12 "机械制图CAD"课程具体教学目标

总体目标	一级目标	二级目标	三级目标
培养具备良好的职业素养和具备一定职业行动能力的工程技术岗位的技术技能人才	知识目标	机械制图部分	1. 掌握机械制图国家标准
			2. 掌握零件图和装配图内容、作用和表达方法
			3. 掌握零件图和装配图的识读
		CAD绘图部分	1. 掌握AutoCAD绘图基本命令
			2. 掌握AutoCAD绘制图样的基本方法和技巧
	职业行动能力目标	机械制图部分	1. 具备识读中等复杂程度的零件图的能力
			2. 具备识读简单装配图的能力
			3. 具备运用机械制图基本知识表达简单的设计意图的能力
		CAD绘图部分	具备运用AutoCAD软件进行简单机构的设计
	职业核心能力目标	培养学生查阅学习资料的能力、文字和语言表达能力、文字和数字规范书写能力	
	职业素养目标	培养学生具备严谨认真、精益求精、一丝不苟、团结协作、创新精神等	

3. 单元教学目标的确立

以"机械制图CAD"课程具体教学目标为依据，制定单元教学目标。下面以尺规绘制并识读方形垫片零件图单元教学目标的确立为例，具体见表2-13。

表 2－13　"机械制图 CAD"课程的"尺规绘制并识读方形垫片零件图"单元教学目标

	"尺规绘制并识读方形垫片零件图"单元任务单
任务载体	方形垫片零件图
教学目标	1. 知识目标 (1) 掌握国家标准规定的标准图纸幅面规格及图框格式尺寸的规定、标题栏的画法和内容 (2) 掌握国家标准常用的粗实线、点划线、细实线线型的画法和适用场合 (3) 掌握国家标准规定的数字的书写要求 (4) 通过分析方形垫片零件图上的尺寸,掌握尺寸的分类和标注的意义 (5) 通过抄画方形垫片零件图,掌握绘制平面图形的基本步骤 (6) 学会计算线性尺寸的极限值 2. 职业行动能力目标 (7) 了解几何公差的概念,明确垂直度和平行度的含义及如何正确标注 (8) 具备分析构成方形垫片零件图的基本图素是直线、圆和圆弧的能力 (9) 具备分析构成方形垫片零件图的基本图素之间相互关系的能力 (10) 具备根据零件图描述空间物体形状和结构特征的能力 (11) 具备分析方形垫片零件图各图素尺寸的能力 (12) 学会正确使用铅笔、三角板、圆规等绘制方形垫片的技能 3. 职业核心能力目标 (13) 提高学生查阅学习资料的能力 (14) 提高学生的文字和语言表达的能力 (15) 提高学生文字和数字规范书写的能力 4. 职业素养目标 通过保持良好绘图坐立姿态,正确摆放书本纸张、绘图工具,桌面保持整洁,座椅周围无垃圾杂物,离开教室时物归原处等做法,逐渐养成良好的基本职业素养。通过书写、绘图,培养学生一丝不苟、精益求精的职业精神
计划学时	8～10 学时
学习要求	按照提供的图样,正确抄画方形垫片零件图,做到图线绘制符合国家标准要求

4. 课时教学目标的确立

下面是以"尺规绘制并识读方形垫片零件图"单元中任务 1 熟悉方形垫片平面图形为例,说明课时教学目标,具体见表 2－14。

表 2-14　课时教学目标举例

任务载体			任务 1　熟悉方形垫片平面图形
教学目标	子任务 1-1	知识目标	(1) 掌握什么是基本图形（正方形、圆） (2) 掌握国家标准常用的粗实线、点划线、细实线线型的画法和适用场合
	子任务 1-2		(3) 掌握国家标准规定的数字的书写要求
	子任务 1-3		(4) 掌握基本绘图工具（直尺、圆规、铅笔、橡皮）的应用范围
	子任务 1-4		(5) 掌握尺寸标注的意义
	子任务 1-1	职业行动能力目标	(1) 具备判断正方形、圆的特点的能力 (2) 具备判断粗实线、点划线、细实线线型适用场合的能力
	子任务 1-2		(3) 具备规范的数字的书写能力
	子任务 1-3		(4) 具备直尺、圆规、铅笔、橡皮正确使用的能力
	子任务 1-4		(5) 具备判断尺寸标注意义的能力
	子任务 1-1	职业核心能力目标	(1) 提高学生查阅学习资料的能力 (2) 提高学生的文字和语言表达的能力 (3) 提高学生文字和数字规范书写的能力
	子任务 1-2		
	子任务 1-3		
	子任务 1-4		
	子任务 1-1	职业素养目标	(1) 通过纸张、绘图工具，桌面保持整洁，座椅周围无垃圾杂物，离开教室时物归原处等做法培养基本职业素养 (2) 通过规范书写要求，培养学生一丝不苟、精益求精的职业精神
	子任务 1-2		
	子任务 1-3		
	子任务 1-4		

5. 环节教学目标的确立

下面是在完成子任务 1-1 中的一个环节中，教学目标确立的示例，见表 2-15。

表 2-15　环节教学目标举例

子任务 1-1　请结合教材仔细观察右侧图形是由哪些基本图形和线型构成的，把基本图形、线型的名称、图线的宽窄值规范地填写在下面的方格内			
知识目标	职业行动能力目标	职业核心能力	职业素养目标
1. 掌握正方形的特点 2. 掌握圆（大、中、小圆）的特点	具备判断正方形、圆的特点的能力	1. 查阅教材能力 2. 语言描述基本图形能力 3. 文字和数字规范书写能力	1. 通过纸张、绘图工具，桌面保持整洁，座椅周围无垃圾杂物，离开教室时物归原处等做法培养基本职业素养 2. 通过规范书写要求，培养学生一丝不苟、精益求精的职业精神

六、教学目标的编写

教学目标是教学活动成败的重要环节之一，合理的教学目标是保证教学活动顺利进行的必要条件。在教师的传统教案设计中一般都有教学目标陈述，在该陈述里，反映知识、技能以及素养方面的目标，一般用"了解……""熟悉……""培养……"等语言。例如，一位教师将"刀具选择"这个课题的教学目标陈述为："了解刀具的设计原则；熟悉刀具材料的分类；掌握刀具选择的方法。"这就使得这一节课的教学目标所表达的教学意图是含糊的。心理学家称这种传统方式陈述的目标是"用不可捉摸的词语"陈述的目标。这样陈述的教学目标很难起到导教、导学和导测、导评的作用。

教学目标应能准确反映出知识类型、认知过程和态度之间的关系，既要体现知识的结构类型、学习的认知过程，又要体现学习的条件和动力，还要为学生通过学习活动认知水平和心理机制发生了什么变化提供标准，合理的教学目标的制订关系到教学设计的成败。

（一）教学目标编写的方法

教学目标的编写大致有基于认知心理学与基于行为主义心理学的两种不同观点。行为主义强调用可以观察或可以测量的行为来描述学习目标，而认知规则强调用内部心理过程来描述。尽管两种观点有所不同，但教育心理学家一致认为，学习目标的重点应说明学习者行为或能力的变化。

教学目标的编写通常采用 ABCD 模式，包括对象、行为、条件、标准的表述：[①]

A——对象（audience）：阐明教学对象。

B——行为（behavior）：说明通过学习以后，学习者应能做什么（行为的变化）。

C——条件（condition）：说明上述行为在什么条件下产生。

D——标准（degree）：规定达到上述行为的最低标准（即达到所要求行为的程度）。

（1）对象的表述。教学目标的表述中应注明教学对象，如"中职学校机械制造技术专业的学生"。

（2）行为的表述。教学目标中，行为的表述是最基本的成分，说明学习者在教学结束后，应该获得怎样的能力。用传统的方法表述教学目标时，较多使用"知道""理解""掌握""欣赏"等动词来描述学习者将学会的能力，如果需要，再加上表示程度的状语，以反映教学要求的提高，如"深刻理解""充分掌握"等，这些词语的含义较广，各人均可从不同角度理解，因而使目标的表述不明确，给后续的教学评价带来困难。这些词语可用来表述总括性的课程目标和单元目标，但在编写具体的教学目标时并不适合。

描述行为的基本方法是使用一个动宾结构的短语，其中行为动词说明学习的类型，

---

① 蔡跃. 现代教学媒体开发与应用［M］. 上海：同济大学出版社，2017：9.

宾语则说明学习的内容。例如"操作""说出""列举""比较"等都是行为动词，在它们后面加上动作的对象，就构成了教学目标中关于行为的表述：

1)（能）操作计算机。

2)（能）列举选择教学策略时应考虑的基本因素。

3)（能）比较单词中同一字母的不同发音。

（3）条件的表述。条件表示学习者完成规定行为时所处的情境，即说明在评价学习者的学习结果时，应在哪种情况下评价。如要求学习者"能写出 800 字左右的文章"，条件则可能指"在哪些提示下？有哪些资料的帮助下？利用什么工具（电脑写还是手写)？多长时间"等环境因素。条件的表述常与诸如"能不能借阅参考书""有没有工具""有没有时间限制"等问题有关。条件包括下列因素：

1)环境因素，如空间、光线、气温、室内外噪声等。

2)人的因素，如各人单独完成、小组集体进行、各人在集体的环境中完成、在教师指导下进行等。

3)设备因素，如工具、设备、图纸、说明书、计算机等。

4)信息因素，如资料、教科书、笔记、图表、词典等。

5)时间因素，如速度、时间限制等。

6)问题明确性的因素，如为引起行为的产生，提供什么刺激和刺激的数量。

（4）标准的表述。标准是行为完成质量可被接受的最低程度的衡量依据。对行为标准作出具体描述，是为了使教学目标具有可测量的特点。标准一般从行为的速度、准确性和质量两方面来确定，例如，在 5 分钟以内准备好必需的加工刀具（速度）；测量长方形的长和宽，误差控制在 $\pm 0.05mm$ 以内（准确性）；加工件质量要达到国家 II 级标准（质量）。

例如，下面的教学目标实例中包含了上述"对象""行为""条件"和"标准"四个要素："学生能够独立操作计算机，使用 AutoCAD 软件，能正确建立、编辑、存储文档，能在 30 分钟内输入完成简单轴的绘制。"

在一个教学目标中，行为的表述是基本部分，不能省略。相对而言，条件和标准是两个可选择的部分。在编写教学目标时，可以不必将条件、标准一一列出。以下是一些实例：

1)学完本任务以后，学生应能够：给"教学设计"下定义。

2)描述教学设计的过程：就当前关于教学系统设计与教学论之间概念之争的几种观点进行评论，阐述自己的观点。

（二）教学目标编写的要求

在运用 ABCD 模式编写具体的教学目标时，应注意以下几个方面：

（1）教学目标的行为主体须是学习者，而不是教师。在这个意义上，诸如"培养学生的机床操作能力"这样的目标表述是不恰当的。因为，它的行为主体是教师而不是学生。这样表述意味着只要教师组织学习者进行了相关活动，目标就算达成了，至于学习者达到了多少预期的学习结果，则常常被忽略。

（2）教学目标须用教学活动的结果而不能用教学活动的过程或手段来描达。在这个意义上，诸如"学生应受到操作的训练"是一个不合格的目标表述。虽然，这一目标的行为主体是学生，但它没有表达教学活动最终要达到的结果。

（3）教学目标的行为动词须是具体的，而不能是抽象的。所谓具体是指动词所对应的行为或动作是可观察的，如"知道""理解""掌握""欣赏"等抽象动词，由于含义较广，各人均可从不同角度理解，给日后的教学评价带来困难。这些词语可用来表述总括性的课程目标和单元目标，但在编写教学目标时应避免使用。表2-16、表2-17、表2-18给出了编写具体教学目标时，可供选用的部分动词。

表2-16　编写认知学习目标可供选用的动词

学习目标层次	特征	可参考选用的动词
知道	对信息的回忆	为……定义列举、说出（写出）……名称、复述、排列、背诵、辨认、回忆、选择、描述、标明、指明
领会	用自己的语言解释信息	分类、叙述、解释、鉴别、选择、转换、区别、估计、引申、归纳、举例说明、猜测、摘要、改写、预测
应用	将知识运用到新的情境中	运用、计算、示范、改变、阐述、解释、说明、修改、订出……计划、制定……、解答
分析	将知识分解，找出各部分之间的联系	分析、分类、比较、对照、图示、区别、检查、指出、评析
综合	将知识各部分重新组合，形成一个新的整体	编写、写作、创造、设计、提出、组织、计划、综合、归纳、总结
评价	根据一定标准做出价值判断	鉴别、比较、评定、判断、总结、证明、说出……价值

表2-17　编写动作技能学习目标可供选用的动词

学习目标层次	特征	可参考选用的动词
感知能力	根据环境刺激作出调节	保持平衡、移动
体力	基本素质的提高	提高耐力、迅速反应、举重
技能动作	进行复杂的动作	演奏、使用、装配、操作、调节
有意交流	传递情感的动作	用动作、手势、眼神或脸色表达……感情、用一段舞蹈表达……思想情感

表2-18　编写情感、素养学习目标可供选用的动词

学习目标层次	特征	可参考选用的动词
接受	愿意注意某事件或活动	听讲、知道、看出、注意、选择、接受、赞同、容忍
反应	乐意以某种方式加入某事，以示作出反应	陈述、回答、完成、选择、列举、遵守、记录、听从、称赞、欢呼、表现、帮助
评价	对现象或行为作价值判断，从而表示接受、追求某事，并表现出一定的坚定性	接受、承认、参加、完成、决定、影响、支持、辩论、论证、判别、区别、解释、评价

续表

学习目标层次	特征	可参考选用的动词
组织	把许多不同的价值标准组成一个体系，并确定它们之间的相互关系，建立重要的和一般的价值观念	讨论、组织、判断、使联系、确定、建立、选择、比较、定义、系统阐述、权衡、选择、制订计划、决定
价值与价值体系的性格化	能自觉控制自己的行为，并逐渐发展成为性格化的价值体系	修正、改变、接受、判断、拒绝、相信、解决、贯彻、要求、抵制、认为、以致、正视

　　培养学习者的某些态度、树立某种观念、养成某种良好的习惯、形成高尚的道德品质等，都是情感、素养学习的目标，在职业教育中占有重要地位。上述 ABCD 模式对于认知领域、能力领域的教学目标的编写是合适的，但情感、素养领域的编写具有可观察性和可测量性特点的学习目标是非常困难的。那么，情感、素养领域的教学目标该如何确定呢？

　　一种方法是把学习者的具体言行看成是思想意识的外在表现，然后通过学习者的言行表现（这是可以观察的）来间接推断学习目标是否达到。例如，当实验室活动结束或终止时，学习者将设备归还原处，则表明学生有爱护设备的责任心。在上述例子中，学生目标编写者把"学生能否将设备归还原处"具体行动作为判断学生是否具有某种责任或态度的依据，这就是情感、素质学习目标编写的一个特点。

　　另一种方法是采用类似内外结合的表述方法。例如，教学目标是"培养学生热爱集体的态度"，由于"热爱集体"的态度难以直接评价、判断，因此，教师必须列举几方面的具体行为，通过对这些行为的观察来判断学生是否"热爱集体"。例如：①积极参加集体组织的各项活动；②主动参与教室的卫生工作；③准时参加有关会议；④积极承担班委会布置的任务；⑤支持有利于集体利益的建议；⑥帮助学习有困难的同学。

　　在这些具体的言行上，当学习者有积极持久的表现时，就说明他们树立了集体观念。[①] 如表现出消极或反对的情绪，则说明学生可能没有培养起热爱集体的态度。学习者的肯定、积极的表现称为接近意向，而消极的表现称为回避意向。当然，接近意向也仅说明学习目标可能已达到，并不能直接测量学习目标达到的程度。

　　一般来说，提出情感、素质学习目标中的主体要求较容易，如"培养起热爱集体的态度"，但从哪些具体方面来判断目标是否达到，则需要教师进行研究。可以从以下几个方面来测量学习者的接近意向：①学习者表示喜欢集体活动；②在各种活动中，学习者选择参加集体活动；③学习者带着热情参加集体活动（愿承担义务，遵守有关规定等）；④学习者很有兴趣与他人讨论集体活动；⑤学习者鼓励他人参加集体

---

　　① 李怀龙，韩建华．现代教育技术［M］．芜湖：安徽师范大学出版社，2016：91.

活动。[1]

情感、素养学习目标有了这些具体的行为指标作为判断依据，其可操作性无疑加强了。在表述具体的行为时，应尽可能采用可观察甚至可测量的行为动词。

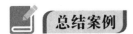 **总结案例**

职业活动分析——职业教育教学目标确定的基本方法

20世纪60年代末，为解决学校教育和企业生产脱节的问题，职业活动分析方法首先出现在北美。加拿大区域经济发展部实验项目分部和纽约学习通用公司通过广泛的调查和深入的研究，得出了如下结论：第一，优秀工作人员分析、确定与描述的本职业工作所需的能力，更符合工作的实际需要。第二，任何职业的工作内容，都能有效且充分地用优秀工作人员在工作中所完成的各项任务来描述。第三，任何任务与完成任务的人员所需的知识、技能和态度又都有着直接的联系。上述三条结论成为此后各国职业分析方法设计的基本依据。

首先，依据"优秀工作人员分析、确定与描述的本职业工作所需的能力，更符合工作的实际需要"的研究结论，确定职业分析的主体为正在从事本职业的优秀工作人员。

其次，解决职业内容的描述问题。依据"任何职业的工作内容，都能有效且充分地用优秀工作人员工作中所完成的各项任务描述"的研究结论，职业内容用一项项职业任务来描述。这样的描述不但十分具体明确，而且依据"任何任务与完成此任务的人员所需的知识、技能和态度又都有着直接的联系"的研究结论，还为知识、技能、态度等教学目标的确定提供了依据。

最后，确定职业分析采取什么形式才能既客观又高效地把职业活动内容分析出来。北美的职业分析方法采取了三个办法：一是职业分析主持人的主持与引领；二是采用集团"头脑风暴"法；三是设计了一个十分有效的工具，即职业活动分析图表。

这样，北美的职业分析方法可描述为：首先，针对所分析的职业，按职业分析研讨委员会成员的选择标准，挑选8～12名从事本职业的优秀工作人员作为职业分析研讨委员会的成员；其次，通过适当方式使职业分析研讨委员会成员了解职业分析的目的、过程和方法；最后，选择适当的时机，邀请职业分析研讨委员会成员集中，用两天左右的时间，在职业分析主持人的主持下，遵循"头脑风暴"原则，运用职业活动分析图表，对该职业的职责和任务进行分析确定，提出相应的职业活动图表。由于开发这种方法之初只是为了进行职业教育课程的开发，取名为DACUM（Develop A CurriculUM），即课程开发。但随着这种方法的日趋成熟和使用日益广泛，它已不再仅仅用于职业教育的课程开发，而成为一种分析确定职业活动的职业活动分析方法。

目前许多职业教育较发达的国家大多采用这种方法。不过不同的国家，在称谓上或形式上有所不同。在加拿大，习惯用能力领域（area of competency）和单项能力描述能

---

① 邓泽民. 职业教育教学论 [M]. 北京：中国铁道出版社，2011：8-10.

力目标；在美国，习惯用职责（duty）和任务（task）描述能力目标（见表 2-19）；在澳大利亚，习惯用能力单元和能力要素描述能力目标；在德国，习惯用职业行动领域和职业行动能力描述能力目标（见表 2-20）。

表 2-19 工模具设计与制造专业职业活动（美国）

职责	任务			
A 开发工模具市场	A1 市场调查收集信息	A2 消化客户技术资料	A3 确定制作方案	A4 确定计划进度
	A5 确定适量保证措施	A6 成本概算	A7 综合报价	A8 回访客户
	A9 签订合同	A10 组织实施合同	A11 与客户联系	A12 组织装机试用
	A13 识别、挑选并存储硬件、胶黏剂和建筑材料	A14 识别、挑选并使用传感器	A15 识别并挑选电线和电缆附件	A16 识别、挑选、使用并存储磁性和铁磁性材料和零件
	A17 处理客户意见	A18 验收交货收款	A19 组织售后服务	—
B 设计冷冲压模具	B1 审查制品工艺性	B2 与有关人员商讨	B3 确定制品工艺方案	B4 审查冲模加工条件
	B5 确定冲模结构	B6 确定冲压设备	B7 冲模设计计算	B8 绘制冲模装配图
	B9 审查结构设计方案	B10 选择冲模标准件	B11 设计冲模零件图	B12 应用计算机辅助设计
	B13 审核设计质量	B14 解决冲模制造中的设计问题	B15 参与试模	B16 修改完善图纸资料
	B17 编写冲模技术报告	B18 参与售后服务	—	—
C 设计塑料成型模具	C1 审查制品工艺性	C2 与有关人员商讨	C3 确定制品工艺方案	C4 审查塑料加工条件
	C5 确定模型结构及设备	C6 浇铸系统分析及尺寸确定	C7 塑模设计计算	C8 绘制模型装配图
	C9 审查结构设计方案	C10 选择塑模标准件	C11 设计塑模零件图	C12 应用计算机辅助设计
	C13 审核设计质量	C14 解决塑模制造中的设计问题	C15 参与试模	C16 修改完善图纸资料
	C17 编写塑模技术报告	C18 参与售后服务	—	—
D 设计专用工具	D1 消化图纸及技术资料	D2 与有关人员商讨	D3 确定设计方案	D4 设计计算
	D5 绘制装配图	D6 审查结构设计方案	D7 设计零件图	D8 确定材料及处理方式
	D9 选择标准件	D10 审核设计方案	D11 编制技术文件	D12 解决制造中的设计问题
	D13 参与装机试用	D14 修改完善图纸资料	D15 编写技术报告	D16 参与售后服务

续表

职责	任务			
E 设计工模具制造工艺过程	E1 消化图纸及技术资料	E2 审查结构及工艺性	E3 与有关人员商讨	E4 校核主要零件数据
	E5 审查加工条件	E6 确定质量保证措施	E7 拟制零件工艺规程	E8 设计二类工具
	E9 指导工艺规程的实施	E10 解决制造技术问题	E11 指导装配调试	E12 参与装机测试
	E13 反馈质量信息	E14 编写技术报告	参与售后服务	—
F 制造和修理工模具	F1 消化图纸及技术资料	F2 选择刀、夹具	F3 操作普通机床	F4 操作数控机床
	F5 使用钳工工具	F6 检测零件	F7 装配工模具	F8 修理工模具
G 检测工模具制造质量	G1 消化图纸及技术资料	G2 选用计量器具	G3 检测零件质量	G4 检测装配质量
	G5 检查使用性能	G6 检测制品质量	G7 填写合格证	G8 编写质量报告
	G9 参与周期检测	G10 参与质量分析	G11 反馈质量信息	—
H 管理工模具生产	H1 消化图纸及技术资料	H2 与有关人员商讨	H3 制定关键件的管理措施	H4 组织备料
	H5 编写生产计划	H6 组织生产	H7 配备标准件、元器件	H8 协调解决加工中的问题
	H9 调动职工积极性	H10 组织装机试用	H11 组织入库验收	H12 组织售后服务
I 管理工模具的使用	I1 制定模具管理制度	I2 建立台账	I3 指导工模具管理	I4 指导工模具保养
	I5 监督工模具使用	I6 参与工模具事故分析	I7 组织周期检测	I8 执行工模具修改通知
	I9 控制库存	—	—	—

表 2-20　楼宇技术电子工的职业活动（德国）

序号	职业行动领域	职业行动能力
1	设备控制的编程与实施	依据责任书进行规划； 程序的编制、测试与优化； 资料整理； 使用说明
2	驱动系统的选择与并入	楼宇/仪表的电子驱动分析； 驱动系统的选择与连接； 电子控制的参数化； 驱动系统故障查询； EMV 测试
3	住宅与专用建筑通信系统的规划与实施	楼宇通信系统的选择与可能的客户咨询、规划、安装、编程、参数化、系统测试、故障诊断； 客户服务提供； 客户获取与联络

续表

序号	职业行动领域	职业行动能力
4	室内电器技术设备的运行与保养	关注动力技术设备运行； 跨企业的工作； 使用技术规则； 使用说明； 维修工作与维修间隔
5	动力技术设备的安装、运行与保养	楼宇电器供给的可能性； 供电安全与未来安全； 动力网分析； 客户咨询谈话（应用、功率特征、保障）； 保养实施
6	动力与楼宇技术设备的规划与实施	所选动力技术设备的项目设计； 人物分析与企业应用领域； 独立地组织项目； 英文信息资料获取； 质量管理； 项目结果自我估计
7	动力与楼宇技术设备的保养与改建	电子仪表的维修与改建； 维修方案编制； 系统故障查询培训； 基于客户要求的改建； 成本核算； 结果的整理与演示

探索思考

1. 选择你所教的专业课，写出该课程的教学目标。
2. 选择任意一单元，写出单元教学目标。

模块导读

　　教学模式是教学实施的一个框架结构，具有一定的结构性、时序性和稳定性。它是根据教学目标，确定教学"地点"和"终点"，有序地安排教学诸要素，是教学方法和教学策略的结合。

　　教学策略理解差异性较大，本书汇集了常见解释以及运用方式。总体上教学策略可以看作是一种如何更好地取得预期教学目标的教学实施方案、方式方法、路径选择。面对不同的教育对象、教学目标、实施条件以及师资，优化组合各教学要素，形成的具有鲜明个性化特征的教学实施方案。

　　但必须明确一点，教学模式并不是僵化的、教条的模板，而是要根据教学内容和学情特点做相应的调整、优化适配。也就是说，没有一种教学模式和教学策略能够包打天下，实现所有的教学目标。内容不同，目标不同，教育对象不同，可以选择不同的教学模式和策略组合，形成教学模式和策略矩阵。

单元一 教学模式选择

培训目标

- ◆ 了解教学模式的基本概念；
- ◆ 了解教学模式的基本要素；
- ◆ 能正确选择适当的教学模式。

导入案例

德国"双元制"职业教育模式中国化的省思

两次世界大战重创了德国经济和社会发展，德国作为战败国，在一片废墟中能够快速崛起，职业教育功不可没，高素质的劳工队伍是德国经济发展的强力支柱，这已经是国际社会公认的定论。

德国双元制职业教育是一种国家安排下的教育制度，是德国经济腾飞的秘密武器。

"双元"培养是在国家法律的规定制度的安排下实施的。学生的学习分为两大部分，学校一元，企业一元，企业招生，校企联合培养，学校执行教学大纲，企业执行培养条例，教学大纲和培养条例是国家制定的，学校和企业都是职业教育的执行层面，校企双元主体培养，重在企业。

中国从1984年开始引进德国双元制职业教育模式，在全国许多职业院校试点实践，天津中德职业大学更是中德两国政府牵头合作的试点院校。但双元制在中国30余年的实践，一直未能找到一个普适性的落地方案，双元制在德国很好，为什么到中国出现了诸多"水土不服"了呢？以下是几个关键原因。

1. 职业观不同

德国企业的社会责任源于对职业的敬畏。个人敬畏职业，企业敬畏行业产业。中国的职业更多地被视为谋生的手段，这种相对"世俗"的职业观，造成对工作岗位缺乏敬畏之心。

2. 校企双方主体地位不同

与我国职业教育比较，最大的区别在德国的双元制教育中，企业是主导性的办学主体，掌握办学主动权，尤其表现在招生上，选择双元制教育的学生，必须在取得中学毕业证后，通过劳动部门和个人选择一家企业，企业面试招收学徒后，在行会的监督下，按照相关法律规定签订学徒培训合同，学徒得到培训资格，然后企业选择职业学校，将学徒送到学校登记，获得理论学习资格。对于具备资质的大企业，比如西门子，企业内部有自己独立的培训场所；对于中小企业而言，可以先将学徒送到培训中心，然后几个企业联合将所有学徒送到某一个指定的学校。

3. 学生身份不同

从招生过程可以看到，德国双元制的学生先是学徒再是学生。本质上是学徒，是以企业的学徒身份，进入学校开始学习的学生。但是，学生毕业后，仍有自由选择企业就业的权利。

4. 工作场所学习系统不同

德国企业培训中心体制健全，有自己的培训课程、教学计划、培训师、专用设备和场地等。相对于德国，我国工作场所学习系统尚待完善。

资料来源：聂伟. 德国"双元制"职业教育模式中国化的省思［J］. 中国职业技术教育，2018（13）：55-58.

分析： 任何一种成功的教学模式都有适合发生、成长的土壤，离开了具体条件，不加以鉴别地生搬硬套注定不会成功。这就是德国双元制在中国难以落地的原因了。

职业教育与普通教育是两种不同教育类型，具有同等重要地位。因此，职业教育具有浓厚的"职业性"色彩，无论是其专业门类、课程类别还是具体的教学内容都有自己的特点。同时，职业教育的生源特点也与普通教育不同——初高中时期低成就生源的大量集聚，给职业学校的教学工作提出了挑战。

如何贯彻教育方针，实现培养目标，使所有学生的潜能得到开发，都能在原有基础上获得最优发展？其途径和措施是多方面的，探索符合职业教育特点的教学模式则是核心问题之一。教学模式是人才培养模式的重要内容，也正因为如此，广大职业教育理论工作者和实践一线教师不懈探求，总结和构建了一些行之有效的教学模式。

一、教学模式概述

（一）关于教学模式的定义

教学模式是国内外教学改革的重要内容，也是现代教育研究中十分热门的重要话题，有关这方面的学术研究很多。美国教育家乔伊斯（B. Joyce）和威尔（M. Weil）在1972年出版的《当代西方教学模式》一书中用较为规范的形式对教学模式下了定义。他们认为，教学模式是"试图系统地探讨教育目的、教学策略、课程设计和教材，以及社会和心理理论之间的相互影响，以设法考察一系列可以使教师行为模式化的各种可供选择的类型"。然而，对什么是教学模式，或者说对教学模式定义的表述却是众说纷纭，这里略作罗列：

——教学模式是在一定教学理论指导下，由教学目标、教学内容和培养途径组成的教学结构和运作模式。

——教学模式是在教学理论和实践的发展中形成的，用以组织和实施具体教学的系统和组块策略、方法和流程。

——教学模式是构成教学系统诸要素的组合方式及运作流程和范式。

——教学模式就是在既定的教学思想指导下形成的比较典型、稳定的教学程序或逻辑阶段。

——教学模式是介于教学理论与教学实际之间，在一定教学思想指导下，旨在优化教学而概括和推行的理论化、系统化、结构化、操作化、典型化的一种教学思想下的程序及方法的策略体系。

综合各家之言，可以认为，所谓教学模式是指依据教育方针和培养目标的规定性，以一定的教育理论为指导，从长期的教学实践中总结提炼出来的，为实现既定的教学目标而建立起来的，用以组织和实施教学活动的相对稳定的教学活动结构和运作范式。教学模式是联结教学理论和实践的桥梁。作为结构框架，突出了教学模式从宏观上把握教学活动整体及各要素之间内部的关系和功能；作为运作范式，则突出了教学模式的有序性和可操作性。教学模式是沟通教学理论和教学实践的桥梁。职业院校的教学设计，要从选择（或设计）适当的教学模式开始。

教学模式的研究是教学研究方法论上的一种革新。长期以来，人们在教学研究上习惯于采取单一刻板的思维方式，比较重视用分析的方法对教学的各个部分进行研究，而忽视各部分之间的联系或关系；或习惯于停留在对各部分关系的抽象的辩证理解上，而缺乏作为教学活动的特色和可操作性。教学模式的研究指导人们从整体上去综合地探讨教学过程中各因素之间的互相作用和其多样化的表现形态，以动态的观点去把握教学过程的本质和规律，同时对加强教学设计、研究教学过程的优化组合也有一定的促进作用。

关于教育模式的分类，国内外学者从不同角度出发有不同的分类。乔伊斯和威尔根据教学模式的理论根源，最早区分出四种类型的教学模式：信息加工教学模式、人格（人性）发展教学模式、社会交往教学模式、行为修正教学模式。国内对教学模式的分类也很多。有的研究者把教学模式分成三类，一类是师生系统地传授和学习书本知识的教学模式，一类是教师辅导学生从活动中自己学习的教学模式，还有一类是介于两者之间的教学模式。

（二）教学模式层次划分

教学模式按其适用范围的不同，可以分为以下三个层次。

1. 宏观层次

宏观层次的教学模式，是一定的教育思想在教学实践中的反映。一般有三种：以"教为中心"的传统模式；以"教为主导、学为主体"的模式；以"学为中心"的未来模式。随着教育思想的更新和信息技术的迅速发展，忽视学生学习主体性的传统模式将逐渐被发挥学生主体性模式所代替，如"双元制""现代学徒制"等。

2. 中观层次

中观层次的教学模式，是对教学过程实施程序的一种规范。这是通常意义上讲的教学模式，例如能力本位教学模式、行动导向教学模式等。

3. 微观层次

微观层次的教学模式，是对课堂教学结构过程的一种假设。根据对认识论、课程论、教学论、价值论、方法论等研究，从逻辑结构、历史结构、学科结构所进行探索得到的各种教学模式。

（三）教学模式的特点

教学模式具有如下几个特点。[①]

1. 指向性

由于任何一种教学模式都围绕着一定的教学目标设计的，而且每种教学模式的有效运用也是需要一定的条件，因此不存在对任何教学过程都适用的普适性的模式，也谈不

---

① 卓毅. 信息技术新课程与教学［M］. 重庆：重庆大学出版社，2012：69-70.

上哪一种教学模式是最好的。评价最好教学模式的标准是在一定的情况下达到特定目标的最有效的教学模式。在教学过程中选择教学模式时要注意不同教学模式的特点和性能，注意教学模式的指向性。

2. 操作性

教学模式是一种具体化、操作化的教学思想或理论，它把某种教学理论或活动方式中最核心的部分用简化的形式反映出来，为人们提供了一个比较抽象的理论具体得多的教学行为框架，具体地规定了教师的教学行为，使得教师在课堂上有章可循，便于教师理解、把握和运用。

3. 完整性

教学模式是教学现实和教学理论构想的统一，所以它有一套完整的结构和一系列的运行要求，体现着理论上的自圆其说和过程上的有始有终。

4. 稳定性

教学模式是大量教学实践活动的理论概括，在一定程度上揭示了教学活动带有的普遍性规律。一般情况下，教学模式并不涉及具体的学科内容，所提供的程序对教学起着普遍的参考作用，具有一定的稳定性。但是教学模式是依据一定的理论或教学思想提出来的，而一定的教学理论和教学思想又是一定社会的产物，教学模式总是与一定历史时期社会政治、经济、科学、文化、教育的水平联系，受到教育方针和教育目的的制约。因此，这种稳定性又是相对的。

5. 灵活性

作为并非针对特定的教学内容教学，既要体现某种理论或思想，又要在具体的教学过程中进行操作的教学模式，在运用的过程中要考虑到学科的特点、教学的内容、现有的教学条件和师生的具体情况，从而进行细微的方法上的调整，以体现对学科特点的主动适应。

二、课堂微观教学模式

本书选取微观层次的教学模式加以介绍，即在一定的教学理论、学习理论的指导下，依据教学目标、教学对象在课堂中"教与学"的活动所做出的安排。本书称之为课堂微观教学模式。

（一）微组织教学模式

针对职业教育生源特征和人才培养目标要求，吉林电子信息职业技术学院戚文革教授于2016年独创了"知识、能力、素养"一体化生长的微组织教学模式，构建了高效的行动课堂生态，经过不同专业、不同类型课程的广泛验证，教学成效显著。

1. 职业教育课程教学面临的主要困境

（1）职业教育教学效率不高的问题。

我国教育模式研究相对较晚，职业教育教学模式正处于讲授式向行动导向转变过渡期，主要教学模式基本都是舶来品，本土化适应性较差，教师职业教育执教能力普遍较弱，学情基础不牢，学习意愿不高，学习能力不足，还未见开创性的面向对象的职业教育教学模式，因此，充分考虑学情、师情的教学模式是职业教育研究与实践的空白。

职业教育教学常用的教学方法包括新媒体教学法、"教学做"教学法、项目教学法、"任务导向项目教学法"、行动导向教学法、情境模拟教学法、任务驱动式教学法和案例教学法等。这些教学法均面向具有一定学习基础、能力和目标的教育对象。然而目前高职生源普遍学习基础弱、自主性差、缺乏自信，以上方法只能停留在研究层面，操作困难，不能实现有效教学和有效育人。

（2）传统教学模式隐性延迟反馈问题。

在传统讲授式课堂，教师"讲"是显性的，学生"听""思考"是隐性的，学生"听""思考"过程老师无法察知——形成了隐性反馈状态，学生是否理解、能否听懂需要通过后期作业、考试验证，在学生练习、做作业的过程中，老师处于等待状态，学生在这个过程遇到问题或者结果不正确，不能即时得到处理——形成了延迟反馈状态，见图3-1。

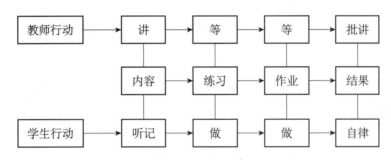

图 3-1 传统课堂隐性反馈、延迟反馈

隐形反馈、延迟反馈对于思维敏捷、抽象思维强大的学生没有问题——就是所谓的学习"跟得上"，但对于思维敏捷程度不够快、抽象思维不够强大的学生——就会跟不上，但以老师主导的课堂既不知道"确切是谁跟不上，也不知道跟不上的程度"——这些学生的成绩就会逐渐下降——职业教育面对的就是普教成绩末端的学生。

隐性反馈、延迟反馈是传统课堂最大弊端，也是"教与学"不同步的根源。传统课堂的弊端在精英教育阶段未成为显性问题，但在教育普及化阶段，特别是在职业教育阶段成为阻碍人才培养质量提升的重大障碍。

（3）"知识、技能、素养"无法一体培养问题。

立德树人、德技并修是职业教育的终极追求，但在实践中如何落地，现有教学模式模式普遍解决的是"技"，未能有效解决"德育"问题，未能高效实现"德技并修"，如何高效实现"知识、技能、素养"一体培养是职业教育教学模式改革的迫切要求。

2. 微组织教学模式要点

从词性的角度讲，微组织包含名词和动词双重属性。

名词属性的微组织首先指最小教学单元，亦即与学生认知水平相适应的最小教学单元，其次指教学过程中学生的微表情、微态度、微行动、微结果、微偏差，即一切微问题。

动词属性的微组织指对学生个体存在的一切微问题的"五见微评"教学组织过程。

因此，微组织即针对最小教学单元实施过程中的微表情、微态度、微行动、微结果、微偏差等一切微问题的"五见微评"的教学过程。

微组织教学模式依据能力本位、学生中心、成果导向教育思想，以学生"知识、技能、素养"一体化成长为目标，以思维过程、学习过程以及学习结果可视化呈现为基础，建立的"教与学"五步结构：导入→发布任务→任务实施⇄纠错→学习成果评价的显性即时反馈教学实施系统，具有如下四个特征：

（1）学习过程"思维、行动、结果"可视化呈现；

（2）学习过程建立了"一对一显性即时反馈系统"；

（3）全程"贯标"学生实现了"知识、技能、素养"一体化成长；

（4）教学过程实现了班级授课制状态下的因材施教。

3. 微组织教学模式实施要点

微组织教学模式由吉林电子信息职业技术学院戚文革等教师首创，其结构为导入→发布任务→任务实施⇄实施过程即时反馈→学习成果评价五个部分。微组织教学模式的核心就是选取与学生认知水平相适应的最小教学单元，作为教学实施起点，建立教学过程中教师行动与学生行动一一对应的关系，即教师的行动引发学生的行动。学生行动必须可视化表达、行动结果亦是可视化表达，教师根据学生行动可视化的呈现，即时跟踪反馈意见，建立一对一的"教与学"的关系，实现班级授课制条件下的因材施教——个性化的学习体验，微组织教学模式实施过程见图3-2。

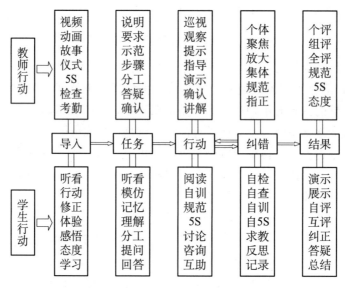

图3-2 微组织教学模式实施过程

（1）一点一讲一练一确认。

一点，即最小的教学单元，可以是一个知识点，也可以是多个知识点的集合，既可以是陈述性知识，也可以是程序性知识。一讲，就是"一点"知识的讲解，认识与理解的引导。一练，知识的学习是以行动性的任务展开的——实践中学习知识。一确认，即老师对学习结果是否符合要求进行判断，纠正、再练再确认，直至正确为止。

（2）建立"教与学"即时反馈系统。

即时反馈系统的建立是微组织教学模式的根本特征，教师"教的行动"是为了引起"学的行动"，并期待出现预期结果。在传统讲授式课堂，教师"讲"是显性的，学生"听""思考"是隐性的，学生是否理解、听懂需要通过后期作业、考试验证，这是一种延迟反馈。

微组织教学模式通过学习过程以及学习结果可视化设计，老师可以即时发现问题加以反馈，通过学习过程以及学习结果可视化设计建立了"教与学"即时反馈系统，学生在不断纠错小成功中进步、受到激励，不仅提升了教学效率，而且大概率使课堂成为心流课堂。

（3）教学三角结构可视化完整实施。

"教、学、结果"是完整教学过程的三个必备要素，三个要素的关系如图3-3所示，教与学互动共同形成了教学结果。三要素构成了一个教学单元"教与学"的三角结构，这个三角结构表达了对"一个教学单元"一次学习任务的完整行动过程，这个"教、学与结果"三角完美呈现后，才是完成了一次教学活动，才能开启下一个教学单元的教学实施，否则不能开始下一个教学单元的教学。"教"是老师的活动，"学"是学生的活动，"结果"是"教""学"共同活动的结果，这个结果必须出现，且符合标准，才是一次完整达到预期的教学活动。不达成预期标准要求的结果（是指学生已经实现了学习目标），不能开始进行下一个教学单元的教学活动。这个三角结构的完整实现，是微组织教学法"教与学"实施的基本逻辑要求。

图3-3 教学三角结构

4. 微组织教学模式实施五要素

微组织教学模式的实施过程五要素——谁、问题、标准、过程、结果。

（1）"谁"即教育对象。

学生中心，实施过程教师眼里要有学生，一切教学行为要围绕学生展开，而不是围绕教学内容展开，教育对象的正向变化成长是我们关注的最核心问题，一切要素发力聚焦于学生。

（2）"问题"即学习任务。

载体选择与学习内容的序化、行动体系的建立以及教学内容设计中最小教学单元要和学生认知水平相适应，微组织教学模式任务表达由三部分构成，即行动方向＋目标值＋保障条件。行动方向就是做一件什么事，目标值就是做成的结果是什么，用什么指标衡量结果符合标准，保障措施，就是要完成这个任务需要具备什么条件，教师要清晰界定问题边界，学生要透彻理解任务的行动方向＋目标值＋保障条件。

（3）"标准"即衡量学习过程与学习成果是否达标的要求。

包括软标准和硬标准，软标准包括学习态度、职业素养等，硬标准是指GB以及其他衡量学习过程与成果的具体指标。微组织教学模式实施过程可以看作全程"贯标"的过程，没有标准，微组织无法实施。

（4）"过程"指学生学习过程。

学生学习过程全程可视化，老师在学习过程中发现问题即时反馈。

（5）"结果"是指结果确认。

对学习过程成果和最终学习成果的正误判断以及质量水平评价。

"谁、问题、标准、过程、结果"构成了微组织教学模式实施的基本要素，五要素的互动构成了微组织教学模式的最小实施单元，连续的最小实施单元构成了微组织教学模式的整体课堂生态。

5. 微组织教学模式实施中的"五见"

微组织教学模式实施过程要充分体现五要素——谁、问题、标准、过程、结果，即教学过程要实现"五见"。

（1）"一见"——见人。

反映的是教学实施过程中老师俯下身的力度，老师和学生要建立"一对一"的关系，世界上最密切的关系都是"一对一"的，建立了"一对一"的关系就是建立了对学生而言无与伦比的被特殊关照式的师生关系，这样的情感会让学生产生积极正向的心理变化——春风化雨般的教化就产生了——职业教育是全面全程教育。

（2）"二见"——见问题。

反映的是教学实施过程中老师察知感受"微问题"的敏感度，是老师对内容标准的敏感度的反映，是对老师巡视聚焦能力的反映，是对老师"视必见"能力的反映。微组织是对"问题"微组织，如果不能见问题，不能发现"微问题"，微组织教学效率就会大打折扣，放任问题，问题就会泛滥成灾。一个"微问题"相当于一个蚂蚁通道，众多微问题聚集在一起，就会成为"蚁穴"，千里之堤，溃于蚁穴。很多学生的心灵沉寂，以及思维断档，都是"微问题"堆积的结果。最终的结果就是关闭五感——心灵、思维一起陷入沉寂！

（3）"三见"——见标准。

这是老师对课程标准，或者说是对"职业教育没有一件事是随便的"观念理解程度，"职业教育是关于标准的教育"——所有言行皆有标准，这是职业教育的本质特征之一。"说的标准""书写的标准""动作标准""穿的标准""站的标准""坐的标准""5S标准""上、下课仪式标准"等等，这是观察教师"标准"敏感的窗口，如果学习过程和结果不符合标准，一定是"不对"，一定有对的"参照物"，这个参照物就是标准，任何一次微组织必须见"标准"，否则无法微组织。

"见标准"，要求老师要把很多"视而不见""习以为常"的"隐性标准""显性化"，这是有一定难度的，是研究寻找确定课程标准重要手段之一。

（4）"四见"——见学生"学的过程"。

反映老师对学生学习过程以及过程的微结果系列"正误"的察知能力，是对微结果系列标准的敏感程度，是对学的过程充分感知、充分指导、充分引导、充分确认的过程。

（5）"五见"——见结果确认。

这个结果既是"见教的结果"，也是"学的结果"，是"教—学"互动交汇的结果，是过程系列微结果的集成，见结果就确认结果水平，既是教又是评。通过"结果确认"强化师生的"标准意识"。

6. 微组织教学模式三种教学形态

微组织教学模式的三种教学形态我们分别称之为"宏教学""微教学""微组织"，"宏教学"面向全体教育对象，"微教学"面向部分教育对象，"微组织"面向个体教育对象。

（1）宏教学。

面向全体学生正常的"教与学"的过程，这一过程应该有70%～80%的学生解决了70%～80%的教学内容，按照教学工作页的引导"教与学"的过程，这是教学主线。五要素：谁（全体学生），问题（知识点、技能点、素质点），标准（结果要求），过程（面向全体的教与学过程），结果（确认正确的，激励正确的，筛掉正确的，关注有问题的）。

（2）微教学。

解决宏教学中部分学生存在的共性问题，集体解决。五要素：谁（部分学生），问题（共性问题），标准，过程，结果。

（3）微组织教学。

解决教学中存在的个体个性问题，一对一解决。五要素：谁（个人），问题（个体没懂或懂了但不会用，或用错或不合乎标准等等个性化问题），标准，过程，结果。

宏教学、微教学、微组织是基于"标准"面向不同教育对象的三种教学形态，三种教学形态不能截然分开，相辅相成构成了基于"问题解决"的显性的即时反馈教学系统。

下面以"机械制图"课程中的一个微组织教学实施片段，一窥其径。

例证：任务——拆开减速器，结合实物，在教学工作页中填写部分减速器零件名称。

教学实施五要素以及微组织教学形态实施过程见表3-1。

表3-1 微组织教学形态实施过程

任务（见问题）	拆开减速器，在教学工作页中填写部分减速器零件名称	
教师行动（发布任务）	学生行动（见人见过程）	即时反馈（见结果）
1. 让学生拆开减速器，结合实物，填写教学工作页中的部分零件的名称。 2. 教师把一张图片发到QQ群，让学生拿出手机，把图片打开，再结合实物和工作页上的图片观察。 3. 要求仔细观察端盖的分析结构的特点，进行归类，赋予合适的名称。 4. 提问：闷盖和透盖的形状和结构特点？	1. 同学们都开始观察减速器和工作页中的图片，但叫不出零件的名字。（预料之中的，这部分是特意设计的） 2. 学生态度都很积极，并且都很想寻找答案。 3. 学生都能回答出有两种，并参照图片写出名称分别是：嵌入式闷盖、嵌入式透盖。 4. 抢答、点名答：闷盖没有孔，透盖有孔等。	1. 第一次接触，面对一个具体的问题，却没有答案，老师制造悬疑。 2. 呼应悬疑，要求学生通过手机图片寻求答案。 3. 观察学生反应，即时解决出现的问题。 4. 对回答做出回应，点评、确认、激励。 5. 将确认后的正确答案按照书写标准写在教学工作页相应的零件旁边。

续表

根据结构和连接方式不同的端盖形式（见标准）			
名称	连接方式		结构特点
	嵌入式	螺钉连接	
闷盖	嵌入式闷盖	螺钉连接式闷盖	没有孔
透盖	嵌入式透盖	螺钉连接式透盖	有孔

7. 微组织教学模式实施工具——教学工作页

教学工作页设计是微组织教学模式实施的工具，是教师"教"与学生"学"的引导性教学文件，是学生思维可视化表达、老师即时反馈的载体，可以将学习过程和结果可视化呈现，因此，教学工作页是微组织教学实施的关键。

（1）教材工作页设计原则。

教学工作页本质是教师"教的行动"与学生"学的行动与学的结果"的行动文件，即教学实施行动指南。学习过程、学习结果可视化以及学习过程即时反馈是微组织教学模式实施要点以及关键点，老师的任何一个行动都要引起学生思维、行动以及行动结果的可视化表现，即学生的学习过程和学习结果老师要看得见，不仅要看得见，而且对学习过程与学习结果是否符合要求要作出即时反馈意见，学生根据反馈意见持续优化学习过程和学习结果，因此教材工作页设计要遵循一下两个基本原则：

第一，遵循学生思维、行动过程、行动结果可视化原则。

借助可视化工具，将学习中的思维过程、行动过程、学习结果精细化、可视化地表达出来，实现思维看得见，过程看得见，结果看得见。

第二，遵循教学单元最小化原则。

最小教学单元要符合学生的认知水平，这是学生中心思想，面向教育对象实施因材施教的根本体现。教学单元最小化的结果就是认定最小教学单元，这是教学设计的起点，也是学生学习、教学实施的起点，亦是实现即时反馈的基础，教学单元过大、超出学生认知水平，是无法顺畅实施即时反馈的。

上述两个原则是保障微组织教学模式顺利实施的必要条件。

（2）教学工作页设计方法。

教学工作页设计有以下七个要点，需要特别加以关注，这七个要点是教学工作页设计成败的关键。

1）教学载体选择。

承载学习内容的载体可以是加工的零件、服务的流程、设计的图纸，无论是理论学习还是技能训练，通过选择恰当的载体承载学习内容，覆盖课程标准，可以是一个载体覆盖一门课程，也可以是系列载体覆盖一门课程。

2）建立行动体系。

行动体系，一定是依附于任务、项目的实施具象建立的，任务、项目要根据认知规律、行动规律序化、排列，形成行动体系。学习目标通过任务、项目的实施，学生在行动中学习，在行动中实现"知识、能力、素养"一体化生长。

3）教材内容的解构与重构。

教学工作页内容设计可以看作是根据课程标准和教材，对教材进行的二次开发，无论是学科体系教材还是行动体系教材，都只是知识的静态呈现，在"教与学"的实施层面，静态呈现的知识要活化成动态的形态，按照认知规律、教学规律、学习规律、行动规律进行解构、重构、排序，形成可以教师进行"教"与学生"学"的第一手经过精心序化的材料，也就是学习内容的教学化处理。

4）最小教学单元。

教育对象不同、认知水平不同，一次接收信息的数量、难易程度是不一样的，因此，要根据教育对象的认知水平，设计教学单元的大小，最小的教学单元包括一个知识点或者技能要点，大与小是相对概念，参照物就是学生的认知水平，选择与教学对象认知水平相匹配的最小教学单元，是微组织教学工作页设计的关键点。

5）导入设计要点。

微组织教学模式的五步结构：导入→发布任务→实施⇆即时反馈→结果评价，导入起着引导学生"入境"的作用，这个入境指的是全身心进入学习状态，最常见的导入是"复习旧课、导入新课"，常常是知识的逻辑导入，这在职业教育中是远远不够的，必须通过各种手段让学生的"身、心"进入到学习情境，进入学习状态，做好学习预备、整装待发，一声令下，就可迅速行动。因此，导入对于教师是一种动员，起着导演的作用，学生是演员，必须进入角色，课堂是由硬件设施形成的物理场和师生互动形成的心理场构成的学习生态系统，导入就是通过各种手段让学生身临其境进入学习生态系统的过程，既是进入也是创建。

6）任务发布设计。

发布任务是由教师执行的，就是让学生做一件事，如何清晰表达任务实施的各要素是发布任务设计的要点，微组织教学模式任务发布设计由三部分构成，即行动方向＋目标值＋保障条件。

行动方向就是做一件什么事，目标值就是做成的结果是什么，用什么指标衡量结果符合标准，保障措施，就是要完成这个任务需要具备什么条件。

用这样的三要素准确界定任务的边界，保证任务发布的准确性，减少歧义。

7）可视化表达。

学习过程、学习结果以及学习过程即时反馈的可视化是微组织教学模式的最重要特征。可视化表达设计包括两个方面：一是学生的学习过程和学习结果老师要看得见，二是老师的即时反馈学生要看得见，对学习过程与学习结果是否符合要求老师要作出即时反馈意见，反馈意见学生要看得见。教师可以根据内容设计多样化的可视化表达方式。

以"机械制图"课程为例，结合学生的认知水平，开发的可视化、即时反馈教学工作页，部分设计如下：

任务名称：识读方形垫片平面图形（方形垫片图纸是载体）。

学习要求：按照提供的图样，正确抄画方形垫片零件图，做到图线绘制符合国家标准要求。

第一步：情境导入。

1. 请按图示要求，结合老师讲解削好铅笔和圆规（通过行动入境）。

2. 请用直尺、圆规、铅笔等工具，按要求画出几何图形（通过行动入境）。

第二步：发布任务。

子任务1　结合教材请仔细观察图形，是由哪些基本图形和线型构成的。把基本图形、线型的名称、图线的宽窄值规范地填写在下面的方格内（通过书写可视化表达）。

子任务2　请同学想一想，你要画这个图形时要选择哪些主要工具？规范地填写在下面的方格内（通过书写可视化表达）。

子任务3　请同学们想一想，看过这个图形后，你能按照图样中图形的大小和形状一模一样地把它抄画出来吗？为什么？规范地填写在下面的方格内（通过书写可视化表达）。

子任务4　若要抄画这个图形，你知道需要哪些条件吗？小组讨论。将讨论结果规范地填写在下面的方格内（通过陈述、书写可视化表达）。

……

在学生可视化表达过程中，教师即时发现问题、即时反馈、及时纠正。

8. 教学实施全程"贯标"实现"知识、技能、素养"一体生长

贯标指的是贯彻标准，这里借用质量管理概念，就是针对产品贯彻从设计、原材料开始的全生命周期质量管理标准，以保证产品质量。

传统以教师为主体讲授的课堂，主要是知识的讲解和记忆，能力是课后自己练出来的，素质是自己养成的。可以看到，知识、能力、素质的生成无论在空间和时间上都是分开的、独立的，相互之间是孤立的。

以学生为主体的微组织教学法的课堂，知识作了应用化处理，在应用中学习知识，掌握知识，应用过程就是不断积淀能力的过程，知识和能力通过应用实现了一体化生成的。

在知识的应用学习过程中，处处苛刻执行标准，素质就在依据标准严格执行过程中养成了，通过知识应用且按照标准严格执行应用过程，"知识、能力与素质"作为一个整体就一起生成了，苛刻纠错，表面是纠正错误，本质是在养成素质。

一个教学点是"知识、能力、素质"一体化的最小教学任务点，其包含的教学内容是"知识、能力、素质"一体化的内容，职业教育的教学内容是"知识、能力、素质一体化"的职业能力，每一个教学点的"知识、能力、素质"三要素都是"三位一体"不可分割的整体，按照简单到复杂，单一到综合的逻辑，选择合适的教学载体重构、序化教学内容。每一个教学点都包含"知识、能力、素质"三个要素，学习知识、具备能力、养成素质是整体一起发生的，不可分开，"知识、能力、素质一体化"生长，而不是割裂的独立生长。

知识做了应用化处理，能力是能够应用知识干活，素质就是能够按照规矩和标准干活。

微组织教学法通过严格执行"三标"，使"知识、能力、素养"有机统合在一起，从而实现了"知识、能力、素质"一体化的生长。

因此，对于微组织教学法而言，一个教学点是包含"知识、能力、素质"三个

要素的，这三个要素是通过执行"教的标准、学的标准和结果的标准"不可分割的一体化生成的。破解了传统教学"知识、能力、素质"生成的割裂状态，极大提升了育人效率。

在整个的教学过程中要建立起"教的标准 → 学的标准 → 结果的标准"的标准体系，依据标准，对"最小"知识点问题实施一点 → 一讲 → 一练 → 一确认的"教、学、结果确认"教师的教和学生的学的过程，即要求教师在对每一个知识点讲解后，学生就要有一个学习与练习的过程，同时教师也要对学生这一学习过程的结果进行确认，确认学生是否真正的学会了，不让学生在学习过程中存在知识碎片化的情况。通过对实施过程的全程"贯标—对标"，并且对学生在学习过程中遇到的难点、疑点、错误点等问题进行"即时反馈"纠正，实现了"知识、能力、素质"一体化生长。

（二）BOPPPS 教学模式

BOPPPS 教学模式最早在 20 世纪 70 年代由加拿大哥伦比亚省的教师技能教育工作坊 ISW（Instructional Skill Workshop）提出，起初该模式的主要目的是通过集中的训练来对新教师的教学技能进行培训，以保证教学的有效性。目前，全世界有 30 余个国家引进采用。

该模式的核心理念是以学生为中心，考虑学生的学习规律、生活经验、知识基础、交流互动、学习反馈等方面，将课堂教学过程分解成六个部分（如图 3 - 4 所示）：导入（Bridge-in）、目标（Outcome）、前测（Pre-assessment）、参与式学习（Participatory Learning）、后测（Post-assessment）、总结（Summary）。

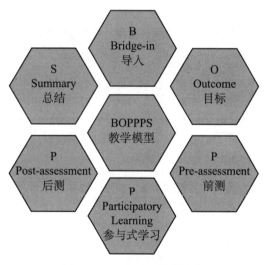

图 3 - 4　BOPPPS 教学模式

1. BOPPPS 教学模式释义

（1）B（Bridge-in）——导入。

此环节是为了引入课堂内容，方法有展示照片、实物、引入最近的新闻时事、引入与主题相关的故事、提供不寻常的数据、结合学习者的经验、提出具争议性的论点、开展有趣的活动、进行情景模拟、指出认知差距等多种，旨在将知识与生活连接，加强知识的实用性。这不仅标志着学习周期的开始，也可以起到吸引学生注意、营造教学氛围、激发学生对教学内容的兴趣、建立学习动机的作用。

（2）O（Outcome）——目标。

此环节的目的是向学习者阐明学习方向和学习目的，说明在这堂课之后应该知道什么、能做什么、有什么样的态度或价值观，让学习者了解自己的学习任务，以合理安排学习计划。同时目标也为授课者提供选择教学方法和教学活动的依据，为未来的测量评估立下基础。

制定教学目的理论依据的是本杰明·布鲁姆等人在 1956 年提出教育目标分类理论，布鲁姆等人将教学目标分为认知、技能、情感三大领域，并对认知领域提出了具体的层次分类，后 2001 年安德森在其基础上进行了修订，如表 3-2 所示。但布鲁姆在创立教育目标时未制定出情感领域和技能领域的具体目标层次，1962 年克拉沃尔编写出版了《教育目标分类学第二分册：情感领域》，提出了情感领域的目标层次，如表 3-3 所示。1972 年哈罗等人编写出版了《教育目标分类学 第三分册：动作技能领域》，提出了技能领域的目标层次，如表 3-4 所示。教育目标层次分类的完善为我们制定教育目标提供了参考，教师也可按照知识维度和认知过程维度来剖析教学内容，从而对知识层次进行区分，使教学目标突出重点和难点。撰写学习目标时可按照"什么人（学生）、在什么情形下、要做什么、做得如何"的逻辑来制定。这种方法可帮助教师较全面的分析学生的学习状况，以此来指导教师的课堂设计。同时教学目标一定要具有可评估性，不要用"了解""掌握"这类模糊的动词描述学生行为，可以借鉴表 3-2、表3-3、表 3-4 提供的"可参考词条"进行描述。

表 3-2　认知领域教学目标参考词条表

目标层次	可参考词条
1. 记忆 Remember	列举、再现、解释、标记、识别、选择、背诵、匹配、配对、定义、命名、描述、指出、提取、按顺序排除、列出、回忆
2. 理解 Understand	区别、辨别、转换、解释、阐释、举例、摘要、标出、展示、表达、复述、翻译、重写、引申、比较、提示、分类
3. 应用 Apply	执行、实施、施行、计算、演算、演示、操作、发展、评估、运用、套用、联结、修改、改编、解决、建造
4. 分析 Analyze	列举、说明、辨别、区分、评估、分解、比较、对比、剖析、总结、推衍、检测、差别、再认、辩护、归因、阐述原因
5. 评鉴 Evaluate	批判、判断、评价、评级、安排、收集、组成、总结、重建、重组、汇编、证明、辩护、起草、处理、修正
6. 创造 Create	鉴别、生产、设计、建构、整合、检讨、阐明、证明、选择、支持、预测、推测、提议、发明、总结、关联、排序、模块化

表3-3 情感领域教学目标参考词条表

目标层次	可参考词条
1. 接受 Receive	接受、询问、描述、遵循、认同、聆听
2. 反应 Respond to	指明、辨识、回应、看见、选择、使用
3. 形成价值 Value	认定、积累、协助、选择、赞许、执行、讨论、遵循、表演、练习、分享、研究
4. 组织价值观念系统 Organize	证明、完成、展示、形构、发起、邀请、加入、辩解、提议、审核、凭借
5. 价值体系个性化 Characterization by Value	改编、防护、设计、影响、整合、调节、组织、修正、解答

表3-4 技能领域教学目标参考词条表

目标层次	可参考词条
1. 感知 Perception	描述、使用、解释、发现、区分、鉴定
2. 准备状态 Set	选择、解释、响应、建立、显示
3. 引导反应 Guided Response	制作、复制、混合、遵守、建立、回答、跟随
4. 机械化 Mechanism	操作、装卸、练习、改造、修理、固定、校验
5. 复杂的外在反应 Complex Overt Response	组合、修正、专精、解决、改正、计算、示范、组织、测量、混合
6. 适应 Adaptation	重新安排、修正、改变、改组、调适
7. 独创 Origination	设计、发展、规划、编辑、制作、结合、建立

（3）P（Pre-assessment）——前测。

前测环节是通过简单的摸底测试，来了解学生对课程基础知识的掌握情况、学习能力、对本讲主题的了解程度和学生的兴趣所在，让学生聚焦这堂课的目标，帮助教学者调整课程的深度与进度。方法有进行小测验、提问开放式问题和头脑风暴等几种。小测验和头脑风暴两种方式应用在线上教学最为高效，线上教学功能可以实现统一发放和批改，可有效节省时间。而在线下课堂中，提出开放式的问题或进行口头提问是最方便快捷的方式，此方法可以引起学生的紧张感，进而使其关注问题本身，引起学生思考。

（4）P（Participatory Learning）——参与式学习。

传统教学的优点是按照知识的逻辑来编排授课，所以保证了知识的系统性和教学的高效性，但在这个过程中学生主要是被动学习，很容易抹杀学生的主动性。

而 BOPPPS 模式通过设计"参与式学习"模块来实现学生的自主性和创新性的提高，因此相较于传统教学来说，BOPPPS 模式可以兼顾知识的系统性和学生自身的发展，是在传统教学基础之上的发展。

参与式学习是整个 BOPPPS 教学模式的核心，它是以学生作为教学活动的主体，教师通过组织、设计活动的形式，全面调动学生积极性、创造性学习与发展的教育理念、教育模式。其目的是提高学生在课堂上的参与度，把课堂还给学生，增强学生的主动性；增强师生互动、生生互动，调动学生的自主性；利于开展团队活动进行合作，培养学生的合作交流能力；适应多层次的教学目标，在完成认知领域教育目标的同时实现技能和情感教育目标的达成等。此环节最重要的是让学生参与到课堂中，所以教学活动设计要鼓励学生表现，促使学生参与课堂，如：可以采用分组讨论、学生授课、角色扮演、头脑风暴、情境模拟等方法，也可以借助雨课堂、学习通等现代教学工具与平台，通过给学生分配任务的形式促使学生参与课堂，来增加讨论深度，提高课堂效率。

（5）P（Post-assessment）——后测。

此环节是对学习者所学内容的检验，判断学习者是否达到了学习目标，以引导学习者对学习重点的把握。后测形式有以下几种类型：第一，知识理解型，即通过选择题、简答题、是非判断题、配对题来检测学习者对知识的理解情况。第二，应用分析型，即给出一个具体的情境让学习者去分析、解决。第三，技能传授型，即通过检核表、评分量表、学生展示的方式多维度检测学习者是否掌握某一技能。第四，态度价值型，即用态度量表、心得、论文通过测试验证教学目标是否达成。

（6）S（Summary）——总结。

总结课堂内容的目的在于帮助学生整合知识，使知识系统化，引导学生反思自身学习情况，并总结课堂内容、预告下次学习内容等，同时简要分析目标达成情况，促进教师反思教学过程，以便对自己的教学做出改进。总结可以分为教师总结和学生总结两种：教师可以从回顾知识要点、举例情景应用、肯定学生成绩等方面进行总结，学生可以从总结本节课的收获或说明学习疑惑等方面进行总结，以在反思中获得进步。

2. BOPPPS 教学设计案例

（1）"铰链四杆机构的组成和分类"BOPPPS 教学设计。

以"机械基础"课程"铰链四杆机构的组成和分类"为例，在应用 BOPPPS 教学模式进行教学设计前，通过问卷、访谈等方式对教材、学情、教学目标、教学重难点等进行了具体的分析（见表 3-5），学生分组、准备好教学工具。具体教学环节设计见表 3-6。

表 3-5　教学设计前期分析

题目	铰链四杆机构的组成和分类
教材分析	本节课教学内容选自中等职业教育国家规定教材《机械基础》第六章第二节，学生通过学习第一章机器与机构相关知识及应用，为本章的学习奠定了基础

续表

题目	铰链四杆机构的组成和分类
学情分析	前面带领学生学习了平面连杆机构的相关知识，为本节课学习铰链四杆机构奠定了基础。本节课教学内容属于整个机械专业接触较多且应用比较广泛的知识点，在"机械基础"课程中占有重要的地位
教学目标	知识与技能目标： 1. 理解铰链四杆机构的定义和组成 2. 掌握铰链四杆机构的类型与应用 过程与方法目标： 1. 结合多种教学方式提高学生课堂参与度 2. 学生合作讨论、动手操作 情感态度价值观目标： 1. 培养学生自主学习的意识 2. 培养学生团队合作能力、动手操作能力
教学重难点	教学重点： 铰链四杆机构的类型及特点 教学难点： 铰链四杆机构的运动特点分析
教学方法	应用 BOPPPS 教学模式： 导入→目标→前测→参与式学习→后测→总结 在整个教学中还会穿插使用小组合作学习、讨论式教学等方法
教学用具	塑料片、大头针、硬纸板等

表 3-6　"铰链四杆机构的组成和分类"教学设计案例

教学环节	教学内容	教学策略	教师活动	学生活动
P 前测	1. 播放火车行驶视频，随机挑选一名同学进行提问：火车车轮与轨道之间的接触和相对运动关系是怎么样的 2. 挑选另一个同学总结一下运动副的类型及特点 3. 教师进行总结	情境提问，巩固复习上节课内容	针对学生的回答进行评价和补充	观看视频，思考并回答老师的问题
B 课堂导入	1. 播放视频：翻斗车卸车、鹤式起重机、筛分机、汽车雨刷工作等动画组合成的视频 2. 提出问题：这些机构是由哪些部分组成的 3. 学生讨论后明确：铰链四杆机构的定义及组成	采用情景导入和设疑导入结合的方式	播放视频并提出问题，引出新课	观看视频，思考，带着疑问进入课堂学习

续表

教学环节	教学内容	教学策略	教师活动	学生活动
P 参与式学习	模型竞赛 1. 以小组为单位动手制作铰链四杆机构模型 2. 注明各杆长度 3. 小组代表展示小组制作的铰链四杆机构模型并进行介绍讲解 4. 小组自评和互评以及教师对各小组的成品进行评价 5. 根据各小组制作的铰链四杆机构模型引出问题： （1）什么是曲柄 （2）什么是摇杆 6. 学生讨论后明确： （1）曲柄：能整圈旋转的连架杆 （2）摇杆：只能绕运动副轴线摆动的连架杆 7. 围绕各小组制作的铰链四杆机构模型的各杆长度及位置展开讨论，总结出铰链四杆机构的运动特点 8. 学生讨论后明确	采用小组合作学习、讨论式教学及理实一体化教学相结合的方式设计参与式学习	巡回指导，组织活动并进行点评与讲解	小组讨论、思考、动手实践
P 后测	你问我答 1. 随机抽取 4 名同学，两两搭档，以"你问我答"的形式测试本课内容 2. 教师评价并总结	学生之间互动，两两搭档，以"你问我答"的形式展开	随机挑选学生结组，点评并总结	与老师进行互动、与同学进行互动，思考并回答问题
O 教学目标	1. 随机挑选 2 名同学阐述本节课的教学目标和学习目标 2. 老师进行评价和补充 3. 明确教学目标： （1）理解铰链四杆机构的定义和组成 （2）掌握铰链四杆机构的类型及应用	PPT 滚动随机抽取学生，该学生进行回答	针对学生的回答进行评价和补充	与老师进行互动，思考并回答问题
S 总结	1. 老师与学生共同画出本节课思维导图 2. 布置作业：课下找出生产生活中铰链四杆机构应用的实例	采用思维导图进行课堂总结	画出思维导图	与老师进行互动，补充思维导图

（2）"铰链四杆机构的组成和分类"BOPPPS 教学设计意图分析。

根据所教班级学生的实际情况和教学内容的特点，采取 P 前测→B 导入→P 参与式学习→P 后测→O 目标→S 总结的顺序展开教学活动，整个教学过程秉承"以学生为中心"的教学理念，以提高学生参与度为核心目标，通过对各个教学环节的精心设计，以期提高"铰链四杆机构的组成和分类"教学的有效性与针对性。

1）P 前测。将前测作为本节教学的开端，观看火车行驶的视频，吸引学生的注意力，同时了解学生对上节课"运动副及其分类"内容的掌握程度，实现与本节课内容的顺畅衔接。

2）B 导入。将情景引入和设疑引入结合起来作为本节课教学的课堂引入，目的是在新课讲授前吸引学生的注意力，激发学生的兴趣，调动学生对"铰链四杆机构的组成和分类"相关内容学习的积极性与主动性。

3）P 参与式学习。以"模型竞赛"形式展开本环节教学，学生通过小组合作共同制作铰链四杆机构，通过小组代表展示并详细讲解，使同学们在动手实践中自己发现问题，小组讨论自主学习后总结出铰链四杆机构的类型，清楚制作的铰链四杆机构模型中各杆长度、位置与运动的关系。通过小组合作学习、小组讨论、动手实践等最大限度调动学生参与课堂互动。

4）P 后测。使同学们了解自己的知识盲区，课后根据本节课教学内容及时进行复习与总结。

5）O 目标。将目标环节放到课堂后面部分，一是为了更好地实现后面的总结，二是为了加深同学们的记忆。通过 PPT 滚动随机挑选学生回答，同样是为了引起学生的注意力，同时兼顾全体学生，打破传统课堂教师倾向挑"学习较好"或者教师"偏爱"的学生，促使全员参与课堂。

6）S 总结。采用老师和同学共同合作完成思维导图，作为本节课的总结，使重难点知识以直观的方式再现，加深同学们的理解与记忆。

（3）课堂实施效果分析。

1）P 前测。通过播放火车行驶视频，引起了学生的兴趣，学生积极回答问题。

2）B 导入。成功吸引了学生的注意力，激发了学生的学习兴趣。

3）P 参与式学习。小组之间展开了热烈的讨论，每个成员都表达自己的想法，共同完成铰链四杆机构模型的制作，对于在实践过程中遇到的问题，小组之间协作成功解决遇到的问题，并完成了在实践中学习本节课教学内容的任务。

4）P 后测。通过"你问我答"的形式进行后测，在课堂末尾环节仍以互动形式展开，显著提高了学生的课堂参与度。

5）O 目标。使教师和学生教学目标清晰化、具体化，学生通过本节课的学习，知道自己学会了哪些知识，并能够将其应用到实际生活中。

6）S 总结。学生积极配合老师完成思维导图，加深了对知识的理解。对于教师布置的作业"找生产生活中铰链四杆机构应用的实例"，突破了书面作业的局限，增强了学生"理论联系实际"的意识和能力。

（三）"对分课堂"教学模式

"对分课堂"教学模式由复旦大学教授张学新于 2014 年首次提出，"对分课堂"顾名思义是将上课时间对半分开，一半由教师讲授，一半留给学生学习、讨论，其模式可总结为讲授（Presentation）、内化与吸收（Assimilation）、讨论（Discussion）三部分，即 PAD 课堂。

1. "对分课堂"教学模式含义

对分课堂中的"对分"包含两方面的含义，一方面是"时间"上的对分，将整个课堂划分为两个部分，其中一部分课堂时间交给教育者进行讲授，另一部分时间交给受教育者进行讨论，将讲授与讨论时间明确地分开，通过受教育者的个性化内化吸收，将两部分衔接起来；另一方面，是"权力与责任"上的对分，师生共同拥有教学活动的控制权，教师在教学过程中负责共性化的知识，学生负责个性化的发展，学生在教师讲授内容、完成既定目标的基础上，去拓展自己喜欢或需要的内容，通过迁移，培养独立思考和判断的能力，并逐步搭建自己的知识框架。

对分课堂教学模式有两种基本形式：当堂对分和隔堂对分。在对分课堂教学模式中，不明确要求学生进行课前预习活动，它既保留了传统讲授式课堂的先讲后学的特点，又保留了讨论式课堂的相互交流合作的学习特点。当堂对分是指在一节课的时间内，根据知识内容的难易和复杂程度进行合理的时间安排，完成讲授、内化吸收和讨论。即当堂对分以内化吸收阶段为分隔点，将一节课当堂对分为讲授和讨论交流两个大的阶段（见图3-5）。

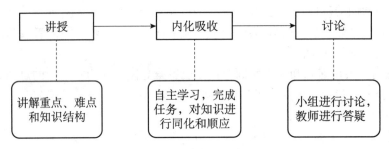

图3-5 当堂对分示意图

隔堂对分是在知识内容较多且课程安排相隔时间较长的情况下，第一堂课交给教师进行精讲，课后学生自主进行内化吸收和完成作业，第二堂课进行小组讨论和师生讨论（见图3-6）。即隔堂对分的内化吸收阶段是在课余时间，由学生自主完成。这种形式需要学生有较好的自制力或建立相应的监督机制，辅助教学过程顺利地进行。

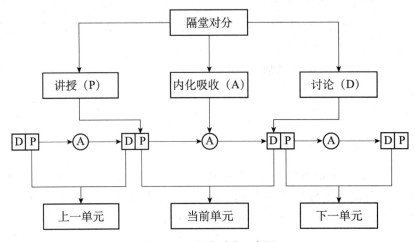

图3-6 隔堂对分示意图

教师在讲授阶段注重"精讲留白"，讲框架、重点、难点，留出学生能独立完成的部分让学生自主探索和建构知识。

在学生学习阶段，学生要完成教室布置的"亮考帮"作业，帮助学生内化吸收。"亮考帮"分别是指"亮闪闪"，即学生在课堂中的收获；"考考你"，即让学生用学会的内容出题目考同伴；"帮帮我"，即让学生总结出在复习的过程中发现的不懂的内容。其中，"亮闪闪"可以帮助学生总结所学知识，构建知识体系；"考考你"可以帮助学生学以致用，引导学生的学习效果往认知、情感、技能目标的最高层次迈进，即"创造"、"价值体系个性化"和"独创"。"帮帮我"可以让学生反思不足、查缺补漏，针对自己的疑惑对症下药，提高学习效率，保证学习效果。

学生提交作业后教师再组织学生进行讨论，讨论分为组内讨论和组间对话。组内讨论主要围绕小组成员的"亮考帮"，组员可以分享自己的"亮闪闪"，观点思想碰撞，进而彼此完善自己的知识体系建构，同时生成"问题"加以讨论。这里必须特别说明的是：对分课堂讨论的问题不是预设的，而是随机生成的，这是对分课堂讨论环节的鲜明特色，这是面向学生的真问题，而不是老师提供的"预设问题"。

2. "对分课堂"教学模式设计框架

教学设计原则是根据一定的教学目的和教学过程规律而制定的指导教学工作的基本准则，是判断教学设计是否遵循教育教学规律的关键。"对分课堂"教学模式设计遵循以下三个原则：

（1）面向全体学生原则。

一个高效、开放、人性化的课堂是要面向所有学生的，关注所有学生的成长是所有课堂普适性要求。

（2）提供支架原则。

对分课堂的三个教学环节构成了严谨的教学流程，每个环节都有特定的方法和步骤，具有高度可操作性。教师讲授是学生进行内化吸收的支架，内化吸收是学生独立完成作业和"亮考帮"的支架，讲授和内化吸收是进行讨论环节的支架，环环相扣，并层层叠进，共同完成教学流程，扩宽受教育者的知识面，加深受教育者对知识的理解和掌握。在对分课堂教学模式下，教师要严格按照步骤进行授课，在讲授环节构建整节课的框架，完成重点和难点的讲授，并控制好讲授的时间，为学生进行独立的内化吸收打好基础；在内化吸收和讨论阶段，要引导学生在已有知识的基础上，拓宽知识点并加深对知识的理解。

（3）应用性原则。

对分课堂教学模式下的教学设计要遵循应用性原则，将生活中真实的问题情景引入课堂中，通过解决这一问题，使学生在实际的动手操作中掌握相应的知识和经验，并将所学的内容迁移到生活中的其他问题上。

基于以上原则，"对分课堂"教学模式设计框架见图 3-7。

3. "对分课堂"教学模式实施概要

（1）课前环节。

在进行 PAD 课堂的教学实践之前，教育者需要做好充足的准备。课前环节准备的是否充分会在较大程度上影响教学效果，若课前环节准备充分，就能够更好地促进教学

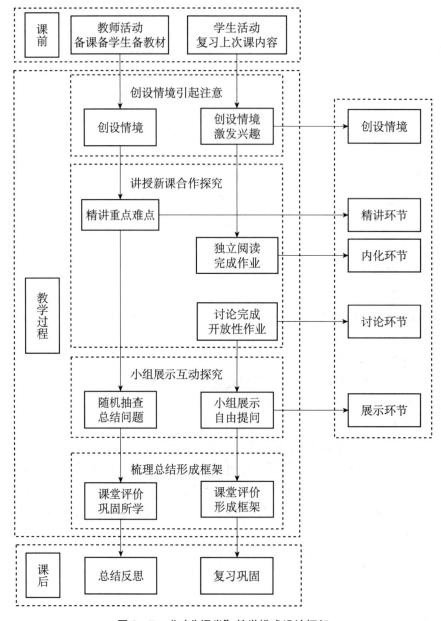

图 3-7 "对分课堂"教学模式设计框架

目标的实现；反之，教学效果将大打折扣。教师在课前准备环节，需要了解学生、教材、教学环境等方面，恰当地进行分析和整合能够使教学设计更加适合和完善、教学过程更加流畅和完整。

首先，"备学生"。教育者的教学对象是学生，尽可能地了解授课班级学生的知识储备状况、身心发展状况、认知水平，小组学习遵从组间同质、组内异质的原则和学生的意愿对学生进行分组，为接下来的教学环节打下良好的基础。

其次，"备教材"。教材是连接教师和学生的桥梁，对分课堂教学模式下教师要对教材进行更加精细的研究，一切教学活动的实施都应在教材提供的基础上进行并拓展延伸，要根据教材的内容准备相应的教学资源，要根据教材的重点及难点决定上课期间需要精讲和留白的内容。

最后，"准备教学环境"。PAD 课堂的成功实施也需要物理环境的支持，教学设施与场地空间能保证 PAD 课堂的顺利实施。

（2）课中环节。

精讲环节：创设问题情境，进行课堂讲授。

在讲授过程中，要设置一个能够吸引学生注意力的导入环节，可以创设一个真实的情境或者利用文字、视频、提问等多种方式，导入本节课的内容，为接下来的学习营造一个良好的氛围。在精讲过程中，要把握住先教后学、精讲留白这个关键点，也就是说教师先进行教学内容的讲授，不需要学生提前进行预习；教育者讲授的内容是本节课的知识框架和重点及难点，其他的内容留给受教育者进行自主的探索性学习。教师要做学生学习知识的引导者，将知识的框架和重点及难点传授给学生，给学生留出独立探索的空间，这有助于激发学生学习的兴趣。讲授环节如图 3-8 所示。

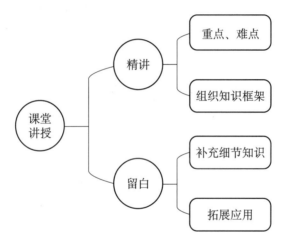

图 3-8　课堂讲授环节

内化环节：学生自主学习，进行内化吸收。

知识内化吸收环节是 PAD 课堂的精髓。知识内化过程是有效教学的重要环节，只有独立完成内化吸收环节，才能促使每位学生对新的内容进行整体性的梳理，有利于将新知识融入自己原有的知识体系中，形成知识框架。为了更好促进学习进程，教师要根据学生的基础以及知识的难易程度，设定合理或层次化的作业，并采用"亮考帮"的形式使学生在练中学、比中学，从而达到因材施教、促进每个学生发展、促成知识内化的目的。作业是连接课堂讲授环节和讨论环节的中间桥梁，学生通过作业发现问题、解决问题、检测自己的课堂学习效果。设置层次化的作业有利于学生在最近发展区内得到最大的提升，同时激发学生的好胜心理，有助于学习的深入；"亮考帮"为作业的基础形式，是连接讲授和讨论的桥梁，具有开放性、反思性、总结性的特点，有利于调动受教育者的学习积极主动性，引导受教育者进行发散性思维和创造性思维。"亮考帮"的要求如表 3-7 所示。

表 3-7 "亮考帮"的要求

项目	要求
亮闪闪	要求列出一条或一条以上的在学习过程中自己感受最深、收益最大的内容
考考你	要求列出一条或一条以上的自己弄懂了，但是觉得别人可能存在困惑的内容
帮帮我	要求列出一条或一条以上自己不明白的问题

这一环节不仅仅是学生单方面的活动，教师同样也需要对学生的学习活动有所关注。在当堂对分中，教师可以通过查看学生的学习进度和作业的完成情况来督促学生学习；在隔堂对分中，教师可以利用现代化通信手段，及时了解学生在学习中的问题，帮助教师有针对性地为课堂讨论做准备，补充自己的知识盲区，实现教学相长。

讨论环节：小组合作探究，进行课堂讨论。

PAD 课堂的讨论环节是这一模式的重要的环节，该环节的流程见图 3-9。这一环节有多重作用，既可以锻炼学生与他人的合作共赢能力、提高学生的言语交流能力，又可以拓展学生的思维模式。这一环节的有序进行需要教师进行组织和引导。

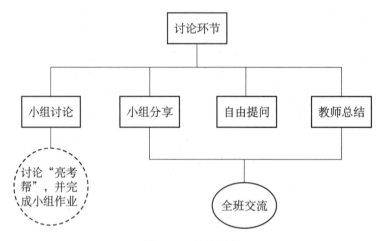

图 3-9 讨论环节

课堂讨论环节共分为 4 个阶段，分别是小组讨论、小组代表发言、自由提问、教师总结。

在课堂讨论环节，要根据"组间同质，组内异质"的原则进行分组，组内成员以 5~7 人为最佳。为方便小组成员的交流互动，要合理安排小组内成员的座位；同时由小组内成员推举出有领导能力的组长，负责维持小组讨论的秩序。小组讨论时，小组内分享"亮考帮"和作业，进行小组内答疑。教师要及时地巡视，询问讨论的进度和情况、关注到不同学生群体的表现和诉求，对于学生讨论有争议或者讨论方向偏离主题时进行及时的提醒。

小组讨论后，教师作为组织者引导全班同学进行大讨论，小组代表分享本节课的收获、组内未解答问题等内容以及展示小组成员合作完成的作品。作品展示完成后，由其他小组进行组内协商来评定作品的得分，作品评价标准由教师统一制定。这个环节能够锻炼并提高学生的语言表达能力，也能够培养学生敢于展示自己的能力。教师要尽可能多的鼓励和表扬学生，及时指出学生在发言中的优点，保持学生讨论和发言的热情。

自由讨论环节是基于本课的知识目标与能力目标基本完成的情况下，对整个课堂情感态度的升华，大家可以畅所欲言。

最后是教师进行总结。教师是整个讨论环节的组织者和引导者，需要对学生们讨论的主题和内容进行积极正确的引导，同时需要对学生们的表现给予即时反馈，即短时间内进行客观公正的评价；同时也要对整堂课的知识点进行总结回顾，形成思维导图。

展示环节：展示完善作品，进行评价总结。

评价环节是保障 PAD 课堂成功实施的重要举措之一。

公正客观的评价能够激发学生的胜负欲，成为学生积极学习的驱动力之一。PAD 课堂注重多元主体评价，评价的主体既包含教师，也包含学生本身，学生在进行评价的过程中，会提前知道评价的标准，这会促使学生高质量地完成作业，并按照量规标准及时调整提高自己，促进进步。PAD 课堂注重过程性评价，过程性评价能够避免"一考定成绩"的现象，并将注重结果转向关注学生的平时表现。该评价在及时、全面了解并诊断反馈学生的学习及努力方面具有重要作用，同时过程性评价还能够体现以生为本的教学理念、及时调整教师的教学过程和激发学生的学习动力。过程性和多元性评价共分为三个部分：组内评价、作品评价和教师评价。课堂评价模型见图 3-10。

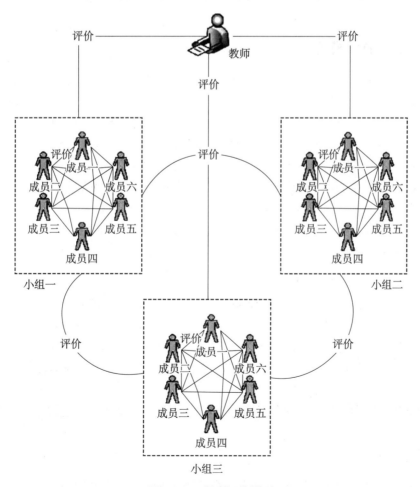

图 3-10 课堂评价模型

作品评价是由其他小组对其作品根据教师制定的作品评价表进行评定。首先，每个小组进行组内协商，对作品进行评定。其次，综合每个小组的分值，取其平均值，该平均值即为小组内每一位成员的评分。

组内评价是由组内成员根据教师制定的小组评价表进行互评，小组评价表如表 3-8 所示。每一个题目分值为 15 或 20 分，越符合题目的要求，则分值越高。

表 3-8　小组评价表

题目	成员一	成员二	…	成员六	成员七
在大部分时间里，该同学积极参与小组活动。（15 分）					
该同学积极完成作业。（15 分）					
该同学积极表达观点和建议。（15 分）					
该同学主动帮助别人，解决疑难问题。（15 分）					
我对该同学的表现很满意。（20 分）					
如果还有机会，我愿意和他再次分到一组。（20 分）					

教师评价是在教学环节实施完毕之后，综合该名学生的整节课的表现情况及其课堂作品，对其进行量化的评价。

（四）五星教学模式

随着各种教学设计理论与模式的进步，美国犹他州立大学梅里尔教授认为，各种教学设计理论与模式之间并非平分秋色，而是有共同的基础。基于此，梅里尔总结出了一套"首要教学原理"，即"五星教学模式"。五星教学模式包含五条原理：

第一，当学习者要解决的问题与自身现实相联系时，学习才会有动力；

第二，当学习者以原有的知识心理模式为基础展开学习时，学习才会有成效；

第三，当学习者主动参与到新知学习，并能够在相互交流中集思广益，获得各种解决问题的真知灼见时，才能加强学习；

第四，当学习者动手动脑动身体尝试摸索应用新知识时，技能才能高效获得；

第五，当学习者反思、评价、讨论变换已有知识时，才能有效促进学习。

1. 聚焦完整（任务）问题

以完整任务为核心构建任务序列框架是五星教学模式首要环节。五星教学模式认为在任何教学活动中，都要紧扣教学目标确定一个中心问题，这一中心问题不同于一些图书和文献中提到的"基于问题的学习"或基于"案例的学习"，而是聚焦问题中的"问题"不仅与现实生活情境相联系，而且较后者更具结构性。在此教学阶段，教师要创设与学生有关的问题情境，吸引学生注意力，调动学生学习欲望，还要向学生呈现任务单，帮助学生明晰学习任务，交代学习收益，使其逐步掌握解决问题的方法，提高学习的技能。

2. 激活旧知

激活旧知作为教学活动的导入阶段，是教学开展与实施的关键一步，教学活动的有序导入保证了在任何学习中总是有相应的基础可以做好铺垫。在激活旧知时，教师可以通过提问、讨论、演示等方式了解学习者是否有过相关知识经验，若有，则以此为新技能学习的基础，唤醒相关信息；若无足够的相关知识经验，那么学习新技能的首要任务就是"补救所学知识"，起到查缺补漏，加强薄弱环节指导的作用。激活旧知可以帮助学习者顺利衔接新旧学习任务，对学习者的心理模式进行调整和改造，为更好地建立新知结构做好充分准备。

3. 示证新知

示证新知在教学活动中起着中流砥柱的作用，新知识的出台就是在示证新知环节得以实现，技能掌握的效果也是在这一环节初见分晓。在此环节，教师要紧紧围绕教学目标实施教学，给学生提供一个以上的样例进行示范说明，同时在学生自主探究学习与协同合作学习时，精心提供指导，做到因材施教、对症下药。

需要注意的是，示证新知环节也要求教育者能够恰当的应用媒体拓宽知识呈现口径，促进教学目标的实现。但是，媒体的使用有时不仅不会促进学习，反而会干扰学习，出现适得其反的现象，因此教师在教学过程中要依据教学内容和现有教学条件合理匹配教学媒体，实现信息呈现的有效性。五星教学模式认为按照紧扣目标操练、精心提供指导和善用媒体促进的标准来呈现新知，对新技能的掌握会有立竿见影的效果。

4. 应用新知

传统教学模式中时常出现学生对新技能的领会还未达到经久不忘的程度，教师就开始做"巩固迁移"练习，导致学生对新知的学习只是一知半解，并因急于求成而产生错误率高的现象，因此"以用促学"是五星教学模式追求的应用练习。

应用新知的三个教学要点有：紧扣目标操练、渐减指导练习和变式问题操练。紧扣目标操练与紧扣目标施教同等重要，当应用新知与预期的教学目标一致时，才能促进学习，所以，在练习过程中紧扣学习目标加强练习督导，能为学生提供足够的练习时间和学以致用的机会。虽然教师的辅导在应用新知后不久是最有效的，但是随着学习者对任务的熟悉，教师的辅导也应该慢慢减少。

特别需要注意的是，应用新知不是完全放手，而是一个从扶到放、渐撤支架的过程。在此过程中，教育者要注意提供矫正性反馈和内在反馈，帮助学习者明确目标达到的程度。变式问题操练的功能主要是进一步凸显问题的本质联系，加强学习者对知识技能的深度理解，所以在不超出讲解示范总的难度水平的前提下，要有意识地变化问题的情境，提供若干变式问题，增强练习的层次性和多样性。

5. 融会贯通

融会贯通是学习者进一步学习的愿望和持续付出努力的关键时机，是促成学习者个性化运用知识的一种重要方式。学习者为自己的学习成果自豪并展现新获得的技能时，同伴之间的相互合作与评价是最有效的。融会贯通环节要求学习者不仅要展示自己掌握的新知，而且要通过相互指导评价来质疑、交流、拓展知识，让学习者在同伴间的相互评价中对学到的技能知识进行修正与辨析，进一步促进学习。

五星教学模式除包含五个教学过程和 15 条教学标准外，还有导航明确、动机高昂、协同努力、多向互动四个环境因素。导航明确即让学生知道学习后会解决什么样的问题；动机高昂是指激发学习动机，提高学生学习参与的积极性；协同努力是同伴、小组合作完成学习任务；多向互动是师生、生生之间相互沟通交流。需要注意的是：五星教学每个环节所包含的标准并非要一应俱全，而是根据实际情况选择运用。

五星教学模式是以聚焦解决问题为起始环节，通过多向互动、协同合作等方式帮助学生把新旧技能联系起来，并引导学生用所学到的知识技能解决新的问题，在任务驱动及师生和生生的反馈下学生主动学习的一种教学模式（见图 3-11）。

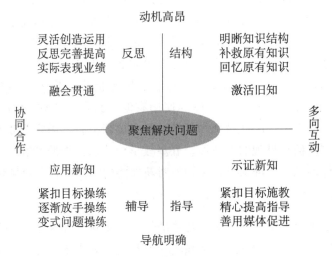

图 3-11　五星教学模式

（五）PBL 教学模式

PBL（Problem-based Learning）教学模式，有多种译法，如："基于问题的学习""问题式学习""问题导向学习""以问题为中心的学习"等。自 20 世纪 90 年代引进我国以来，PBL 首先在医学教育的教学实践的改革颇有成效，随后积极推广并应用于职业教育的其他专业领域。

1. PBL 教学模式概念

PBL 教学法我们可以将之认定为"基于问题的学习"，从字面理解上也就能够明确了 PBL 教学法在问题引导教学方面的特点，当然还需要明确的一点就是学生是课堂学习活动中的主体。这种教学方式中注重的就是要设计和现实世界相符的问题，并且完善问题情境，从而引导学生通过小组研讨的方式来进行学习，让学生在学习的过程中来解决所面临的问题。这样就能够有效地提升学生在课堂教学活动中的参与度，还能够实现对问题的收集和相关资料的总结，让学生能够在自信的基础上，主动的解决所面临的相关问题，提升对于知识的掌握能力。

PBL 教学法的关键点就是以问题来进行教学引导，从而使每个学生主动投身到剖析问题、解决的活动中，把学习者当成上课的主体，借此来达到教学的目的。在整个学习活动中都应该将学习者作为关键，随后通过小组合作研讨学习等方式，来让学生主动地参与到问题的分析和研究活动中，最终提出解决问题的相关意见。在这一流程中还能够让学生对相应的知识进行总结分析，进而创建一个自我认知的环境。

2. PBL 教学模式构成要素

在 PBL 教学模式中，注重的是要让学生能够积极主动地进行问题的寻找和分析研究，随后通过所学到的知识和技术来解决所面对的问题。PBL 教学模式具有非常鲜明的教学特点，能够极大地提升学生的素质能力，还能够确保教学效果，在当前所实施的 PBL 教学活动中有下列三项要素：

（1）问题。

PBL 教学模式最基本的要素，也是在整个教学活动中的关键点，教师在问题方面的设计质量将会对最终的教学效果造成直接影响。问题的设计过程中要注重真实性，要设置与现实世界相适应的问题情境，要确保所提出的问题和社会现实之间存在紧密的联系。从学生的日常学习生活出发，明确解决问题的具体流程，制定更加科学便利的解决问题的方案。这对于提升学生的发散性思维和主动思考能力有着非常重要的影响，也能够让学生从多个不同的层面上来进行问题的分析和解决。

其次，在问题设计的时候应该充分的考量其复杂性以及系统性，也就是说，问题并非是单独存在的，应该注重问题之间所存在的联系和相互作用。教师在对教学问题进行相应的设计过程中，必须注意学习者本身的素质能力和基础知识掌握能力，要满足学生自身的成长，问题的设置不应过于简单，也不能超出学生的最近发展区。

（2）学生。

将学生认定为 PBL 教学模式的核心，进而围绕学生实施相应的教学工作。学生是学习的主体，自主地参与、合作、交流，并通过解决问题来探索兴趣，从而提高对学习中知识的掌握与运用，而教师所具有的教师教学组织者以及知识引导者作用。因此，应该在教学活动中引导学生去积极地思考和分析，让学生参与到课堂研讨活动中，保证学习活动能够顺利地实施。在解决问题这一方面，还应该注重对学生学习积极性的调动，从而让学生能够凭借自己的知识和经验来解决所遇见的问题，在这一过程中还能够提升学生主动学习新知识的积极性。因此在 PBL 教学模式中最为关键的一点就是要积极地提升学生对于问题的分析能力、对知识的学习和掌握能力、和小组成员的合作探究能力。

（3）合作学习。

对合作学习来说，就是按照组间同质、组内异质的原则来科学分组，随后通过小组学习的方式来让学生掌握相应的知识。小组成员明确分工，每个成员都明确自己的任务，自行查找资料，随后在小组内部进行深入的探索和研究。提出解决问题的相关计划，并且实施相应的方案，将最终所得到的成果充分地展现出来，接受同学和教师的检阅，另外就是在完成问题之后需要总结和反思整个解题过程。这种主动探究的行为不但使学习变得有趣，学生参与到问题的解决过程中，而且增强了学生的合作意识和协作精神。

在 PBL 教学模式中最为重要的一点就是，要让学生能够借助复杂并且真实的问题来实施教学探讨合作，通过彼此之间的沟通来提出解决问题的相关方案。而学生在这一过程中，也能够有效地强化对于知识的印象，提高运用知识的能力，还能够有效地提高学生在动脑方面的水平。

3. PBL 教学模式案例设计

以中职学校计算机专业"计算机应用基础"课程中的"文档创意与制作——图文编辑"为例。

（1）教学分析。

教学基本情况见表 3-9。

表 3-9 "图文编辑"教学模块基本情况表

单元名称：初级图文编辑		授课时数：4
教学目标	知识与技能	①能够熟悉 Microsoft Word 2010 窗口操作（菜单、工具栏、快捷键、右键菜单等） ②能够进行文件编辑、修改、保存等操作 ③掌握图文编辑排版的基本知识
	过程与方法	①通过独立学习，有效地获取信息 ②能够在学习中发现解决问题的途径 ③掌握对文档的设计能力，有创新意识
	情感、态度与价值观	①能掌握一定的沟通技巧 ②有较强的团队协作意识 ③能够对所完成工作进行正确评价
教学重点	文档的创建、编辑、保存、保护等操作	
教学难点	文档制作的思路、规范与适用软件的选择	
教学模式	PBL	
教学资源	一体化教室、教案、PPT 课件、教材	
课后反思		

（2）教学过程设计。

教学过程设计见表 3-10。

表 3-10 "图文编辑"教学过程设计表

步骤	教学内容	教师活动	学生活动
教学引入	情境引入：中国高铁已经成为我国高端制造业名片，要求学生准备一份有关中国高铁建设成就的文档	让学生主动探索问题，明确表达出自己的想法	要求学生进行小组讨论，分析问题

续表

步骤	教学内容	教师活动	学生活动
教学任务	了解高铁的发展历程，以及高铁技术的概况、特点，使用文字处理软件进行编辑，然后保存起来	从对任务情境的分析角度上进行研究，再通过演示等方式来明确任务和目标	学生思考本节任务模块，思考完成任务需要搜集的相关信息
教学过程	教学实施步骤一：创设情境，激发兴趣 新建文档 制作文档的思路： • 文档题材 • 文档主题 • 读者对象 • 内容呈现形式 • 编辑加工软件 • 文件命名	播放高铁的相关视频，提出课堂学习任务，对任务实施必要知识进行适当讲解，加深学生制作文档方法的思路理解，引导学生注意排版的规范性	通过视频观看的方式来进入到问题情境中，从而提升学生的积极性，开展对问题的思考和研究，使其产生完成任务的信念
	教学实施步骤二：提出问题，任务分解主问题——图文编辑软件的功能 问题引导： 1. 我们可以选择什么软件来制作文档？ 2. 如何制作文档？ 3. Microsoft Word 2010 还有什么功能？ 4. 这些功能是用来干什么的？应如何操作？ 5. 从课件展示的角度上展示高铁技术的相关特点以及行业状况	划分任务小组，以六人为一个小组，进行十分钟的搜集和讨论，搜集主题： 高铁的发展历程以及高铁的概况、特点 要求每一个小组都制定相应的计划表，从学生讨论分析的基础上来引导学生，总结所遇见的问题	小组学生在自我思考之后便进行组内讨论和相应的研究，明确已经解决和没有解决的问题，提出解决问题的方案，通过小组成员的共同努力来进行问题的探索和研究，随后结合所有小组成员的力量和智慧来解决问题
	教学实施步骤三：小组讨论，协作解决 任务：创建"坐高铁赏祖国美景"文档 • 新建/打开文档 • 输入日期 • 插入图片 • 编辑文本 • 保存文档	学生在操作的过程中，教师要适时巡查，及时发现大多数同学出现的问题和不懂不会操作的问题，及时给予正确的指导，提高教学的效率。此外还鼓励小组内同学进行互帮互助，通过交流沟通来分析问题，从而得出解决问题的方案，另外对于能力相对比较高的学生也可以进行巩固提升，学习相应的知识内容	在小组讨论分析的基础上使用 Word 2010 软件来进行相应的文档设计，并且在这一过程中发现该软件所具有的其他功能和作用。学生在实训操作的过程中不可避免地会遇见一些难题，这就需要小组成员协同作战，在探讨分析的基础上来解决问题。按照活动要求完成了相应的内容之后还可以对学习的效果进行相应的检验，借此来巩固学习成果

续表

步骤	教学内容	教师活动	学生活动
教学过程	教学实施步骤四：成果展示，交流分享文档编辑呈现的效果	教师鼓励学生在小组内积极展示、交流学习的体会	小组代表分享本组成员讨论成果、实践结果，必要时可以给全班同学演示创意完成的作品
	教学实施步骤五：评价总结，反思提高	教师也应该在适当的时候参与到小组学习活动中，并且对当前小组成员的表现以及成果进行点评，提出自己的意见。另外就是要对当前学生所遗漏的问题进行总结讲解。最后参照教学评价表进行评价，并与同学们一起评出艺术之星、版式之星、内容之星等	以小组为单位讨论总结本节任务内容，对自己的整个工作任务的完成过程进行总结，并请不同组代表分别回答每个任务学到的重点内容，记录讨论结论，并进行组内评价
作业	做一张图文并茂的介绍 C919 大飞机文档，并在班级微信群里展示、点评		

（3）成果展示点评。

以小组为单位，学生展示高铁图文作品，并点评。教学过程评价工具见表 3-11。

表 3-11　教学过程评价表

评价项目	评估标准				学生自评	组内互评	教师评价
	优秀（A）	良好（B）	一般（C）	需努力（D）			
学生学习态度	学习目标明确，主动参与到课堂学习活动中，具有完善的学习计划	具有明确的学习目标，可以参与到课堂学习中	对所学的内容有着一定的了解，可以参与到课堂学习活动中	对学习目标并不了解，并且几乎不会主动参与到课堂学习活动			
课前准备工作	认真预习，明确重难点，准备好上课学习	预习课程，明确知识点	简单预习	没有预习			
协作学习意识	主动寻找帮助并且给予他人帮助	会寻求帮助，也能够在同学求助的时候帮助同学	有时愿意寻求帮助，有时帮助他人	不请教不分享			
小组讨论学习参与度	课堂上积极发言，认真听课，能够对问题进行反思和总结，代表小组进行问题汇报	认真听课，主动发言，并做出合理的总结，在讨论中敢于提出自己的意见	能够参加到学习活动中，对于自己的意见想法能够简单的阐述说明	无法参与课堂学习活动，几乎不会主动发言			

续表

评价项目	评估标准				学生自评	组内互评	教师评价
	优秀（A）	良好（B）	一般（C）	需努力（D）			
组内表现情况	对问题思考全面深入，语言表达流畅，有效共享信息，操作正确	对问题有简单思考，有一定语言表达力，操作正确	缺少对问题的思考能力，在语言表达方面有一定的不足，实践操作能力一般	对问题几乎不会进行思考，语言表达能力也需提升，实践操作不够规范			
小组成果展示	小组成员之间的配合比较默契，拥有比较好的准备，问题立意新颖，明确思路，语言表达流畅	准备比较充分，回答问题比较突出，能够对自己的想法进行总结和阐述说明	对问题能够进行相应的回答，实践操作能力一般，语言表达能力一般	实践能力差，不满足展示要求			
完成任务状况	完全完成自己的任务要求，并且可以给组内其他成员提供指导帮助	基本上能够自主完成任务，并且可以给其他的成员提供适当的建议	可以自行完成学习任务，不过需要一定的帮助和支持	不能完成学习任务，需要他人帮助			
成果展示	作品立意新颖，具有一定的艺术创新能力，能够与所学技术结合运用	作品拥有明确的主题，能够进行创新点的融合，符合相应的标准要求	作品主题与要求相符，满足内容要求	无明确的主题，内容散乱不符合要求			

三、职业教育教学模式的选择与运用

好的教学模式不仅受教学思想、教学目标、教学内容、教学方法和手段的制约，而且受教师教学能力、学生学习水平及学科等因素的制约。因此，教学模式的选择与运用是件很复杂的事情。教师在选择教学模式时，应全面、综合地考虑各种因素，权衡利弊，择善而从。具体而言，应特别注意如下几个方面问题。

（一）教学模式的理论性

进行教学模式改革必须要有一定的教学理论做指导。教学模式不仅是对教学实践中某类具体教学活动的优选、概括和加工，而且还包含有一定的预测、设计和规律性探讨，只有掌握一定的教学理论，才能正确把握教学模式改革的方向。

（二）教学模式的适用性

任何教学模式都有其特定的目标指向及自身的适用条件和适用范围，一成不变和普遍适用的教学模式是不存在的。正如美国哥伦比亚大学乔伊斯和威尔在《教学模式》一书中所指出的那样："没有一种教学模式是为适合所有的学习类型或学习风格而设计的。"我国也有通俗的说法，即"教学有法，但无定法，贵在得法"。因此，在学习和借鉴各种教学模式时，要注意各种教学模式的产生背景和适用条件，不能随意照搬照套。

（三）教学模式的操作性

教学模式不是空洞的理论和口号，而是具有操作性的行动方案和策略体系。任何教学模式都应该有操作程序和操作要领这两个基本要素，用以说明教学的步骤、各步骤应该注意的问题以及各步骤之间的关系。

（四）教学模式的灵活性

教学模式虽然具有指导作用和范型意义，但却不是一成不变的。如果把它看作是能照搬照套的金科玉律，那么，有教学模式还不如没有教学模式。教学模式具有灵活性，它要求人们在应用时要充分发挥自己的主观能动性，根据具体情况，创造性地加以运用。

（五）教学模式的发展性

教学模式的运用是否有效，取决于在特定情境下的学习者基于自己的思想和经验对模式的认同和接纳，更取决于学习者由此所引发的教学观念和深层次思维方式的变革。教师选择或运用教学模式，一方面要研究它的教育思想和教学原理，从思想观念改革上认识模式，发挥教育思想在教学实践中的指导和引领作用，另一方面要充分考虑自己教学实践的需要。教学实践是教学模式生成的逻辑起点，也是教师认同、选择和应用教学模式的出发点。教师选择和学习教学模式必须结合教学实践进行改造，必须超越他人和自己的经验模式，将其思想和原理融入自己的教育信念，尝试建构新的模式，逐步形成自己的教育思想和教学风格。所以，选择和运用教学模式的过程应该是一个自我反思、自主解构经验模式并尝试建构新模式的过程，是一个取人之长补己之短的批判、改造、融合与超越的创造过程。

总结案例

南通职业大学电子信息工程学院以赛促教教学模式改革初探

南通职业大学电气自动化专业以培养学生参加全国职业院校技能大赛"现代电气控制系统安装与调试"赛项的实践为研究对象，按照"存在问题→提出对策→实践研究"的路径，开展了"赛教融合，赛学相促"教学模式的研究与实践，取得了较好效果。

全国职业院校技能大赛"现代电气控制系统安装与调试"赛项考核的知识范围广，包含了教育部颁布的高职电气自动化技术专业建设标准中所需要的知识、能力和素养。该赛项要求选手掌握电工技术、电气测量技术、电气控制技术、电机驱动与调速、可编程控制器应用技术、触摸屏组态控制技术、工业网络技术、传感器技术等方面的知识，具备逻辑控制系统、顺序控制系统、监控系统以及网络控制系统的综合电气控制系统设计、安装、调试等方面的能力。同时，大赛注重考核学生的团队协作能力、应变能力、抗压能力、安全意识、环保意识、质量意识等方面的职业素养。这些知识、能力和素养反映了企业电气自动化专业工作岗位的实际需求。每年大赛的赛题都由真实的工作项目转化而来，其中有关于动车空调系统控制的，有关于化工厂反应釜控制的，也有企业常见的混料罐控制问题等，这些赛题在专业领域具有代表性。而且，每年的赛题都随着行业技术的发展不断更新，及时反映相关岗位对技术技能水平的新要求。大赛指定的设备设计均是应用工业生产中的主流产品搭建而成，便于高职教学实践。参加大赛训练的学生无论是技术技能水平，还是个人综合素质方面都能得到显著提升。

当前，职业技能大赛在高职教育教学改革中的作用还不够明显，存在相互独立、冲突、强调个别教育等问题，主要表现在：职业技能大赛和专业教学"两张皮"、技能大赛重视"精英培养"，忽视"全员教育"。为了解决上述问题，可以考虑把技能大赛和日常专业教学相融合，对电气自动化专业按照"赛教融合，赛学相促"的思路进行教学模式改革，使教学过程具有实践性、开放性和职业性的特征，使学习过程充满竞赛趣味。"赛教融合，赛学相促"教学模式的框图如图3-12所示。具体做法要点如下：

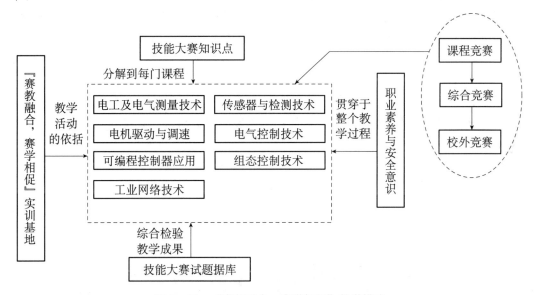

图3-12 "赛教融合，赛学相促"教学模式

一是抓课程改革。按照大赛对技术技能、技术规范、职业素养的考核要求，将电气自动化专业课程体系和教学内容进行重构，对大赛考核的知识点、技能点进行分解与分类，转换为专业教学的知识点、技能点、素养点，并以项目的形式将其按类别嵌入相关课程中。同时，改变专业核心课程的考核方式，注重过程管理，在平时的教学中让学生感受"赛"的氛围，每个项目完成后，立即进行项目考核，将每阶段的项目考核成绩乘以权重再累加，所得分值就是该课程的最终考核成绩。专业核心课程的全部教学过程依托大赛设备完成，在课程的教学中首先讲授安全注意事项和操作规程，每次课程结束时，将大赛设备的整理质量也作为考察的要点之一，培养学生良好的职业习惯。实践表明，改革之后的电气自动化专业课程体系的教学内容更适合企业岗位的需求，提升了学生的职业素养，为实现学生的高质量就业奠定了基础。

二是健全竞赛选拔机制。为激发学生的学习热情，紧密结合学生的日常学习情况进行职业技能大赛的参赛选手选拔，实现"赛学相促"，建立包括课程竞赛、综合竞赛、校外竞赛在内的竞赛机制，扩大选拔范围，让每个学生都有机会参与。"赛教融合，赛学相促"的实施让每个学生都能从技能大赛中受益，不需要让参赛学生停课备赛，营造了人人参与技能大赛的训练氛围。

三是抓师资团队。"赛教融合"的过程能促使教师主动学习新知识和提升技术技能水平。在实践过程中，一方面，教师通过脱产下企业实践、参加教师技能竞赛、观摩各类比赛等"走出去"的方式提升水平；另一方面，通过引入企业工程师加入课程团队，进校指导等"请进来"的方式，稳定校外兼职教师的队伍，建设一批高质量的"混编式"师资团队。

四是抓实训基地。实训基地就是"赛教融合，赛学相促"教学模式实施的平台，所以建设校内实训基地时要根据学生能力递进的特点，按照企业生产车间的要求来建设。笔者所在学校电气自动化专业的实训基地按照大赛考核内容进行了重新整合。首先，对照技能大赛对技术技能的考核要求，结合课程特点分别建设了运动控制实训室、PLC与组态控制实训室、低压电器控制实训室、工业控制网络实训室等核心技术技能实训室，以进行分项核心技术技能的学习和训练。其次，建设以大赛标准设备为主体的电气自动化综合实训室，以提升学生专业知识的综合应用能力，实现学校所教和企业所需的无缝对接。

分析："赛教融合，赛学相促"能提高职业院校人才培养质量，引领高水平教学改革，也能拓展技能大赛组织的广度和深度，扩大赛项的影响力，让学校、学生、企业三方得益。

探索思考

1. 选择你主讲课程内容，应用书中的教学模式做一个教学设计。
2. 分析书中提到的教学模式的应用特点。

单元二 教学策略制定

培训目标

◆ 了解教学策略的概念和特点；
◆ 了解教学策略的类型；
◆ 掌握适合职业院校的教学策略。

导入案例

教学策略——莫衷一是的理解

目前，"教学策略"一词已频繁出现于教育文献中，但从使用情况来看，对教学策略含义的理解多种多样，代表性的理解有以下几种：

——教学策略是指教学活动的顺序排列和师生连续的有实在内容的交流。

——教学策略用来表示为达到某种预测的效果所采取的教学行动。

——教学策略是为了实现教学目标、完成教学任务所采用的方法、步骤、媒体和组织形式等教学措施构成的综合性方案。

——教学策略是为完成特定目标而设计的指示性教学技术。

——教学策略是指以一定的教育思想为指导，在特定的教学情境中，为实现教学目标的制定，并在实施过程中不断调适、优化以使教学效果趋于最佳的系统决策与设计。

分析： 从以上具有代表性的定义中可以发现，人们对教学策略含义的认识存在着两种倾向：第一，倾向于把教学策略看成是教学方法、教学技术的总和。毋庸置疑，教学方法与教学策略之间确实存在着密切关系，但教学策略并不等同于教学方法或技能，掌握了大量的教学方法并不一定就具备了教学策略。第二，倾向于把教学策略理解为教学实施的总体方案或对教学活动的系统决策。这种观点有一定的合理性，它充分肯定了教学策略的综合性和观念性，强调教学策略是对教学实施过程中诸因素的整体把握。但用方案来表述，反映的是教学策略静止的一面，而教学策略更强调随情境的变化而变化，所以用"系统决策"来表述，则突出了教学策略的建构是一个动态的过程。

除了以上的两种观点外，还有人把教学策略看成是教学观念，介于教学原则与方法之间。不可否认，教学观念与教学策略确实存在着千丝万缕的联系，但二者决不能等同。如果教学策略等同于教学观念或原则，实际上也就否认了教学策略具有可操作的特点，也就间接否认了教学策略的存在。

一、教学策略的概念

目前，教育理论界对教学策略的理解往往仁者见仁、智者见智。由于概念的模糊不清，致使研究领域含混，缺乏有针对性的实证研究，严重影响了教学策略的操作性，教师也难以从中获得有关何时采取什么样的教学策略的信息。同时，对教学策略的科学含义认识不清，也会给制定或选择有效的教学策略造成一定困难。因此，要探讨教学策略，首先必须正确理解教学策略的含义。

（一）教学策略的概念

所谓教学策略，是在教学目标确定以后，根据已定的教学任务和学生的特征，有针对性地选择与组合相关的教学内容、教学组织形式、教学方法和技术，形成的具有效率意义的特定的教学方案。教学策略具有综合性、可操作性和灵活性等基本特征。

教学策略是 20 世纪 70 年代提出的重大课题，20 世纪末期就已成为教学论研究的主要范畴。目前多个学者对教学策略的含义进行了界定。乌美娜（1994）认为教学策略是对完成特定教学目标而采取的教学活动程序、方法、形式和媒体等因素的总体考虑。何克抗（1998）认为教学策略是指教学方面的指南和处方。武法提（2000）从学习者学习的角度提出教学策略是为了支持和促进有效的学习而安排教学环境中各个元素的程序和方法。

事实上，在教育教学领域里，"策略"主要指教育教学活动的程序安排和师生之间连续地、和谐地、高效地、有实在内容的互动交流。在广义上，教学策略是在教学目标确定之后，依据学生的学习规律和特定的教学情境、条件，有针对性地选择和组合相关的教学内容、手段（媒体）、评价技术、方法、组织形式等，以形成具有效率意义的特定方案的原理、原则、模式、方式、方法的总和。

教学策略有广义和狭义之分。广义的教学策略包括教师的教授策略、学生的学习策略和师生互动式教学策略。狭义的教学策略，主要指教师教的策略。职业院校教学策略应采用广义教学策略，并突出地强调师生互动式教学策略。

教学策略的概念，突出地强调教学组织实施的计划性、谋略性、互动性和学习理论基础。一方面，策略具有很强的计划性、谋略性，是组织、计划和实施的技艺技巧。另一方面，策略又在于调动学生的主体性，强调教与学的有机统一、协调。换言之，教学策略必须是事先经过周密策划和详细安排的，以优化组合各个教学结构要素，使教学达到预期效果；同时，教学策略又能以师生共同参与为始点，充分调动师生之间和生生之间的生机勃勃的互动、交流和信息传递。随着对学生的主体性的认同和重视，教学策略的谋划、选择、制定和运用，越来越重视学习理论的指导，尊重学生的学习规律，特别强调和突出学生的学习策略。

教学策略主要包含教学模式、教学方法、教学技术手段（媒体、设施等）、学术和教学组织形式等的使用。比如，教学策略与教学方法，既有密切联系，又有一定的区别，教学策略包含对教学方法的选用。教学方法操作性强，属于教学运行的"战术"范畴，而教学策略谋划性强，属于教学的"战略"范畴。所以教学方法的选择和使用，只是教学策略的一部分，教学策略还包含对教学过程中其他相关资源的合理组织、调控和管理。

（二）教学策略与相关领域的关系

以上所述的教学策略的多种含义，只是表现在给教学策略下定义的研究文献中。然而从大量的有关教学策略的实际使用情况来看，教学策略多是与"教学方法""步骤""教学模式"同义的。如大家熟悉的"启发式教学法"，同时又被称为"启发式教学模式"，也有人称为"发现的教学策略"，而布鲁姆的"掌握学习"，既有人称为"为掌握而教的教学策略"，也有人称为"掌握学习的教学模式"。由此可见，教学策略、教学模式和教学方法等概念的使用非常混乱，有必要对教学策略及相关领域的概念做一下澄清。

目前，国内外多数学者的看法认为教学策略与教学设计是部分与整体的关系，教学策略是教学设计的有机组成部分。如加涅把教学设计分为鉴别教学目标、进行教学分析、鉴别起始行为特征、建立课文标准、提出教学策略、创设和选择教学材料、设计与执行形成性和总结性评价等几大部分。国内有的学者也将教学策略的选择和制定视为教学设计的四大领域之一，即确定教学目标、了解学生的起始特征、教学策略的选择和制定、教学评价的设计与执行。这种看法有一定的道理，然而，它只是反映了教学策略的一个层面。教学策略有着丰富的层次性，在可操作的层面上，教学策略属于教学设计的一个重要组成部分，但在另一层面，尤其是建立在元认知基础上的教学监控策略则完全不同于上述对教学策略的设定。事实上，意识的参与含有选择的意味，策略其实是对达到教学目标的各种途径的明智的选择与调控。

1. 教学策略与教学方法、教学模式的关系

教学模式是一种简化的、理论化的教学范式，具体的教学模式一般包括理论依据、教学目标、操作程序和操作策略四部分。一般来说，教学模式影响着教学策略的选择，而教学策略的建构和使用有助于形成教学模式。但教学策略对教学活动的作用主要是调控，比教学模式的反应更具体和详细，因而内涵更丰富。教学模式是一种比较定型的教学范式，一经确定，就相对稳定；教学策略则是比较灵活的调控技能，随对象、目标的变化而调整变化。教学策略与教学模式又不完全是下位概念和上位概念的关系。在某些特定条件下，教学策略也包括对教学模式的选择。实际上，有效的教学策略常常需要打破教学模式的束缚，根据教学活动的具体情况不断补充、调整，因此，教学策略更强调变通性、灵活性。

2. 教学策略与教学观念的关系

有的学者认为，教学策略属于一种教学观念，介于教学原则与方法之间。诚然，教学策略与教学观念之间有着千丝万缕的联系，教学策略支配着教师怎样教，对教师的教学行为具有指导作用，但将教学策略与教学观念等同起来则值得商榷。因为，教学观念是个很宽泛的概念，如学生观、教师观等；而教学策略的外延没有那么宽，它本身的制定或选择也受教学观念的制约。将教学策略视为教学观念的主要理由是，教学策略同教学观念一样具有支配教学行为的功能。显然这种简单的推理，忽视了教学策略具有可操作的特点。

（三）对教学策略的重新理解

策略是指根据形势发展而制定的行动方针或斗争方式，是种计策谋略。计策谋略指的是心理活动，是人对特定环境的一种概括性思考，是在对特定情境进行分析的基础上建构而成的。策略的建构是一个动态的过程，强调随情境变化而变化，不是一成不变的。从认知观点来看，就是建立在对认知对象的认知（即元认知）基础上的。元认知通常被宽泛而松散地定义为任何以认知过程与结果为对象的认知，或任何调节认知过程的认知活动。元认知是认知主体对自己心理状态、能力、任务、目标、认知策略等方面的知识；同时，元认知又是认知主体对自身各种认知活动的计划、监控和调节。策略离不开元认知的活动，它强调的是在元认知的作用下，为实现特定目标而运用方式方法的技巧，也就是对方式方法的选择和运用所进行的调控。

诚然，"策略"一词与"方法""步骤"有关系，但又有区别。教学策略的含义比教学方法要宽广，层次也比教学方法更高。教学策略不仅包括对教学方法的选择，还包括对教学媒体和教学形式的选择等，而且在具体的教学方法及组合上也存在着策略问题。在教学活动中，教学方法为教学策略服务，教学方法的使用过程中，包含和体现着教学策略的意图。教学策略又通过各种教学方法的运用而得到实现，但教学策略不是教学方法的简单堆积或串联，而是比教学方法更高级，对教学方法具有统摄、控制和调节作用的教学决策活动。这一决策活动是对教学方式、方法的选择和运用进而实现对整个教学活动的调控。

通过以上分析，可以认为，教学策略是教师为了实现教学目标，根据教学情境的特点，对教学实施过程进行的系统决策活动。这个含义可以从以下几个方面来理解。

1. 教学策略是一个总体概念

教学策略涉及一系列具体的教学技能，但又不是教学技能的简单堆积和罗列。加纳认为，策略总含有某些意识成分，意识的参与含有选择的意味，策略就是对达到教学目标的各种途径的明智的选择。当然，在大量的教学实践之后，策略可以达到一定程度的自动化，这样各种策略才能同时并用而不致超载。教学策略不同于一般的教学方法，是将教学方法的选择置于广阔的教学情境及教学方法选用的各种变量及变量之间的关系中。

2. 教学策略的运用是一个动态的过程

教学策略的建构和使用，往往要经历两个过程，一是对教学方法的选择和使用过程，二是对教学活动的调控过程。这两个过程又常常随着情境的变化而变化，处在不断的运动与变化之中。

教学策略以学习策略为基础。教学是教师的教与学生的学的双边活动，教师教的策略与学生学的策略是紧密相关的。教学策略既包括教师对教学内容、教学手段和教学方法在教学活动中的调控，也包括对学生的学习活动与学习方法的调控，而且应以学习策略为基础。

3. 教学策略是内部活动与外部活动的统一

对于教学策略的建构过程来说，元认知意识和对教学活动的调控是在头脑中借助内部言语进行的内部意向活动，它支配和调节着教学活动的外部操作。从直观上无法观察到教师是否在进行教学策略的建构活动，只能通过教学过程的变化判断建构活动的存在，因此，它具有内隐的特点。而作为教学策略重要内容的教学方法的使用来说，这是一种特殊的操作活动。在实际的教学活动中，我们可以直接观察到教师所使用的操作行为，并对此做出适当的控制。因此，它又具有外显性的特点。在教学策略的整体活动中，二者是辩证统一的，内部活动通过外部操作得以体现，同时外部操作是在内部活动的调节下进行的，又通过内部活动的调节发挥作用。所以说，外部操作是内部意向的现实结果，内部活动是外部操作的前提条件。

二、教学策略的基本特点

结合国外的看法和我国教学实践经验，教学策略有综合性、可操作性、灵活性和层次性等四个特征。[①]

（一）综合性

综合性是指选择或制定教学策略，必须综合考虑教学内容、教学模式、教学方法、教学技术、教学艺术、教学过程、教学组织和教学评价等要素，将这些要素的结构和功能进行有机地整合，获得最佳的整体功能（见图3-13）。

图3-13 影响教学策略的因素

应当看到，在教学实践中每个教师都在不自觉地运用或执行着某种教学策略，教学理论也或多或少地涉及与教学策略有关的问题。但教学理论是从静态的单一因素的角度分别研究了诸如教学方法、教学手段、教学组织形式等构成教学策略的要素。这种单一的、细致的分析研究是必要的，它为教学策略的选择与制定提供了理论依据和经验。然而，在教学活动中，上述几种因素毕竟是综合的、密不可分的，共同在教学活动中发挥作用。因而，教学策略的选择与制定必须采用系统科学的理论和方法，针对具体的教学需求和条件，对构成教学策略的几种因素进行综合考虑，组成切合实际的最佳实施教学方案。

（二）可操作性

可操作性是指教学策略可作为师生在教学中参照执行或操作的教学方案，有明确具体的内容和应用的步骤。教学策略不是一项抽象的教学原则，也不是在某种教学思想指导下构筑起来的教学模式，而是可供教师和学生在教学中参照执行或操作的具体方案。它有着明确具体的内容，是具体实施教学活动的基本依据。而教学原则和教学模式均不

---

① 王纪东，陈渌漪，等．职业课程新论［M］．北京：北京理工大学出版社，2012：175-176.

涉及这一层次的问题。教学模式只是规定了某种教学内容的一般教学程序，并不涉及每步如何做的具体指导。教学原则则更超脱了具体教学内容，只是笼统地表述一些教育规律。因此，教学模式、教学原则侧重的是指导性、理论性，而教学策略则提供了教师怎样才能教好学生的技术与方法。教学策略具有操作性、实用性，通过培训更容易为教师所理解、掌握，也更容易物化到教师的教学实践中。

（三）灵活性

灵活性是指教师在实施教学的过程中，可以根据具体的教学情境和学情变化，对教学策略的有关要素进行变通和新的整合，也就是对具体的教学问题作出具体分析、解决。

尽管教学策略要涉及多种因素，但试图建立一个能包揽一切的、大而全的教学策略是不可能的，也没有实际意义。不能把教学策略看成是"万金油"式的"教学处方"，而不顾教学对象、内容以及其他条件如何变化，只用一个"处方"去对付。教学策略的灵活性表现为：根据不同的教学目标、内容和任务的要求，并参照学生的初始状态，将最适宜的教学方法、媒体和教学组织形式组合起来，保证教学活动的进行，以便实现特定的目标，完成特定的教学任务。教学目标、内容和教学对象发生变化，教学策略也随之而改变。同一个教学策略对不同的学习群体会产生不同的教学效果，而不同的教学策略对同一学习群体也会有不同的效果，这就需要教师依据实际状况灵活掌握。

（四）层次性

层次性是指教学策略也是分层次的，从教学实践来看，应包括初始教学策略和监控教学策略。前者是指针对具体教学目标制定的教学策略，具有执行性；后者则带有反思性，将对教学各方面因素的考察提升到一般策略性认识的水平，并体现在教学进程的各个方面。

教学策略是有层次的，不同层次的教学策略有不同的功能。从教学实践来看，教学策略至少有两种不同的层次：一个层次是建立在元认知基础上的教学监控策略，它以反思性为自己的特征，将对教学各方面因素的考察提高到一个一般策略性认识的水平，它体现在教学过程的方方面面。另一个层次则更多地侧重于具体教学目标，有着极强的针对性。这是因为，具体教学策略是针对具体教学目标而精心制定的，离开具体教学目标盲目使用教学策略也就无最佳策略可言，也不会收到事半功倍的教学效果。

三、教学策略的分类

长期以来，教师们经过不断创造和总结，积累了许多有效的教学策略。教学策略可以根据不同分类角度进行分类和掌握。[①]

---

① 王纪东，陈渌漪，等. 职业课程新论［M］. 北京：北京理工大学出版社，2012：176-179.

（一）按教学因素分类

教学策略常以构成教学活动的主要因素为中心，形成策略框架，并对其他相关因素进行整合，这就得到了以下四类教学策略。

1. 方法型策略

由于教学方法在呈现学习信息和引导学生学习活动上的差异，方法型教学策略又分为讲授性策略（直接向学生系统传授知识、技术）和发现性策略（使学生自己发现问题，并通过解决问题掌握知识、技术）两类。

2. 内容型策略

内容型策略侧重于教学内容的特征和需要。知识的获得可区分为知识结构和问题解决两类。前者称为认知结构策略，即主张抓住主要知识，构建简明而有机的知识体系；后者则称为问题解决策略，不仅能培养学生发现、解决问题的能力，而且有着创新的意义。

3. 方式型策略

它是以教学组织形式为中心建构策略框架的，可区分为教师中心策略和学生中心策略。前者指学校和教师决定教学内容、时空和情境，并在教学活动中起主导作用；后者则是为适应学生个体学习方式的需要，学校和教师提供相应的教学资源，并帮助和引导学生学习。这对于当今的高职教育教学是一种较理想的教学策略。

4. 任务型策略

它是以教学任务或学习类型为中心，在分析任务、创设学习情境和条件的基础上，建构教学策略框架，主要有练习性策略、问题定向性策略和综合能力获得策略。它可以紧紧地围绕教学任务，既能反映教学目标，有很强的针对性，又规定了针对不同学习目标要采取的教学措施，创设相应的教学情境和条件，有较强的实用性和可操作性。任务型教学策略特别适合于高职项目类课程的教学，也适合于经过整合的学科课程的教学。

（二）按教师行为分类

教师在教学情境中的行为方式及其所发挥的功能可区分为主要、辅助和管理三类，由此可区分为以下三种教学策略。

1. 主导教学行为策略

主导教学行为可分为呈示、对话和引导三类，与之相应的教学策略有呈示策略、对话策略和引导策略。呈示策略因采用教学手段而异，主要有讲述、板书、动作、声像和多媒体等呈示；对话策略，主要包括问答和讨论；引导策略主要有课内外练习指导、阅读指导、活动指导、实训实习指导等。

2. 辅助教学行为策略

辅助教学行为主要是激发学生学习动机（需要、兴趣等）、学习情感、学习意向或创建学习情境观察学情变化等行为，这些行为是为主导教学行为服务的。其主要作用是调动学生学习的主体性、积极性和创造性。

3. 课堂管理行为策略

为了保证正常教学的秩序和效益，教师对在场的人与事、时间与空间等各种因素及其关系做好协调的过程，主要包括对课内问题行为和时间的有效管理。

（三）按教学过程构成要素分类

按教学过程构成要素分类，教学策略可分为组织策略、教学传递策略、管理策略和激发学生动机的策略。组织策略主要包括奥苏贝尔先行组织者策略、加涅"九阶段教学"策略、梅瑞尔"成分显示理论"、布鲁姆"掌握学习"等。传递策略主要是教学组织形式。教学形式策略主要有导师制、个别化教学、分组教学、班级教学等。管理策略是对组织策略和形式策略的决策，追求最完美地使用教学资源。

（四）按学习结果性质分类

按学习结果性质分类，教学策略可分为以下三类。

1. 直接教学策略

直接教学策略是以教师为中心的，以传授事实、规则和动作程序为目标的教学策略，主要强调知识的获得。教师可以通过传递信息、技能训练等进行教学。

2. 间接教学策略

间接教学策略是以传授概念、模式和抽象理论为目标的教学策略。但是，它主要靠探究发现和解决问题，激励形成概念，建构模式，从而认知抽象理念。学生可以获得较大的活动空间。其功能有：内容组织、概念形成活动（归纳和演绎、利用问题指导尝试、探索和发现、利用学生观点、小组讨论等，推动教学有效进展）。

3. 提问质疑策略

"问题"可在"教"与"学"之间架设桥梁。根据答案个数不同，可把问题区分为发散性（开放）问题和收敛性（封闭性）问题。前者对于掌握概念、模式和理论最为有效；后者对掌握事实、规则和动作程序最有效。

（五）按教学主体分类

按教学主体可把教学策略分为学习策略、教授策略和互动教学策略。

从认识论的角度看，当学生在学习过程中面对并作用于教学资源时，他就成为学习的主体，并运用学习策略；当教师在教学过程中面对并作用于教学对象和教学资源时，他就成为教学活动的主导，并运用教授策略，引导学生进行学习；当师生在教学过程共同面对并作用于教学资源时，通过互动，共同优选互动教学策略，使教学活动更加有效。

从价值论角度看，教学价值是以满足学生学习、教师育人和师生教学的共同需要而体现出来的。因此，在广义的教学策略体系中，必须有学习策略来满足学生高效学习的需要，也必须有教授策略来满足教师顺利完成预定教学目标的需要，还必须有互动教学策略来满足师生在教学活动中双向交流、互动以及共同发展（"教学相长"）的需要。

从学习策略、教授策略与互动式教学策略之间的关系来看，学习策略是教授策略与互动教学策略的基础。这是因为从教学过程的整体而论，学生才是最基本的主体，若没有学生的存在，真正意义上的教学根本不会发生，也就谈不上存在。因此，学习策略才是广义教学策略的基础。

随着现代教学观的转变，教学策略也处于转型之中，教学策略将从强调教授策略向强调学习策略、互动教学策略方向转变。

（六）按照学生学习主动程度分类

按照学生在学习活动中的主动程度，教学策略可以分为产生式教学策略和替代式教学策略。

1. 产生式教学策略

产生式教学策略是指让学生自己产生教学目标，自己对教学内容进行组织，安排学习顺序等，并鼓励学生自己从教学中建构具有个人特有风格的学习。也就是说，学生自己安排和控制学习活动，在学习过程中处于主动地处理教学信息的地位。这个策略有三个优点：

（1）学生可以积极地把信息与他们自己的认知结构联系起来，对信息的处理过程主动深入，学习效果较好；

（2）允许学生自主地设计、实践和改善学习策略，从而可以提高学生的学习能力；

（3）产生式教学策略主要出自学生自己，因此可以激发起学生对学习任务和学习过程、学习策略的积极性，培养学习兴趣等。

2. 替代式教学策略

这种教学策略在传统教学中比较常用。它更多地倾向于给学生提出教学目标，组织、提炼教学内容，安排教学顺序，指导学生学习，替学生处理教学信息。这个策略的优点是：

（1）比产生式教学策略效率高，它能使学生在短期内学习许多内容；

（2）知识储备有限和学习策略不佳的学生可以获得成功的学习。

也就是说，替代式教学策略清晰、明显地为学生指定大多数学习活动。这两类教学策略各有自己的优缺点。对于良构领域的学习，比如职业教育中的基础知识和理论教学，采用替代式教学策略较为合适，而产生式教学策略则更适合于非良构领域的学习，比如职业教育中的任务驱动学习、仿真环境中的实训、小组方式的各种探究活动等。

四、互动式教学策略

互动式教学策略是以师生互动、生生互动为基本特征的，以促进学生学习和发展为根本目标的教学策略，是职业教育的重要教学策略。

（一）教学互动的内涵

关于互动式教学，我国古代教育大师孔子和古希腊教育大师苏格拉底都曾实行过。"互动"一词源于米德对"符号互动思想"的阐述，是指发生在个体之间、群体之间、个体和群体之间相互的社会活动的过程。

建构主义对教学情境中的互动做了深入的分析，揭示了存在"个体与环境互动"和"个体与自身互动"。教学活动是社会互动的一种存在，指的是作为教学活动主体的师生与环境发生的各种交往与相互作用。从整个教学系统结构来看，教学活动中有各种各样的互动。教学互动主要有师生互动、生生互动、生境互动、师境互动和学生自我互动。这些多种类型或层面的教学互动已经引起了广泛的关注，以互动为基本特征的教学策略，被称为互动式教学策略。

（二）课堂教学互动策略

这里的课堂是广义的，包括一般教室、专用教室、实验室、实训基地等一切教学场所。在课业教学中，主要的教学互动策略可分为基本教学互动策略和支持性教学互动策略。

1. 基本教学互动策略

基本教学互动策略主要有两种：

（1）问答策略。"问答"在课堂教学中扮演着非常重要的角色，是课堂教学中的重要环节。一个成熟的、有成效的教师也是一个杰出的提问者。良好的提问既可以启动学生参与教学活动的积极动机，又可以开动其智力活动，实现由教师中心向学生中心的转移，使师生在问答中进行思维碰撞、智慧互激、叠加和融合，实现知识信息的增值或创造，并营造和谐宽松的教学气氛。有效的提问技艺主要有定向、启发、追问、质疑等。

（2）讨论策略。在课堂教学中为增进师生、生生之间的相互作用，实现智慧叠加，讨论和小组活动是最有益的选择。真正的小组讨论意味着所有学生通过积极地参与，达到相互交流，促进学习，有时会激发信息碰撞，产生知识增值甚至创新；同时，也会促进"教学相长"。

在实践教学活动中，互动策略还可以加强职业技能、技巧的交流，彼此提高职业技能。

2. 支持性教学互动策略

为了促进各种形式的互动，教师要积极并善于创设教学情境（物质情境和心理情境），为顺利开展教学提供物质上和心理上的支持。这类教学策略即是支持性教学互动策略。

（三）课外教学互动策略

课外教学中教师面对的是学生个体，因此，应该注重运用因材施教的策略。课外教学互动策略主要有协调策略和人际策略。

1. 协调策略

师生在教学过程中有不同的兴趣、爱好、追求和价值观，扮演着不同的角色。在课外教学活动中，师生要通过"角色磨合"和"兴趣契合"，达到默契配合，促进教学相长。

（1）兴趣契合策略。教师和学生对课程的兴趣不可能完全一致，有的差异性很大，这种不一致会妨碍相互沟通和交流。这时，教师作为教学的主导者就要善于找到兴趣的"过渡区"和契合点，缩短兴趣的距离，达到促进交流和学习的目的，在取得共同语言和情感体验的基础上，形成默契的师生关系，促进教学相长和因材施教。

（2）角色磨合策略。角色磨合的过程是师生双方从陌生与封闭走向互相解读和熟悉的过程，从而加深对各自角色及对对方角色的认知，增进相互理解和协调，为提高教学效果而共同努力。

2. 人际策略

人际关系的建立需要人际交往，而交往是要讲究策略和技巧的。人际交往技巧包括言语和非言语行为（如眼神、面部表情、身体姿态等）的交往技巧。师生人际策略的目标是师生关系的和谐，这种和谐有利于因材施教，促进学生个性化发展。

（四）反思教学策略

1. 反思教学策略的概念

要理解和把握这个概念，首先需要弄清什么是反思，什么是反思教学。

（1）反思。反思是对任何信念或假定的认知形式（在我国古代也称为自省），根据支持它的理论和趋于达到的结论而进行的积极的、不懈的深思熟虑。反思的开始是首先进入怀疑、犹豫、困惑而进行探索探究的行为。消除困惑、解决问题和促进实践合理性，是反思的目的。

（2）反思教学。它是教学主体借助行动分析不断探究和解决教学问题，将要求学生"学会学习"，同要求教师"学会教学"统一起来的教学。反思教学是以探究与解决教学问题为核心的。在解决教学问题过程中，师生必须合作互动，共同展开"反省思维"。

（3）反思教学策略。它主要是指能激发学生利用已有的经验来进行自我发现的策略。反思教学策略特别重视学生学习的经验。在反思教学活动中，教师通过互动交流，来激发和保持学生学习的动机和兴趣；学生则在教师的引导下根据已有的经验，积极地开展活动，从问题中发现意义，探索答案。由此可见，这种教学策略，也是一种以学生为中心的互动式教学策略。

2. 反思教学策略的类型

（1）探究型策略。这是发展学生探究能力的一种教学策略。其程序如下：

第一，提出一个能引起学生回答欲望的问题；

第二，发动和鼓励学生收集"可能答案"的事实和事例；

第三，让学生对所得信息进行综合分析；

第四，在综合分析的基础上，学生提出若干假设，并用这些假设尝试解释或解决问题；

第五，检验假设，得出正确结论。

（2）发现型策略。通过教师的指导，由学生发现问题并提出解决问题的方案。这种教学策略的使用，可以启发学生的心智潜能和积极的心态，以及内在的学习动机。其程序如下：

第一，创设问题情境，给学生提供探究的材料；

第二，引导学生提出假设并予以验证；

第三，指导学生提出概括性结论，形成概念；

第四，引导学生将所得结论运用到实际情境中，解决实际问题。

五、教学策略的选择

教学策略既包括教师"教"的策略，又包括学生"学"的策略。它涉及教师、学生、教材、教学目标、教学方法手段、教学效果评价等教学全过程的诸要素。职业教育如何提高教学效率，提高教学质量，实现教学的最优化，这和教师采取的教学策略有直接的联系。

（一）适用于职业院校的教学策略

职业院校在教学中特别需要一些策略，下面主要介绍几种常用的教学策略。

1. 帮助学习理论知识

针对学生理论基础薄弱、对理论知识学习有厌倦情绪和畏难情绪、愿意动手而不愿动脑的情况，在设计理论知识教学过程时，对于大量不容易掌握的经验性知识、发散的结论，可以采用对他们帮一把、扶一扶的策略，如支架策略、教练策略。职业院校学生在走上岗位之前要经过学徒阶段，在真实环境中以师傅带徒弟的方式学技能是他们比较熟悉的过程，其实在课堂上学习概念和理论时他们也需要以师傅带徒弟的方式学习，这样才能调动学生的主观能动性，减少被动的、灌输式的学习，认知学徒这样的策略对职业院校的学生很有用。

2. 帮助"做中学"

在职业院校的学习活动中，有大量的实训或实习活动，学生需要在真实环境中获得经验，习得动手能力。对于这种能力，学生不仅要通过职业资格证书考试，更要能迁移到工作环境中去。这就要求学生通过"做中学"获得能力，而不是被动掌握。能够通过引导式的帮助使学生获得技能的策略（如抛锚策略）就会很适用。

3. 帮助应付复杂环境

职业院校学生毕业就上岗，面对的是比教学情景复杂得多的真实情境。尤其是服务行业的岗位，直接与人打交道，每天都可能有新的问题。要使他们能顺利应对复杂情况，在教学活动中就要培养他们从多角度看待同一个问题，"激活"学生的能动性，使他们主动参与教学过程，自愿学习。

4. 帮助培养职业道德

进入 21 世纪后，用人单位对毕业生的工作态度和价值观要求很高，如团队协作精神等。如果在课堂中就让学生习惯合作和小组学习，这对他们的团队能力培养会大有益处。

（二）教学方法选择

教学方法是指在教学过程中，教师和学生为实现教学目的，完成教学任务而采用的教与学相互作用的活动方式、步骤手段和技术的总称。教学方法必须为实现教学目的、完成教学任务服务，运用教学方法的根本目的是促使学生有效地学习。在职业教育教学中，教学方法不仅具有层次之分，而且各种常用的教学方法都有其自身的适应场合，作为教师，首先应了解各教法所适应的情境，避免在教学资源及教学时间方面造成不必要的浪费，并注意综合、灵活运用。[①]

教学方法的使用是科学性和艺术性的统一，教学方法是多样的，但任何教学方法都有特定的功能和使用范围，通常以教学目标、教学内容、教学对象（学生的实际情况）、教学条件（主要是根据时间条件和物质条件）、教学方法使用的条件（各种教学方法的功能、适用范围和使用条件）、教师的教学素质和个性（教师知识水平、教育素质、教学经验、语言表达能力、心理素质和个性特征的不同）六个方面为职业教育教学方法选择时要考虑的因素。

职业教育教学方法是既可单项使用，也可综合运用的教学方法，如表 3－12 所示，可以根据学习内容和教学目标选择使用。对于教学内容、结构较为复杂的综合性问题，教学过程多以小组合作形式进行，不只采用一种教学方法，而是综合运用多种方法。

表 3－12　职业教育教学方法

分类	教学方法
基本教学方法	讲授法 四阶段教学法 研讨法 谈话教学法

---

① 殷志栋，段杭，等．基于能力本位的职业院校教学系统化研究［J］．教育与职业，2009（11）：92.

续表

分类	教学方法
两种不同思维方式的教学方法	头脑风暴法 思维导图法
综合教学法	项目教学法 实验教学法 张贴板教学法 模拟教学法 项目教学法 引导文教学法

例如，随着越来越多的企业推广小组工作方式，职业教育教学中也多采用小组工作方式，即通过共同制订计划、共同或分工完成整个项目，来培养学生的社会能力和关键能力。项目教学法在教学方面得到了广泛的应用。

教学方法的选择除了要考虑教学对象的年龄特点和知识水平外，还要考虑教学对象的数量和参与教学的程度。[①]

（三）学习方式选择

美国学者戴尔（E. Dale）按照人们学习媒体内容的不同，绘制了一张学习效果图（见图 3-14）。

图 3-14 学习效果图

该图展示了戴尔在 20 世纪 60 年代的研究结果。根据其研究，位于锥体顶部的，是

---

① 何文明. 我国职业教育教学方法研究述评 [J]. 职业技术教育，2011 (25)：44.

效果最差的学习方法，即以语言符号的形式呈现信息、学生耳听的教学方法。位于锥体底部的，是效果最好的学习方法，包括直接的、目的性较强的学习经验，比如手工作业或野外经历。学习金字塔图表示了使用各种不同的教学方法学生记忆的平均保持率。按图所示，位于金字塔顶端的讲授法，学生只有平均5％的记忆保持率。而位于金字塔的底部，是教他人即学即用的学习法，学生的平均记忆保持率高达90％。因此，要提高学生学习的效果，必须充分调动学生的积极性，让他们自己动手探寻知识的发生过程，只有这样的知识，才能真正"入耳入心"。

1. 职业学校学生的学习策略

学习策略是指为了提高学习的效果和效率，有目的、有意识地制定有关学习过程的复杂方案。在职业学校教学中，采用有效实用的学习策略是使学生乐于学习、愉快学习、高效学习的重要保证。适合职业学校机械加工技术、数控技术应用专业学生的学习策略主要有：

（1）认知策略。在进行专业知识学习和技能实训前，先要学习专业的相关知识和技能操作步骤，了解操作要求、操作方法、安全操作注意事项以及操作过程中的故障分析与处理等。例如，学生在进行数控机床操作实训前，应进行数控机床结构与操作的认知学习，了解数控机床的主要结构及作用，了解数控系统控制面板的操作命令等。这样的认知学习是在教师示范操作与言语描述分析下进行的，学生要认真观察思考。一方面，教师要严格按照操作规程分步骤示范，每一个动作都必须准确无误，同时一边示范一边讲解；另一方面，学生在教师示范讲解时要集中注意力仔细观察，认真听讲，既要了解数控机床操作的各功能步骤，运用已学过的知识理解操作过程中的因果关系，又要知道为什么这样操作。

（2）练习策略。在初步掌握职业技能知识的基础上，只有通过反复练习，才能把静态的技能知识转化为动态的动作操作。先从模仿教师的示范动作开始，最初学生头脑中的职业技能知识是零散的，操作技能的练习可能比较笨拙、忙乱，容易出错，掌握的也只是局部动作。随着练习次数的增加以及对职业技能动作的揣摩、领悟，学生头脑中零散的职业技能知识逐渐系统化，局部的技能动作慢慢熟练，通过反复操作练习，各个动作交替过渡，局部动作慢慢衔接、连贯，逐步消除动作间的干扰，职业技能的操作速度不断加快，协调性、灵活性、稳定性也渐渐形成。[①]

（3）提问策略。提问策略就是提供给学生一系列的问题，让学生自我观察、自我监控、自我评价，使之在不断反省中提高。例如，在上课前提问学生：上次课程内容是什么？本次课程将学习什么内容？上课过程中提问学生：课程内容是否听懂？要求学生复述已讲的内容，并问自己是否在听课。下课后提问学生：这节课的教学重点是什么？要求学生问自己是否知道、了解或掌握了教师所讲的知识内容等。学生回答问题和问自己的过程，实际上就是一个复习回忆的过程，通过问教师或者课后自己复习，学生可以知道自己学习的进程到了哪里、自己的不足在哪里，随时掌握自己的学习动态，及时反

---

① 陈鑫．高职生职业技能学习策略探讨［J］．职业技术教育，2009（17）：45－46．

馈、及时补救。

（4）类比策略。类比策略是让学生把相似的知识进行对比，找出相同点和不同点，以加深学生对知识本质的理解，防止混淆和负迁移的出现，提高学习效率。类比策略可以采用列表、归类等方法，对有关知识进行梳理和比较，从表面特征和内在功能的相似性洞察它们的不同本质，这样可以使学生掌握的知识更加牢固，是一种有效的学习方法。

（5）知识结构策略。知识结构策略要求学生在学习一个单元后，对单元知识进行纵向与横向对比分析，找出知识之间的内在联系，在头脑中建立起知识的结构图。按照建构主义的理论，学生是知识的主动建构者。知识的结构图应该由学生自己建立，而不应该由教师把依据自己对知识的理解所建立的知识结构图教给学生。只有让学生在认知的基础上建立自己的知识结构图，才有利于掌握知识。

（6）知识运用策略。对于专业知识与技能，只听不看是记不住的，只看不做是不能理解的。因此，要抓住专业核心知识，联系实际，从实用性出发简化分析，在实际教学中采用现场实践学习，促进学习效果。例如，对于数控编程指令的学习，在学习了各种指令功能用法后，实际加工零件的编程练习与上机（数控机床或模拟软件）操作加工是必不可少的，学生自己对零件形状与加工工艺进行分析，动手编制数控加工程序，采用数控加工模拟软件进行模拟加工，验证数控加工程序的正确性，然后将数控加工程序输入数控机床进行实际加工。在此过程中，学生通过每一步骤的动手操作，理解了数控编程指令的作用与用法，激发了学习兴趣，培养了动手能力。否则，学生对各种编程指令的理解就只停留在教材的叙述上，无法真正掌握数控编程的实际技能。

2. 职业教育的合作学习形式

20世纪80年代末90年代初，我国开始出现了合作学习的研究与实验，并取得了较好的效果。双人学习和小组学习属于合作学习形式，是职业教育教学重点采用的一种教学形式。

小组学习是指多个学生在没有教师或其他同学直接帮助下，学习和复习教学内容、解决实际问题，它是较独立学习要求更高的、与以学生为中心的教学方式相对应的组织形式。它是实现各类教学目标、培养健全人格、促使个体社会化的有效途径。

双人学习是指两个学习者在没有教师和其他同学的直接帮助下学习、练习和复习教学内容的一种合作式的学习形式。

学习小组是实现群体合作学习目标的基本手段，一般4～8人为一组。根据学生性别、才能倾向、个性特征、现有能力和经验以及特长爱好等方面的差别进行分组，它不同于传统的学生行政组织。学习小组的组织有如下一些特点：

（1）组内异质，组间同质。要保证学习小组成员各学科综合学业水平、能力倾向、性别、个性差异等方面特征的异质性。组间同质可以为公开竞赛创造合理平等的条件。有时也可同质组合，即程度相同者组合多个小组，这样能使弱势学生群体获得竞争第一的机会，在学习过程中同样受到尊重与激励。合作学习小组成员要尽可能地男女混合，内、外向型性格兼有，构成应力求多样性，混合编组能保证这种多样性。

（2）合理分工，结果整合。小组间要体现大体均衡，但在小组内可把学习任务分解成若干块，小组成员各负其责，除了必须完成独立承担的任务外，还必须为小组集体成果负责。这样就形成了互帮互学的合作氛围。

（3）角色分配与轮流。学生可根据课题内容轮流担任"项目"负责人，亦可分担不同任务角色，使每个人都在不同角色中得到锻炼和提高。

（4）组间竞争。只有竞争才有动力，只有竞争才能激发起小组成员的责任意识。在组间开展学习争优竞赛活动，以小组外部压力促进内部合作。开展组间竞争可极大地调动一切积极因素，激活小组内的一切学习资源，形成学习上的"百舸争流"局面。在组内异质、组间同质的情况下，由于各小组的综合实力相当，竞争条件一样，都在同一个起跑线上，哪一组最先、最好地实现学习目标达成或取得最佳成绩，就会得到奖励，相反哪组落后了，组员脸上都无光，这样就必然引起各小组内成员群体意识的增强，大家会主动分工合作、同舟共济，既关注自己的进步，也关注他人的进步，更关注小组团体的进步。特别是对学习有困难的同学，大家更是主动关心帮助，努力实现全体达标。

（5）个人计算成绩，小组合计总分。合作学习既追求团体总分，也不放弃个人得分；既发挥了优势学生的积极性，也调动了弱势学生的积极性。在小组内只有人人努力，互相帮助，共同进步，才能获得团体总分的好成绩。

（四）教学情境创设

创设教学情境是指教师有意利用环境、情感、艺术等因素来调动学生无意识的心理活动，以协调有意识的心理活动，最大限度地发掘人的生理和心理潜能。它可以激发学习兴趣，拓展思维空间，使学生积极主动地投入到学习中去。

学习情境的创设一般可以分为外部学习情境创设和内部学习情境创设。外部学习情境是指自然环境、社会环境、空间环境、教学时间、班级结构等要素；内部学习情境包括物质的、语言的、氛围的、心理的一系列教学手段和教学方式。职业教育中的学习情境创设应该紧紧围绕特定人才培养目标，通过多种手段和方法营造出适合特定人才成长的土壤和环境，使学习者融入特定学习情境，从而取得较好的教育教学效果。

1. 有利于提高学习者的学习兴趣

职业教育所开设的显性课程和隐性课程主要是向学习者传授专业知识和专业技能，在这些课程的开展过程中，精心创设学习情境，可以使原本单一枯燥的学习变得丰富生动起来，充分调动学习者的学习热情，激发学习者的学习兴趣，提高学习的成效。

2. 有利于学习者掌握专业知识和技能

学习情境将学习内容与相关的工作环境、工作任务、工作过程紧密联系在一起，一方面，可以激发学习者的联想思维，使其运用自己原有的认知结构中的有关经验去同化和索引新知识、新技能，在新旧知识和技能之间建立起联系，便于学习者掌握新知识和新技能；另一方面，学习情境呈现出生产服务过程中对专业知识和技能多角度、多层面的学习要求，可以促使学习者更全面更扎实地掌握专业知识和专业技能。

3. 有利于培养学习者的综合职业素质

学习者能否成为合格的"职业人"，不仅取决于他们对于专业知识和专业技能的掌握，还取决于他们的职业角色意识、职业道德水平等综合职业素养，良好的学习情境可以使学习者在掌握专业知识和技能的同时不断提升职业综合素养，明确自己所担负的社会责任和使命。

（五）教学组织形式确定

教学组织形式是指为完成特定教学任务，师生按一定要求组织的活动结构。它是师生之间的相互关系和合作形式。职业教育教学组织是由其教学目标、课程性质、教学过程、教学方法等方面所决定的。在现代职业教育教学中，常见的教学组织形式有课堂教学、现场教学、分层教学等。

（六）教学媒体的选择

媒体是指承载、加工和传递信息的介质或工具。当某一媒体被用于教学目的时，就被称为教学媒体。教学媒体是构成教学过程的重要因素。教学媒体包括教科书、黑板、模型、试验装置等传统教学媒体和现代教学媒体。现代教学媒体是指 20 世纪以来利用科技成果发展起来并引入教学领域中的电子媒体。现代教学媒体主要包括幻灯片、投影、录音、广播、电视、电影、计算机、网络等教学媒体及其组成的多媒体教学系统。

教学媒体的选择要经历分析教学系统、优化教学内容、优化呈现方式、创建教学情境、选择教学方法、处理教学信息等过程。

（七）制约教学策略的因素

从可操作的层面来说，教学策略包括对教学过程、内容的安排和对教学方法、步骤、组织形式的选择。这些因素的组合方式多种多样，随之带来了教学策略的复杂多样。在影响和制约教学策略的因素中，最为关键的是教学目标、学习者的状态以及教学者自身的特征三个因素。

1. 教学目标

教学目标是影响和制约教学策略的关键性因素。教学目标不同，所需采取的教学策略也不同，即使是同一学科的教学也是如此。例如，一门学科教学的起始目标是提高学习者对所学学科的兴趣和信心，然后才是促进学生掌握具体的知识、技能和发展智能的目标。针对不同的教学目标，教学者应采取不同的教学策略。前者可选择对本学科的最新发展动态、与社会生活的紧密联系、对学习者自身发展的重要作用等方面都有效的教学策略，进而达到提高或保持学习者积极性的目标；后者则应根据知识技能内在的逻辑联系、知识技能掌握对学习者认知结构的促进作用、知识与技能迁移的规律、学习者的主观状态等进行综合考虑，然后制定或选择相应有效的教学策略。因此，教学目标的分析是制定或选择有效教学策略的关键条件。

2. 学习者的状态

学习者的状态是制约教学策略制定的重要条件。对学生学习主体作用的重视，是现代教学观的基本特征之一。学生的起始状态，主要指学习者现有的知识技能水平、学习风格、心理发展水平等。实践表明，如果仅根据教学目标制定教学策略，无视学习者的初始状态，那么所制定或选择的教学策略就会因缺乏针对性而失效。因为学习者的初始状态决定着教学的起点，教学策略的制定或选择必须从此起点出发进行具体分析。例如，针对学生不同的认知风格，可采取两类教学策略：一是采取与认知风格中的长处或学生偏爱的方式一致的匹配策略；二是针对认知风格中的短处或劣势采取有意识的匹配策略。现代教学理论认为教学只有在学习者的"最近发展区"开始才能达到最佳的教学效果。然而，学习者的最近发展区与其学习的初始状态有密切联系。如果说对教学目标的分析是制定或选择教学策略的前提，那么对学习者初始状态的分析则是制定有效教学策略的基础。

3. 教学者自身的特征

教学者自身的特征也是制约有效教学策略制定或选择的重要条件。如果说教学目标和教学对象是影响制定教学策略的客观条件，那么，影响教学策略制定有效性的主观因素则主要取决于教学者的自身特征，包括教学者的教学思想、知识经验、教学风格、心理素质等。在教学过程中，教师是制定、监督和实施教学策略的主体，他们一般倾向于选择与其教学思想、知识经验、教学风格、心理素质相一致的教学策略。例如，某教师接受了布鲁姆的教学思想，便会采用"掌握学习"的教学策略，就可能对学习速度较慢的学生投入更多的时间和精力。教师的知识经验也是影响教学策略制定和选择的重要因素。知识经验丰富的教师，能够根据各种具体教学策略的适宜环境及学习者的需要，选择或制定相应的教学策略。此外，教师的教学风格、心理素质等也在一定程度上制约着有效教学策略的制定或选择。因此，在制定或选择教学策略时，不仅应重视目标和学生起始状态的分析，还应努力发挥教师的主观能动性，充分发挥教师自身特征中的积极因素在制定或选择有效教学策略中的作用。同时，教师应有意识地克服自身特征中的消极因素对制定或选择教学策略的不利影响。

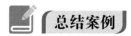 **总结案例**

随机进入教学策略在职业院校的应用

我国某所高等职业学院的教师尝试使用随机进入教学策略组织有关大熊猫与森林生态系统的教学，为我国职业院校利用本策略提供参照，其教学过程如下。

1. 确定主题

通过对教学目标的分析，围绕森林和生态系统确定教学的若干主题（例如确定与基本概念、基本原理以及生态系统有关的知识内容，如食物链、食物网）。

2. 创设情境

创设与生态系统有关的多样化的实际教学情境，利用多媒体课件为教学提供应用案例分析，并展示学生在专业课程上的研究性学习成果；运用现代多媒体技术手段插入大量有关森林生态系统的图片和影像资料，为学生提供贴近生活、融合专业的丰富翔实的教学素材，为随机进入教学法创造条件。

3. 独立探索

学生可根据个人的意愿选学不同的主题，并在学习某一主题的过程中，随意观看有关这一主题的不同素材，以便从不同侧面加深对该主题的认识和理解（即随机进入学习）。

（1）学习主题1：阅读有关食物链的资料，查找、观看"箭竹开花"的图片和视频，了解大熊猫的食物链构成。

（2）学习主题2：阅读物质和能量沿着食物链和食物网流动的知识的资料，观看大熊猫生活范围变小的材料。

（3）学习主题3：阅读大熊猫生活条件的资料，观看熊猫自然保护区生态系统的纪录片。

4. 协作学习

在上述独立探索的基础上，开展基于生态系统的专题讨论，教师及时对学生讨论中的观点加以评判和进行个别辅导。

5. 自我评价

为了检验对教学内容的认知程度，学生在经过上述学习阶段后应进行自我评价（对照教材）。

6. 深化理解

根据学生自我测试的结果，教师再有针对性地布置作业，以深化和加强学生对知识的理解、验证能力。

资料来源：王文槿．职业院校信息化教学方法与策略研究［M］．北京：中央广播电视大学出版社，2009：74-75.

分析：此案例是我国某职业院校的案例，通过使用该策略，学生的学习兴趣被激发出来，主动性增强。围绕箭竹开花、熊猫断粮的假设，学生迫不及待地查找资料，探究事实，并积极协作，互相补充。他们从不同的路径进入主题，经过探究和讨论，都达到了教学目的。

随机进入策略的使用需要大量相关性强的资料，这些资料要便于学生查找，使用网络显然是非常重要的。由于这个案例没有条件使用计算机网络和自我评价系统，教学中所设计的自我评价只能参照教材进行，这是本案例的一个缺陷。

职业院校有相当多的学生是面向服务行业就业的，他们面对的情景比那些继续升学的学生要复杂得多，而且真实环境总在变化，这些变化不可能在院校里都涉及。要使毕业生能顺利应对复杂情况，在教学活动中就要培养他们从多角度看待同一个问题，避免片面性。随机进入策略在这方面起了比较好的作用。

探索思考

1. 教学策略和教学模式的区别是什么？

2. 作为初学者、入门者、熟练者应如何确定教学策略？

单元三 教学媒体选择

▶ 培训目标

◆ 了解教学媒体的基本概念；

◆ 掌握教学媒体选择的流程；

◆ 能正确地运用教学环境。

🎞️ 导入案例

小张老师的故事

小张出身于书香门第，爱看书，也喜欢体育锻炼，是一个典型的阳光大男孩，毕业于重点大学某专业，通过层层选拔进入高职院校任教。

小张首次上课面对的是大二学生，授课类型为专业选修课。他提前做好备课工作：收集教学资源案例、认真书写教案、细心分析重难点、反复修改完善演示文稿……就这样他满怀信心地走进课堂。

第一次课收到了良好的效果，他的学识、俊朗的外形、真诚的性格和学生们融合得很好，小张表示首次登上讲台，自评分数很高。

但是事情并非一帆风顺，第三次课，学生们在课堂的表现就和前两次有很大的差异。小张发现学生们陆续拿出手机，刷网课、做任务、看网剧、海淘，课堂纪律还有些松散……这和以往课堂抬头率形成了强烈的反差。他百思不得其解，课后回到教研室向大家求助。有的老师劝慰他要慢慢地习惯；有的老师建议他多使用信息化手段，让孩子们一堂课都忙起来，这样就没有时间玩手机、刷网课了，大家七嘴八舌地探讨了一个下午。小张在大家的建议下，决定再次上课要适当使用信息化手段。于是，他雷厉风行，立即下载了很多课堂教学 App，重新设计了教学组织活动。

在充斥着满满的信息化手段课堂教学后，小张略有满足，也略有失意。满足的是学生的参与度逐渐提高，失意的是学生们的课堂小测掌握率不好。这样一节课下来，流量、电量流失很大，但学生对于知识的掌握程度并不好。小张作为一名"青椒"，又焦虑了……

学期过半，小张参加到学校的重点项目建设中，学习职业教育理论和教学方法，观摩了一些优质课堂教学课例，这令他茅塞顿开。他决定将互联网＋、教育信息化、知识、技能、智慧课堂相互融合，从翻转课堂开始，逐步改进，即时评价，持续改进。学期末他在同行评价、学生评价等多维度教学评价中有了明显的提高。

作为一名青年教师，小张老师转变观念、与时俱进、感触良多！各位"青椒"，你能驾驭好你的课堂吗？

分析：美国学者马克·普连斯基将出生在 1980 年以后的人称为"数字土著"，认为他们从小处在计算机技术、通信技术等网络技术快速发展的时代，都是说着电脑、视频、游戏和因特网等数字化语言的土著人。当代的学生多是"95 后"群体，他们在信息化环境下长大，信息化环境使得其大脑的认知结构发生了变化。确切地说，他们的思维方式发生了质的改变。

媒体是教学系统的一个重要组成部分，在教学中应用教学媒体可以优化教学过程和教学效果。作为当代职业学校的教师，需要具备教学媒体的应用和开发能力，以提高教育教学的质量。了解教学媒体以及通过教学媒体构建起来的教学环境，对教师的教学设计和教学方法的选择应用都有重要意义。

一、教学媒体概述

（一）教学媒体的概念

教学媒体是指在教学过程或教学活动中，承载和传递教学信息的载体和工具。教学媒体包括传统教学媒体和现代教学媒体。传统教学媒体一般指黑板、挂图、模型、教科书等。现代教学媒体主要指电子媒体，包括硬件和软件两种形态。硬件是指各种教学机器设备，包括幻灯机、投影机、录音机、电视机、摄像机、放像机、计算机、语言实验室、多媒体教室、网络教室、电子阅览室、数字图书馆、校园网等。软件是指承载教学信息的载体，包括幻灯片、投影片、录音带、磁盘、光盘、多媒体课件、网络课程等。

（二）媒体在教学中的作用

当前，以计算机多媒体技术和网络通信技术为代表的信息技术在教育领域中的应用越来越广泛，现代教学媒体的运用在改变传统的教学模式、优化教学效果方面正发挥着越来越重要的作用。媒体在教学过程中的应用主要能起到如下的作用：

（1）使教学信息的传递更加标准化。教学媒体一般经过精心的教学设计，内容规范标准，使用教学媒体进行教学时，有利于教学活动的规范和标准化。

（2）使教学活动更加生动有趣。通过教学媒体展示一些直观形象或创设氛围的多媒体信息，可以有效地引起学生的注意，激发学生的学习兴趣和学习动机，促使学生积极思考、主动参与，形成生动、有趣的教学环境。

（3）有利于提高教学质量和教学效率。多媒体教学可以在较短的时间内，向学习者呈现和传递大量的信息，从而调动学生的各种感官进行学习，使学习者容易接受和理解，有利于提高教学质量和教学效率。

（4）有助于教师改进教学方法和提高教学质量。当学生直接通过教学媒体进行学习时，教师就有更多的机会根据学生的具体情况加强个别指导，做到因材施教。

（5）具有个别化学习功能的教学媒体为那些因种种原因不能在指定的时间和地点学

习的人提供了更为有效的帮助，也为业余学习和终身教育提供了条件。

（三）媒体化教学环境

为了达到优化教学的目的，将不同种类的教学媒体有机地组合在一起构成的教学环境即为媒体化教学环境。媒体化教学环境主要包括媒体化教室环境（如多媒体教室、语言实验室、微格教室）、网络教学环境（如网络教室、校园网、闭路电视网）、学习资源中心（如电子阅览室、数字图书馆）等。媒体化教学环境的创设对提高职业教育教学的质量和效率具有至关重要的作用。

（四）教学媒体的应用及教学功能

1. 视听教学媒体的应用及教学功能

目前职业学校通常都配置了常用视听教学媒体，如电视机、录像机、影碟机、录像带、激光视盘等。接入教室的闭路电视系统曾经是电化教育的最典型应用，在职业学校也得到了普遍应用。教师可以在教室通过录像机、影碟机、闭路电视等进行电化教学。视听媒体在教学中的应用具有如下教学功能：

（1）视听媒体具有视听结合、多感官刺激的特点。

视听媒体既能提供图像、文字、图表、符号等视觉信息，又能传递语言、音乐和其他音响等听觉信息，图文声并茂，有较强的感染力。这种耳闻目睹、多种感官的综合作用为学生提供了近似身临其境的感性的替代经验，有助于在教学中弥补学生直接经验的不足，为学生提供典型的示范，供学生观察仿效。如利用教学录像展示工具设备的正确使用方法，在烹饪教学中再现烹饪操作的场景等。

（2）突破时空限制，增强教学的时效性和广域性。

电视具有丰富和灵活的时空表现力，借助录像技术和电视技术可以突破时间和空间的限制，通过卫星电视可以实时传遍全球。这意味着教学视野可以随电视覆盖面的不断扩大得到无限延伸，使大规模的远程职业教育得以实现。

（3）视听媒体可以提高教学效率。

视听媒体动静结合、声画并茂的表现形式，具有极强的吸引力和感染力，有助于在教学中引起注意，提高兴趣，增强记忆和诱发学生感情的参与，同时也培养了学生的观察力、理解力和创造力。

2. 虚拟现实技术的应用及教学功能

虚拟现实（Virtual Reality，VR）又称灵境技术，是以沉浸性、交互性和构想性为基本特征的计算机高级人机界面。它综合利用了计算机图形学、仿真技术、多媒体技术、人工智能技术、计算机网络技术、并行处理技术和多传感器技术，模拟人的视觉、听觉、触觉等感觉器官功能，使人能够沉浸在计算机生成的虚拟境界中，并能够通过语言、手势等自然的方式与之进行实时交互，创建一种适人化的多维信息空间。使用者不仅能够通过虚拟现实系统感受到在客观物理世界中所经历的"身临其境"的逼真性，而且能够突破空间、时间以及其他客观限制，感受到真实世界中无法亲身经历的体验。

用虚拟现实技术进行教学模拟，能够表现某些系统的结构和动态变化过程，为学生提供一种可供他们体验和观测的情境。例如，在虚拟的电路实验中，学生可以按照自己的设想，从虚拟的元器件库中选用各种元器件并联成电路，进行虚拟的实验，计算机能够显示出虚拟实验的结果。通过这种探索式的学习，学生能够发现并掌握知识和规律，有利于创新能力的培养。

有些实训设备价格昂贵，一般职业学校无法配置。运用虚拟现实技术建设虚拟教学环境可以减少设备投资，却可以达到和真实实训设备相似的教学效果。在虚拟的实验环境中进行实验，还可以避免真实实验或操作所带来的设备损坏和人身危险。如将虚拟现实技术用于数控机床实训、有危险品的化学实验等，可以免除可能的危害，又可以获得最佳的实验效果。

职业教育强调学生各种职业技能的培养，利用虚拟现实技术还可以进行各种技能训练，如汽车驾驶技能、汽车维修技能、医学护理技能等各种职业技能的训练。这些虚拟的训练系统几乎没有危险，学生可以反复练习，直至掌握操作技能。虚拟现实技术与网络技术结合还可进一步构建远程虚拟实训环境，实现远程实践技能的训练。

在利用虚拟现实技术进行探索学习的过程中，学习者置身于错综复杂的环境中，需灵活地进行决策、分析问题、处理问题，这有利于提高学生的学习兴趣、激发学生的创新思维。

虚拟实验有沉浸式和计算机仿真式两种模式。沉浸式实验是通过增加一些头盔显示器、数据手套之类的传感设备，使学生在几乎真实的虚拟环境中进行实验操作，但由于这种方式中硬件和软件的费用昂贵，目前在职业教育领域中的应用还不普及。计算机仿真实验是目前大多数职业学校采用的方式，学生可以通过键盘、鼠标和触摸屏的操作来进行虚拟实验，在显示器上观察自己的操作过程和实验现象的实时变化。

二、教学媒体的选择

不同教学媒体具有不同的特性，各种媒体都有自己的优缺点和独特的内在规律，适应任何教学目标、教学内容、教学对象或教学策略的所谓"万能媒体"是不存在的。因此，在教学设计过程中，只有正确选择和使用教学媒体，才能达到优化教学效果的目的。

（一）教学媒体选择的依据

教学媒体具有固定性、扩散性、重复性、组合性、工具性、从属性和能动性七种性质，在现代教学中将发挥越来越重要的作用。教学媒体的选择依据主要包括以下两个方面。

1. 心理学依据

与教学媒体的设计密切相关的心理活动主要有：注意、知觉、记忆和概念形成四种。

（1）注意。注意有五种特性，选择性，人一次只能注意到环境中的一小部分，而且其中被看得清楚的只是视野中的中心部分；新颖性，刺激物的新颖性容易成为注意的对象；简洁性，简洁的呈现易于使人集中注意力，为此，在画面中应尽量删除无关的背景和多余的细节；适中性，难易程度适中的刺激较易引起注意；期望性，人的期望可以对注意产生强烈影响。

（2）知觉。知觉和教学媒体设计密切相关的特征有三条：整体性，学习者并不把对象感知为许多孤立的部分，而总是把它感知为一个统一的、有意义的整体；相对性，知觉不能用绝对值表示，只能通过比较来衡量（人们对距离、大小、运动、亮度的判断是相对的）；对比性，当两种事物的属性难以区分时，应将它们放在一起呈现，而不是分开，并在画面上用不同的颜色、字体或符号标出它们的不同点，或是将细微的差别加以放大。

（3）记忆。记忆和媒体设计有关的特性有两条：组块性，对欲呈现的内容进行组块将减轻学习负担并提高记忆质量，组块的方法可以是空间分组、时间分段或根据有关概念进行语义分类；有限性，人类的短时记忆容量是 7 ± 2 个组块，因而是有限的，但是同样的知识内容，只要改变组块的形式就有可能扩充短时记忆的有限容量。

（4）概念形成。概念形成是较高层次的认知过程，包括概念的名称、定义、属性、实例（亦称正例）和非实例（亦称反例）。概念形成过程的四条规律：从实例出发而不要从定义出发，即按实例→属性→定义→名称的顺序；使用正例和反例，借助正、反两方面经验完整、确切地掌握概念；应使用与正例相近的反例，使用与正例相近的反例，提高学生的辨别能力和获得确切的概念；列出属性表比直接用文字定义概念有效，属性表的表示要比句子表述更简明、直观。

2. 其他依据

教学媒体的选择依据除了心理学依据之外，还要考虑其他因素。主要考虑四个方面：教学目标（即具体的教学要求），为达到不同的教学目标需要使用不同的媒体去传输教学信息；教学内容，各门学科的性质不同，运用的教学媒体也会有所区别；教学对象，不同年龄阶段的学生对事物的接受能力不一样，选用教学媒体必须顾及他们的年龄特征；资源环境条件，选择教学媒体应根据具体的设备条件、社会环境和资金技术等可能实现的情况。

（1）教学目标和教学内容。

为达到不同的教学目标（如认知领域、动作技能领域等）常需要使用不同的媒体，不同的教学内容（如原理、概念、静态现象、动态过程、运用规律、实验等）适用的教学媒体也会有所区别。当媒体的运用与教学内容、教学目标相适应，并能够有机整合形成优化的教学结构时，教学媒体的助学效果会更好。

（2）教学对象。

学习者的学习特性（如认知水平、认知模式等）也是表达教学信息的媒体类型及运用形式的重要依据。比如，中职学校的学生一般感性认识强于理性认识，形象思维优于抽象思维，应选择适合他们特征的教学媒体（如图片、影像等）进行教学。

（3）教学环境条件。

学校教学设施环境、媒体资源状况、师生技能、管理水平等也是选择教学媒体时须考虑的重要因素。

（二）教学媒体选择的原则

教学媒体的设计与选择受诸多因素的影响，其基本原则是要根据教学内容、教学目标和教学媒体对于促进完成教学目标、优化教学效果所起的作用来设计和选择媒体。具体来说应遵循以下传播效果的原理。[①]

1. 共同经验原理

教学过程中，教师通过媒体向学生传送与交换教育信息，但是要使双方能互相沟通思想，则必须把沟通建立在双方共同经验范围内。当甲与乙没有共同的直接经验时，可以通过媒体（如幻灯片、投影、电视、计算机等）呈现事物的运动状态与规律，使学生可以获取间接的经验。可见，教学媒体的设计与选择要充分考虑学生的原有经验与知识水平。

2. 抽象层次原理

根据戴尔的"经验之塔"理论，媒体可按其传递信息的具体性和抽象性，分为不同层次，不同的教学媒体适合表现不同的教学内容。学生的认识结构是逐步形成的，它与年龄、知识、经验、思维的发展程度有关。因此，设计和选择媒体时，其传递信息的具体和抽象程度必须符合学生的实际认知水平。

3. 重复作用原理

重复作用是将一个概念在不同的场合或用不同的方式去重复呈现，以达到好的传播效果。比如在设计和选择媒体时，可以同时或先后用文字、声音、图像等不同的方式去呈现某一概念，以加强学生的理解。

4. 信息来源原理

有信誉和可靠来源的信息具有较佳的传播效果。因此，在选择教学媒体时，选用的媒体来源应该是有权威、真实可靠的，尽可能采用那些权威部门或优秀教师提供的教学媒体素材。

5. 最小代价原理

最小代价原理是指尽可能降低所付出的代价，以取得最大的功效，即追求媒体使用的最高性价比。若多种媒体都能达到同样的教学效果，要选择制作和使用成本低、付出代价少的媒体；如果所付出的代价相近，则应该选择教学功能多、效果好的媒体。

---

① 李兆义，桑苏玲，等.现代教育技术［M］.北京：北京理工大学出版社，2019：33.

6. 优化组合原理

各种教学媒体都有各自的特性和优缺点，不存在一种可以适合所有教学情况的"万能媒体"。各种教学媒体的有机组合可以扬长避短、优势互补，取得整体优化的教学效果。但要注意媒体的组合要以取得最佳的教学效果为出发点，不是简单地相加。另外，还要注意传统教学媒体和现代教学媒体的有机结合，在大力推广现代教学媒体应用的同时，不能忽视传统教学媒体的作用，更不能用媒体来取代教师的作用。

（三）教学媒体选择的步骤

教学媒体的选择并没有一个标准的模型供教育者使用。通过对教学媒体相关理论和实例的分析，可以得到一个更适用于教学过程的教学媒体选择模型。如图 3-15 所示（图中的矩形框表示必选步骤，菱形框表示可选步骤），教育者在开始设计行动导向的教学过程时就要考虑通过应用教学媒体来增强教学过程的效率和效果。因此，可以按照以下顺序选择合适的教学媒体。

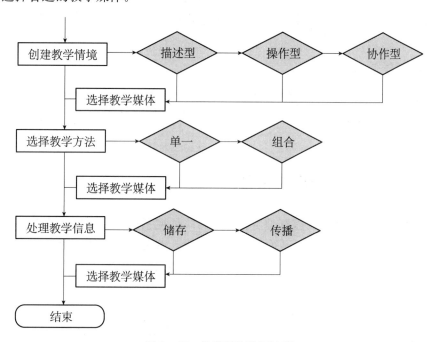

图 3-15　教学媒体选择流程

1. 分析教学系统

详细了解教学系统的各个组成部分，分析教学媒体与各组成部分之间的相互作用，进而得出使用教学媒体的先决条件。

2. 优化教学内容

教学内容作为教学过程的客体，不同的教学内容可以根据需要选择合适的教学媒体。研究表明，人们从听觉获得的知识能够记住 15％，从视觉获得的知识能够记住 25％，而同时使用两种媒体能记住约 65％ 的知识，当信息由形象生动的动态形式反映时，其接受比例会更高。

3. 优化呈现方式

在选择教学媒体时，应尽可能做到多图少文、多动少静、多具体少抽象，以此来优化教学内容，使所传授的知识、技能更贴近学习者的认知水平，从而提高教学效果。因此，要选择合适的教学媒体将教学内容所包含的教学信息准确地传递给学习者，就要利用教学媒体来优化教学内容，使其符合形象生动的要求。

4. 创建教学情境

将学习领域的课程方案具体化为不同类型的学习情境，可以只创建一种学习情境，也可以将学习情境综合使用。通过不同的教学情境来组织教学，不仅能够极大地调动学习者的学习动机，而且还可以最大限度地节约教学成本。

5. 选择教学方法

教育者要根据教学过程的具体需求选择一种或几种合适的教学方法，然后根据教学方法的特点和需求选择教学媒体，以便利用教学媒体的特点来突出或补充教学方法的优势或不足。

6. 处理教学信息

教育者将教学过程中产生的信息进行分析处理，并决定这些信息是否需要利用教学媒体来储存或传播。最后将这些处理过的教学信息制作成教学资源，以便人们借鉴和使用。

三、信息化教学环境和设计

职业教育信息化是指职业教育师生在基于网络环境基础上应用信息技术和信息资源推动职业教育教学发展和改革，从而提高教学质量，改善教学方法，形成适应信息化社会要求的人才培养模式和新型教育体制，满足时代和社会需求以及学生个体本身发展需求的过程。

信息化教学指的是在现代教育思想和理论的指导下，主要运用现代信息技术，开发教育资源，优化教育过程，以培养和提高学生信息素养为重要目标的一种新的教育方式。在这里，我们所提到的现代信息技术并不仅仅停留在制作和使用 PPT，还包括教学网站、手机 App 等，以及实现信息共享、随时答疑、交流互动等活动。

（一）信息化教学带来的新变化

随着教育信息化的推进，职业院校内的教学和实训内容也面临信息化的挑战，随着新技术的不断出现，学生需要学习和培训的内容之多与速度之快，传统的教学模式已经无法满足需要，将能够更高效率，提供更接近岗位需求的知识和技能的方法、策略、技术引入职业学校已经成为必然。信息技术在职业教育课程中的应用，能为学生提供便捷的学习途径和及时丰富的学习资源，能解决一些传统手段无法解决的问题，从而提高教学、培训质量和办学效益。信息技术在职业教育课程实施中的作用有以下几个方面。

1. 改变传统的教学方式

现代信息技术使许多传统的教学和学习方式发生了改变。以阅读为例，信息技术使阅读方式从文本阅读走向超文本阅读，从单独阅读文字发展到多媒体电子读物，利用电子资料库进行高效率的检索式阅读。信息技术使教学方式、教学方法、学习活动更加灵活多样。因为多媒体技术的快速发展带来了教育技术在知识表现这一基础领域里的重大突破。知识除了用文字、图画表现外，还可以用动画、声音、视频等多媒体表现形式，使得所有的学科教学都可以在计算机上进行。特别是电脑、多媒体、网络等信息技术，打破了传统的班级授课制的教学模式，个别化教学模式、小组协作式教学模式、在线学习、在线讨论都成为可能，从而使长期以来可望而不可即的"因材施教"成为现实。

2. 改变教育和教学的理念

信息时代的因特网大量、普及化应用，信息技术进入社会每一个角落，全球走向高度一体化，国际竞争更加激烈，对人力资源也提出了更高的要求。信息社会需要有高度的创造性、较强的自学能力和信息检索、获取及处理能力的创新型人才，而不是传统教育体制下培养的继承性人才。现代信息技术给教育观念带来了冲击，比较突出的有三个转变：从对个人的一次性教育转变为终身教育，从学校的应试教育转变为素质教育，从课堂的面对面教育转变为远程教育及有面授、有远程的混合式教育。面向 21 世纪的教育，强调要培养学生学会四种本领：学会认知（learning to know）、学会做事（learning to do）、学会共处（learning to live together）、学会生存（learning to be）。总之，学习是为了个人和社会的生存与发展。同时，现代信息技术对创新人才、开拓创造性思维也有直接意义。

3. 改变教师和学生的角色和作用

由于信息技术为教育提供了多元化的信息渠道，一个人获取知识所需的时间越来越短，教师将有更多的时间和精力去关注学生的个性、品格等良好心理的培养，增强学生适应社会、服务社会的能力。网络给学生学会求知和发展带来机遇和挑战。网上学习还要求学生充分发挥学习的自主性和对知识的探索精神，并使自己的自主学习、主动探索的能力得到充分的发展。在课堂教学中，教师由知识的讲解者、传授者，变为学生能力构建的帮助者、指导者和促进者。

4. 促进教学管理的现代化

利用计算机管理教学，实现无纸化教学信息处理，可以提高教学管理水平。目前，各种现代化的教学管理方法应运而生，如招生、考试实现无纸化，利用计算机网络进行网上招生、网上考试、计算机借阅、学生档案管理等。利用计算机辅助教学管理，可以节省费用，节约时间，提高工作效率。计算机辅助教学管理具体表现在如下方面：计算机辅助决策（DSS）、计算机辅助学校信息管理（MIS）、计算机辅助教师教学工作管理

(DB)、计算机辅助个人日常事务管理等。

5. 对教师和学生提出了新要求

现代教育技术就是运用现代教育理论和信息技术,通过对教学过程和教学资源的设计、开发、利用、评价和管理,以实现教育和教学优化的理论和实践。

1994 年美国教育传播与技术协会提出,"教育技术是关于学习过程与学习资源的设计、开发、利用、管理和评价的理论与实践"。它明确地指出了:第一,教育技术的研究对象是"学习过程"和"学习资源"。第二,教育技术的研究任务应当包括"学习过程"和"学习资源"的设计、开发、利用、管理和评价等五个方面。第三,它强调教育技术的研究要同时注重理论和实践的研究。

现代信息技术将对学校教学的观念、理论和方式带来革命性的变革,这种变革将越来越深入和广泛。这种变革对教师和学生都提出了新的要求:教师应当具备信息素养、应当全面认识信息技术在教育中的应用、应当懂得如何利用信息技术支持教育改革、还应当学会信息化教学设计。学生则应当具有以下信息能力:使学生具有较强的信息意识,较深入地了解信息技术的发展变化及其对工作、社会的影响;了解计算机基本工作原理及网络的基本知识,能够熟练地使用网上信息资源,学会获取、传输、处理、应用信息的基本方法;掌握运用信息技术学习其他课程的方法;选择和使用信息技术工具进行自主学习、探讨的能力,以及在实际生活中应用的能力;了解程序设计的基本思想,培养逻辑思维能力;通过与他人协作,熟练运用信息技术编辑、综合、制作和传播信息及创造性地制作多媒体作品;能够判断电子信息资源的真实性、准确性和相关性;树立正确的科学态度,自觉地按照法律和道德行为使用信息技术,进行与信息有关的活动。信息化给职业院校带来的教学活动带来的变化如表 3-13 所示。

表 3-13 信息化为职业院校带来的教学活动变化

内容	传统的做法	新的做法
教学观念	教师传授,学生接受	教师指导,学生探索
教学方法	单向(教师对学生) 单一(以讲授为主,线性)	交互式 多样化
教学内容的编排	单学科、脱离情景的固定模块	交叉学科、带情景的可延伸模块
学习方式	集体(班级为单位)	个体、合作/小组
教师的角色	知识布施者	学生的帮助、促进者
学生分组	尽可能匀质	尽可能异质
对教学的评价	对事实性知识和离散技能的评价	对基于绩效、面向过程的评价

(二)信息化教学的积极和消极影响

1. 积极影响

(1)课堂教学层面。

传统的职业教育课程的课堂教学存在许多困难。由于缺乏直观的演示手段,教师只能利用黑板、挂图来演示诸如电子专业课的元件及线路、机械专业课的立体图、护理专业课的人体解剖等；在服装制作、美术设计等专业的课堂上，教师多年的苦恼是缺乏大量方便、易得的资料集中向学生展示不同的风格、式样；在餐饮等服务业的课堂中，教师很难向学生描绘各种场景和相应的服务要求。此外，很多服务类的专业教学目标是情感目标，单用教师的语言和传统手段很难引起学生的感情共鸣。

运用多媒体开发的课件可以部分解决上述问题。将学习理论中的感知规律用于教学课件设计中，利用计算机多媒体技术的声画并茂、图文交互的优势，采用语言、音乐、图片、动画等不同的方式呈现学习内容，并有机地结合在一起，充分发挥多种感官的功能，利用其色、形、声等特点去创建与教学内容相适应的情境，激发学生感情的参与，诱发他们的好奇心，可以使学生产生强烈的学习兴趣和动机。多媒体课件还可以提高教学效率与质量。建构主义认为，学习总是与一定的情境相联系的，通过设置情境，可以利用计算机多媒体技术生动、直观的形象有效地激发联想，唤醒长时记忆中有关的知识、经验或表象，从而使学习者能利用自己原有认知结构中的有关经验去同化当前学习的新知识，赋予新知识某种意义，并且由于计算机多媒体技术传递的信息不受时间、空间、微观、宏观的限制，善于表现事物的运动、变化，能够减少学习抽象概念的困难，以及多种同步异步的交互方式促进学习经验的交流，还有丰富的网络资源，这些都能极大地提高学习效率和教学质量。

现在的职业院校已经有了多媒体的电子课件、制图课件，还有了可重复使用的服装专业和美术、音乐专业的资料库，以及带有相关文化、历史链接的餐饮、销售服务网络课程和农业种养技术课程。这些课程资源为课堂教学提供了生动、直观、大量、全面的教学内容，解决了一些困扰教师多年的问题。此外，通过使用交互手段的课件录像点评、网络信息、可以交互的讨论工具等数字技术手段配合开展探究式自主性学习，对实现教学的情感目标有事半功倍的效果。

（2）技能实训层面。

传统的实际技能培训存在缺少设备和环境、耗材成本高、教师技能水平限制、教师指导不过来、距离实际工作条件有差距等困难。这些困难影响了教学和培训的效果，也影响了职业教育人才的培养质量。

信息和数字技术在技能培训方面的应用效果是很明显的。特别是综合使用仿真模拟技术和网络技术开发的实训平台，如山东一家公司自主开发生产的电气自动化平台，以岗位需求为导向，用仿真和模拟解决生产过程再现、生产中的实际操作等问题，通过系统软件编程，设计针对性强的实训项目，进行模拟操作和训练，并利用系统的智能控制，根据学生的操作状况，直接给予信息反馈，强化学生的技能水平，这样既能解决实训设备短缺和实训项目脱离实际，又能模拟实际生产环境，弥补了硬件设备不足而书本上开机器的困难，缩短了学校与企业的距离、实验室与岗位的距离，适应了培养现代化工业生产中技能工人的市场需求。如广东某高职院校的变电站仿真机，为学生提供连续、实时的运行环境，全部操作与真实变电站反应一致，实训效果强于理论教学或单纯现场培训。

信息技术的应用还有利于培养学生的问题解决能力和创造能力。人掌握知识的目的，在于解决所面临的新问题并有所创造，解决问题本身和创造就是高级形式的学习活动。[①] 因此，教学生解决问题的技能方法和培养创新能力，是教学的一个中心内容。利用计算机的多媒体技术和网络，创设生动、开放、互动的问题情景，可以激发学生的创造力和想象力。根据学生的应答，通过系统给予及时反馈意见和指导，并利用网络丰富的资源和交互能力，师生之间可以展开平等交流，这样能使学生思想比较开放，能积极主动参与思考，思维随情境而向多方发散，其广度和深度要优于单一的讲授教学模式，非常有利于培养学生的问题解决能力和创造能力。如山东淄博的国际贸易网上模拟操作仿真的环境、模拟的交易，缩短了学生学习、实习、上岗的时间周期。

2. 消极影响

信息化确实对职业教育课程的教学实施起到了促进作用，解决了一些职业教育中用传统手段无法解决的难题，但是任何技术手段或设施都不是万能的，对信息和数字技术在职业学校中的功能一定要有正确的认识，不可过分夸大其功能。

在对远程职业教育以及信息、数字技术手段的认识上，目前存在一些误区：第一个误区是认为提高数字化程度可以解决大规模学习者和有限合格教师的矛盾。从前面的论述可以看出，不论是国际经验还是国内实践，都已经证实在中高级和高级数字化阶段，学习者规模不宜过大，只有在中级以下的数字化阶段，也即低交互量下可以大班授课。此时并不是远程教育的最佳模式，事实上也没有真正利用技术实现优质教育资源的共享。第二个误区是认为远程职业教育可以缩小发达地区与欠发达地区的差距，促进职业教育的公平。从国际比较得知，各国大力发展远程职业教育的目的都是促进教育公平，但是由于人的信息化素养及能力欠缺或不足（数字鸿沟）、地区的信息基础设施条件发展不平衡、资源短缺和经济能力限制，实际上到目前为止，信息技术事实上增加了而不是缩小了在获得信息和教育方面的不平等，使用传统手段的远程教育在缩小差距方面要强于信息化远程教育。要真正消除数字鸿沟，还需要多方面、比较长时间的努力。第三个误区是认为只要学习者数量达到一定规模，远程职业教育的成本就会降到传统面授之下。从各国研究来看，其前期投入成本和维护运作成本都比较高，学生规模增大，而降低边际成本、提高整体的成本效益还是理想模型，缺乏成功的例证。不过某些行业、课程的教学效果和质量确实是优于传统面授教学。在我国发展远程职业教育更要考虑成本效益问题，对高投入的项目应当谨慎从事。

在操作层面，也存在一些评价偏差和使用泛化的问题。比如对信息化的统计和评价，重视建设超出重视应用。以建设为导向，容易量化和操作，面对应用的衡量，特别是使用效果的衡量则有一定困难。但是职业教育信息化的最核心因素是使用，在评价指标和政策上应当实现应用导向。职业学校使用数字技术时，很容易泛化，只求数量不顾效果。事实上没有"超媒体"或"超技术"存在，最好的媒体技术就是能实现教学目标经济方便的媒体技术。国际比较研究指出：信息化教学只是职业教育方式的一种，并不能代替传统正规的校园职业教育。所以对其发展导向要适合，力度要合适。比如在欧盟的发展反思中，

① 王文槿. 职业院校信息化教学方法与策略研究［M］. 北京：中央广播电视大学出版社，2009.141.

就指出"在教育市场竞争中，政府过度强调数字化学习，而不是鼓励公平和包容，加上过度关注数字化学习在正规教育中的应用，导致教育界对数字化学习有抵触情绪"。各国的应用情况也表明，网络教育与传统教育的混合教学模式是职业学校使用的最佳模式。

综上所述，对信息化技术在职业教育课程实施中的应用要有正确的认识，不能过度，不能滥用，不能盲目；要给信息化功能一个合理的定位；要充分了解其特性，扬长避短，选择适合教学目标的最佳方式和手段；要改变传统的教师中心，以新的教师和教室功能与之配合。这样才能将信息技术和手段用好，避免发生高投入低效率的情况。下面将用于课堂教学和实训的信息化技术的积极影响和消极影响列于表3-14。

表3-14　用于课堂教学和实训的信息技术带来的积极和消极的影响

影响范围	积极的影响	消极的影响
课堂教学	● 呈现好，调动多种感官参与（有利于认知活动） ● 提供大量、全面的资料，生动、直观，促进学生的联想、同化（有利于认知活动） ● 提供声像并茂的情景，激发兴趣和情感（有利于情感培养） ● 提供丰富的相关资源和交互工具，帮助小组活动和探究活动开展（有利于教学改革） ● 可以方便地更新内容	● 刺激过于强烈会引起感官疲劳 ● 网络资源容易使学生迷航 ● 不能体现教师的个性 ● 制作时间和人力成本高 ● 对教室的设备要求高 ● 容易产生技术障碍
技能实训	● 重复演示（有利于认知和理解） ● 反复操作，熟练技能（有利于技能形成） ● 允许出错、无危险、无耗材（有利于技能形成） ● 反馈及时（有利于强化正确操作） ● 按个人的进度训练（有利于个别化） ● 连续、实时的运行过程，接近真实生产过程（有利于岗位能力培养） ● 补充真实设备不足（有利于降低实训成本） ● 可以进行过程性评估（有利于教学改革）	● 缺乏真实氛围 ● 无法开展对机械部分的操作、纠错实训 ● 模拟仿真过程偏理想化 ● 技能训练不全面（缺少力度、嗅觉、安装技术等） ● 运用综合信息技术开发的实训平台造价高，学校没有自主开发能力 ● 各种系统互相不兼容，程序缺乏灵活性

（三）信息化教学环境

信息化教学环境就是运用现代教育理论和现代信息技术所创建的教学坏境，是信息化教学活动开展过程中赖以持续的情况与条件。这种教学环境是包含在信息技术条件下，直接或间接影响教师"教"和学生"学"的所有条件和因素，是硬件环境、软件环境、时空环境、文化心理环境等条件和因素的集合。

信息化教学环境包括物理教学环境、信息资源环境、人力资源环境及人际关系环境等。从技术和活动方式的角度看，信息化教学环境可以分为课堂教学环境、视听传播环境和网络教学环境等类型。

信息化教学环境具有教学信息多媒体化、学习资源共享化、学习活动合作化、自主学习个性化以及教育管理自动化等特点。

从教育传播的角度看，教学环境的构成要素，一是时空结构，二是空间容量，三是媒体装备。信息化教学环境的应用类型见表3-15。

表3-15　信息化教学环境的应用类型

		同步（synchronism）	异步（asynchronism）
同地	个人	PC-CAI、放像机、虚拟现实等	教科书、电子笔记本、电子词典等
	小组	讲授、讨论、录像放映等	录音、录像、练习等
	群体	多媒体课堂、网络教室等	电子阅览室、教学局域网等
	众体	影院、会堂、报告厅等	图书馆、学习资源中心等
异地	个人	电话、网络视频电话等	E-mail、电子查询、网络信息检索等
	小组	聊天室、电子论坛等	E-mail、网络课件等
	群体	视频会议、虚拟教室等	BBS、校园网、网络课程、虚拟学堂等
	众体	广播电视、视频会议系统等	互联网、数字图书馆、电讯新闻组等

信息化教学环境主要有如下形式。

1. 多媒体演示教室

多媒体演示教室，又称为多媒体电教室，是指多种教学媒体汇集在一个教室内，以利于开展多媒体组合的教与学活动的系统。多媒体演示教室主要供教师使用，媒体起辅助教师教学的作用，充当教师上课的教具。

多媒体演示教室的教学功能：便于教师利用多种媒体辅助教学活动；教师能利用多种媒体组合优化教学过程，突破教学重点、难点，提高教学质量与效率；使课堂图文并茂，能有效激发学生的学习欲望，易于学生对知识内容的理解。因此，多功能型多媒体演示教室便于观摩示范教学，而且还能够扩大教学规模；能用于开展新型教学模式的教学实验与研究；能用于多媒体学术报告、专题讲座等活动；通过使用学习反应信息测试分析系统，积极作用于课堂教学效果的研究和分析。

2. 校园网络系统

校园网络系统是现代教学信息技术的基础平台，主要体现在两个方面：

（1）网络教学支持平台。

具备支持教师备课、授课、提问答疑与讨论、作业布置与批改、题库维护、组织考试与活动、试卷分析等功能；具备支持学生选课、学习、递交作业、提问、讨论、实验、资料查阅、考试等功能；具备支持基于流媒体的网络实时与非实时授课系统；具备支持教务人员进行学生管理、课程管理、资料管理、教学质量分析等功能；具备支持教师通过各种网络工具，相互之间或与外校的教师之间进行教学方法、教学艺术的交流与探讨；具备支持连接互联网，实现远程教育等功能。

（2）教学信息资源库。

教学信息资源库是学校进行网络教学的重要组成部分，它包括多媒体素材库、教案库、课件库、试题库、学科资料库等。同时，资源库还应为师生提供全文检索、属性检索，提供资源的增减与归类，以及提供压缩、打包、下载等功能。

3. 多媒体网络教学系统

多媒体网络教学系统是建立在校园网基础上的。多媒体网络教学系统主要有纯硬件多媒体网络教室、纯软件型多媒体教室和软硬结合型多媒体网络教室三种形式。主要实现的功能有：广播教学、电子教鞭、远程控制、转播教学、屏幕监视、遥控辅导、教学示范和分组讨论。在多媒体网络教室能够实现的教学模式主要有授课模式、自主学习模式和小组讨论模式。

4. 网络视频教学系统

网络视频教学系统是现代远程教学系统的重要部分，它一般有直播式、点播式、双向实时互动式三种应用方式。

"电大在线"：通过多种视频教学形式和丰富的视频教学内容来促进学生在线学习质量的提高，其中，"午间直播课堂"板块以"单向直播或双向互动"视频教学的形式进行课程的同步讲授与辅导，而"开放课堂（点播中心）"板块则是以"点播"视频教学的形式提供资源，供学生进行自主的个别化学习。

5. 虚拟仿真教学系统

虚拟仿真技术是 20 世纪末兴起的一门崭新的综合性信息技术。它是采用以计算机技术为核心的现代高科技生成逼真的视、听、触等一体化的虚拟环境，用户借助必要的设备以自然的方式与虚拟世界中的物体进行交互，相互影响，是一种人与通过计算机生成的虚拟环境可自然交互的人机界面。虚拟仿真技术由计算机硬件、计算机软件以及传感设备等构成。其特点是：计算机产生一种人为虚拟的环境，使人产生一种沉浸于这个环境的感觉，可以直接观察、操作、触摸、检测周围环境及事物的内在变化，并能与之发生"交互"作用，给人一种"身临其境"的感觉。

虚拟教室（virtual class）是在计算机网络的基础上利用多媒体技术构建成的教与学的环境，可使身处异地的教师和学生相互听得着、看得见，以建构主义理论为基础，利用计算机多媒体技术、网络技术、现代通信技术等构建的数字化网络教育支撑平台。虚拟教室具有教学灵活性、地域不限性、适应创新教育需要和教学管理自动化等特点。目前常见的虚拟教室有"基于视频会议系统的虚拟教室""二维虚拟教室""三维虚拟教室"等。

除虚拟教室外，还有虚拟实验系统。虚拟实验是相对于真实实验而存在的，两者的主要差别在于：实验过程中所触及的对象与事物是否真实。在真实实验中所采用的实验工具、实验对象都是以实物形态出现的；而在虚拟实验中，没有以实物形态存在的实验工具与实验对象，实验过程主要是对虚拟物的操作。

虚拟实验系统是以教学理论、相似原理、信息技术、系统技术及与其应用领域有关的专业技术为基础，以计算机和各种物理效应设备为工具，采用"面向对象"思想创建的，能够实时操作的、非实在的实验空间。

6. 常见的社会机构开发的信息化学习平台

随着互联网的发展，远程教育成为可能，通过互联网虚拟教室来实现远程视频授课、电子文档共享，从而让教师与学生在网络上形成一种授课与学习的互动；而 4G、5G 时代的来临让学习不必再通过笨重的计算机，只要一个可以有大流量的手机，就能更方便直接地进行掌上在线学习，而无线网络使得人们的日常互动变得更加有效。

（1）E-Learning 教学平台。

E-Learning 教学平台，即在线学习系统（Learning Managed System，LMS）。中文常用别名：网络培训平台、在线教育系统等。

E-Learning 教学平台是一个学习管理系统，主要辅助学校和培训机构有效地进行管理、跟踪、收集基于课堂环境的联机培训信息。E-Learning 教学平台具备以下功能：

一是培训管理：主要针对培训框架的规划、虚拟课堂的管理、传统课堂的管理、课程的开设、报名流程管理、学员学习记录、学员成绩等方面进行管理。

二是课程管理：主要针对课程内容平台（现在比较流行的是树形层次结构）、课程公告管理以及课程开发后的数据收集进行管理（主要从学员学习成果的跟踪效果、论坛、答疑栏等方面进行收集）。

三是资源管理：主要针对课件、题库及教师补充资料进行管理。

四是个人学习园地：具备学习者个人所需的功能，一般有学习课程目录、最近学习内容、个人公告、个人论坛、好友联系、自定进度、预定课程、愿望列表、学习风格测试、学习资料、个人日历、个人信息、个人成绩单、个人报表、个人计划等。

五是系统管理：具备用户管理、访问控制等。

（2）E-Learning 教学平台主要产品。

——Blackboard 教学平台。Blackboard 教学平台为教师、学生提供了强大的施教和学习的网上虚拟环境，成为师生沟通的桥梁。Blackboard 教学平台的开放式环境及对行业标准的适应性与协同性，为各类教育机构的拓展实施构筑了基础，帮助教育机构实现互联互动的教学环境。Blackboard 公司致力于数字化教学平台的开发，平台能支持百万级用户的教学。全球有超过 3 700 所大学及其他教育机构使用 Blackboard 产品，其中包括著名的普林斯顿大学、哈佛大学、斯坦福大学、西北大学、杜克大学等。中国有 160 多个 Blackboard 用户，用户遍及高等教育、基础教育、职业教育和企业培训等领域。

——Moodle。Moodle 是一个开源课程管理系统（CMS），也被称为学习管理系统（LMS）或虚拟学习环境（VLE）。它已成为深受世界各地教育工作者喜爱的一种为学生建立网上动态网站的工具。为了正常运行 Moodle，它需要被安装在 Web 服务器上，无论是在自己的电脑或网络托管公司。使用者可以根据需要随时调整界面，增减内容。课程列表显示了服务器上每门课程的描述，包括是否允许访客使用，访问者可以对课程进行分类和搜索，按自己的需要学习课程。

——天空教室。"天空教室"是国内知名教育技术厂商南京易学教育软件有限公司创办的教学系列产品的品牌，该公司旗下还创办有"中国数字大学城""星空教室""可视化"等品牌，主要为包括高校、中小学、培训机构等教育机构和企事业单位提供教育技术解决方案和信息化平台。

（四）信息化教学设计

在教育信息化环境下的教学设计，简称"信息化教学设计"，就是运用系统方法，以学为中心，充分利用现代信息技术和信息资源，科学地安排教学过程的各个环节和要素，以实现教学过程的优化。

信息化教学设计是在传统教学设计基础上的发展，目标是帮助教师在日常课堂教学中充分利用信息技术和信息资源，培养学生的信息素养、创新精神和问题解决能力，从而增强学生的学习能力，提高他们的学业成就。

信息化教学设计主要是以建构主义作为理论指导。建构主义学习理论强调以学生为中心，教学设计从"以学生为中心"出发，并强调培养学生的首创精神和高级思维技能。

信息化教学设计并非仅仅指现代信息技术对教学领域的介入，不能只把信息技术作为教学的媒体，用于辅助教师的讲解与演示。在信息化教学设计中，现代信息技术是学生的认知工具。通过现代信息技术（以多媒体和网络为主）创设学习环境，可以提供丰富的学习资源，支持学生的自主学习和协作式探索。

另外，信息化教学设计的基本特征之一就是"网络化"，信息化环境需要网络技术的支持。网络能够为学生学习提供丰富及开放的学习资源、极大可能的交互性、多样的选择性。信息化教学的一个必要条件就是网络环境，区别于传统的教学设计，信息化教学设计不再是一个封闭的回路，而是一个开放的系统。

信息化教学与传统教学之间有明显差别，见表 3 - 16。

表 3 - 16　信息化教学与传统的教学的差别

传统的教学	信息化教学
教师指导	学生探索
讲授型教学	交互性指导
单学科、脱离情境的孤立教学	带实务任务的多学科延伸的教学
个体学习	协同学习
贫乏的学习环境	丰富的学习环境
教师作为知识施予者	教师作为帮促者
同质分组（按能力）	异质分组
针对事实性知识和离散技能的评价	基于绩效（面向过程）的评价

总结案例

某汽车虚拟实训系统的设计

例如，某公司汽车虚拟实训系统是针对职业院校汽车类专业推出的教学软件，产品内容涵盖了现代汽修行业中检验、诊断、修理、维护等基本工种，覆盖了汽车专业教学、实训、考核各个教学阶段。产品大量运用了虚拟仿真技术等现代教育技术手段，使学习和实训效果得到了显著提高。系统主要包含教学、实训和考核三大功能模块。

1. 教学模块

产品内容涵盖丰田、通用、大众三大主流车系的二十几个模块，既包括发动机、变速器、底盘等基础内容，又包括自动防抱死、ESP、汽车多路传输系统等现代汽车电子技术模块。其中以三维爆炸图、平面动画等多种手段表达了汽车内部各典型机构、典型系统的内部结构及工作原理，对教学起到了很好的辅助作用。

2. 实训模块

包括汽车故障诊断实训系统、汽车拆装实训系统汽车检验实训系统、车身修复实训系统。产品底层基于先进的 3D 引擎和汽车动态数据模拟引擎，3D 引擎使得软件能以三维的形式再现维修车间的场景，使学习者有身临其境的感觉。汽车动态模拟引擎模拟了汽车各工况下全车的动态数据，并支持故障设置，能够根据设置的故障实时反映出车辆的故障现象和故障数据。软件本身还集成了所需要的维修工具诊断仪器、维修资料等学习中必备的工具，使学生通过一个软件就能得到所有实训所需的知识和工具。例如：在汽车故障诊断实训过程中，采用故障诊断虚拟仿真软件，能够在三维维修车间中完整地重现汽车故障诊断的全过程，包括基本安全保护措施、汽车诊断仪器的操作、零部件拆装工艺、零部件基本参数检查、汽车维修资料的运用、汽车维修流程的设计等各方面的内容，还能够通过软件手段记录学生整个操作过程，以便教师进行分析，从而找到教学中可以改进的地方并有针对性地提出改进措施。

3. 考核模块

与教学和实训配套的考核功能模块，能够进行教学效果的检验及学生能力的评估。考核系统采用与教学系统和实训系统相同的技术架构和实现方式，并在其基础上加强了过程记录和能力评估的功能，其中实训记录、过程答题、考试计时等功能都非常实用。

 探索思考

1. 数字媒体教学环境下应如何进行教学组织？
2. 信息化教学对教师能力有什么新要求？

教学评价

模块导读

教学评价具有导向、鉴定、监督、调节、诊断、激励作用，是教学设计的重要环节，也是对课程实施的质量检验。 在学习和教学过程中发挥着重要的作用。 本模块介绍职业教育评价的核心问题，主要讲解职业教育教学评价的概念、原则、特点、类型等基本问题，介绍基于学生能力发展的教学评价的模式、步骤方法，以及基于学生能力发展的学业评价的类型、标准的设计及对教务和督导部门的要求。

单元一 基于学生能力发展的教学评价

培训目标

- ◆ 了解教学评价的概念和特点；
- ◆ 了解教学评价的类型和模式；
- ◆ 掌握基于学生能力发展的教学评价的步骤和方法。

导入案例

认识职业教育教学评价的误区

某校在护理专业的人才培养标准中引入了护理资格的内容，并将护理职业资格中要求的若干项必备技能作为教学评价主要内容，规定掌握 60% 以上的技能即为合格。请问这样的评价方式有什么问题？

分析：职业教育的教学评价不适宜采用基础教育或普通专业教育的百分制或者ABCD来标定学生的学业成就。例如，一项职业任务需要十个步骤完成，学生按要求完成了9个步骤的操作。按基础教育或普通专业教育的评分办法，这个学生的成绩应为90分，属于优秀成绩。但他却不能独立完成这项职业任务，胜任不了这项工作。这样的评分办法就会出现优秀的学生也胜任不了相应工作的现象。因此，职业院校学生学业成就评价标准，应根据其学习后的行为表现和行为结果决定。学业评价标准取决于国家、行业或地区经济社会需求以及各个专业的人才培养方案和课程标准。

一、职业教育教学评价概述

教学评价是教学活动中的重要环节，提高职业教育教学质量，必然要提高教学评价的科学性和有效性。教师作为职业教育教学任务的主要承担者，了解和掌握职业教育教学评价的基本理论，学会运用职业教育教学评价的方法和技术，科学有效地开展教学评价工作，将有利于促进教学质量和学习质量的提高，促进教师的专业发展。

（一）职业教育教学评价的概念

教学评价是教育评价的一个方面，是教学过程的一个基本环节。目前学界对教学评价概念的界定观点不一，概括地说，有三种不同的理解。一是以赫尔巴特为代表，认为教学评价就是评价教师教的状态及其结果的过程。二是以杜威、罗杰斯为代表，认为教学评价就是评价学生学的状态及其结果的过程。三是以布鲁姆为代表，认为教学评价就是衡量教学目标在教学实践中达到何种程度的评价。上述三种教学评价概念外延的变化表明，教学评价从评价教师"教"为中心转向评价学生的"学"为中心，强调教学、学习与评价的联系。

概括地说，教学评价主要指依据一定的客观标准，通过各种测量和相关资料的收集，对教学活动及效果进行客观衡量和科学判定的系统过程。狭义上的教学评价是指课堂教学评价，一般包括评价课堂中教师的教、学生的学以及教师与学生的互动关系等。教学评价是学校教学管理的重要组成部分，学校教学评价一般包括对师资队伍建设、教学管理、教学活动、教学质量等诸多方面的评价。教学评价从本质上讲是一种对教学活动及效果的价值判断，要很好地完成这一判断，得出科学结论，评价者必须依据一定的客观标准，认真地进行各种测量，系统地收集教学活动各个方面的资料或证据。教学评价由评价者（评价主体）、评价对象（评价客体）、评价方法、评价标准等基本要素构成，具有检验教学效果、诊断教学问题、提供反馈信息、调控教学进程、引导教学方向的功能。一般说来，教学评价有以下几方面的含义：

第一，教学评价要以学习目标为依据。教学目标是在教学活动中对学生所期待的学习结果，它规定了学习者应达到的能力水平。教学之后，学习者在认知、情感和动作技能等方面是否产生了如教学目标所期待的变化，这是要通过教学评价来回答的。因此，教学评价依据的标准是教学目标，离开了明确具体的教学目标就无法进行教学评价。

第二，教学评价需要采用一些有效的技术手段。采用这些技术手段对教学的过程和结果进行评价，并通过测量来收集资料，但测量不等于评价，测量是指以各种各样的方法对学生在学习过程中和教师在教学过程中所发生的变化加以数量化，给学生的学习结果赋以数值的过程。评价是对测量结果做价值判断的过程。

第三，评价贯穿整个教学过程。评价不仅仅是评价教学的结果，更要对教学的过程，对教学的方方面面进行评价。评价是对教与学两方面的质量作出判断，为改进教学提供科学依据。

总而言之，职业教育教学评价是根据职业教育的人才培养目标和课程教学目标要求，按照一定的程序和规划对教学过程的要素和效果做出价值判断的活动。职业教育教学评价的范围不仅包括学生，也包括教师，主要是对学生学习状况和教师教学质量的评价。学生学习的评价是指在科学全面收集、整理和分析学生学业成就和实践能力发展变化信息的基础上，评定学生个体学习与发展的质量。教师教学评价主要包括教师教学过程评价和教学绩效考核。其中教学过程评价主要考察评价教师钻研和使用教学材料的活动和教师运用相关教学法、教学手段的活动，具体说就是从教学活动的各个环节入手予以评价，如备课、上课、作业等环节。教学绩效考核主要通过考察学生学习习惯与方法、学业成绩及能力发展情况来进行。

（二）职业教育教学评价的一般原则

做好各种教学工作，必须根据教学的规律和特点，确立评价的指导思想实施准则和一些基本要求。教学评价应贯穿以下几条原则。

1. 客观性原则

客观性原则是指在进行评价时，从测量的标准和方法到评价者所持的态度，特别是最终的评价结果，都应符合客观实际，不能主观臆断或掺入个人情感。

贯彻客观性原则，首先是评价标准客观，不带随意性；其次是评价方法客观，不带偶然性；最后是评价态度客观，不带主观性。

2. 整体性原则

教学系统的复杂性和多样性，使得教学质量往往从不同的方面反映出来，表现为一个由多因素组成的综合体，因此，要真实反映教学效果，必须对教学活动从整体上进行评价。整体性原则是指在进行教学评价时要对组成教学活动的各个方面作多角度、全方位的评价，而不能以点带面，以偏概全。

贯彻整体性原则，首先是评价标准全面，尽可能包括教学目标的各项内容，防止突出一点，不及其余；其次是把握主次，区分轻重，抓住主要矛盾，在决定教学质量的主导因素和环节上花大力气；最后把定性评价和定量评价结合起来，使其相互参照，以求全面准确地判断评价客体的实际效果。定量评价是采用数学的方法，收集和处理数据资料，对评价对象做出价值判断。定性评价是不采用数学的方法，而是根据评价者对评价对象平时的表现、观察和分析，直接对评价对象做出定性结论的价值判断。

3. 指导性原则

指导性原则是指在进行教学评价时把评价和指导结合起来，不仅使被评价者了解自己的优缺点，而且为以后的发展指明方向。也就是说，要对评价的结果进行认真分析，从不同角度查找因果关系，确认问题产生的原因，进行信息反馈，这也是被评价者今后努力的方向。

贯彻指导性原则，首先必须在评价资料的基础上进行指导；其次是反馈及时，指导明确；最后要具有启发性，留给被评价者思考和发挥的余地。

4. 科学性原则

科学性原则是指在进行评价时，不仅要求评价目标标准的科学化，而且要求评价程序和方法的科学化。

贯彻科学性原则，首先要从教与学统一的角度出发，以教学目标体系为依据，确定合理统一的评价标准；其次要推广使用先进的测量手段和统计方法，对获得的各种数据和资料进行严谨的处理；最后要对评价工具进行认真编制、预试、修订和筛选，达到一定的指标后再使用。

5. 职业性原则

教学是职业任务系列化的教学。职业学校学生应当具备一定的工作能力和基本工作经验，其前提是在校期间系统化完成一些本专业（职业）的典型工作任务；职业学校课程的核心不是传授事实性的专业知识，而是让学生在尽量真实的职业情境中学习"如何工作"；专业课程是来源于工作实际的、理论与实践结合成一体化的综合性学习任务。

6. 专业性原则

高质量的职业教育教学课程应当以可靠的职业和工作分析为保障和基础，以专业和跨专业能力为追求目标，以示例性学习为中心，培养与工作直接相关的综合职业能力。职业教育课程需要进行"整体化的职业资格研究"，通过实践专家访谈会等程序化的方法，确定课程的基本框架，即典型工作任务；通过典型工作任务，在"工作要求"、"职业资格"以及"学习内容"之间建立起直接的联系。

（三）职业教育教学评价的特点

教学评价是职业教育教学活动的一个环节，职业教育的培养目标决定了其教学活动各个环节的展开都以有利于形成学生的实际职业能力为标准，职业教育教学评价的核心目的是帮助学生形成和发展职业能力。师生要获得理想的评价结果，就必然要了解职业教育教学评价的特点。职业教育教学评价除了具有普通教育教学评价的一般性特征之外，还具有鲜明的职业教育特征，就是以能力为本位的评价，即侧重学生能力发展的教

学评价。其特点是:[①]

第一，评价指向于所要求的学习结果。评价学习者的能力标准是由职业教育与培训的需求方参与制定的，主要反映特定职业角色的能力要求。

第二，评价具有"透明度"。评价人员、被评价人员或第三者都清楚了解要评价什么，应达到何种程度。

第三，所有的操作标准要求都应满足。在评价过程中，对于能力标准中每一能力要素都要有足够的证据来表明学习者已达到了相应的操作标准。

第四，强调实际操作能力。要求评价情境与方式要尽可能地与实际工作情境和方式相接近，最好的评价方式就是在日常工作中收集证据，评价能力。

第五，标准参照评价而非常模参照评价。评价时只将收集到的证据与能力标准相参照，而不与其他学习者的学习结果相比较，最终只是对是否具有相应能力水平做出判断。

第六，重视对原有学习能力的认可。

第七，个别化的评价。具有较大灵活性，可根据学习者不同的学习内容与学习进度进行评价。

第八，能力本位评价是连续性的过程评价。

(四) 职业教育教学评价的类型

依据不同的标准、角度，可以将职业教育教学评价分为如下类型。

1. 诊断性评价、形成性评价和总结性评价

按照教学评价在教学过程中的时间和发挥作用的不同，可将其分为诊断性评价、形成性评价和总结性评价。三种形式的评价既相对独立，又具有互补性。

诊断性评价，也称事前评价，是指在教学活动开始之前实施的预测性评价。如对学生以往的学习结果、现时的需要或准备状态进行评价，以查明是否具有继续学习新内容的基础和准备。诊断性评价有两个主要目的：一是诊断症状，就是要着重找出存在的问题；二是诊断原因，就是分析存在问题的原因，使教学活动的安排具有针对性。

形成性评价，也称过程性评价，是指在职业教育教学活动进行的过程中，对教育教学活动本身所出现的状态和效果进行的价值判断。如教师在教学过程中针对某一个或某些知识点设计问题，并对学习者的解答做出反馈，作为改进后续教学和学习的参考。其目的是了解和掌握教学进行的情况，以便通过教学诊断对教学活动进行适时调整，以确保教学目标的实现。

总结性评价，也称终结性评价，一般是指课程或一个教学阶段完成后或告一段落时，对其教学成果所做出的价值判断。它以预期的教学目标为基准，对教学活动达到目标的程度进行的评价。学校常见的期中考试、期末考试或考察以及毕业考试都属于这类评价。如对学生在学期末、学年结束和毕业时的学习结果，给予最终的评定。总结性评

---

① 杨武星. 什么是能力本位评价 [J]. 职业技术教育，1998 (1)：20-22.

价的主要目的是评定学生的学业成绩，确定学生达到教育目标的程度，证明学生掌握知识、技能的程度和能力水平。

2. 相对评价、绝对评价和个体内差异评价

按照教学评价标准的不同，可将其分为相对评价、绝对评价和个体内差异评价。

相对评价，也称相互参照评价，是指在团体内以自己所处的地位同他人相比较而进行的评价。其评价标准设在团体之内，常用名次法、百分等级法、标准分数等来表示评价结果。相对评价的优点是可以使个体客观地判断自己在团体中的优劣情况，其缺点是注重个体差异，不注重是否完成既定的教学目标。

绝对评价，是指判断完成既定目标的程度而进行的评价。其评价标准设在评价对象所在团体之外。绝对评价的结果可以用等级、数值或评语三种形式表现。其最大的特点是有客观的评价标准可循，通过与这个既定标准对比便能判断自己的价值。如果评价标准设置主观，评价结果就会挫伤被评价者的积极性。

个体内差异评价，是指把被评价者的过去和现在进行比较，从而做出评价的方法。该评价方法的价值基准取自个体内部。将被评价者的不同侧面进行比较，就是横向比较、纵向比较，如将被评价者的学业进步情况与其健康发展情况相比较；将被评价者的现在与过去进行比较，如某学生一门课程第一次测验成绩为 60 分，第二次测验成绩为 80 分，测验结果说明学习成绩提高了，学生的学习状态有明显变化。个体内差异评价充分注意了个体的差异和发展，能使评价者和被评价者准确了解个体的优势和弱点，以及努力的方向，在评价过程中不会给被评对象造成很大的压力，适合于因材施教，其缺点是容易使评价对象坐井观天、自我满足。

一般来说，在一个具体的教学评价中，三种评价方式是交织在一起混合使用。但三者的适用范围和适用的时机有区别，就适用范围来说，对于各种学习效果，如知识、能力等方面的评价，应以绝对评价为宜；对于个别学生的学业评价，应以相对评价和个体内差异评价为宜。

3. 综合评价和单项评价

按照教学评价对象的复杂程度，可将其分为综合评价和单项评价。

综合评价是指对某一学校或某一专业整个教学活动进行全面、系统的评价。其目的是了解和掌握评价对象的整体工作状态，为改进评价对象的整体工作提供依据。如对职业院校教学质量的评价、教师教学评价等。其特点是评价的范围广、内容多、组织工作复杂，不宜频繁进行。

单项评价是指对教学活动的某个方面进行的价值判断，其评价内容和范围较为单一，评价方式比较灵活、简单。如学校对某个专业学生某项职业能力测评、某校对青年教师的教学质量评价等。单向评价的特点是评价内容和范围较为单一、评价方式比较灵活、易于经常进行，单向评价是综合评价的基础。

4. 定性评价和定量评价

按照教学评价的方法分类，可将其分为定性评价和定量评价。

定性评价是指不采用数学方法，评价者通过听课、谈话等方式，直接对评价对象做出定性结论的价值判断。定量评价是指采用数学方法，收集整理和处理数据资料，对评价对象做出定量结论的价值判断。定量评价往往通过教育测量、教育统计等方法，对评价对象做出量化结论。

两种评价方法各有优缺点，在教学评价实施过程中，要注意用定性评价弥补定量评价的不足。

二、基于学生能力发展的教学评价的特点及原则

（一）基于学生能力发展的教学评价的特点

职业教育能力本位的教学目标决定了教学活动各个环节的展开都以形成学生的实际职业能力为标准。教学评价作为教学过程的重要环节，也应服务于能力本位的教学目标。基于学生能力发展的教学评价是能力本位的评价。其具体特征体现为以下几点。

1. 开放性

职业教育教学的职业性、情境性和实践性决定了其教学评价的开放性。具体表现为：一方面，教学评价主体具有开放性。从外部评价主体来看，有职业教育主管部门的评价、用人单位的评价、社会委托的评价；从内部评价主体看，有领导评教、教学督导、教师自评、学生评教、学生自评、同行评议。另一方面，评价标准的制定和评价方式、评价结果具有开放性。为提高学校教学评价结果的社会认同度，能力需求方参与学校教学评价标准的制定，多元主体在教学评价中针对不同的评价对象、评价内容选用适合的方式进行教学评价，评价过程和结果发布公开、透明，这既增强了社会对职业教育的了解，又增强了学校教学评价的社会信誉度。

2. 复杂性

为满足基于学生能力发展的教学评价的"真实性"，教学评价应从评价的任务、评价的自然情境和社会情境、评价结果和评价标准等方面与真实工作世界的应用相一致，真实性评价需要配置一定数量和质量的设施设备，教学评价必须要考虑这些条件因素的制约。由于专业不同，职业教育中的实验、实习实训及毕业设计等学习活动表现形式多样、教学评价要求不一，因此，教学评价既要进行单项评价，又要进行综合评价，评价标准的制定也较为复杂，评价过程费时费力。

3. 过程性

职业教育教学的特点是"行动导向"，行动导向教学要求学生从一开始就要参与到教学过程的设计、实施和评价之中。行动导向学习的特点决定了职业教育教学评价要体现过程性，注重教学过程的评价，要对教学过程中的教师、学生、教学内容、教学方法、教学环境、教学管理等诸因素进行全面性评价。这就要求评价者在一定期限内连续性地收集各种不同类型的证据材料以真实判断被评价者的职业能力形成与发展状况。行动导向学习的核心是完成一个可以使用或者进一步加工或学习的行动结果，职业教育教

学评价的过程性指向并服务于学生的学习成果的评价，过程性评价与结果性评价并重，教学评价的能动作用使得职业教育教、学、评具有一致性。

4. 动态性

这是由技术技能人才成长的规律和社会产业的动态发展决定的。职业教育的过程是学习者在一个职业中"从初学者到专家"的发展过程，职业教育教学评价的根本目的是要促进这一发展过程的实现。坚持以发展性评价思想为指导，教学评价不仅包括教学目标的达成度评价，还包括进步度评价。进步度评价是指根据某种能力提高幅度大小来进行评价的方法。达成度评价是考察学习达到什么水平的评价，既包括对学生学习成果即学习产出的评价，也包括对学生学习过程的评价。在选择评价指标时，既要有结果性指标，又要有过程性指标。职业教育教学评价还要坚持以发展性评价思想为指导，随着产业的不断转型升级，要动态调整评价标准。职业教育教学评价标准应随着职业岗位对从业人才所具有的职业能力要求的变化而进行相应的调整和完善，职业教育教学评价体系是一个动态的不断调整的系统。

（二）基于学生能力发展的教学评价的原则

为做好各种教学评价工作，必须根据职业教育教学的规律和特点，确立一些基本的要求，以作为基于学生能力发展的教学评价的指导思想和实施准则。具体来说，基于学生能力发展的教学评价应贯彻以下几条原则。

1. 可行性原则

这条原则是指评价的指标体系以及方法技术要尽可能省时、易行，教学评价程序要便于实施和操作。教学评价从制订方案、确定对象、设计指标、选择方法、邀请专家、安排程序等方面，都要贯彻可行性原则。

贯彻可行性原则，一是要求在正确、科学的前提下应抓住被评价者的本质特征，尽量简化指标体系；二是要求评价标准高低适度，同时注意评价对象的层次性、差异性；三是在评价组织实施中，要在科学的前提下简化收集信息的方法，让人能理解、会用。

2. 客观性原则

这条原则是指在进行教学评价时，从测量的标准、方法到评价所持的态度，特别是最终的评价结果，都应符合客观实际，不能主观臆断或掺入个人情感。教学评价的目的在于给教师的教和学生的学进行客观的价值判断，如果缺乏客观性不仅会失去评价的意义，造成教学资源的浪费，而且还会给教学改革提供虚假信息，导致错误的教学决策。

贯彻客观性原则，首先应做到评价标准客观，不带随意性；其次应做到评价方法客观，不带偶然性；最后应做到评价态度客观，不带主观性。

3. 整体性原则

这条原则是指在进行教学评价时，要对组成教学活动的各个方面做多角度、全方位的评价，而不能以点代面、以偏概全。

贯彻整体性原则，首先要评价标准全面，尽可能包括教学目标的各项内容；其次要把握主次，区分轻重，抓住主要矛盾，在决定教学质量的主导因素和环节上下功夫；最后要把定性评价和定量评价结合起来，使其互相参照，以求全面准确地判断评价客体的实际效果。

4. 指导性原则

这条原则是指在进行教学评价时，不能就事论事，而应把评价和指导结合起来，不仅要了解被评价者的优缺点，而且要为其以后的发展指明方向。即评价旨在调动师生的积极性，促进师生的发展，从根本上提高教学质量。

贯彻指导性原则，一是要求明确评价目的，针对实际问题，充分利用评价的导向作用，促进实际问题的解决；二是要求评价过程主客体相互沟通，及时反馈评价信息，切合实际解决问题，不仅使被评价者了解自己的优缺点，而且要为其以后的发展指明方向。

三、基于学生能力发展的教学评价的模式

由于教学评价依据的价值判断标准不同，基于学生能力发展的教学评价模式也有所不同。目前，主要有以下几种常用模式。

（一）目标达成模式

目标达成模式（goal-attainment model）的评价，是 20 世纪 30 年代美国课程评价专家泰勒（R. W. Tyler）在所进行的"八年研究"的基础上提出的，是围绕目标达成而构建的一种评价模式。

1. 目标达成模式的七个步骤

一是拟定一般目标或具体目标；二是将目标加以分类；三是用行为术语界定目标；四是确定应用目标的情境；五是发展或选择测量目标的技术；六是收集学生的行为表现资料；七是将收集的资料与行为目标进行比较。[①]

2. 目标达成模式评述

目标达成模式是一种较为客观并有一定效率的评价模式，是评价领域技术上的一次进步。评价的实质是要确定预期目标与实际结果相吻合的程度。

其优点是：其一，该模式通过对目标的行为化表述，增加了目标的可操作性，评价者可以清晰而准确地判断目标达成的情况；其二，该模式结构紧凑、操作性强。

其弱点是：其一，过于强调目标的重要性，忽视目标以外的结果，使对态度的形成等更具有教育意义的结果无法评价；其二，评价的范围有限，只对结果进行评价，忽视了整个教学过程的评价。

---

① 钟启泉．课程与教学概论［M］．上海：华东师范大学出版社，2004：206.

3. 目标达成模式在基于学生能力发展的教学评价中的运用

这种模式在运用时的优势是：其一，职业行为教学的目标制定必须明确、可行。其二，制定分层的职业目标体系以提高教学有效性。该模式不仅要考查学生的识记，还主要考查学生的理解、运用和综合等高级目标。就能力目标而言，不仅包括能力内容目标，还要包括能力水平目标。其三，关注外显行为评价。目标达成模式强调提供可操作的行为目标，而外显行为变化作为评价的依据，要可观察、可测量。

这种模式在运用时的弱点是：其一，目标本身的科学合理性问题。若目标制定得正确且全面，可以发挥目标对教育活动的导向作用，反之，则会影响教育活动的方向性和效率性。其二，非预期目标问题。该模式无法评价非预期目标达成情况。其三，教学设计者如果对教学目标不理解，就会导致目标设计流于形式。

（二）决策评价模式

决策评价模式，又称决策定向模式或 CIPP 模式，是 1966 年美国著名教育评价专家斯塔弗尔比姆（D. L. Stufflebeem）经过数年研究，基于目标评价模式的批判而提出的，适用于学校及教育项目的评价。

1. 决策评价模式的四个步骤

决策评价模式（CIPP 模式）的四个阶段分别是背景评价（context evaluation）、输入评价（input evaluation）、过程评价（process evaluation）、结果评价（product evaluation）。它突破了目标达成模式的框架，以决策为中心，将上述四类评价集合起来，从评价范围与内容上加以拓宽，具有动态评价特征的评价模式。其具体描述见表 4-1。

表 4-1 决策评价模式（CIPP 模式）描述表

模式步骤	目标	方法	解决问题
背景评价	确定机构背景，明确对象需要，诊断需要的问题，判断目标是否达到了评定的需要	系统分析、调查、座谈诊断、测验、德尔菲法	何种需要，重要性如何，方案的目标对评定需要的适应性如何
输入评价	确定机构系统备择方案的策略，实施设施预算及进度表	调查分析人力、物力、资源及程序的可行性及经济性	为满足方案的需要，分析方案实施的合理性和成功性的程度
过程评价	确定过程的不足之处，为做好计划的决策提供信息	描述真实过程，与工作人员相互了解，观察其活动	操作性方案的实施程度如何，如何修正
结果评价	收集能反映成果的信息，将其与目标背景、输入过程等信息联系起来，从而对价值优劣作分析与判断	确定操作和测量的结果标准，对结果作判断分析	观察结果，评价人员对结果进行判断，并判断方案对实施对象需要满足的程度

2. 决策评价模式的优缺点评述

（1）优点。

通常来说，决策模式的优点在于：其一，根据现实需要和社会需要，考虑评价目标的选定及其合理性，使目标更符合社会需要，符合实际；其二，评价贯穿于教育活动的始终，使评价成为改进教学工作、提高其质量的工作。其三，评价的内容宽泛，从教育需要的调查开始，对教学过程的不同阶段、不同方面进行评价。这种模式在职业教育评价中运用时的优势是：其一，该模式的调整性与修正性功能适合职业院校实际情况。该模式强调目标在执行过程中的调整性与修正性，能够增强目标计划的科学性。其二，该模式的表现性评价特色适合职业教育的就业导向。该模式强调从输入到输出整个过程的评价，关注学习者的学习过程表现。其三，该模式注重学生背景评价，能较为全面、系统地反映评价对象的全貌。

（2）缺点。

相应地，决策模式的缺点在于：其一，评价为决策者服务，对过程的评价主要为了服务预期目标，在一定程度上限制了活动参与者的创造性。其二，该模式要求各类信息源的配合、充裕的经费以及专业的分析方法，在使用中受到一定限制。

因此，这种模式在职业教育中运用时的不足是：其一，忽略了评价的判断性质。该模式将评价看作是为决策或其他目的收集信息的过程，因而避免了选择评价准则的问题，基于信息基础上的事实判断不能代表价值判断。其二，依然强调评价目标，对个体的主体性的肯定不够彻底。其三，评价模式的评价步骤、内容较为复杂，难以为非专业人士所掌握。

（三）目标游离模式

目标游离模式是由美国教育学家斯克里文（M. Scriven）于1967年提出来的。为了降低评价活动中方案制定者主观意图的影响，他主张不能把其活动目的告诉评价者。这种不受预定活动目标影响的评价模式被称为"目标游离模式"或"无目标模式"。

1. 目标游离模式的具体操作要点

该模式没有完整的评价程序，具体操作时需要把握以下要点：

第一，评价者在不受方案目标干扰的情况下，直接收集关于方案实际结果的各种信息，以保证信息收集的客观性与全面性。

第二，根据教育的内在目标，分析收集到的信息，对方案的效果进行评价。

2. 目标游离模式的优缺点

（1）优点。

目标游离模式的优点是：其一，突破了目标的限制。该模式认为评价中最为重要的准则并非是方案应当满足其目的的程度，而是方案在实行后取得的效果及满足需要的程度，是一种在全面收集方案实际结果的各种信息后做出的判断，是一种"以需要为基础的评价"。其二，该模式强调评价相对于教育目标的独立性，强调对所有结果考查的重要性，强调对评价目标进行价值判断的必要性，重视目标效应以外的非预期效应。

这种模式在职业教育评价中运用时的优点是：其一，评价更全面。该模式不仅评价预期目标，而且教学活动的所有表现都是评价的内容。其二，充分重视评价主体的自主性发挥，体现原则与灵活的辩证统一。该模式依据评价者的知识背景来收集资料，依照评价者的评价观、评价水平来实现评价活动，有利于多样化评价方式的实现。其三，有利于新的评价理念的产生。该模式具有收集资料的系统性、全面性特点，使得评价者在分析资料时必须对收集到的资料进行归类、整理，有利于新评价理念的生成。

（2）缺点。

目标游离模式的缺点是：其一，因为不考虑预定的评价目标，有简单地用评价者的目的替代方案管理者的目的的可能性，评价者在评价时缺少评判的准则。其二，没有完整的定义，没有组织结构的详细说明，没有采集数据的具体方式和信息发布体制，没有一套完整的程序，实际操作有一定难度。

这种模式在职业教育评价中运用时的不足是：其一，评价资料散而乱，给评价活动带来困难。它不依照目标收集资料，收集的资料显得杂乱，主题不突出。其二，评价主观因素过重。该模式是建立在评价者已有评价知识基础上的评价活动，会受到人的主观因素的影响。其三，是一种不完善的评价模式。该模式没有完整的定义，没有评价程序的详细说明，没有数据采集的控制条件说明，也没有评价结果如何发布的相关说明，操作相对困难。

四、基于学生能力发展的教学评价的步骤

教学评价是一项科学复杂的系统工程，要使教学评价结果客观、有效，就得科学地、严格地按照一定的程序开展评价工作，基于学生能力发展的教学评价一般的工作程序如下。

（一）明确评价问题

明确评价问题是要明确对教学系统的某个要素进行评价还是对教学系统的结构或者对整个系统进行评价。例如，是对学校教学系统的综合评价还是对专业教学系统，或者是对单节课教学进行单项评价；是对学生学业评价还是对教师课堂教学进行评价，或者是对教师教学质量进行评价。

（二）制定教学评价目的，端正教学评价态度

教学评价目的具有目标导向功能，它不仅直接影响评价工作的安排、评价问题的选择、评价标准的确定、评价方法和技术的选择，而且是评价管理者科学教学管理的依据。在明确教学评价目的的同时，还需要端正教学评价态度，消除教师和学生对教学评价产生的误解以及抵触情绪，以避免教学评价的形式化。

（三）制定教学评价方案，并按照计划实施教学评价

教学评价人员要根据评价问题、评价目的、评价对象、学校教学实际及可用的教学评价资源，设计经济、有效、操作性强的评价方案，主要反映教学评价的目的、指导思想、基本原则、评价内容和标准、评价方法、评价步骤和具体的时间安排以及相应的保障条件等问题。

教学评价方案是教学评价的行动纲领，制订计划后，就要依据该方案组织实施教学评价，然后全面搜集整理评价人员的评价证据资料和结果，运用定性和定量相结合的方法统计分析评价资料，客观、公正、准确地得出教学评价结论，最后对教学评价结果进行诊断分析，反馈评价结果，促进教学发展。

五、基于学生能力发展的教学评价指标与标准体系的设计

（一）教学评价指标与标准体系概述

1. 教学评价标准

教学评价标准（evaluation standards）有广义和狭义之分，广义上通常是指做好评价所应遵循的原则，狭义上则是指强度和频率、标号、标度所构成的评定等级的集合。基于学生能力发展的教学评价标准的设计，对教师的教学和学生的学习以及学校教学管理起到直接导向作用。教学评价标准设计得恰当与否，对于教学评价工作的成败，对于整个职业教育教学工作都具有极大的影响。

2. 教学评价标准与指标的关系

在教学评价中，评价的目的往往较为概括，不具有可操作性。要将评价目的转化为具体的、可行的、可测量的评价行动，统一人们对评价对象价值观的认识，就必须对目标进行层层分解，建立指标体系。广义的指标体系不仅包括指标或因素的集合体，而且还包括相应的权系数的集合体和有关的量化方法。评价指标（evaluation index）是评价指标体系的重要构成要素，是评价指标设计者从评价目标分解出来的，能够反映评价对象某方面本质特征的具体化、行为化的主要因素，它是对评价对象进行价值判断的依据。

制定指标的标准就是制定教学评价的标准，评价指标与评价标准之间存在着密切关系。在教学评价中，一方面，评价指标是评价标准的基础，没有指标，标准就会失去意义；同时评价标准又是评价指标实现程度的衡量尺度，没有标准，无法对教学目标的实现程度进行价值判断。另一方面，评价指标与评价标准具有相对性，在某些情况下，原来为指标的内容，可能会转化为评价标准，而原来作为评价标准的内容也可能转化为指标。如在"理实一体化"课堂教学评价表（见表 4-2）中，"三级指标"就是评价标准。

表 4-2　"理实一体化"课堂教学评价表

一级指标	二级指标	三级指标	评价结果			
			优秀	良好	一般	差
教学目标（6%）	定位准确（2%）	知识与技能、过程与方法、情感态度与价值观等目标符合职业标准，符合课程标准要求				
	目标清晰（2%）	认知、技能等目标明确具体；层次分明，便于掌握				
	方向明确（2%）	坚持立德树人，落实课程思政要求，将价值塑造、知识传授、技能培养、素养提升融为一体				

续表

一级指标	二级指标	三级指标	评价结果			
			优秀	良好	一般	差
教学资源（10%）	教材处理（5%）	教学内容选择体现新知识、新工艺、新材料；掌握教材特点，用好教材；敢于创造，用活教材；整合课程资源和开发生活资源灵活、恰当、有效				
	教学设施利用（5%）	教学设备与场地、教学软件和教具等选择合理；教学文件准备充分				
训练项目（14%）	项目设计（8%）	以企业真实的工作过程为基础，优选适合能力培养的训练项目（案例），将有效知识与技能训练相结合；问题设计严谨合理，把握关键，突出重点，破解难点，便于掌握				
	项目实施（6%）	训练项目（案例）进行过程中，各环节实施细则清晰、完整				
教学实施（60%）	教师主导性（12%）	坚持学生主体、行动导向、能力本位的理念，采用行动导向教学法，创设教、学、做一体化的真实互动学习情境；善于设置问题情景，激发学生探究欲望；培养学生发现、分析和解决问题的能力；注重德育渗透和职业素养培育；教学活动安排紧凑，张弛有度，顺序与秩序合理，因材施教，引导学生自主学习				
	学生主体性（12%）	认真听课，主动操作；积极参与读、思、疑、议、练、创等过程；思维活跃，课堂交流充分有效				
	教学手段（8%）	专业术语和图文表达准确，板书清晰；能科学、合理、创造性地运用现代媒体优化教学，提高了视、听、思、练、记效果和表达的艺术性，防止无价值的滥用				
	教学方法（8%）	优选学法和教法，教学方法运用恰当有效，注重学法指导；注重知、能转换，培养学生探究和创新能力				
	示范指导（15%）	符合企业标准和技术规范要求；操作规范熟练、注意安全；针对学生出现的问题及时纠正和辅导；进行职业意识和技能的培养				
	道德规范养成（5%）	重视德行养成教育；引导学生形成讲究效率与效益、守时、守信、守法、崇尚卓越、团结协作、尽职尽责的习惯				

续表

一级指标	二级指标	三级指标	评价结果			
			优秀	良好	一般	差
教学评价 （10%）	评价方式 （5%）	体现教师的关爱与期望，"立足过程，促进发展"，评出自信，产生激励效应，为学生积极进取提供动力；有完整的考核方案；有明确的考核标准，操作性强				
	学习效果 （5%）	认知、技能等目标的达成度比较高；学生掌握了技能和学法，能够运用所学方法解决新问题；学习兴趣增强，思维得到拓展，能够树立正确的学习动机，主动学习、释放潜能、全面发展				

建立评价的指标体系，确立评价标准是教学评价的核心。指标体系是实现教学评价目标的重要手段，是进行教学评价的前提和依据。评价指标体系及评价标准的设计，必须切实可行。

（二）基于学生能力发展的教学评价指标与标准体系的设计

要保证评价指标与标准体系设计过程有条不紊，指标和标准的内容科学、合理、可行，就需要采用一定的科学程序和技术进行操作。一般的步骤和方法如下。

1. 确定教学评价的对象和目标

制定评价指标体系，必须要确定评价的对象和目标。需求导向型职业教育决定了教学评价指标体系设计者在进行教学评价之前，首先要进行需求分析，其任务是为评价标准的拟订提供导向材料，主要是通过需求调研分析，解决职业教育教学"评价什么"和"评价到什么程度"的问题。具体做法是采取文献查阅法、问卷调查法、现场走访等方法收集人才需求信息及对职业教育教学的基本要求，为职业教育教学评价提供参照。其次确定职业教育教学评价目标，解决评价什么的问题，分解目标才能形成指标体系。指标是目标的具体化、行为化和可操作化，必须与目标一致。目标分解为指标的具体方法有因素分析法、理论推演法、典型研究法、专家判定法和多元统计分析法等。评价设计者找出能反映评价对象的本质，最需要的条目作为一级指标，依照上述方法，制定出二级指标，直到可测为止。

2. 设计教学评价标准

这是建立教育评价指标体系的一项重要工作。设计教学评价标准的具体办法是：

第一，分解教学评价指标体系中最低层次指标所包含的主要内容。例如，表4-2中二级指标"示范指导"经分解，认为"符合企业标准和技术规范要求；操作规范熟练、注意安全；针对学生出现的问题及时纠正和辅导；进行职业意识和技能的培养"可作为衡量教师上课"示范指导"的尺度。为确保评价标准的有效性，评价设计者要真实了解评价的行为表现，能够列出这些表现或成果的重要方面，即作为指导评价者观察作出价值判断的表现标准。为方便观察和判断，表现性标准的数量不宜太多，一般限制在 10～15 项。尽可能用可观察、可测量和可量化的学生行为或成果特质来界定表现标准，避免用词含糊不清。按照行为表现出现的顺序排列表现标准，以方便观察和判断。

第二，确定标度。标度是达到标准的程度，它说明了什么样的程度属于什么等级。表示标度的方式有：一是用描述性语言表示，如完全达到、基本达到、大部分达到、小部分或全未达到五个等级，区分评价对象到达的等级程度。二是用量化形式表示，经常用分数阈值来划分程度，如 90～100 分为优秀程度，75～89 分为良好程度，60～74 分为及格程度，0～59 分为不及格程度。

第三，确定等级数量。评价标准设多少等级，没有统一的规定，可根据需要而定，一般确定 2～4 个等级为宜，要包含合格等级。

第四，对初步的评价指标体系进行论证、征询意见和试评。通过举行论证会等形式论证指标体系的方向性和可行性，也可通过访谈、问卷和召开座谈会广泛征求校内外有关人员对制订指标体系的意见，然后通过少许被试进行试评，并对指标体系进行检验修改。

六、基于学生能力发展的教学评价的方法

所谓方法是指主体认识和改造世界所采用的原则、办法、手段、程序、途径和方式的综合。教学评价方法则是在具体的教学评价中可以进行操作的手段和程序。传统的职业教育教学评价往往采用单一的纸笔测验方法，这种教学评价方式已经不能适应现代职业教育教学模式改革的需要。现代职业教育评价方法具有多样性，教学评价的内容很广泛，其中设计范围广、影响面大的教学评价主要有教师教学评价和基于学生能力发展的学业评价。

（一）教师教学评价的方法

教师教学评价，又称"评教"，是对教师的教学过程行为及教学效果所进行的价值判断，着重对教师教学质量的分析和考评，而不是评价教师的专业水平。教师教学评价要根据学生的学业成就来评价其教学质量，按评价主体不同，职业教育教师教学评价通常采用学生评教、教师自评、同行评教、领导评教与社会专家评教相结合的方法进行。当评价对象是教师教学效果时，评价方法常用行为观察法、成果分析法、问卷调查法等；当评价对象是学生学习效果时，评价方法一般有等级评定法、评语法、档案袋评价等。由于以上环节是一个动态的过程，因而评价时须把质性评价与量化评价、自评与他评等方式结合起来，体现评价方式的多样化。

1. 行为观察法

所谓行为观察法是通过观察教师外显的行为表现来考核教师内在教学素养的方法，是评价新教师常用的方法。运用行为观察法时要注意以下要点：其一，对教学行为的观察要以持久教学行为为依据，不能将一次观摩课堂或者一次随堂听课所搜集的资料作为教师的最终评价。其二，行为观察标准要客观，不能以个人喜好做出"好"或者"不

好"的行为评价。新教师、优秀教师、专家教师的教学评价标准应有区别。其三，借助摄像等手段录制教学行为，以便更好地促进教学诊断和改进。

2. 成果分析法

所谓成果分析法是通过查阅教师背景成果材料来评价教师教学素养的方法，是评价专家教师常用的方法。运用成果分析法时要注意以下几点：其一，成果材料要有效，所谓有效是指呈报的材料与所评审的资格是相符合的。其二，成果材料要齐全，所谓齐全是指围绕所评项目收集材料，包括复印材料与原始材料。其三，成果材料要真实，所谓真实是指所呈报材料都是报送人自己亲自完成的科研和教研资料。

3. 调查法

所谓调查法是指运用问卷、访谈等调查方法，依据调查结果对教师教学质量进行评价的方法。利用问卷法、访谈法进行职业教育教师教学评价时，要注意按照问卷、访谈调查设计原理规范化设计调查问卷、访谈提纲。调查问题一定要紧扣教学评价的意图，问卷的词语要通俗易懂，保证问卷调查的科学性、有效性。

（二）基于学生能力发展的学业评价的方法

学业评价是职业教育学生评价的重要组成部分，它是通过系统地收集有关的信息，对学生学习过程的知识、能力和情感态度价值观的发展和结果的价值进行评价，以判断其学习的优劣、得失，从而为学生改进学习和教师改善教学，以及管理部门改善其教学管理，提供尽可能准确的依据。概括地说，基于学生能力发展的学业评价就是职业教育校内外多元评价主体依据一定的评价标准，运用多种评价方式对评价客体的学习水平进行价值判断的过程。基于学生能力发展的学业评价是职业教育教学评价的重要组成部分，其基本目标在于促进学生的发展，不仅可以检查学生的综合职业能力表现，而且还具有是否具备职业资格鉴定的目的。常见的基于学生能力发展的学业评价的方法有以下两种。

1. 表现性评价

（1）表现性评价的内涵。

表现性评价（performance assessment）与真实性评价（performance assessment of authentic achievement）是两个紧密关联的概念，不同学者对两者的关系有不同的认识和理解。第一种观点认为，真实性评价就是表现性评价，两者在内涵和外延上是等同的。第二种观点认为，表现性评价是真实性评价的一种。第三种观点认为真实性评价是表现性评价的一种特殊形式，和基于核心素养的评价（performance assessment of competence）在内涵上具有一致性。所谓表现性评价是指一种非主流评价形式（alternative assessment），是与传统的以选择题为题型、以纸笔考试为测试方式的标准化考试相对应和相区别的。

（2）表现性评价的特征。

与传统评价方式相比较，表现性评价具有如下特征：

第一，表现性评价以真实的问题和任务为出发点，强调"做"，而不只是"知道"。

例如，为了评价学生的协作沟通能力，教师在某种情景下，给予学生一个问题和任务，通过小组合作的方式解决该问题，然后进行观察和评判。

第二，表现性评价是对行为过程和产物的评价，过程与结果同样重要。如烹饪专业热菜制作烹饪技法的教学中，不仅要观察学习者在制作"小白菜汆丸子"这道菜品的过程中操作的正确性、工作流程的规范性，还要对学习成果（或学习产出）即菜品是否符合要求进行评价。

第三，表现性评价没有固定的答案，需要制作严格的、科学的标准，标准越精确、越科学，则表现性评价的效度和信度就越高。如"小白菜汆丸子"，学习产出是制作合格的菜品，具体的评价标准不仅包括结果性评价标准，如在规定的时间内制作出"小白菜汆丸子"菜品，还包括过程性评价标准：掌握正确的调味品投放顺序及火候，按照茸泥配方准确调制出茸泥；丸子的大小均匀、形状圆润完整，制作丸子的手法干净利落；识别与控制清汤加热时原料由生到熟两个阶段的水温变化，准确把握烹调前与烹调后的调味。

第四，表现性评价需要学生综合运用已有的知识和技能，展现自己的实践能力、创新能力等。表现性评价中需要学生完成的任务一般较为复杂，需要学生综合运用多学科知识和技能来加以解决。如项目教学评价，鼓励学生的发散性思维。

（3）表现性评价的基本类型。

表现性评价实际上是对被评价者在完成表现性任务过程中的表现情况进行价值判断。表现性任务就是评价者在表现性评价过程中，评价者要求被评价者完成的具体任务。能否设计出适当的表现性任务是保证表现性评价信度和效度的基本前提。

按照完成任务的自由程度，可将表现性任务分为限制性的表现性任务和扩展性的表现性任务，相应地，表现性评价也可分为限制性的表现性评价和扩展性的表现性评价两种：

限制性的表现性评价。限制性的表现性任务一般明确提出被评价者做什么，以什么形式完成规定的任务，达到哪些具体的要求和标准。被评价者通过对评价者完成表现性任务时所开展的活动及活动成果的分析，判断被评价者在某一知识和技能等领域的发展状况，一般用作考核学生的专门技能。比如，根据样章独立完成艺术字的编辑、一次演讲等。

扩展性的表现性评价。一般使用界定含糊的、无结构的问题，只给出问题情境和部分信息，对问题的初始状态或目标状态或两者都没有明确的说明，在任务提出时没有清楚明确的行动方式，表现性任务也没有固定的答案，具有多种可能性。其要求被评价者在完成表现性任务时，首先要明确地定义并提出问题，然后根据需要从不同渠道去查找信息。学生有很大的自由度发挥其选择、分析、综合和评价各种信息的能力，以及对于探究结果的判断、决策和创意创造的能力。如"调研多媒体设备"，教师要对学习者调查信息的过程与程序，做好观察与记录，这是评价的一个重要的组成部分。

（4）表现性评价的实施程序。

表现性评价的实施程序是：第一，制订完整的评价计划；第二，选择和构建表现性任务评价情境；第三，确定合适的评价标准；第四，编制有效的评价工具；第五，与学生商定评价目标、要求和程序；第六，现场评价。

（5）表现性评价的标准。

这是做好表现性评价的首要工作。在对完成任务的过程和行为表现的结果进行评价时，有三种主要的方法可以使用：评分细则、等级量表、检核表。

评分细则是用来评价学生反映和表现的标准。典型的评分细则是对行为表现的言语描述。分项评分细则要求对学生表现的不同纬度分别进行评价。如"制作电子台历的评价"，在确定思想性、创造性、艺术性、技术性、原创性这五个维度的同时，还要给每个维度规定等级和相应的评价标准。整体评分细则是对整体行为表现不同水平的描述，突出总结性和概括性，简单、评价用时少、效率高。其弊端是不可能向学习者提供具体的反馈信息，不利于促进学生的发展。

等级量表通常包含不同的水平等级（如优秀、好、一般、差）或频率等级（如总是、经常、有时、从不）。

检核表由两部分组成：一是对行为或结果的描述；二是记录肯定或否定判断的地方。和等级量表一样，其陈述的学习结果是要评价的行为表现，并且检核表只是一种记录工具。

2. 档案袋评价法

（1）档案袋评价法的内涵。

档案袋评价法（portfolio assessment）兴起于 20 世纪 80 年代的美国，又称为"学习档案评价"或"学生成长记录袋评价"，是通过对档案袋的制作过程和最终结果分析而进行的学生发展状况的评价。与传统的评价方法相比，档案袋评价法的优势在于它是一种有效的形成性评价形式。

（2）档案袋评价法的特征。

档案袋评价法具有以下特征：第一，评价的对象往往是学习者的作品。学习者本人是档案袋内容的选择的决策者，其基本成分是学习者的作品，是有目的、有计划地收集作品，而不是随机的，档案袋评价法反映了学习者多方面的收获、进步和发展变化。第二，评价时间的平时性。档案袋评价法是伴随平时教学过程而进行的评价，描绘学习者真实学习过程的评价。第三，评价主体多元化。一般由师生共同完成，能够提高学习者自我评价、自我反省的能力。

（3）档案袋评价法的类型。

根据其研究目的和侧重点不同，档案袋评价法可划分为不同类型。美国教育心理学教授格莱德勒（M. E. Gredler）根据档案袋的功能将其分为理想型、展示型、文件型、评价型和课堂型。美国课程评价专家比尔·约翰逊（B. Johnson）根据档案袋入选材料性质的不同将其划分为最佳成果型、精选型和过程型。林（Robert L. Linn）与格朗伦德（Norman E. Gronlund）以两分法将档案袋评价分为四对范畴：以教学为目的型与以评价为目的型、当前成就型与进步过程型、最佳作品展示型与文件型、最终成果型与过程型。

我国学者黄光扬在《教育统计与测量评价新编教程》中将用于班级学生评价的档案袋分为成果型档案袋、过程型档案袋、评价型档案袋。徐芬、赵德成在《成长记录袋的基本原理与应用》中将档案袋评价分为四种类型：过程型成长记录袋、目标型成长记录袋、展示型成长记录袋、评估型成长记录袋。下面具体介绍五种常见的类型，如表4-3所示。

表4-3 档案袋评价法的类型

类型	构成	目的
理想型	作品产生和入选说明；系列作品；代表学生分析和说明自己作品能力的反思。	提高学习质量。通过一段实践的成长，帮助学习者成为自己学习历史的思索者和非正式的评价者。
展示型	主要是由学生选择出来的最好的和最喜欢的作品集；自我反思与自我选择比标准化更重要。	由家长和其他人参加的展览会提供学生作品的范本。
文件型	根据一些学生的反映以及教师的评价、观察、轶事、成绩测验等得出的学生进步的系统性、持续性记录。	以学生的作品、量化和质性评价的方式，提供一种系统的记录。
评价型	主要是由教师、管理者、学区所建立的学生作品集；评价的标准是预定的。	向家长和管理者提供学生在作品方面所取得成绩的标准化报告。
课堂型	由三个部分组成：一是依据课程目标描述所有学生取得的成绩的总结；二是教师的详细说明和对每一个学生的观察；三是教师的年度课程和教学计划及修订说明。	在一定情境中与家长、管理者及他人交流教师对学生成绩的判断。

（4）档案袋评价法的设计步骤。

档案袋制作的过程涵盖了一项任务从起始阶段到完成阶段的整个过程。归纳国内外学者关于档案袋评价法设计的意见，档案袋评价法的设计一般包括如下六个步骤：

第一步：明确使用档案袋评价的目的。一是展示。这种档案袋的内容是非标准化的，允许每个人按照自己的意愿选择作品，学生对自己为什么选中这些作品的反思也可以装进去。二是反映学生进步。这种档案袋评价方法类似于形成性评价的过程，其中的材料不仅包括学生的作品，还有观察、测试、家长信息、学生的自我反省和自我评价，以及一切描述学生发展过程的材料。三是总结性评价的工具。档案袋评价是一个终结性评价的过程，通常是作为学生升学、留级与否的参考，也可用于一定时期的总结报告。[①]

第二步：确定需收集的材料及频次。收集材料的类型时，应注意：首先，要与评价目的紧密联系。其次，要与评价内容结合起来。例如，评价学生的实验技能，收集的材料就应该是实验设计、实验报告、实验过程中的观察记录等。再次，在确定收集评价材料的过程中，既要面向全体，又要照顾个别。最后，要考虑到底应该把谁的评价放在档案袋中。

第三步：制订档案袋评价法的计划。作品的收集是有目的、有计划进行的，教师可以和学生一起工作，帮助学生制订一种既能涵盖主题又能发展个人能力和兴趣的计划。

第四步：设计档案袋评价法的评价标准。教师与学生合作，提出可以用于评判档案袋作品质量的标准。一般来看，档案袋评价法的标准有四个方面：一是给档案袋中所收集的材料评分，即分项目评分，往往伴随材料的收集而进行。二是对档案袋进行总体评

---

① 邬志辉. 当代教育改革实践与反思［M］. 长春：东北师范大学出版社，2006：230-231.

分，一般在材料全部收集之后。教师应该注意评分项目的确定与教学目标是否相切合。档案袋评价法的评价方式宜采用等级制，如"优秀表现""可接受表现""需要改进"三个等级。三是评价主体可以因具体情况决定，如在课堂教学评价中应用档案袋，主要由教师评价、学生自评和他评方式。四是权重的确定。档案袋评价的结果应占每学期学生总分的多大比例，没有固定的标准。一般来说，刚开始运用档案袋评价法时，评价的信度和效度可能存在问题，档案袋评价所占比重不宜过大，待积累一定经验后，可以提升在学生学业评价中的比重。

第五步：选择调动学生积极参与的有效方法。在初期，教师可以拿出事先精心制作的样本供学生们浏览，激发学习者的创作欲望。当学习者有了参与的积极性后，在实施过程中，教师要伴随性地指导，特别是作品的选择、自我评价和反省等，如表4-4所示。

表4-4 档案袋评价法中的学生自我评估表

姓名		方案名称	
其他小组成员			
一、态度 1. 我尤其擅长于_____ 2. 我正在_____方面取得进步 3. 我希望在_____方面多加努力 二、工作习惯 1. 我将采用下面的方式描述我的工作及合作 2. 我经常用下面的方式参加每次聚会并做出自己的贡献 3. 对于下一次小组计划，我的目标是：_____ 三、其他需要 1. 还需要改进的几点是：_____ 2. 可能需要更多帮助的地方是：_____ 3. 其他小组成员对我提出的建议是：_____			
成绩：对自己所做付出努力的评价（10）			
成绩：对自己所做贡献的评价（10）			
最终成绩：为这项计划所承担的工作的评价（以上两项成绩的平均）			

第六步：制订评价结果交流与分享计划。这是发挥档案袋评价法发展性功能的关键环节。首先，教师要安排和举行档案袋评价会议。不仅要评价学生的作品，还要帮助学生提高自我评价。其次，调动家长、社会人士参与。再次，评价结束时，需要交流结果。应将收集材料和评价结果及时告知学生本人和家长，提供优化的建议。

（5）实施档案袋评价法应注意的问题。

档案评价法不是万能的，在实施过程中易受一些主观或客观的因素影响。因此，在实施过程中要注意以下几个方面：一是档案袋评价法必须与教学相结合；二是应与其他评价方法共同使用；三是应采用渐进式、引导式的方式循序渐进，教师要指导学生对材料进行归类、整理；四是应实施多次、阶段性地反思与协助；五是应估计学生的承受力和可利用的资源。

 总结案例

钳工技能训练评价案例

某教师在课程为"钳工技能训练"、教学内容为"启盖器制作"的课堂教学设计方案中设计了教学评价量表，如表4-5所示，该课程类型为理实一体化课程。

表4-5 "启盖器制作"教学评价量表

课 程	钳工技能训练		任务	启盖器制作	学时		6学时
班 别			姓名		教师		
评价指标	评价标准	分值	评价依据	自评		互评	教师评
知识与技能	能说出本岗位的工作职责	5					
	能说出正确的加工工艺	10					
	能在规定的时间内独立完成零件的加工	10					
	零件加工精度符合要求	10					
	操作技能熟练	5					
过程与方法	精神面貌好，能坚持完成任务	10					
	学习方法适合自己	5					
	选择合理的方法，操作规范	5					
	有良好的沟通能力	5					
	小组合作	5					
情感态度与价值观	能体验合作学习的快乐	5					
	在5S操作中，能体验到态度严谨及吃苦耐劳的重要性	10					
	积极配合，欣赏别人的优点	5					
	有责任感，对自己的言行负责	10					
总评	总分：						
	统计办法：总分＝自评（30%）＋互评（30%）＋教师评（40%）						

分析： 该评价量表为理实一体化课程模式中的教学评价案例。本案例是运用教学评价模式中的目标达成模式制定教学评价量表。根据教师评价、小组评价和自我评价的形式、内容的不同，有针对性地制定评价量表。该评价量表的内容主要由评价指标、评价标准、分值、评价依据等构成，"评价标准"把教学目标具体化为类目，注重评价学生综合职业能力。在"总评"中列出自评、互评和教师评的具体比例，体现了职业教育教学评价主体的多元化，该量表操作简单，方便教师在课堂教学后做价值判断。

不足之处是评价特点不突出、评价量表制定缺乏规范性内容缺失。具体来看，首先，理实一体化课程模式中的学生学业评价要尽量用语言描述学生的学习表现，避免将

评价简化为百分评分制来评定学生的学业成就，如"总分""分值"。从"分值"部分能够看出各个指标的权重，部分指标权重不合理，如"评价指标"中的知识和技能部分的权重仅为 40％。其次，评价量表设计不规范。评价表中"评价依据"内容缺失，评价指标仅为一级指标，对教学目标的初步分解，是概括性大、包容性强的母概念，没有将母概念进一步分解成若干子概念，指标缺乏等级层次关系；缺乏过程评价中表现性评价指标和标准，如学习者的学习准备和计划实施的学习效果等；评价依据缺失，"评价标准"中的内容存在包容关系，如"小组合作""积极配合"。最后，评价标准设计缺乏科学性。该量表评价依据内容缺失，评价标准不好检测，评价指标空泛、不具有可观测性，如"有良好的沟通能力"这一评价标准，没有给出学生表现性评价任务及其行为层面的表现作为评价依据；"评价标准"部分没有对该能力达到的水平做具体的规定，如表现性评价任务中的口头表述"能说出本岗位的工作职责"的"分值"为"5"。

 探索思考

1. 教学评价最主要功能是什么？
2. 选取自己主讲课程内容，设计一个教学评价量表。

单元二　基于学生能力发展的学业评价

▶ 培训目标

◆ 了解基于学生能力发展的学业评价标准及类型；
◆ 了解基于学生能力发展的学业评价标准设计程序及注意事项；
◆ 掌握评价学生能力发展对教务和督导部的要求。

导入案例

与工作、职业脱节的教学设计与评价

传统学科式的教学设计就是按照章节、单元，不过多关注知识与工作的关系去设计教学。例如，"机械制图"课程教案设计大多是从国家标准导入课程，按照如下顺序进行课程的讲授：第一节图纸幅面、格式和标题栏、明细栏；第二节比例；第三节字体；第四节图线和画法；第五节尺寸标注。知识之间没有逻辑关系，讲授知识停留在并列的陈述层面。教师的行动就是在平铺直叙地讲授，学生的行动也是没有经过与工作相关联思考的听讲。实践证明，报告式的讲述和听讲，在人脑中的留存率也仅有5％。下面是传统学科式的"机械制图"课程教学设计案例。

第一章　国家标准《机械制图》的基本规定

第一节　图纸幅面（GB/T 14689—2008）、格式和标题栏（GB/T 10609.1—2008）

分析：这是学科本位的教学设计。教材是绝对的依据，教学程序按章节展开，以概念、原理、判断为知识逻辑基本线索，教学以教师讲授为主，教学过程师生少有互动，教学效果评价滞后，学生处于被动的从属地位。这样的教学程序设计已经有违职业教育的要求，更无法适应职业教育的生源特点。

一、基于学生能力发展的学业评价标准及类型

学生学业评价是教学评价标准的重要内容，是检测和衡量职业院校学生学业成就和人才培养质量的准则。为避免职业教育学生学业评价的随意性和盲目性，教师要认识和理解学业评价标准的内涵及制定的技术方法、操作规范。

（一）学业评价标准的定义

学业评价标准是对学生在不同学段所应该达到的学业成就（学习结果）进行描述，明确告诉教师学生在经过一定时间的学习后应该知道什么和能够做什么，以及通过什么方法和证据来判断学生是否达到了标准的要求。学业评价标准广义上是课程标准，包含内容标准和表现标准两个因素，是内容标准和表现标准的有机整合与统一。"内容标准"描述学生应该知道什么、能够做什么，或者应该掌握何种知识、技能。"表现标准"或狭义上的学业评价标准，描述的是学生学到多好算好。一般具有三个组成要素：表现水平、表现描述语和样例。

从我国职业教育课程标准的结构要素看，"内容标准"一般体现在"课程目标"（关于职业知识、技能与素养的要求）和"课程的主要内容与要求"（根据专业课程目标和涵盖的工作任务要求，确定课程内容和要求，说明学生应获得的知识、技能和态度）中。

（二）基于学生能力发展的学业评价标准的类型

按照标准发生作用的范围或审批权限，可以把职业教育学业评价标准分为国际标准、区域标准、国家标准、地方标准和其他标准等。国际标准指导下的世界技能大赛始于1947年，至今已进入稳定发展阶段。随着国际先进技术的变化，世界技能组织依据相关行业标准以及 ISO 标准等国际标准的变化，开发并不断修订完善世界职业技能竞赛评估标准。在世界技能大赛的影响下，一些区域、国家和地区也举办了不同规格技能大赛，或开展了一定规模的标准化能力测评。技能竞赛评估标准与能力测评标准的优点是能够精确指导职业技能水平测试，并对各参赛单位与测试单位的学生职业能力情况进行横向比较；缺点是该标准作为一般学业评价标准缺乏普适性，易造成唯比赛倾向或唯能力倾向。职业教育学业评价标准存在复杂性和特殊性，进行学业评价标准的开发非常困难。20世纪80年代以来，一些发达国家如英国、德国和日本在终身教育和新职业主义以及由标准驱动并基于标准的教育改革思想影响下，从国家层面顶层设计了不同模式的具有纲领性和指导性意义的职业教育学业评价标准。如英国开发的"细化分解、等级评定"型职业资格鉴定标准，德国开发的"工作过程导向、分级描述"型职业教育学业评价标准，日本开发的"学习教育目标的综合达成度评价"型职业教育学业评价标准，等等。概括地说，学业评价标准主要有评语式教学评价标准、期望行为式教学评价标准、分段式教学评价标准和隶属式教学评价标准四种，其设计方法如下。

1. 评语式学业评价标准的设计

这种评价标准的设计是用类似"评语"式的语言对学业评价指标体系中每项指标的评价标准进行阐述。一般来说，这种标准有期望评语式标准和积分评语式标准两种类型。

所谓期望评语式标准，是对学业评价指标体系中每项评价指标的标准采用期望、理想式的语言加以描述，并对所描述的要点按照一定的原则赋值，然后按等级逐级赋分。由于这种评价只设计出所期望的最理想的最高等级（上限）作为评价标准，以这个最高等级的达成程度进行评分，其他等级没有具体的评价标准，根据最高等级的要求推及，该评价标准多用于鉴定"合格"的评价领域。

所谓积分评语标准，是先将学业评价指标体系的每项指标按重要程度确定一个分值，并将这个分值随每项指标的具体化分解而分配到每一项评价要点中去，使这些具体的项目要点的分值综合，与该指标的总分相等。该评价标准的关键是科学、合理地分解指标要点，适宜、恰当地分配分值。

2. 期望行为式学业评价标准的设计

这种评价标准的设计是以期望的最理想要求与行为要求为最高等级，逐级而下划分，以最不期望的行为要求为最低等级，从而设计的学业评价标准的方法。这种设计的优点是：评价标准构成一个完整的等级系列，每个等级中都有反映该评价指标状况和水平的定性描述和定量数值，操作性强。

设计这种评价标准时，首先要明确学业评价指标体系中各项具体指标的内涵，全面分析，深刻了解并掌握该项指标所要反映的具体内容及其深度与广度，使评价标准的等级内容明确、清晰。其次，在明确评价指标内涵要点的基础上，选定最适合表现该指标期望要求的关键性的行为特点，并用最恰当的行为词语表现出来。

3. 分段式学业评价标准的设计

这种评价标准的设计是指将学业评价的每项指标分为若干个等级，把指派到该项指标的分数（含权重）等距离地分配到各个等级中，然后再把每一等级的分值划分为若干个小档次。这种评价方法的具体步骤是先确定等级数，然后再选用适切的标号（如 A、B、C，或优、良、中，或甲、乙、丙等）。然后，再将该指标的分数等距离地分配到各个级别中，每一级别的分数再划分为若干个小的档次分值。例如，把教学方向的分值定为 6 分，按优、良、中、差分列为四个等级，进一步将每一等级按等距把分值分配成 6、4.8、3.6、2.4，再把每一等级的上限与下限之差作为该等级的评价幅度。这种幅度可以相应地再分配成几个档次，如 4.9、5.4、6 或 4.9～5.2、5.3～5.6、5.7～6 三个档次。

该方法的优点是分值的分档较细，能区别地反映出被评价对象间的差异。缺点是分档较细往往会存在一些小数，实际评价和统计烦琐。

4. 隶属式学业评价标准的设计

这种评价标准的设计是运用模糊数学的隶属函数为标度来设计学业评价标准体系的方法。隶属式评价标准，就其内容而言，仍是评语式等级标准，不过是采用隶属函数为标度，通过评价对象教学目标的适度取值于 [0，1] 来判定等级的评价值。

二、基于学生能力发展的学业评价标准的设计程序及注意事项

基于学生能力发展的学业评价标准重点是表现标准中的表现水平、表现水平描述的设计，以下参照具体学业评价案例说明设计方法及注意事项。

（一）拟定学业评价指标

我国现有课程标准中没有或基本没有表现设计标准，首先要理解课程标准中的"内容标准"，它是教师教学和学生学习以及考试评价的基础，也是设置学业评价指标体系中的评价项目及评价标准的依据。"内容标准"一般要回答学生应该知道什么，能够做什么，或者应该掌握哪些知识、技能。它以简明扼要的方式列出需要学习或教学的概念、原理、问题以及相应的认知要求或认知技能等的内容，用动词指示能够评价的行为。一般包含在课程标准的"课程目标"和"课程的主要内容与要求"中。

学业评价设计者可以根据课程标准中的"内容标准"判断哪些可以通过传统的纸笔测验方式进行，哪些内容可以作为表现性评价的测量目标（即教学目标或学习目标），并将它分解为构成表现成果的可观察的具体行为。测量目标的陈述应该遵循：一是考试的测量目标应该反映出考生经过一定阶段学习后，所获得的最终结果或达到的目标；二是行为目标不需要包含具体的表现方式，它应该是许多具体方式的概括；三是行为目标

不需要包含具体的课程内容，它只需要明确作为考生达到某种标准的证据的行为类型；四是测量目标和行为目标的表述应该以观察或测量的行为目标的动词开头，该动词原则上应该反映出考生行为表现的类型，或行为表现的水平等。如表 4-6"职业能力评价内容与标准"中的"技能"部分就是评价目标（评价指标体系的一级指标），教学评价设计者要将所定的评价目标，分解为构成表现成果的可观察的具体行为，即评价内容，如表 4-6 中的"评价内容"，以评价学生掌握这些目标的程度，为制定评价标准奠定基础。"评价内容"是"评价目标"的下一级指标，是对"评价目标"这一指标的进一步分解，"评价标准"是对"评价内容"的进一步分解，是评价指标体系中的三级指标，应注意客观、可测量、可操作。

表 4-6　职业能力评价内容与标准

技能	评价内容	评价标准
选择安装主板	(1) 主板的性价比； (2) 操作流程安排； (3) 主板安装	(1) 灵活使用指标参数进行性能分析，选择的各部分性价比好，能满足需求，同时能满足发展的需要； (2) 操作流程安排合理； (3) 各部件安装正确，组装的计算机运行良好
选择安装 CPU	(1) CPU 的性价比； (2) 操作流程安排； (3) 设置主板跳线、安装 CPU、安装 CPU 散热风扇	
选择安装内存条	(1) 存条的性价比； (2) 安排操作流程； (3) 安装内存条	
选择安装硬盘	(1) 硬盘的性价比； (2) 安排操作流程； (3) 安装硬盘	
选择安装软驱	(1) 软驱和光驱的性价比； (2) 安排操作流程； (3) 安装软驱和光驱	
选择安装显卡和声卡	(1) 显卡和声卡的性价比； (2) 操作流程安排； (3) 安装显卡和声卡	
安装电源、连续信号线及各种外设	(1) 操作流程安排； (2) 连接电源线，联结主板信号线、联结各种外设（键盘、鼠标、显示器、音箱）	

（二）研制相应的评价标准

设置了评价的指标，只是完成了评价指标体系的一部分任务，还需要研制与之配套的评价标准，这对教师来说是极富挑战性和有意义的工作。教师在制定评价标准时，关键要明确表现标准中的表现水平和表现描述语。应注意的是，表现标准描述是对评价内容或操作目标的内涵或外延作出简要、明确的界定，有具体的、可观察的、可测量的行为目标表现学习产出，并用专业术语对每一水平学生表现进行描述，每一个评价项目都有明确的评价标准，用以判断学习者是否具备了合乎标准的职业能力。有时一个评价项目不止一个标准，或有两个以上水平的标准。如表4-7"职业能力的评定等级范例"所示，在项目教学学生学业评价中，教师选取最能体现或代表所需职业能力的活动项目，让被评价者完成该项目，然后根据项目完成的效率与质量，对照评价标准，做出相应的职业能力水平评价。

表4-7 职业能力的评定等级范例

等级		评定标准
4	A	能高质量、高效率地完成此项任务的全部内容，并能指导他人完成
	B	能高质量、高效率地完成此项任务的全部内容，并能解决遇到的问题，采取应变措施
	C	能高质量、高效率地完成此项任务的全部内容，质量高、速度快
3		能圆满地完成此项任务的全部内容，不需要任何指导
2		能圆满地完成此项任务的全部内容，偶尔需要帮助和指导
1		能圆满地完成此项任务的全部内容，但需要在现场指导下，才能圆满地完成此项技能的全部内容
0		仅能说出如何完成该项任务，而不能实际执行该项任务

表现水平描述的主要组成部分为评价的强度和频率。评价的强度，是指达到评价指标体系项目要求的程度或达到各种规范化行为的优劣程度，也称"定性标准"，如表4-7中的0～3等级，每个等级性评价，都用"评价标准"明确规定达到什么样的要求程度。评价的频率，是指达到评价指标体系项目要求的数量或各种规范化行为的相对次数，也称为"定量标准"，如表4-7中达到"3"等级为合格，其合格率就是评价的频率。

除上述两个主要组成部分外，还有评价的标号和标度。评价的标号，是指不同的评价强度和评价频率的标记符号，通常用大写字母（如A、B、C）或数字（如1、2、3、4）或汉字（如甲、乙、丙）表示，如表4-7中的"等级"。评价的标度是指评价时的测量单位标准。

（三）评价标准制定后的修订和试行

为提高评价标准的科学性、规范性，拟定评价标准后，要对该标准进行修订和试行。一般将拟定的评价标准交给社会教学评价专家、教学管理人员等审议，以便对其规范性、全面性、操作性、鉴别性进行论证，并提出修正意见。经过修订后，可以小范围定稿试行。在教学评价实践中，要对评价标准进行效度、信度等方面的分析，以便不断完善评价标准建设。

三、评价学生能力发展对教务部门的要求

职业学校教务部门主要包括教务处、教学系和教研室。教务部门工作琐碎复杂，主

要进行教学计划管理、教学运行管理、教学质量管理与评价、教学基本条件管理。校内教学评价是教务部门教学管理的主要职责之一，对教务部门的具体要求如下。

（一）加强教学评价管理制度建设

教学评价管理制度建设是教学管理制度建设的重要内容之一，两者相辅相成、相互影响。只有完善教学管理制度建设，教学评价才能有章可循。

1. 教学管理制度内容

教学管理制度主要包括教学计划及运行管理制度、理论教学管理制度、实践教学管理制度、师资队伍管理制度和学业成绩管理制度等内容。[①]

（1）教学计划及运行管理制度。主要包括教学计划、课程教学基本要求、学期进程计划、校历、课程表、教材、教学督导与检查、教学评价、教学档案等管理制度。

（2）理论教学管理制度。主要包括学期授课计划、备课、上课、辅导及作业批改、停课、调课、代课、考试等管理制度。

（3）实践教学管理制度。主要包括实验、实训、职业实践、毕业设计、答辩等管理制度。

（4）师资队伍管理制度。主要包括教师进修、"双师型"教师培养、教师业务档案等管理制度。

（5）学业成绩管理制度。主要包括理论教学考核、实践教学考核、学籍管理等管理制度。

2. 建立健全教学评价制度

教务部门以国家教育行政机关管理教学的法规制度、纲要等政策性文件为依据，本着科学性原则、整体性原则、人本性原则、适用性原则，加强学校教学评价管理制度。教务管理部门应着重从如下几个方面完善教学评价制度：

（1）加强教学常规制度建设。

这是教学评价制度建设的基础。加强教学常规制度建设，主要是让教师和学生、教务管理人员明确教学工作是什么、应该做什么以及如何做的问题。如《教学工作规范》《教学管理工作规范》《教师资格认定制度》《专业建设委员会工作制度》《教学优秀奖评选制度》《学籍管理制度》《实验实习实训管理制度》《考试管理制度》《兼职教师聘任制度》等。

（2）教学检查制度。

教学检查主要是对理论教学和实践教学的各个阶段、各个环节的检查。教务管理部门应坚持阶段性检查、随机性检查和针对性的专项检查相结合的原则，完善检查制度建设。教务处、各系（院、部）及研究室应明确教学检查职责，每学期都要结合本职工作开展常规检查和重要检查。教学检查制度建设的重点和难点是提高教学评价标准和工具的专业性，使学校的教学评价行为具有准则和依据。同时，为提高教学评价制度的执行力，学校必须通过专题学习等形式加强制度宣传，使全体师生员工知晓，并对制度实施进行监督，以保障规章制度的有效落实。

---

① 杨为群，董新伟.高等职业教育学校管理［M］.沈阳：东北财经大学出版社，2004：124-125.

（3）教学评价信息反馈制度。

为使评价工作可视化，增加教学评价的透明性。学校应完善教学评价信息反馈制度，以便评价主体检查后，通过书面反馈、座谈会等交流方式，听取被评价者对学校有关教学工作及教学评价工作的意见和建议，同时评价者对教师的教学、学生的学业和教学管理评价的意见反馈，可以达到"以评促改、以评促管"的作用。

（二）以教学评价为抓手完善校内教学质量保障系统

教学评价的最终目的在于对教学质量的监控和指导。职业教育教学质量保障系统由教学质量管理系统、教学条件保障系统、教学质量评价系统和教学信息反馈系统四个子系统组成。教学评价是学校教学质量保障建设的重要组成部分，受校内教学质量保障系统的影响。科学有效地开展教学评价，教务部门要以教学评价为抓手，具体从如下几个方面整体推动教学质量保障系统建设。

1. 教学质量管理系统建设

该系统具有教学决策和教学指挥的功能。学校各级教学主管部门应根据社会需要和学校的办学方针、政策，明确人才培养目标、各专业培养目标和质量标准，制定教学管理的规章制度，组织实施日常教学活动和教学质量管理活动。在教学质量管理系统建设中，教务部门应根据人才培养规划明确教学评价目标，制定教学评价制度，组织实施日常教学评价活动。

2. 教学条件保证系统建设

该系统具有为教学活动的正常进行提供必要的人、财、物支持的功能。职业教育教学评价的复杂性决定了教学评价需要人、财、物的支持。教务部门应协同财务处、后勤服务等行政部门，为教学评价的实施提供必要的人、财、物的支持。

3. 教学质量评价系统建设

该系统具有根据教学质量管理计划，对教学有关活动进行测量和调查、诊断和调节、评价和激励的功能，是教学评价建设的关键。教务部门应研究工学结合人才培养模式下影响职业教育教学质量评价的因素，吸引用人单位参与学校教学评价建设。校内外多元主体应共同协商制定开放的教学评价标准与准则，对教学计划及实施情况进行评价，并随着社会需求的变化而动态地调整教学评价标准。监督教学系（部）要完善教学计划，实施教学内容，对模拟实践、顶岗实习、毕业设计等关键实践教学环节进行教学质量监控，制定出规范、有效的毕业生跟踪服务等质量管理办法，逐渐形成校内评价与校外评价、过程评价与结果评价、定性评价与定量评价相结合的综合评价体系。

4. 教学信息反馈系统建设

按照全程质量管理的理念，要构建以教务管理部门为中心，各行政部门参与的教学信息采集、反馈机制。包括教师信息反馈系统、学生信息反馈系统和社会信息反馈系统三个子系统。对来自不同对象、渠道的各种教学评价信息处理加工，反馈给教学质量管理部门和相关人员。

（三）运用"互联网＋"技术优化教学评价

随着信息技术的不断发展，职业学校需要运用"互联网＋"技术开发教学评价管理系统，为多方主体参与职业教育教学评价、实现发展性学生评价提供良好的支持。

教务部门可建设教务管理信息化平台，运用"互联网＋"技术做好教学评价的痕迹管理，提高教学评价统计分析的精确性。同时，为使教师和教务部门人员掌握现代教学评价技术，教务部门要有针对性地对教师和教务管理人员进行培训，使之了解现代教学评价技术，从而提高教师利用现代信息技术做好教学评价工作的意识和能力，提高教务管理人员的现代管理业务素质。

四、评价学生能力发展对督导部门的要求

教学督导和教学评价是教学质量监控体系中的两个重要环节，两者相辅相成。教学评价既是教学督导的重要任务之一，又是教学督导的重要手段。为有效地推动职业学校教学评价建设，充分发挥教学督导在学校教学评价中的作用，学校督导部门要从如下几个方面开展工作。

（一）优化教学督导队伍，提高教学评价水平

职业教育教学的复杂性和教学督导工作的性质对教学督导人员的专业素质、队伍结构提出了高标准要求。教学督导是学校的自我监督、自我发展和自我完善的教学监督机制，提高教学督导水平，学校首先要优化教学督导员队伍建设。职业学校应根据本校专业教学特点和校情明确教学督导员的聘任资格。目前，国家颁布的《教育督导条例》对督导人员应具有的政治素质、基本学理、业务能力、身体条件等提出了原则性要求，学校应以此为基础，结合本校实际及专业建设的实际需要，采取院系逐级推荐、个人自荐等方式，选聘那些责任心强、德高望重、具有较丰富的教学管理经验和较强的教学研究能力、熟悉专业知识和岗位技能、本校在职或离退休的双师素质教师或职能部门负责人担任教学督导员，提高教学督导员教学评价的权威性。为优化教学督导人员结构，职业学校还需要采取聘任方式从行业一线聘请学术水平高、教学及管理经验丰富、行业一线实践经验丰富的兼职人员，充实教学督导队伍，以便加强与校内外同行的联系，建立督导工作网络。在教学督导人员队伍结构建设中，还应注意年龄结构、学科专业结构等，形成一支数量充足、专兼结合、结构合理的教学督导队伍。

（二）完善教学督导评价制度，规范化管理教学评价

为使教学督导员进行教学评价有章可循，避免教学督导的随意性，学校需要在完善教学督导制的同时，自主建立健全教学评价制度。教学督导监督职能可细分为"督管""督教""督学"。"督管"就是对教学管理工作进行督导；"督教"就是对教师教学全过程的各主要教学环节进行督导；"督学"是对学生的学习活动过程进行多方位的督导。教学评价是教学督导"监督"职能的重要内容，教学监督员在具体履行监督职能时，将

教学评价作为教学督导的依据，能够促进教学督导职能从重"监督"向重"指导"转变。为规范化、科学化教学督导员的教学评价工作，学校要从本校实际出发，按照分层分类建设教学督导制度体系的思路，以外部质量保障和监控制度为依据，并从如下三个方面完善校内教学督导制度。

1. 教学督导基本制度建设

它主要是指制定和完善以《教学督导条例》为核心的有关规章制度，这是教学督导工作开展的基础。在《教学督导条例》等规章制度中，要明确规定教学督导的方针原则、任务、职责、组织机构等。在教学督导员选聘制度中，要对教学督导人员资格要求、认定、定期考核评价、培训等进行规定。

2. 教学督导工作制度建设

它主要回答如何督导的问题，将教学评价融入其中，包括听课制度、评议制度、检查制度、测评制度、调研制度和反馈制度等。听课制度和评议制度要对教学督导员的听课次数、方式、听课后的反馈指导等做出明确规定；检查制度不仅是上课的检查，还包括课前课后及教学管理；测评制度主要是对教师的教风教学、学生的学风学习、教学管理的测评；调研制度主要是对督导的各种制度在实施中的效果、存在的问题进行调研；反馈制度包括教学评价信息反馈制度、学生座谈会制度、学生信息员汇报制度等。

3. 教学督导责任制度

它主要回答如何更好地督导的问题。坚持约束与激励相结合的管理办法，一方面，要建立约束机制，规范化教学督导，明确督导人员、机构的职责以及教学信息员的职责及考核等。另一方面，要建立激励机制，激发教学督导的活力，使诊断型督导变为发展型督导。学校要明确教学督导员除具有监督职能外，还具有培训、研究的职能。要建立激励机制，激励督导人员主动学习、研究教学督导理论与实践，使得教学督导机构重视教师教学评价培训和教学评价研究，形成多元互动的教学评价机制。

（三）完善教学督导运行机制，强化分类指导

完善教学督导机构运行机制，就是要明确教学督导的机构设置、职能及隶属关系。教学督导在教学管理系统中属于教学质量监督系统[①]，是学校领导的咨询和参谋机构，不是教学管理的职能部门，教学督导机构具有非行政权威性。

目前教学督导机构的设置大体上有三种类型，即由主管教学校长（院长）主管型、挂靠在教务处型、由主管教学校长（院长）和教务处共管型。无论哪种类型的督导机构都有优势和劣势，学校应根据实际情况明确教学督导组织机构的职能隶属关系。学校可以根据办学规模与校级督导组织机构人员结构现状，根据专业建设实际需要，在校级教学督导领导小组或委员会下设专门的教学督导处。校级教学督导组执行全校的教学督察、指导、评比、咨询职能；系（部）级教学督导组执行本系（部）的教学督察、培

---

① 周茂东. 健全高职院校教学督导制度的探讨［J］. 中国高教研究，2005（6）：51-52.

养、考核、咨询职能，实行校、院教研室二级教学督导。这一方面可以弥补校级教学督导队伍不足、人员专业结构不全、工作量大等缺点，另一方面可以发挥系（部）自我管理教学质量的积极性，逐步建设自我保障的质量文件。学校要健全院系两级教学督导制度，明确院系两级教学督导工作范围；两级教学督导机构要齐抓共管，在业务上相互沟通，相互配合，强化分类指导，提高教学督导的专业针对性。

学校要创新管理理念，坚持发展性教学督导理念，构建"督教""督学""督管"全方位的工作体制，形成民主、高效、服务型强的教学督导体制。第一，从教学警察转变为教学行家。督导人员要对教师教学各个环节实施有力的督查，同时，要强化对教师、学生及教学管理评价的指导职能，帮助他们解决教与学及教学管理中出现的问题，全面提高教学质量。第二，拓展督导人员工作范围，构建全方位的工作体系。教学评价包括教、学和教学管理方面。督导人员在促进教师教学工作时，应重视对学生学习的督促与引导。通过调研等形式，对学生的学习状况、学习效果、用人需求情况等人才培养情况进行充分调查，准确了解影响人才培养的内外部因素，并反馈相关情况，以便帮助学校管理部门合力开展教学内涵建设改革，"以评促教""以评促学""以评促改"，全面提升教学质量。

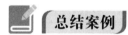 **总结案例**

高职"建筑工程技术"专业学生混凝土工程施工技术
应用能力评价体系案例分析

建筑工程技术专业学生职业专业能力评价体系，分为 12 项专业综合能力、64 项专项能力，每项专项能力又分若干单项能力，共 257 项单项能力。以 12 项专业综合能力之一的"建筑施工技术应用能力"为例，其包含 9 个专项能力，分别为土方及基础工程施工技术应用能力、砌体结构施工应用能力、模板配板设计能力、钢筋工程施工技术应用能力、混凝土工程施工技术应用能力、防水工程施工技术应用能力、预应力工程施工技术应用能力、结构安装工程施工技术应用能力、钢结构施工技术应用能力等。而 9 个专项能力之一的"混凝土工程施工技术应用能力"又划分为 4 个单项能力，见表 4-8。

表 4-8 能力分解表

综合能力	专项能力	单项能力（或能力要素）
建筑施工技术应用能力	1.⋯⋯	⋯⋯
	⋯⋯	⋯⋯
	5. 混凝土工程施工技术应用能力	1. 进行施工现场混凝土配合比的换算能力 2. 编制混凝土工程施工的技术方案能力 3. 编写混凝土工程施工的技术交底能力 4. 制定混凝土工程常见质量通病防治措施及处理方案能力
	⋯⋯	⋯⋯
	9.⋯⋯	⋯⋯

一、专项能力评价体系的建立

每个专项能力由若干单项能力构成。如表4-8所示,"混凝土工程施工技术应用能力"专项能力包括四个单项能力。对每个单项能力应制定能力目标、考核项目(工作任务)、评价标准、评价方法及评价人等,并做相应说明,见表4-9。

表4-9 混凝土工程施工技术应用能力专项能力评价体系

专项能力	单项能力	能力目标	考核项目（工作任务）	评价标准	评价方法与评价人	其他说明
混凝土工程施工技术应用能力	1. 进行施工现场混凝土配合比的换算能力	1. 能够进行施工现场砂石含水率的测算 2. 能够根据实验室提供的配合比,结合现场所用砂石的实际含水率,确定施工配合比 3. 能够确定搅拌机每盘材料的实际用量	选定某实验室配合比,根据某工程实际采用的砂石及搅拌机进行含水率测定及施工配合比换算	见表4-8	见表4-8	
……	……	……	……	……	……	……

二、单项能力评价标准的制定

指标的确定必须以行业企业的需求为标准,在保持相对稳定的状态下,根据专业学生就业的社会当地情况、市场的变化以及各高职院校的教学条件等适当调整。有关权数的确定必须结合行业、企业专家的意见和企业的具体情况。

具体的单项能力的评价标准,包括考评要素、分数、评分标准以及评分方法等。以具有单项能力"进行施工现场混凝土配合比的换算能力"评价标准为例,见表4-10。

表4-10 单项能力"进行施工现场混凝土配合比的换算能力"评价标准

单项能力	考评要素	分数	评分标准	评分方法
进行施工现场混凝土配合比的换算能力	1. 工作进度	30	A. 在实验室（或施工现场）用酒精燃烧法实际测定砂石含水率（10分）,按时完成者得10分,超时每分钟扣1分,超时5分钟以上者得0分	由考核老师记录评定
			B. 根据测定的砂石含水率进行施工配合比换算（10分）,按时完成者得10分,超时每分钟扣2分,超时3分钟以上者得0分	
			C. 根据计算的施工配合比进行混凝土搅拌机每盘材料用量的计算（10分）,按时完成者得10分,超时每分钟扣2分,超时3分钟以上者得0分	

续表

单项能力	考评要素	分数	评分标准	评分方法
进行施工现场混凝土配合比的换算能力	2. 专业知识掌握程度	45	A. 含水率测方法和步骤的掌握程度（15分）。好：15 分；较好：12 分；一般：9分；差：0分	由考核老师记录评定
			B. 施工配合比换算知识的掌握程度（15分）。好：15 分；较好：12 分；一般：9分；差：0分	
			C. 混凝土搅拌机每盘材料用量知识的掌握程度（15分）。好：15 分；较好：12 分；一般：9 分；差：0分	
	3. 误差（精度）标准	25	A. 现场砂石含水率测算结果的准确程度（5分）。准确：5分；不准确：0分	
			B. 施工配合比换算结果的准确程度（5分）。准确：5分；不准确：0分	
			C. 混凝土搅拌机每盘材料用量结果的准确程度和合理程度（15分）。准确合理：15；准确不合理：10分；不准确不合理：0分	

专业能力评价针对单项能力具体展开，评价过程按"考评要素评分→汇总→单项能力评分加权小计→专项能力评分→加权合计→综合能力评分→评价等级"的步骤逐步进行，分别评定每个学生的学习成果，评价结果可参考表4-11来记录。例如，根据表4-11，对"专项能力 X"，先根据"单项能力 1"的考评要素以及各考评要素的评分标准、评分办法等评出各考评要素的得分，汇总得到"单项能力 1"的评分值，以此类推评出"单项能力 2""单项能力 3"等的得分值，然后根据各单项能力在"专项能力 X"中所占的权重系数加权小计得"专项能力 X"的评分值。同理，可以评出"专项能力 Y""专项能力 Z"等的评分值，最后根据各专项能力在综合能力中权重，加权合计得到最终分数，根据分数评价等级。

表4-11　××班级××能力评价汇总表　　　评价人：

学号	姓名	专项能力 X				专项能力 Y				…	分数合计（百分制）	评价等级
01	…	单项能力 1	单项能力 2	… … … …	小计	…	…	…	小计	…		
…	…	权1	权2	…	权 X	权1	权2	…	权 Y	…		

资料来源：梁伟，白铎. 高职学生专业能力评价体系的构建与实施：以混凝土工程施工技术应用专项能力评价体系为例 [J]. 职业技术教育，2010（17）：54-56.

探索思考

试就本模块的内容设计一个职业学校学生表现性评价案例,以评价自己的学习效果。

测评标准或方法:

(1) 能够依据课程标准确立评价目的,明确规定学生在一定时期或阶段内学习的进展和行为变化。

(2) 能够依据评价目的明确评价内容,并将它分解为可观察的具体行为。

(3) 表现性任务的设计具有真实性、适宜性,且与评价目的高度相关。

(4) 全面、准确分解表现性评价的评价指标体系中最低层次指标所包含的主要内容。

(5) 按照评价标准内容要素和方法要求合理化设计评价标准。

(6) 评价标准、评价方法应具有可操作性、可测性,能公平地评价被评对象。

教师基本教学技能

模块导读

　　本模块主要梳理和总结适合职业院校教师的基本教学技能，包括课堂教学技能和选择教学组织形式。这些都是职业院校教师基本的教学技能，教师应该了解其内容并掌握上述教学基本技能的应用要点。

单元一　课堂教学技能

▶ 培训目标

- ◆ 掌握导入、反馈、强化和结束的基本技能；
- ◆ 掌握教学组织和课堂时间分配技能；
- ◆ 掌握课堂评价与反思设计技能；
- ◆ 能自觉培养和形成符合自身特点的教学风格。

导入案例

机械工程专业张老师的故事

　　小张是一名刚刚毕业的工学硕士研究生，专业是机械工程，在校期间成绩优秀，毕业后，应聘到一所高职院校从教。作为一名新入职的年轻教师，经过学校的初级培训，她开始了教师的职业生涯。

　　第一次授课对象是高职二年级学生，教授课程为"液压与气动技术"。

第一次上课小张既信心满满又有点忐忑不安。她利用假期对于教学目标、教材、授课内容反复斟酌，下了一番苦功。

小张首先拟订了教学进度计划，确定了单元以及课时教学目标，并按要求书写教案，制作了PPT。她非常重视第一次课的设计与实施，从液压原理、系统组成、各部分作用到符号讲解，她把第一次课时间安排得满满当当，上课之前还一遍又一遍地进行了试讲，甚至对知识点、原理都倒背如流。

经过充分准备，小张上课过程十分流畅。她把已经准备好的知识内容娓娓道来，PPT应用熟练。她心中窃喜，对自己的表现十分满意。

这堂课教学效果到底怎么样呢？为了促进教师执教能力的提高，学校对新入职教师高度重视，第一次课是有督导老师听课的，我们看看督导老师是如何评价小张老师从教的第一课。

督导老师首先肯定了小张老师的努力，"讲的"很好，但存在很多需要改进的地方，特别是教学基本功需要持续加强。

存在的主要问题如下：

（1）教学内容缺少设计，基本上按照教材的编列顺序展开，没有侧重点均衡；

（2）教学过程满堂灌，没有情境导入，老师以自我为中心，讲授为唯一的教学形式，没有关注学生的表现，没有互动，没有反馈，完全是老师自导自演的一堂课，学生成了观众，没有成为学习主体；

（3）过度依赖PPT，板书极少且随意；

（4）课堂教学时间分配过于均衡，在突出重点、突破难点上没有特意安排。

为加强执教能力基本功训练与提高，要在以下几个方面重点加强：

（1）教学内容设计要以有利于学生学习为原则来解构与重构；

（2）教学实施要综合运用各种形式，讲、练、评、问答、讨论等皆要指向教学目标，一切手段与形式都是围绕目标展开的；

（3）教学内容设计与教学实施设计要以学生为中心展开，而不是以教师为中心展开。教学过程要时刻关注学生状态，及时反馈，及时评价，及时总结。

看完督导的反馈意见，原以为会得到好评的小张老师有些沮丧又有些恍然大悟，原来一节课的讲授背后需要这么多的教学技能来支撑，甚至可以说，教学技能的掌握程度决定了一节课的品质。

对于教育既忐忑又心向往之的小张开始了关于教学技能的潜心钻研。

分析：自我学习和教授别人学习是两个完全不同的过程，小张老师对授课内容熟悉并对教学过程特意做了充分准备，但为什么督导老师提出了很多的改进建议呢？这就提出了教师的专业性问题，教师的工作对象是学生，工作目标是让学生掌握知识、积淀能力、养成素养。这是一个教师通过一定的手段和方法将知识、能力、素养作用到学生身心的过程，是让学生发生改变，变成我们希望的样子的过程，这一过程不会自然而然的发生，教师在其中发挥了不可替代的作用，教师所应用的方式、方法就是教师能力的具体体现，教学效果好说明教师的能力强。

因此，不掌握一定的教学技能，是无法胜任教师岗位的。

一、导入技能

导入技能是教师在一个新的教学内容或教学活动开始时，在课堂教学中采用各种教学媒体和教学方式，吸引学生注意、唤起学习兴趣、明确学习方向和建立知识联系的一类教学行为方式。

（一）导入的作用

良好的开端是成功的一半。作为课堂教学的第一个环节，导入的成功与否直接决定了本次教学的成败，特别是课间兴奋点的保持或前节课的余味未尽，都是导入技能所要解决的问题。导入的作用在于集中学生的注意力，引起学生的兴趣，明确学习目的、要求，为学好新知识创设良好的前提。有效地导入新课，可以激发学生强烈的求知欲望，引起他们的浓厚兴趣，从而把他们引导到学习的课题上来。

如果导入采用形象化的语言叙述或设计出富有启发性的问题，可以吸引学生的注意力，启迪学生的思维，启发他们从不同的角度来思考问题，增长学生的智慧，使学生在思维过程中体会到思考的乐趣，保持高昂的学习情绪。抓住教学内容的重点问题，用简练的语言揭示本质问题，这种导入，可以使学生一开始就能把握住重点，明确学习任务。

激发学习动机，而不是停留在激发学习兴趣层面。我们要提出问题，创设情境，引起学生的兴趣，集中他们的注意力，是为了让他们对待解决的问题感兴趣，同时让学生很清楚目前的学习能力有所欠缺，这个时候适当的差距感就产生了，而这个适当的差距感就是激发学习动机的最有效的手段。

（二）导入的类型

1. 问题导入法

职业学校的教学通常是围绕着学习目标的达成而展开的，教师可以采用一种"提出问题"的做法，让学生带着问题进行学习。每一个学生都应该能够通过努力达成学习目标的，教师的作用是引导学生走向解决问题的正确途径。在教学中，教师还要能够对于自己所提出的问题（具体的学习目标）给出一些关键性的意见和建议，这就是导向。重点是提出的问题要具有一定的探讨价值以及导入的问题最好选择能有多种答案的，引发多维思考。

2. 场景导入法

它是通过运用场景来对系统的功能点或业务流程的描述，从而提高测试效果的一种方法。我们通常以正常的场景分析开始，然后再着手其他的场景分析。场景法一般从一个流程开始，通过描述经过的路径来确定过程，经过遍历所有的基本流程来完成整个场景。场景主要包括四种主要的类型：正常的用例场景，备选的用例场景，异常的用例场景，假定推测的场景。

3. 案例导入法

采用案例导入法可以起到激趣、动情、引思的作用。通过巧设案例、创设情景、提出问题，可以使学生产生期待心理，并处于爱听乐听的最佳心理状态。

4. 复习导入法

复习导入法是按照前后课的内在逻辑关系，联系旧知识，提示新内容，达到温故知新的目的的一种方法。这是目前教师在课堂中常用的一种方法。新知识是在旧知识的基础上发展起来的，接受新知识，需要学生具备一定的知识基础。如果学生对已学过的知识忘记了，或淡漠不清，接受新知识就会发生困难。巴甫洛夫曾指出："任何一个新的问题的解决都是利用主体经验中已有的旧工具实现的。"此外，从学生已学过的旧知识，引导学生发现问题或寻求关系，可以引出新知识。所以，复习导入法的运用就成为教师课堂教学中常用到的导课方式。

使用这种导入方法时要注意：一是要精选复习或提问的内容，使之与新内容之间有一个紧密联系的支点，使复习到讲授新课过渡得连贯自然；二是教师要提示或明确告诉学生什么是新旧知识联系的支点，以引导学生思考，从而明确新旧知识之间的关系，进入新的学习。

5. 直观演示导入法

直观演示导入法是在讲授新课之前（比如计算机硬件系统），先让学生观察利用实物、模型、图表、多媒体投影等展示（计算机硬件结构）的事实、现象、过程，以引起学生的学习兴趣，并从观察中提出问题，使学生从解决问题入手，自然而然地过渡到新课题的学习。

通过展示实物、模型、图片等直观教具，可以使学生直接感受，加深印象。直观地展示往往比语言更形象，能给人留下更为鲜明而深刻的印象，可以更清晰地揭示客观事物之间的关系，或使学生看到所学知识的实际作用，有助于提高学生的学习兴趣，加深对教学内容的理解。

采用这种方法时要注意：一是实物、模型、多媒体投影、电视等所展示的内容必须与新知识有密切的关系；二是在观察中教师要及时并恰如其分地提出问题，为学习新知识做好准备。

6. 实验导入法

它是结合教学内容布置实验并动手操作的一种方法。教师指出一些现象让学生自己观察和分析，进行归纳总结，得出的结论就是本节要讲的内容。学生通过实验观察、操作，手脑并用，会产生浓厚的学习兴趣。这种导入的方法，能帮助学生掌握抽象的知识，激发学生的思维活动，学习的过程是从感性认识到理性认识，符合人的认知习惯，而且锻炼了学生的动手能力，尤其适用于职业教育的培养目标和培养对象，效果很好。

7. 生活事例导入法

生活中有许多现象学生能够感觉到但却不能解释它们，教师要带领他们上升到理论的高度并做出合理的科学解释，这样才能引起学生浓厚的兴趣，更能使学生产生亲切感和实用感。比如讲授网络通信的单工、半双工及全双工三种通信的概念时，可以分别列举对应的电台、对讲机和电话的例子。通过提出一些学生熟悉的问题，利用学生的经历导入，不仅能激发学生的情感，还会把学生的兴趣和注意力吸引到新课的题材和意境中。这也是新课导入中应用最多、效果最显著的方式之一。

8. 激情导入法

学生的认知活动与心理情感有着不可分割的联系，积极的情感能够启发学生的思维和开发学生的心智，对学生的认知活动具有推动作用。作为教师，要会根据不同的教学内容，适时地运用自己的情感，调动学生的情感。激情导入法就是在课堂教学的实际过程中，通过声情并茂，以情感的手段和方式，激发学生情感的一种导入方法。这种方法在潜移默化中使学生接受审美教学和人文教育，进而吸引学生充满激情地投入新课的学习中。另外，激情导入法中的"激情"一般会贯穿整个课程中，它可分为"创设情感""投入情感""疏导情感""交流情感""情感升华"。在这一过程中，教师应根据教学内容所特有的情感基础，通过或激昂、或沉郁、或正衬、或反衬的情感表现方式，把学生渐渐地带入到教师所创设的情感氛围中，充分开发学生的潜质，使学生的个性得到张扬、情感得到宣泄。

9. 悬念导入法

它是结合所有要素的内容设疑布阵、引起悬念，从而激发学生的兴趣，以导入新课的方法。这种方法着眼于充分激发学生的好奇心和求知欲，使学生一上课就形成认知冲突，教学紧扣学生心弦。

10. 布障导入法

思维能力的发展是学生智力发展的核心，同时也是衡量学生智力发展程度的重要标志，教师在教学的过程中，要调动学生的各种智力因素参与到学习活动中来，这样才能在学习和掌握知识的过程中提高学生的智力。布障导入法就是从促进学生自我意识的发展，提高学生分析问题、解决问题的能力角度切入，针对学生学习过程中容易发生的错误，巧妙地布下障碍，诱发学生产生错误，使之产生"愤""悱"的心理状态，"心求通而不得，口欲言而不能"，然后通过讨论、分析或自我"反省"，认识到错误的原因，从而纠正错误。

11. 故事导入法

喜欢听故事是学生的特点，也是他们的兴趣点。在各学科的发展史和发现史上有许多动人的故事，适当地选讲这样一些故事片段不仅有助于学生思维能力的培养，还可以引起学生学习本学科的极大兴趣。采取这种方法时应该注意故事内容与课题要紧密结合，故事本身要生动有趣，对学生有正面的积极影响和启发性。

12. 直接导入法

它是指上课伊始，教师开宗明义并直接点题，把教学内容及所要达到的目标直截了当地告诉学生，使学生心中有数。教师不用借助其他材料，只需要概述新课的主要内容及教学程序，明确学习目标和要求，做到"课伊始，意亦明"，使学生明确本节课所要完成的任务，引起学生思想上的重视并准备参与教学活动，把学生的注意力引向这节课所要学习的问题上来，并积极地进行探索。这种方法不是启发诱导学生逐渐进入课题，所以只适合于学习能力较强、有一定意志力的高年级学生，对低年级学生不宜采用。

需要说明的是，教学没有固定的形式，导入也没有固定的方法。由于教学对象、教学内容甚至教师教学风格的不同，导入的方式也会不同，因此，每一次教学的导入该如何进行，需要教师用心揣摩、精心设计。衡量导入技能的基准就是学生角色的快速融入，使学生从一个兴奋点转移至另一个兴奋点。

（三）设计导入应注意的问题

1. 导入要有针对性

导入的针对性包括三个方面：

（1）紧扣学习目标和内容。

课堂教学导入一定要根据既定的教学目标来精心设计导语，尽量简洁地说明学习的内容、意义和要求，把学生的思路带入新的知识情境中。与教学目标无关的不要硬加上去，不要使导语游离于教学内容之外。教学伊始的导语，一定是完成教学任务的一个必要而有机的部分。

（2）从课型的需要入手。

导语的设计要因课型的不同而不同。新授课要注意温故知新、架桥铺路；讲授课要注意前后照应，承上启下；复习课要注意分析比较，归纳总结。不能用新授课的导语去讲复习课，也不能用复习课的导语去应付新授课，否则就起不到导语应起的作用。

（3）适应学生的特点，从学生的实际出发。

学生是教学的主体，教学质量的好坏，要通过学生的学习效果来体现。教师觉得很有趣的话题，学生可能感到索然无味；对一类学生很有吸引力的话题，对另一类学生可能缺乏吸引力。因此，导入必须建立在对教学对象充分了解的基础上，要兼顾学生的共性和个性。

2. 导入要有启发性

导入对学生接受新内容有启发性，可以使学生实现知识的迁移。启发性的关键在于启发学生的思维活动，而思维往往是从问题开始，又深入问题之中，它始终与问题紧密联系。学生有了问题就要去思考解决，这为学生理解新的教学内容创造了条件。

3. 导入要有趣味性

导入引人入胜，可以引发学生的兴趣，有利于学生接收新的教学内容。导入的方式很多，设计导语时要注意配合，交叉运用。不能每一堂课都用一种模式的导语，否则就起不到激发学生兴趣、引人入胜的作用。心理学研究表明，如果学生对所学的内容感兴趣，就会表现出主动、积极和自觉，学习效率就会提高。

4. 导入要短小精悍

导语的设计要短小精悍，一般导入时间为两三分钟，很快就要转入正题，时间过长就会喧宾夺主。

二、反馈技能

反馈技能是教师传出教学信息后，从学生那里取得对有关信息反应的行为方式。在教学上，反馈是师生之间相互沟通、相互作用、信息往返交流的过程。教师通过反馈既可以了解到学生对教学内容的态度、评价、愿望和要求，也可以根据反馈信息，有针对性地调节教学进度、教学方法和知识的深浅程度。学生可以通过自己的表情、姿态或语言等，比较及时、直接、集中而明显地对教学做出反应，又可及时得到教师对自己反应的评价，从而得到清晰而准确的知识。

在课堂教学中，教师要随时观察学生的反应，并"趁热打铁"地进行提问、检查学生作业或进行小测验，以此作为反馈信息，了解学生的学习情况，分析自己教学中存在的问题，以便随时调整和改进教学。

（一）反馈的意义和条件

教学过程是一个系统的活动过程，要使这个系统活动有序，能按照一定的目标前进，就必须不断地得到反馈信息，实现有目的的控制。反馈是系统控制中不可缺少的信息传递过程，要知道一个系统的现实状态和发展的可能性，就要知道对其控制的结果。不知道控制结果而盲目地控制是危险的。要实现有目的的控制，反馈要具备以下几个条件：

一是及时，即反馈的速度大于被控系统状态改变的速度，反馈要在下一次控制决策之前完成。反馈的意义在于调整下一次控制，不能及时地获取反馈信息，就不能及时对系统的运动状态进行准确调整，从而失去反馈的意义。

二是准确，即反馈信息要真实可靠。错误的信息会导致错误的判断，也就不能对系统进行正确的调整，使控制失败。

三是具有可观察的变量，即控制者能观察到对象的运动状态，并能与理想状态进行比较，能够从差异中观察到问题。

四是具有可控制的变量，即要求控制变量必须是可操作的。当控制者获得反馈信息，发现问题需要调节时，能够找到问题的原因，对控制变量进行调节和改变。

五是能够排除干扰，即反馈系统要运行可靠，使控制者能识别反馈信息的真实性与假象，能了解受控对象的真实情况。

（二）常用的反馈方法

1. 课堂观察法

它是教师在教学过程中用眼睛统观整个课堂，从学生的动作、表情等反应中获得反馈信息。

（1）环视法。

教师要有节奏、周期性地把视线从教室左方扫向右方，再从右方到左方，从教室前边到后边，再从后边到前边，以观察所有学生的动态反应，获得有关课堂整体的信息。

（2）点视法。

当发现某个地方或某个人出现异常反应时，教师的目光要集中投在那一点上仔细观察，及时发现问题，并采取相应的措施。

2. 课堂提问法

它是教师在课堂上有计划地提出问题，引导学生积极思维。在运用提问反馈时，教师要注意两点：

（1）慎重选择提问对象。在检查知识的提问中，提问对象的选择要有助于全面了解学生的情况。

——如果是为了复习巩固旧课，应提问中等程度的学生，他们能代表一般同学掌握的水平。

——如果是为了巩固当堂所学的新知识，可提问程度较高的学生，有利于其他同学对当堂知识形成正确的理解。

——如果是为了检查教学效果，要多提问程度较差的学生，因为只要他们理解和掌握了所学的知识，其他同学也应该没有什么问题了。

在选择提问对象时，应防止两种倾向：

——为了得到完满的回答，过多地提问程度较高的学生，使学习程度较差的得不到检查。

——过多地提问具有一般水平的学生，使程度较高的学生不能起表率作用，程度低的学生得不到激发。

这两种偏向都难以使教师全面地了解情况，所以提问面要宽，不要集中在少数人身上，也不要让一个学生连续回答多个问题。

（2）对学生的反应要及时给予反馈。提问不仅是教师获得反馈信息的一种手段，也是学生了解自己学习程度的一种方法。为此，教师在提问时要注意给学生反馈信息。

——对于学生的回答，教师要认真听取。对于回答中正确的部分、有独到见解的回答，要给予肯定、表扬，对于回答中的错误要及时纠正，否则，学生可能把错误的知识当作正确的知识记忆。

——一个学生回答不完整，其他同学补充后，教师要小结，这不仅可以使答案臻于完善，还可以使学生获得完整而系统的知识。

——提问主要是为了督促、检查、巩固学生的学习，是否评分要视具体情况而定。如果提问就是为了检查、评定学生的学习，可以用分数作为学生理解、掌握程度的标志。但一般的提问不要把学生的注意力集中在追求分数的多少上，否则，教师可能得不到真实的反馈信息。

3. 课堂考查法

进行课堂考查可以检查学生的学习质量和教师的教学效果，获得教、学两方面的反馈信息。进行课堂考查要预先向学生提出要求，告知考查内容，使学生集中注意力，达到当堂消化的目的。通过考查，可以及时发现问题，对学生的疑难、模糊点及时加以解释、强调、纠正和补充，也可以使教师清晰地看到自己教学的不足，从而不断改进教学方法，提高教学水平。考查的方法有听写、默写、板演、提问、小测验和写学习小结等。每次考查时间以 10 分钟左右为宜。

考查时要注意以下问题：第一，考查要有计划性和目的性；第二，考查个别学生时，要注意组织全班同学都参与；第三，考查后，应及时明确答案，对学生起到复习巩固的作用。

4. 实践操作法

它是运用仪器设备、材料和工具等来检查学生对知识和技能的掌握程度，以及把所学理论知识运用于解决实际问题的能力。

其方法是在某实验或实际操作技术讲解后，让一名学生来操作仪器设备或工具等，进行实验或实践。在操作过程中，学生要做必要的解释，说明具体的过程、方法及注意事项等，其余的学生在旁仔细观察，并做必要的补充或修正。然后，学生再分别去做。

实践操作法的优点是：能详细观察学生的操作过程，发现问题并及时纠正。一个学生的操作与解释，能为全班同学提供学习的范例。其缺点是：一个学生操作全班观察，时间上不经济。

三、强化技能

强化技能是教师通过各种方法促进和增强学生的某一行为变化朝更好的方向发展，或通过对学生回答问题的反馈来巩固学习成果的行为方式。它对激励学生活动，形成良好的纪律并使之保持下去，是非常有益的。

（一）强化的类型

1. 语言强化

当发现学生有了所期望的行为后，便给予语言的表扬，增强学生向所希望的方向发展的倾向。语言强化有口头语言强化和书面语强化两种：口头语言强化是教师对学生进行的口头表扬；书面语强化是教师在学生作业本或试卷上所写的批语，具体的评语比笼统地"好""有进步"更具有强化作用，而只写一个"阅"字对学生没有强化作用。在对学生进行语言强化时，应坚持以表扬、鼓励为主的原则。

2. 活动强化

把容易引起学生兴趣的活动放在难度较大的学习活动之后，做到先张后弛，就可以强化难度较大的学习内容。而经过一段紧张的思维活动之后，学生初步形成了有关理论的概念，教师就可以提出一些生动有趣的问题让学生通过解决这些问题来深化、巩固学习，这是对所学理论的强化。

3. 解决强化与接触强化

教师有意识地走到学生的身边，或站立观察其活动，或与之谈话，了解其是否有问题，倾听意见，或参与小组讨论，以表示对学生的关心。当学生有好的见解或某项工作比较成功时，以拍肩、握手、击掌等动作给予赞赏和鼓励，这些对学生都能起到关心、鼓舞和强化的作用。

（二）强化的原则

（1）所期望的行为一出现，就马上给予奖赏，力求得到强化。

（2）当这种行为已经相当巩固，再减少强化的次数，直至最终在每间隔一段时间后，偶尔给予强化。这种间歇性的强化对于保持已经养成的行为，比经常的或有规律的强化更为有效。

（3）对于学习或纪律行为较差的学生，要注意强化他们微小的进步，并立即予以肯定。

（4）不要强化我们希望消除的行为。教师对爱闹事的学生给予特别注意，向发牢骚的学生让步等，都会使他们得到鼓励。

（5）力求运用适当的奖赏。

四、结束技能

结束技能是在完成一个教学内容或活动时，教师对知识进行归纳总结，使学生将所学的知识形成系统、转化升华的行为方式。教师对知识进行归纳总结，不可简单机械地重述所讲内容，而应该明确教学重点，提示知识要点，形成知识系统，使学生理解并掌握，收到"画龙点睛"之效。结尾的方式，也要因人因课而异，不可强求完全一致。或归纳全课、提示要点，便于学生总结、加深记忆；或设置疑点、埋下伏笔，给学生留下悬念，以便思考；或检查练习、抽样批改、使学生巩固知识、提高作业质量；或布置预习，提出要求，培养学生自学能力；或进行总结，表扬先进，激发学生的学习积极性，或布置拓展任务，提升技能技巧，为下一课作铺垫，或安排延续性活动，丰富深余学习生活。

（一）结束的类型

1. 封闭型结束

对问题或课程的归纳总结，对结论和要点的明确及强调，目的是巩固学生所学的知识并梳理形成知识结构体系，把学生的注意力集中到课程的要点上去。但也应该是有趣的，尽可能引出新问题，把学生刚学到的知识应用到解决新问题中去。

2. 开放型结束

当教学内容与其他学科、生活现象或后续课程联系比较密切时，结束就可以不只限于对要点的复习巩固，而是可以把所学的知识向其他方向延伸，以拓宽学生的知识面，引起更浓厚的兴趣，或把前后知识联系起来，使学生的知识系统化。

（二）结束的原则

结束是整个教学的落脚点。一堂课的成功结束，不仅能体现教师的教学技巧，而且能使主题鲜明、情趣横生。同时，从欣赏心理的角度来说，事件一般要经历开端、发展、高潮、结局等阶段，结局自然要刻意设计。教师在运用结束的方式时要注意以下原则：

（1）结束时要及时对所学知识进行回忆，并使之条理化。

（2）归纳总结要紧扣教学目标，提示知识结构和重点，同时要简明扼要。

（3）重要的事实、概念、规律等结束时要进行总结和提高。

（4）结束时要提出问题或采取其他形式检查学生学习情况。

（5）有些内容要拓展延伸，进一步启发学生思维。

（6）结束可采用多种形式，既巩固知识又回味无穷。

五、教学组织技能

教学组织技能是在课堂中教师不断组织学生的注意力、管理纪律、引导学习、建立和谐的教学环境，以帮助学生达到预定课堂教学目标的行为方式。任何一堂课都是从教学组织开始的，而且应该将其贯彻始终。教师从上课一开始就应迅速安定学生的情绪，集中学生的注意力，创造一种良好的教学气氛，使整个教学进行得紧张又愉快，并有强烈的节奏感，这样才能提高教学的效果。同时，还要注意防止和消除破坏课堂纪律的不良现象发生，对偶发事件要机智地处理，不使其影响教学的正常进行。

（一）教学组织技能的类型

1. 管理性组织

管理性组织的目的是进行课堂纪律的管理，其作用是使教学能在一种有秩序的环境中进行。课堂纪律好的标准并不是安静的课堂，而是民主的课堂。教师不居高临下，要充分发挥学生学习的积极性和主动性。因此，教师在进行课堂管理组织时，既要不断地纠正某些学生的不良行为，又要不断地启发诱导，保证教学的顺利进行，使教学目的落地。

管理性组织包括课堂秩序管理和个别学生问题的管理。处理一般课堂秩序问题，教师可用暗示的方法，目光暗示或配合语言提示。如果这种暗示不能起作用，教师也可以边讲解边走向不专心的学生，停留在他身旁，或拍拍其肩膀。以非语言行为暗示或提示，不影响其他学生的学习。对于个别学生出现的不良行为，教师可以使用以下三种方法：

（1）作出安排，使他们不能从不良行为中得到奖赏，从而停止不良行为。当个别学生的不良行为不影响大局，不会对他周围的同学造成大的干扰时，则不予理睬。有时，教师对个别学生的斥责、恼怒等表现，会强化他们的行为；而对其不予理睬，反而排除了对他的奖赏，使他感到没有趣味，从而削弱他的不良行为。

（2）奖励与不良行为相反的行为，即教师为有不良行为的学生提供一种合乎需要的替换行为，这种行为会为他带来一定的奖赏。例如，有学生在课堂讨论时打闹，教师可指定他专门思考一个要点，在小组中发言。如果发言较好，让他在全班同学面前讲，并给予表扬。这样使这些学生在不良行为和替换行为之间做出选择，从替换行为中得到心理的满足。

（3）教育与惩罚相结合。惩罚不是目的，而是一种教育手段。如果在惩罚之前，帮助学生明辨事理，明白对他的惩罚是合理的，就可能产生更好的效果。

2. 指导性组织

指导性组织是教师对某些具体教学活动所进行的组织，以指导学生的学习。它主要有两类：

（1）对阅读、观察和实验等的组织指导。它可以使学生迅速地投入这种学习，并掌握这种学习方法。

阅读是一种很好的学习方法，但如果学生没有掌握阅读的方法，就会从头读到尾，把握不住重点。教师应利用阅读提纲或提出问题的方式对学生的阅读加以指导，使学生学会读，读有所得，逐步提高阅读兴趣和能力。

观察是带有观察目的对对象的某一方面或几个方面进行一番研究，需要持久的注意。不同于一般的看一看。在观察之前，教师需要让学生明确为什么观察、观察什么和如何观察。常常采用提问的方式，让学生通过观察解决问题。

（2）课堂讨论的指导组织。讨论是一种有计划、有组织、学生积极参与的教学方式，适用于课题富有政论性或具有多种答案的情况。

讨论的特点是班上每个人都有机会参与学习活动，教师应促使所有学生积极思考问题，真正成为学习的主体，通过讨论彼此启发、相互补充，对问题做出结论或概括。

3. 诱导性组织

诱导性组织是教师通过语言引导、鼓励学生积极思维、参与教学过程。教师可以使用以下两种方法：

（1）亲切热情鼓励。

例如，当学生回答问题时，成绩较差或不善于表达的学生一般会比较紧张，教师应给予鼓励。当学生回答得不准确或不完善时，教师应首先肯定他们的优点及正确的回答，然后给予适当的提示。对于不能回答问题的学生，也应比较委婉地处理。经过不断地鼓励和引导，学生就会积极地参加到教学过程中。

（2）设疑点拨启发。

激发学生产生疑问，引起学生的欲望，是调动学习积极性、深入思考问题的一种好办法。教师要善于就要求学生掌握的内容提出问题，引导学生思考。

（二）教学组织的原则

1. 明确目的，教书育人

教学组织的目的在于组织和维持学生的注意力、引起学习兴趣和动机、增强学生的自信心和进取心、帮助学生建立良好的行为标准、创造良好的课堂气氛。

在各科教学中，都渗透着大量的德育因素，在传授专业知识技能时，对学生进行学习目的等思想教育，最有吸引力和说服力。同时，在教学中，教师严谨的治学态度，精湛的教学艺术，高度的责任感，对学生都有言传身教、潜移默化的作用。这些不仅会影响到学生的学习态度，而且会影响到他们的纪律行为。

2. 了解学生，尊重学生

每个学生都有自己的兴趣、爱好和个性特点，教师只有了解学生才能有针对性地进行教育和引导。在对学生进行教育时，要尊重他们的人格，坚持正面教育。

3. 重视集体，形成风气

集体的舆论是有威力的，形成良好的课堂风气可使学生在集体中得到熏染和教育。一般而言，一个班级里极其守规矩和极其调皮的学生都是少数，大部分学生都是随大流的。如果正面的舆论占上风，就会使大部分同学遵守纪律、认真学习，而少数调皮的学生失去了呼应，也会有所收敛。反之，如果负面的舆论占上风，遵守纪律、认真学习受到嘲笑，就会有更多的学生加入不守纪律的行列。因此，教师一定要努力营造良好的班级气氛，这样教学组织就会十分顺利。

4. 灵活应变，因势利导

教师对学生活动的敏感性，以及对学生所发生意外情况快速做出反应，称为教育机智。它主要体现在机敏的应变能力，因势利导，把不利于课堂的学生行为引导到有益学习或集体活动方面来，恰到好处地处理个别学生的问题；或根据实际情况，灵活地运用多种教育形式和方法，有针对性地对学生进行教育。

5. 不焦不躁，沉着冷静

教师在遇到意外情况时，要沉着冷静，不要冲动；在处理问题时，要随时意识到自己对社会、对学生所承担的责任，考虑自己行为的后果。教师要从教育的根本利益和目标出发，处理好所面临的复杂问题。

六、课堂时间分配技能

从心理学的角度看，时间是学生学习过程中的一个决定性因素。从教育学的角度看，时间是一种重要的教育资源。教学活动总是在一定的时间内进行的，教学时间是影响教学活动的一个重要因素，控制和改变教学时间在一定程度上也就意味着控制和改变教学活动。因此，在教学实践中，了解、研究教学时间，并根据教学需要对教学时间进行合理分配和控制，是教学设计的一项重要内容。

（一）依据教学的任务确定教学时间

教学任务应较为均匀地被分配到整个教学过程中去。每一节或每一单元，能力目标一般不超过两个，而基本概念不超过三个，这是由人对学习的管理能力所决定的。

（二）依据学习者的特征确定教学时间

学习者的生理、心理、社会特征、学习者的初始能力以及学习者的学习风格也都不同程度地影响着教学时间的长短。因此，学习者的特征是教学时间分配的另一重要依据。

（三）依据学习的规律确定教学时间

首先，对学习规律的研究表明，知识的掌握、品性的养成、技能的形成以及迁移、整合、类化都是具有一定规律性的，特别是每个环节需要的时间是不同的。因此，教学活动时间的安排需要遵循学生的认知规律，符合学生特有的认知要求，才能获得满意效果。其次，各个学习环节的学习成果具有一定的时效性。比如，知识习得后，其记忆是短暂的，如不及时转化、应用就会被遗忘。所以知识习得后，必须注意及时转化、应用，才能结合到原有认知结构中去，进行有效的保持。其他学习环节间也是如此。因此，教学时间的安排需要考虑学习环节间的关系。这对教材的章节内容多少和章节之后的学习活动，诸如作业等提出了要求。最后，根据美国心理学家布鲁姆的掌握学习理论，对学生学习成果的及时反馈、检查是十分重要的，因为错误的认知常常产生负迁移。因此，教学活动的时间安排，应尽量在负迁移产生之前纠正错误的认知。

（四）依据教学的资源确定教学时间

教学时间的分配除了依据教学任务和学习的规律之外，教师、教学方法、教学设施、设备也是教学时间分配的重要依据。所以，在教学时间分配上，一般假设是：合格的师资、得当的教学方法、一般学校具备的教学设施和设备。

七、课堂评价与反思设计技能

根据有关调查显示，以一个 60 人的班级为例，课堂上能积极参与思考、讨论并回答教师提问的：低年级段为 75%～80%，中年级段为 25%～45%，高年级段为 11%～20%。为什么越到高年级，学生就越不愿回答问题呢？是学生没有答案吗？显然不是。是旧的"一言堂"、"满堂灌"、保姆式的教学方法，使他们习惯于坐享其成地听权威答案；是教师的绝对权威地位使他们习惯了当"配角"。法国教育学家斯普朗格说："教育的最终目的不是传授已有的东西，而是要把人的创造力量诱导出来，将生命感、价值感唤醒，一直到精神生活运动的根。"德国教育家第斯多卡也曾说："教育的艺术不在于传授知识，而在于唤醒、激发、鼓励。"那么，什么样的师生角色才能把课堂还给学生，让学生在课堂上真正"活"起来呢？

（一）学生先说话，教师后评价

美术欣赏教学是美术教学中的重要组成部分，它是提高学生文化艺术修养的有效途径，对培养学生的审美感受能力，具有特殊的作用。然而，现在的很多欣赏课，教师就是一幅接一幅的从作品的来历讲到作者的奇闻趣事，最后挖掘作品的思想内容。一节课下来教师口干舌燥，学生却神色漠然。于是许多教师感叹：欣赏课难上啊！有人说："有一千个读者，就会有一千个哈姆雷特。"教师怎能用教学参考用书上的简略文字代替学生们个性化的体会呢？艺术《课程标准》也建议："教师不要急于用简单的讲解代替学生的感悟和认识。"其实，欣赏课完全可以让学生先说，教师后说。

◎ 案例

"外国优秀雕塑作品欣赏"　教学案例

教师出示欣赏作品。

师：请同学们自由欣赏，可互相聊一聊你对这些作品的感受和想法。

学生自由欣赏作品5～8分钟。

师：同学们聊得很热烈、很开心，下面我们一起来说一说这些作品。

课件出示话题：（1）作品表现的是什么内容？（2）作品给你什么感觉？（3）你喜欢或不喜欢哪几件作品，为什么？（4）这些作品是用什么材料雕成的？

生：（摘录学生回答）

1. 我喜欢《悄然而至的丘比特》，这件作品是用大理石雕成的，作品中的丘比特是一个天使，他的样子很可爱。

2. 我还知道丘比特是小爱神，他手里的箭是爱情之箭。

3. 我不喜欢《拉霍台普夫妇像》，它雕塑得太简单，衣服、头发都没什么皱纹，颜色也不好看，很土。但他让我感到一种威严和权力。

4. 我知道《思想者》是世界上很有名的一件雕塑作品，但我不知道他为什么没穿衣服？他在想什么？

……

师：同学们谈得太精彩了，我还为同学们准备了一些资料供大家参考。（课件出示部分作品的相关资料）

资料来源：金小芳. 教师必备的十大职业能力［M］. 吉林：吉林大学出版社，2008：57-58.

分析： 从该案例可看出：学生们畅所欲言。有的说感受、有的说见解、有的提问题、有的做补充。他们宛若一群艺术评论家。这不正是欣赏课要达到的目的吗？这种方法胜于在学生毫无感受之前就输入某种概念，防止造成先入为主的不良后果，教师和学生的地位也得到了转变，变教师唱独角戏为师生共同参与，让课堂进入了一种"活"的状态中。

（二）学生当"老师"，老师当"助教"

如今的社会，可谓是日新月异。教师要用自己的"一桶水"来装满学生的"一碗水"，是越来越感到力不从心，有点跟不上学生的步伐了。孔子说："三人行，必有我师焉。"有的知识，有些学生确实已经掌握，甚至比教师的想法更新颖、更独到、更优秀，不妨就让学生来当"教师"，教师当"助教"。

案例

"小小食品店"教学案例

在学生充分欣赏、交流各式糕点图片后，学生们制作出了各式各样的糕点。

师：你们的作品让老师大开眼界，老师都不知道你们是怎样制作出这些漂亮的糕点的，哪些"糕点师"愿意来教教我和同学们呀？学生纷纷举手。

……

生：（摘录学生回答）

1. 我教大家做一种"蔬菜汉堡包"……

2. 我教大家做一种"三层生日蛋糕"……

3. 这一种饼干是我自己想的，叫"七色彩虹"，是这样做的……

4. 我教大家做麻花和面条……

资料来源：金小芳．教师必备的十大职业能力［M］．吉林：吉林大学出版社，2008：57-58.

分析："小老师"边示范边讲解，老师当学生和同学们一起跟"小老师"学，顺便帮"小老师"做一些准备材料、展示作品、提醒补充之类的助教工作。在实际操作中，"小老师"们总是争先恐后地把自己的方法教给大家，有很多出乎意料的惊喜。实践经验证明，这样做能充分调动学生的课堂积极性，发展学生的各种才能，让学生体验成功感；能激发学生参与的热情和学习兴趣，培养和提高学生的创新精神和能力。

（三）学生当"评委"，老师当"嘉宾"

在以往的作业展评和课堂小结中，教师多采用展评优秀作业或概述教学内容的方法。这样的作业展评和课堂小结有诸多弊端：[①]

（1）它只对极少部分学生进行了片面的评价，大多数学生不能获得发展性评价；

（2）评价方式单一，权威性过强；

---

① 刘明，崔金奇．新时期高校教师素质论［M］．北京：中央文献出版社，2009：307.

（3）评价易脱离学生实际，易用成人的尺子去量学生的"长短"；

（4）强化了评价方式的甄别与选拔功能，打击了多数学生的学习兴趣。

为促进学生发展而进行评价，评价主要是为了促进学生的发展。因此，评价标准要体现多维性和多级性，适应不同个性和能力的学生的学习状况，帮助学生了解自己的学习能力和水平，鼓励每个学生根据自己的特点提高学习知识的兴趣和能力。教师在作业展评和课堂小结环节中，可以采用集体评价、小组评价、自我评价等方式。人人当"评委"，评自己的长短，评别人的优劣；自己给别人提建议，别人帮自己出主意。教师则可坐听"百家争鸣"，当好"嘉宾"，在适当时候给学生进行点拨和引导。

案例

"会飞的娃娃"　教学案例

学生各自设计制作了口袋娃娃，在教室外开心地放飞、玩耍之后，教师进行课堂小结和作品展评。

师：同学们和自己亲手做的娃娃一起游戏，有什么感受？

生：（摘录学生回答）

1. 和自己做的娃娃一起玩真开心，很好玩。

2. 自己做的娃娃很好玩，又很便宜。

3. 我的娃娃飞得很高，我觉得我很棒。

4. 老师教我们做了很好玩的玩具，我们要谢谢老师。

……

师：能和同学们一起学习，老师也感到特别开心，有谁还有问题需要老师和同学们帮助吗？

生：（摘录学生回答）

1. 老师，我的娃娃没有他的娃娃好看。

2. 我来帮助他，因为他的口袋是红色的，他又用红色的纸来做娃娃的眼睛、嘴巴，这样就不鲜艳，所以不好看。

3. 他应该用蓝色、绿色、黑色来做才好看。

4. 老师，今天我学会了用剪刀，可是我粘胶时还是粘不牢。

5. 老师，今天我的工具没带齐，我没做出来，下次我一定带齐。

6. 我们的口袋娃娃很轻，可以飞起来，飞机那么重，为什么也可以飞起来？

资料来源：金小芳. 教师必备的十大职业能力［M］. 吉林：吉林大学出版社，2008：57-58.

分析： 学生们的小结是生动、丰富、全面、自然，案例中的教学达到了以下教学效果：这样的评价方式切合学生的个性和能力；全体学生参与评价，评价了全体学生；评价了学生的学习能力、学习态度、情感与价值观等；强化了评价的诊断，发展功能及内在激励作用，弱化了评价的甄别与选拔功能。

传统的课堂教学存在着以讲为主、学生被动接受的现象。教师是学生学习的主宰者，学生怎样学，都在教师的严格控制之下，稍有不从就要受到教师的指责，这种形式下教育出的学生缺乏个性和创造性，不能适应未来社会的发展。那么，教师如何让学生在课堂上真正"活"起来，插上创新的翅膀，自由飞翔呢？

1. 了解学生，释放学生的思维

我们的教师要深入到学生中间，了解学生生理、心理、学习发展的需要，以取得教育的主动权。要真正把学生强烈的表现欲、求知欲激发出来，把学生的主动权还给学生，教师首先要相信学生，相信学生有信心、有能力学好，要尊重学生的意愿，挖掘学生学习潜力，要建立民主、平等的师生关系，拉近师生间的距离，使学生感到有话想对老师说，有事想请老师做，有困难想请老师帮的良好氛围。其次，教师要解放学生，把学生从以知识为中心的传统教学体系束缚中解放出来，采用好的学习方法，鼓励学生主动学习的热情；鼓励学生采用新颖的思路，独特的思维方式，准确快速地分析推理；鼓励学生形成良好的学习习惯。学生自我表现的欲望增强了，将促使他们进一步创新思维，学习的能力将进一步增强。

2. 创设问题情境，激活学生思维

瑞士教育家裴斯泰洛齐认为："教育的主要任务，不是积累知识，而是发展思维。"学生的学习过程，是"知识的再现—整合—发展"的过程。在这一过程中，学生进行着复杂的思维活动；在这一活动过程中，要激励学生思考，促进学生思维发展。它的着力点就是"问题"，没有问题的教学，在学生脑海里不会留下多少痕迹，也不会激起学生思维的涟漪。学习过程中没有问题的学生是一个不能独立思考的学生，这样的学生思维不活跃，没有创造性。因此，在教学中，教师要精心设计问题，鼓励学生质疑，培养学生善于观察、认真分析、发现问题的能力。

3. 动手操作，促进学生思维的发展

苏霍姆林斯基说过："手和脑之间有着千丝万缕的联系，手使脑得到发展，使它更明智；脑使手得到发展，使它变成思维的工具和镜子。"皮亚杰也曾经指出，传统教学的缺点，就在于往往是用口头讲解，而不是从实际操作开始教学。从而可以看出学生动手操作能力培养的重要性。我们的教学要从传统的只注重动口的模式中解放出来，让学生既动口，又动手，要适时地进行动手操作活动，把动手活动与大脑的思维活动结合起来。

4. 主动参与，发展学生的思维

学生的学习能力不是教师教出来的，而是学生在学习知识的自我感悟中逐步形成和发展起来的。感悟就是自我体验，通过自己的思维加工，进而获取知识、发展思维。教师的作用就是引导、帮助学生，提高学生这种自我感悟的能力。联合国教科文组织在《学会生存》一文中阐述到："教师的职责现在已经越来越少地传递知识，而越来越多地激励思考，他将越来越多地成为一个顾问，一位交换意见的参考者，一位帮助发现矛盾观点而不是拿出现成真理的人。"这说明未来教师要以一个组织者、引导者、参与者的身份出现。而学生要以学习主人的姿态，主动参与到操作、讨论、汇报、交流、提问、

质疑、争论中来，学生在这个过程中感悟知识形成和发展的过程，从而提高其分析问题、辨别问题、创新发展的能力。

总之，把学习的主动权还给学生，让学生在课堂上真正"活"起来，学生的创造性才能更好地发挥，学习的能力才能得到更好地培养，否则，在沉闷的环境中，学生思维就会受到压抑，创新意识很难得到培养。

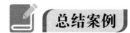 **总结案例**

郑老师的一堂钳工实训课

郑老师是一位资深的实训教师，在教学设计及教学技能方面有着丰富的经验和体会，现在我们来看一节郑老师的钳工实训课程是怎样实施的。该节实训课程内容为钳工锉削单项技能训练，郑老师以生活中常见的指甲钳为例导入教学，说明了锉削工具的类型与锉削加工的用途。郑老师提供了不同的锉刀类型供学生们观察，并随机要求 2 名学生说出各类型锉刀的不同之处与应用特点，提高学生的观察能力与课堂专注力，激发积极思考与语言交流。在同学们充分了解锉削工具的基础上，郑老师发布"方形垫片"锉削加工任务，学生分组，5 分钟时间阅读图纸，讨论加工方法。

讨论阶段结束后，郑老师以动作演示结合讲述的方式，展示锉削姿势、锉削加工方法及锉削加工注意事项。随后学生立即进入实战状态，郑老师首先进行了整体巡查，在巡查过程中，发现学生 A 出现锉削姿势错误，及时进行了指导纠偏；发现学生 B、C、D 先后出现锉刀端不平的情况，及时叫停，集中三人纠偏训练，由 B 同学和郑老师同时演示锉削加工过程，让围观的同学指出问题所在，并由 B 同学自行测量加工表面的垂直度，说明问题的严重性。由此，学生们对于锉刀端不平的问题产生了有意识的纠正，强化了锉削技能。

训练过程中 E 同学加工速度较快，为了不使加工进度出现较大差距，郑老师发给 E 同学一块经线切割完成外形加工的不锈钢起瓶器，让他进行锉削加工，并将其作为 E 同学训练有素的奖品奖励给他，E 同学十分高兴地接受了这项新任务，又热火朝天地投入到了训练中去。

课程结束前 10 分钟，郑老师组织学生进行了场地的卫生清扫，并逐一检查工具摆放。课堂教学结束时，郑老师对本次课程内容及学生课堂表现、出现的典型问题包括优缺点进行了点评总结，表扬了 E 同学，并提议大家以鼓掌的形式为 E 同学点赞，现场气氛热烈。

完成下课仪式后，学生们陆续离开课堂。课后，郑老师将学生锉削姿势错误，锉刀端不平的问题进行了记录，并提出了解决方法。

分析：郑老师是一位教学经验丰富、教学能力很强的优秀教师，他的这堂实训运用了以下技能：

教学设计方面：课堂教学阶段层次分明，有明确的导入部分，从生活中的实例出发更容易让学生接受课程内容；有差异性教学设计预案，当出现小组或个人进度不同的情况时，以不同材料的创新工件加工为载体，丰富学生的课堂内容，即强化技能，又可使学生感受对于不同材料的加工体验，达到拓宽专业视野的目的，使课堂充满新鲜感和成就感。有实施，有强化，有总结，有明确的教学组织，并能进行及时总结反馈。

教学技能方面：应用了很多教学技能对于课堂教学进行支撑，比如反馈技能中应用课堂观察、课堂提问、实践方法进行了个别学生和大部分学生的反馈信息的收集，并进行即时纠偏；应用了语言强化和演示强化技能，加强了学生对于技能点的认知；应用了结束技能，对于课程内容及课程问题进行了总结，开展了有效的指导性教学组织，最后对于个人教学进行了及时总结记录，形成了一定的教师风格。

从教学过程看，教学内容设计与实施设计都以学生学习为中心，突出了学习者的主体地位，教学效果良好。

探索思考

1. 非师范院校数学系的毕业生一定能够做好数学老师吗？
2. 举例说明不同的教学内容如何选择合适的导入方式？

单元二 选择教学组织形式

培训目标

◆ 了解教学过程的特点规律、模式和结构；
◆ 了解教学程序设计；
◆ 掌握常见的教学组织形式。

导入案例

为什么老师很努力，但教学效果不佳呢？

刘老师是车辆工程专业的研究生，毕业后应聘到一所高职院校从教，现在是一名有着两年教龄的年轻汽修专业教师。刘老师本学期教授的课程是"汽车发动机故障检测与维修"。

昨天中午刘老师刚吃完午饭，正悠闲地向办公室走去。忽然一个熟悉的声音在刘老师身后传来："小刘，根据教研室活动安排，明天第1、2节咱们教研室没课的老师听你课。"刘老师猛然回头一看，原来是教研室王主任。刘老师连忙答应："好的，主任。"按照课程的教学进度计划，刘老师明天应该讲授的教学任务是汽车发动机气缸压力检测。

为了明天能够把课上好，刘老师利用下午和晚上的时间对气缸压力检测的教学任务进行了精心的设计，从教学工作页、PPT课件、任务的导入、任务的能力目标、知识目标、素质目标、课堂的时间安排等都做了充足的准备。

第二天上课铃声准时响起了，刘老师通过昨天充分的准备，今天上课状态很好，底气很足，声音洪亮。刘老师按照自己的教学设计思路一步一步地进行发动机气缸压力检测讲解。整个课堂教学过程十分流畅，PPT 应用熟练，工作页作为辅助教学工具也融入教学中，刘老师对自己的表现比较满意。

课程结束后，教研室王主任首先给刘老师一个整体的评价：整体授课"讲得"很好，思路清晰、语速适中。今天讲的教学任务是汽车发动机气缸压力检测，我个人觉得教学组织形式采用全程课堂教学的形式比较单一，学生的学习效果不佳。通过与刘老师进一步交谈，王主任了解到这个班级有一半以上学生是中专转段考上来的。于是，王主任给了刘老师几点建议：

1. 汽车发动机气缸压力检测是实操性很强的任务，在授课过程中应该采用现场教学效果会更好，尤其是在讲解气缸压力检测条件和步骤的时候，应该在实操区充分利用汽车发动机台架和气缸压力表边操作演示边教学。

2. 学生的来源参差不齐，应该注重关注个体，提前备好学生的状态，针对转段上来的学生，理论基础相对薄弱，应该适当采取个别教学，保证班级每名学生都不掉队，通过你的教授，他们都掌握了气缸压力检测的方法和操作步骤及注意事项等。

3. 在进行教学任务选取和教学设计的时候，可以根据学生的学习兴趣以及学生的能力水平及学习规律来选取不同的教学组织形式，这样做会事半功倍。

刘老师听完王主任的建议，茅塞顿开，突然意识到原来教学组织形式在教学效果上有这么重要的作用。心里暗自对自己说："我要向王主任学习，争取快速成长为一名有丰富教学经验的年轻骨干教师。"

分析： 不同的教学内容要选择合适的教学组织方式，开展不同的教学过程，方式不同效果也将不同。特别是针对职业教育生源特点，教学组织形式最好是以右脑带动左脑，教师以模拟、示范代替讲授，学生以行动代替听、看。

教学有法，教无定法。教学能力的提高是一个充满艰辛、充满快乐的实践、体悟的过程。

一、教学过程

认识教育过程以及职业教育中各个教育要素的特殊性，对于教师正确和灵活应用教学方法有着重要的意义。

（一）教学过程及本质

教学过程是教师根据教学目的、任务和学生身心发展的特点，通过指导学生有目的、有计划地掌握系统的文化科学知识和基本技能，发展学生智力和体力，形成科学的世界观及培养道德品质、发展个性的过程。关于教学过程的本质，长期以来，教育理论界对此进行了许多有关的探索，并提出了不同的看法。归纳起来，代表性的观点主要有以下几种。①

1. 认识-发展说

这种观点认为，教学过程是教师有目的、有计划地引导学生掌握文化科学基础知识和基本能力，逐步养成世界观和道德品质的过程。

2. 认识-实践说

这种观点认为，教学过程作为人类社会的一种特殊的认识过程，是认识和实践统一的活动过程，是学生在教师指导下，对人类已有的知识经验的认识活动和改造主观世界、形成和谐发展个性的实践活动的系统过程。

3. 交往说

这种观点认为教学是教师教与学生学的统一。这种统一的实质是交往，教师与学生是"交互主体的关系"，因此，教学过程是教师与学生以课堂为主渠道的交往过程。

4. 多重本质说

这种观点认为，教学过程既然是多层次、多类型的，那么教学过程的本质也应该是多级别、多类型的。从而提出教学过程有认识论、心理学、生理学、伦理学和经济学五个方面的本质。

在我国，长期普遍的看法是把教学过程看作一种特殊的认识活动，是实现学生身心发展的特殊的认识过程。教学过程首先是一种认识过程，是教师教学生认识世界的过程，是包括教师教与学生学这两个既有区别又相互依存的有机统一的活动。教学过程内部发展的动力是教师提出的教学任务同学生完成这些任务需要的实际水平之间的矛盾，受一般认识过程普遍规律所制约。

（二）教学过程的基本要素

教学过程涉及教师、学生、教学目标、教学内容、教学方法、教学媒体等要素。教学方法的运用必须与各个教学要素联系起来，这些教学要素在以时空和物理环境体现的教学环境中相互作用，并受到教育目标和教育价值观的制约（如图5-1所示）。在教学中，教师在运用教学方法时总是要考虑"面对怎样的学生""为了什么教育目标""涉及什么教学内容""应用什么教学媒体""在怎样的教学环境中实施"等问题。因此，运用教学方法要和这些相关联的教学要素结合起来。

（三）教学过程的特点

在学校中，教学过程作为认识的一种特殊形式，其特殊性在于：它是学生个体的认识，是由教师领导未成熟的主体通过学习知识去间接认识世界，发展自身。其具有以下本质特征。

---

① 杨小微，张天宝. 教学论［M］. 北京：人民教育出版社，2014：240-246.

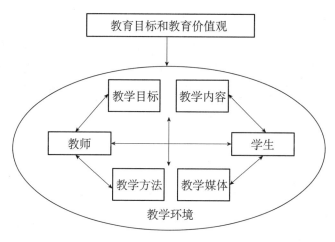

图 5－1　教学过程的基本要素

1. 认识的间接性

学生学习的内容是已知的间接知识并在教学中间接地去认识世界。在教学过程中，学生认识的客体即教学内容是学生认识活动指向的对象，主要以课程教材为基本形态。为了有目的地塑造学生主体和加速其认识进程，课程教材是经过教育者精心选择、加工改造，根据社会发展需要和人的发展需求，从人类知识宝库中挑选和提炼出来最基本的材料，是前人已经发现和总结的认识成果系统化和概括化了的知识体系。

2. 认识的交往性

交往是人与人之间在共同活动中发生相互作用和联系的基本方式，也是社会群体赖以生存、发展的必要条件。教学活动是一种社会性交往活动，是发生在师生间以及学生间的一种特殊的交往活动，具有鲜明的社会性。通过教学交往，可以克服单个主体的种种偏见差异，使学生获得在直接经验范围内难以获得的新信息、新知识、新方法和新观念，使信息得以整合、共享。因此，学生的认识不能离开师生间在特定情境和为特殊目的而进行的交往，所谓有教无类，只有在正向交往中，学生才能得到真正的发展。

3. 认识的教育性

赫尔巴特提出，教学永远具有教育性。他认为，教育的目的是道德培养，选择的目的是专业知识的学习，而教学是形成人的品德的基本途径，主张把知识涵养和人格成长统一于教学过程之中。教学认识的教育性，首先表现在教学过程所传授的各门学科知识，无论是自然科学还是社会科学，在使学生获得一定知识、能力的同时，都对学生形成相应的世界观、人生观、价值观产生深刻影响。其次，教学过程的组织，教学方法的运用，具有潜在的教育性。被动接受、机械模仿只会使学生养成盲从的态度和性格，只有当学习成为在教师指导下主动的、富有个性的过程时，学生的创新意识与能力才能得到很好的提升。最后，教师教学的责任感、价值观、思想作风、言行举止以及校园环境、人际关系的性质等对学生发展也有重要影响。

4. 认识的指导性

教学过程中学生的个体认识是在教师的指导下进行的。教学认识过程区别于一般认识过程，在主客体之间"嵌入"一个起主导作用的中介因素——教师，形成学生（主体）、课程教材（客体）、教师（指导）相互作用的特殊的"三体结构"。教师嵌入教学过程主要是为学生快捷地掌握人类文明经验、为学生个体认识提供稳定支撑和有效保障，教师的指导影响着教学过程中学生认识的方向、内容和途径等方面，并对它的结果和质量负责。

（四）教学过程的基本规律

教学过程内部的各种因素相互依存、相互作用，形成了一些稳定的、必然的联系，这正是教学过程规律性的体现。

1. 间接经验与直接经验相结合

每个个体的认识有直接经验和间接经验两种基本来源。直接经验是每个个体在认识、探索和改造世界的过程中，在自身活动中体悟、感知和概括出来的经验，这是个人的经验。间接经验则是人类在文明史的演进历程中所积累起来的人类一切经验，主要体现为自然科学、社会科学、文学艺术等文化成果，是个人通过交往等活动获得的前人、他人的经验。间接经验与直接经验相结合，能反映教学中传授系统的科学文化知识与丰富学生感性知识的关系、理论与实践的关系、知与行的关系。

学生以学习间接经验为主。首先体现在学习内容上，学习的内容是经过系统选择、精心加工、简化和典型化的人类文明经验的精华。其次在认识方式上同样表现出间接性。学生主要是通过"读书""接受"现成的知识，然后再去"应用"和"证明"。这是一条认识的捷径，它使学生能用最短的时间掌握大量的、系统的文化科学基础知识，同时，还可以使学生在新的起点上继续认识客观世界，继续开拓新的认识领域。然而，学生学习间接经验要以直接经验为基础，要使人类的知识经验转化为学生真正理解掌握的知识，必须依靠个人以往积累的实践中学习。因此，教学中应积极创造条件，引导学生质疑、调查、探究，在实践中学习。这里需要指出的是，教学中学生直接经验的获得，与人类实践活动中直接经验的获得方式不尽相同。教学中往往将直接经验典型化、简约化，主要方式是实验、演示、教学录像，参加一定的生产劳动、社会调查，设置模拟的生活情境让学生体验等。选择的经验教材是经过改造的，且能反映事物的本质特征。

2. 掌握知识与发展智力能力相统一

掌握知识与发展智力能力相互依存、相互促进，二者统一在同一教学活动中。现代教学论认为，教学不仅要使学生掌握知识技能，而且要发展学生的智力和能力，包括一般认识能力和特殊能力。

学生认识能力的发展有赖于知识的掌握，知识为能力提供了广阔的领域。掌握知识的过程必然要求学生积极进行认识、思考和判断等心智活动，只有在心智操作的活动中智力能力才能发展。智力能力发展是掌握知识的重要条件，学生掌握知识的速度与质量，依赖于学生原有智力水平的高低。认识能力具有普遍的迁移价值。它不但能有效地提高学生的学习效果和知识质量，推动学生进一步掌握知识，而且有利于促使学生将知识应用于社会实践活动，从而获得完全的知识。知识不等于智力，学生掌握知识的多少并不完全表明其智力的高低，而发展学生的智力也不是一个自发的过程。必须探索二者之间的差异以及相互转化的过程和条件，以引导学生在掌握知识的同时，有效地发展他们的智力和能力。知识与能力的相互转化，一般来说应注意以下条件：第一，传授给学生的知识应该是科学的、规律性的知识，只有掌握了规律性的知识才能举一反三、触类旁通，才能实现知识的迁移，也只有规律性的知识才需要理论思维的形式；第二，必须科学地组织教学过程，启发学生独立思考、探索和发现，鼓励学生选择不同的学习方法和认知策略去解决问题、学会学习、学会创造；第三，重视教学中学生的操作与活动，培养学生的参与意识与能力，提供学生积极参与实践的时间和空间；第四，培养学生良好的个性品质，重视个性差异。

3. 教与学的统一

教学活动是教师的教和学生的学组成的双边活动。如何处理好教与学的关系一直是教育史上的一个重要的理论和实践问题。传统教育倾向于把师生关系看作是单向的传与受关系，以教师为中心，强调教师的权威和意志，把学生看作是被动的知识接受者。现代教学论强调教与学二者的辩证关系，教学是教师教、学生学，学生这个学习主体是教师组织的教学活动中的学习主体，教师对学生的学习起主导、指导作用。

在教学中，学生是学习的主体，其能动性表现在：受学生本人兴趣、需要以及所接受的外部要求的推动和支配，学生对外部信息选择的能动性、自觉性；受学生原有知识经验、思维方式、情感意志、价值观等制约，学生对外部信息进行内部加工的独立性、创造性。需要说明的是：学生的主体地位是在教师主导下逐步确立的。学生这个主体从依赖性向独立性发展，是教师主导的结果。

教师在教学过程中处于组织者的地位，对教学工作全面负责。他代表社会并依据教育规律与人的发展规律来具体设计教学的目标、内容、形式和方法，组织实施教学过程，评估学生学习的结果。教师的主导作用表现在：教师的指导决定着学生学习的方向、内容进程、结果和质量，起引导规范、评价和纠正等作用。教师的教还影响着学生学习方式以及学生学习主动性、积极性的发挥，影响着学生的个性以及人生观、世界观的形成。因此，充分发挥教师的主导作用是重要的。

（五）教学过程的基本模式和结构

1. 教学过程的基本模式

按照学生认识活动的方式，存在接受式学习和探究式学习两种基本模式。接受式学习是借助语言获得知识的方式，其基本样式是教师呈现信息、学生接收信息，例如老师讲学生听、老师写学生记、老师展示学生观看等。探究式学习是借助提供结构化材料，指导学生进行操作与思考而获得知识的方式，其基本特点是：以增进学习者的创造才能为主要任务，以解决问题为主题，关注学生在学习过程中的自主性和探究性等。

2. 教学过程的结构

教学过程的结构指教学进程的基本阶段。按照教师组织教学活动中所要求实现的不同认识任务，可以划分出教学过程中学生认识的不同阶段。例如，以知识传授为例，可以分为以下阶段：

（1）引发学习动机。学习动机是推动学生学习的一种内驱力，学习动机往往与兴趣、求知欲和责任感联系在一起。教师要使学生明确学习目的，启发学生的责任感，激发学生学习的积极性。

（2）领会知识。首先，教师要引导学生通过感知形成清晰的表象和鲜明的观点，为理解抽象概念提供感性经验。其次，理解教材，形成科学概念。引导学生在感知基础上通过分析、比较、抽象概括以及归纳演绎等思维方法加工，形成概念、原理，真正认识事物的本质和规律。

（3）巩固知识。通过各种各样的复习，对学习过的教材进行再记忆，并在头脑中形成巩固的联系。

（4）运用知识。学生掌握知识的目的在于运用，教师要组织一系列的教学实践活动引导学生动脑、动口和动手，以形成技能技巧，并把知识转化为能力。

（5）检查知识。检查学习效果的目的在于使教师及时获得关于教学效果的反馈信息，以调整教学进程与要求；帮助学生了解自己掌握知识技能的情况；发现学习上的问题，及时调节自己的学习方式，改进学习方法，提高学习效率。

二、教学程序设计

根据教学过程的有关模式和结构，可以进行教学程序的设计。职业教育教学程序设计包括专业教学流程设计、课程教学流程设计和单节教学流程设计。

（一）专业教学流程设计

专业教学流程是从学生专业教育开始到完成学业的全过程。专业教学流程设计可以分为：明确专业培养目标，展望职业生涯；开展专业学习，完成各类教学活动；进行毕业考核，顺利实现就业。

其中，明确专业培养目标对于学生开展专业学习是十分重要的，但目前人们普遍没有注意这个问题，即使注意了也只在专业教育阶段笼统地介绍一下专业培养目标，这实际上是不够的。奥苏泊尔曾提出组织者先行理论，实际上，目标也需要先行，并且要具体明确。加涅提出教学活动的九个方面：一是引起注意到；二是告诉学生目标；三是刺激对先前学习的回忆；四是显示刺激材料；五是提供学习指导；六是诱发学生行为；七是提供反馈；八是评定行为；九是促进记忆和迁移。把学习目标放在了教学的开始，展望职业生涯对于学生了解自己未来的职业人生，激发学习热情是不可缺少的。这对于学习动机发展来说，是设置形成条件又是激发的过程。

（二）课程教学流程设计

课程教学流程是从学生开始学习本课程到通过本课程考试的全过程。课程的教学流程设计可分为明确课程学习目标、开展教学、学习结果评价三个阶段。

其中，在明确课程学习目标时，不但要做到目标描述的具体明确而且需要说明本课程学习目标在整个专业培养方案中的地位和作用。

（三）单元教学流程设计

一个单元可以包括两个课时或两个以上的课时。这种课的教学流程设计首先需要遵循职业活动逻辑顺序，然后充分发挥能力形成和学习动机发展的心理逻辑特点，培养不同职业活动所要求从事这种职业活动的人的思维特质，以提高职业教育教学的效能。

单元教学流程设计根据教学需要可分为以下几种不同的程序设计。

1. 职业活动过程导向的教学程序设计

如果职业活动过程是事先就固定下来的，那么教学开始就明确职业活动过程，然后从头到尾逐个环节开展教学，使得教学过程与职业活动过程一致起来，可以提高职业教育的教学效能。

职业活动过程导向的教学程序包括四个阶段：一是向学生展示学习目标（包括具体内容、标准、作用）；二是向学生描述职业活动完整过程由哪些环节构成，每个环节的作用如何、要求如何，各环节间存在什么样的关系；三是按各环节在职业活动过程中的先后顺序开展学习，若某环节学习不适宜现在学习，可以放在后面学习；四是对职业活动结果进行评价、对学习目标实现情况进行评价。

2. 职业活动情景导向的教学程序设计

如果职业活动过程事先难以确定，每个环节可能出现多个情景，那么教学开始可以明确可能出现的职业情景，然后从简单到复杂逐个讨论在不同的职业情景下，采取哪些恰当的职业行为，使得教学情景与职业活动情景一致起来，从而提高职业教育的教学效能。

职业活动情景导向的教学程序包括四个阶段：向学生展示学习目标（包括具体内容、标准、作用），向学生描述可能出现的各种职业情景；逐个情景开展学习，按每种情景对职业行为的要求标准、规范进行评价，以保证职业活动顺利和任务完成的质量；对职业活动结果进行评价、对学习目标实现情况进行评价。

3. 职业活动效果导向的教学程序设计

当职业活动的过程和情景事先无须确定，而要求达到某种效果时，那么教学开始应展示职业活动要达到的效果，然后讨论提出可能方案，最后落实方案，这样可以有效地培养学生的发散思维。

职业活动效果导向的教学程序包括五个阶段：向学生陈述学习目标（包括具体内

容、标准、作用）；向学生展示职业活动效果；讨论可能方案；方案实现；对职业活动效果进行评价、对学习目标实现情况进行评价。[①]

三、教学组织形式

在教学过程中，教师总是要把学生组织起来，并与学生建立一定形式的联系（个别的、小组的或班集体的），有计划安排学习活动，分配教学时间，确定授课的方式等。优化教学组织形式，对提高教学质量有着极其重要的意义。

教学组织形式具有相对稳定性，但并不是一成不变的。[②] 在社会历史进程中，由于社会对人才需要的不同，科学技术发展水平的不同，以及所采用的教学内容、教学手段的不同，教学形式也有所不同。古代普遍采取个别教学的组织形式，我国过去的私塾、书院就属于这种形式。这是一种与较低的生产水平和科技水平相适应的教学形式。16 世纪后期，由于社会的发展和文化科学技术的进步，为了扩大教育规模，增加教学内容，特别增加了有关自然、技术、艺术、职业等学科门类，欧洲首先在学校教育实践上创造了班级授课制的教学形式。我国采取班级授课的教学形式是清朝末年。近几十年来，西方发达国家在对学制、课程、教学方法等方面进行改革的同时，对学习组织形式也进行了改革。为了提高科技人才和劳动者的质量，美国强调天才教育，日本大办"英才教育"，它们重视选拔和培养高才生，强调适应个别差异，注意加强个别教学，在学习组织形式上进行了很多改革试验。如实行按智力和能力分班分组进行教学，实行跳级制、设选修课等，重视学生的自学和独立研究。

近年来，现代化教学手段的发展引起了教学组织形式的不少变化。西方教育家将传统的教学形式的态度大致分两派：一派主张坚决废除现行的班级授课制；另一派主张以温和的步骤促进班级授课制度的现代化。我国教育界依然肯定课堂教学是教学的基本组织形式，他们认为上课作为一种教学组织形式，有理由在其他组织形式（包括：家庭作业、选修课、小组教学、补课、实验实习、课堂讨论、参观、辅导、考查、考试和座谈等）中处于中心地位，它作为教学过程的一个单位，有利于把教学的任务、内容和方法集中在一起发挥作用。

四、常见的教学组织形式

我国常用的教学组织形式有以下几种。

（一）课堂教学

课堂教学（也叫班级授课制），简称上课，它是把年龄和知识程度相同或相近的学生编成班级，每班有固定的学生数、比较固定的教师和比较固定的教室，由教师根据教学计

---

① 邓泽民.职业教育教学论［M］.北京：中国铁道出版社，2011：225.
② 韩延明.新编教育学［M］.北京：人民教育出版社，2006：359.

划规定的课程和教学时数，按照学校的课程表和时间表，进行教学的一种教学组织形式。①

因为这种教学组织形式比较符合教学的科学规律，具有很大的优越性，又经过几个世纪的实践，使它不断得到丰富和发展，所以至今仍为中外各国的学校普遍采用，它也是现阶段我国教学的基本组织形式。这是因为，学校是以教学为主，教学主要是使学生学习书本知识，教学任务的完成主要是通过课堂教学来实现的。课堂教学能够充分发挥教师的主导作用，根据规定的教学内容，有计划、有系统地向学生传授知识，形成技能技巧，发展学生的智力，并在传授知识的同时对学生进行思想教育。

在课堂教学中，一个教师可以同时教几十个学生，这是一种比较经济有效的教学形式。课堂教学面向班级集体，能够发挥学生集体的教育作用，便于学生之间互相观摩、启发和帮助。

课堂教学也有局限性，因为这种形式面向班级集体，要求全班学生使用同一教材，按照同一进度进行教学，不利于因材施教，会束缚少数有才能的学生的发展，也照顾不了后进生的需要。这种形式容易产生理论与实践脱节的现象，妨碍学生主动地学习，所以从课堂教学产生以来，许多中外教育家就提出了如何克服上述缺点、问题，直到现在这仍是一个值得研究的课题。

课堂教学是教学的基本组织形式，但不是唯一的形式，因此教学过程中还应采用联系实际的、能照顾个别差异的教学形式加以辅助和配合。

在教学实践中，课表现为不同的类型和结构。课的结构是指一节课的组成部分或环节。不同类型的课有不同的结构。课的类型大致可分为两大类：单一课和综合课。

1. 单一课

单一课是指在一节课内主要完成一种教学任务的课。这类课一般可分以下几种：学习新知识的课、巩固知识的课、培养技能技巧的课、检查知识的课、分析作业的课等。

（1）学习新知识的课。这是一种在教师指导下引导学生以学习教材新内容为主要任务的课，其一般结构如下：

1）宣布学习的题目和学习计划。

2）按计划顺序进行教学活动。

3）进行总结和巩固主要论点。

4）回答学生的提问。

5）布置课后作业。

这种课多半是在下列一些场合采用：某课需要一次把它整个讲完，中间无法停止，或新学科第一次上课，或是需要以实物演示作辅助等，都需较长时间的讲解，故多采用于学习新知识的课。

（2）巩固知识的课。这是一种以复习和巩固所学知识为主要任务的课。其一般结构如下：

---

① 苗天峰．大学生就业指导概论［M］．长春：吉林人民出版社，2007：10.

1）教师说明复习巩固的目的，可根据教学大纲所规定的重点和检查学生作业中所存在的问题来规定复习的目的和要求。

2）回忆再现以前所学过的基本知识。即按复习点，将基本理论、原则、公式等加以回忆和再现。回忆和再现方法是多样的，一般可采用下列一些方法：教师按复习提纲进行概述，边实验、边提问、边总结，提问或解答问题等。

3）对复习材料进行一些补充作业，如由教师提出复习重点、制成系统表或略图等。

4）布置课后作业。这种作业是要学生在课外继续独立进行复习用的。

（3）培养技能技巧的课。这是一种以训练学生的技能、技巧为主要任务的课。其一般结构如下：

1）说明练习的目的和要求。

2）复习有关原理、定理、规则、公式等。

3）教师指导学生进行练习。

4）学生独立地进行练习。这一阶段在一堂课中的时间较长。学生在独立练习时，教师可从一旁指导，因材施教。

5）布置课后作业。

（4）检查知识的课。这种课是以检查学生对所学知识的理解记忆和运用的情况为任务的课。其一般结构如下：

1）宣布检查题目，提出要求。

2）进行检查和测验。检查的方式方法很多，一般有书面测验、提问、演算习题、分析改错和作文等。

3）布置课后作业。如无必要亦可不布置。

（5）分析作业的课。这是一种以指出学生作业的优缺点、引导学生正确认识自己掌握知识和技能的质量为任务的课。其一般结构如下：

1）向学生宣布本节课的目的。

2）教师对学生的作业做一般评定，把检查结果告诉学生。

3）对各种不同质量的作业加以分析评论，指出作业中的优点和错误的地方，并说明正确的做法，然后由学生订正错误。

4）针对学生常犯的错误，布置课外作业。

2. 综合课

综合课又名混合课，是在一节课内同时实现几种教学任务的课。这类课的一般结构如下：

（1）组织教学：使学生做好上课前的各种准备，了解学生出勤情况，集中学生的注意力保证教学能够顺利地进行。组织教学不仅应当在上课开始时进行，而且应贯穿在全部教学过程中，直到课的结束。

（2）检查复习：复习已学过的教材，巩固和加深已学的知识，了解学生已学过的知识的质量，加强新旧知识的联系；培养学生对作业的责任感和按时完成课外作业的习惯；检查复习的内容，可以是上一次课学习的内容，可以是与学习的新知识有关的内容。检查复习的方法有口头答案、板演、检查课外作业等。检查后，一般要给予评定，并指出其优缺点。

（3）学习新教材：目的在于使学生掌握新知识。这是教学过程中最重要的部分。

（4）巩固新知识：目的在于使学生对所学新知识当堂消化。当堂进行巩固，也可以使学生初步练习和运用新知识，为课外作业做好准备；可以采取提问复述、练习等方法巩固新知识。

（5）布置课外作业：目的在于使学生进一步巩固所学的知识并培养独立工作的能力。教师在向学生布置课外作业时，应说明具体的要求，对难度较大的作业，可适当提示完成作业的方法。

以上是各类型课的几个基本环节，至于具体每一节课要有多少环节，要通盘考虑它的教学目的、教材性质、学生的年龄特征和知识基础以及教学方法上的要求之后才能确定。教师进行教学时，应根据具体情况灵活地、创造性地安排课的结构，不要千篇一律，以免造成教学上的形式主义。

（二）现场教学

现场教学是把教学安排在有关现场进行的一种教学组织形式。这种形式的优点是有利于联系实际，特别是结合生产实际，它提供学生丰富的直接经验，便于学生理解和掌握书本知识，还能同实际操作结合，边学边做，学到实际本领。学生通过现场教学，可以理解到科学知识怎样应用于社会生活和生产实践，从而激发学生的积极性。同时，现场教学也有利于师生了解社会，提高学生的职业能力。

现场教学在具体运用中，要注意根据教学大纲和教学内容的要求，从学生实际出发，尽可能地选择典型的教学现场，注意邀请有实践经验的技术人员、工人、农民等担任讲课或做技术指导，教师应与之密切配合，做好组织工作。

过去常把现场教学当成课堂教学的辅助形式，但从职业教育的特点来看，现场教学的运用将会越来越多，并成为与课堂教学相提并论的主要形式。事实上，一些职业学校现场教学的比例已超过50％，成为最重要的教学组织形式。

（三）个别教学

个别教学是教师在集体教学以外对个别学生或学生小组进行教学的一种组织形式。课堂教学面对集体，虽然也贯彻因材施教的原则，但难以照顾学生中的个别差异。任何一个班级的学生中，总是有比较突出的和比较差的，为了及时发现，及时培养人才，对一些尖子学生辅之以个别教学，根据具体情况提高计划；对另一些学习基础差、跟不上教学进度的学生，则需要教师个别帮助，许多优秀教师在这方面所表现出来的热心和积累的经验，值得赞扬和学习。做好个别教学的前提是对学生的学习情况有深刻了解，只有如此才有可能有针对性地进行辅导。

（四）分层教学

分层教学是最近几年在中等职业学校发展起来的一种新的教学组织形式，也有人认为这是一种教学模式。这种形式是教师在同一个班级、同一时间、同一个教学场所进行不同层次的教学。一般情况下，教师先向全体学生实施一般层次的教学，然后再向一些学习素质较高的学生实施较高层次的教学。在考核时，学生可以在两个层次中任选某一层次的任务或题目。

中等职业学校学生学习素质参差不齐，要求一个班级中每一个学生都完成统一的、教学大纲规定的教学任务，有时是十分困难的。承认差别、因材施教、各有所获、皆大欢喜就是分层教学的特点之所在。在这种教学形式中，可以看到个别教学的影子。

（五）小队教学

小队教学是班级教学向个别化教学过渡的一种教学组织形式。它由多名教师组成小队，充分利用每个教师所擅长的知识和技能，在其他教师的配合下，在一个或多个相同的班级进行教学。通过课堂和课外的多种活动，来提高人员和设备的利用率，使教学更能切合学生的个别差异，达到个别化的目标。

小队的类型大致分为多层小队和合作小队两种。多层小队的教学结构如同金字塔。小队负责人、主讲教师和一般教师分别位于塔顶、塔中和塔底。由于这种类型比较侧重主讲教师的作用，往往在无形中削弱了一般教师的作用，因此常常被合作小队所取代。合作小队由几名专业水平大致相近的教师组成，小队负责人根据需要由教师轮流担任，教学中不再有主讲教师和一般教师之分。它的关键是强调"与"同伴一道工作，而不是"为"同伴工作，注重教师之间的合作关系从而冲淡了多层小队的隶属关系。

小队教学的设计者认为，学生获得知识主要通过三种方式：依靠教师、自学、互相学习。为适应这三种方式，小队教学应由三部分组成，即大班教学、独立学习和小组讨论。大班教学充分利用优秀教师的作用，由同一教师向几个班级进行一部分教学内容的教学，余下时间则用于备课或个别指导；其余的段落便由别的教师进行教学。实验显示，大班教学由优秀教师负责可以在短时间内提升观念，保证教学的条理性和连贯性。独立学习是正式教学规划的组成部分，一般是在教学资料中心进行，这种资料中心备有书籍、磁带、电影、唱片等，并安排了指导学生自习的图书管理员。

实施小队教学方法的要点如下：

（1）每周开一次小队负责人会议，研讨一周的教学计划。

（2）每一教学单元必须编写教案，教案由小队负责人、教师、助理教师共同设计。

（3）每周召开一次研讨会，总结上一单元经验，做好下一单元的设计工作。

（4）单元进度按照学校各科进度实施。小队负责人及教师之职责为拟订教学计划、安排教学工作等，助理教师之职责为协助进行分组教学、布置教学环境等。

（六）包干教学

在一些中等职业学校，有一段时间流行一种包干教学的教学组织形式。这种形式是由几个教师组成教师团队，全面负责某几个班级的所有课程的教学任务、学生管理以及就业工作。

包干教学有助于师生之间建立密切的关系和深厚感情，从而更有效地实施教学，达到教学目标；教师能够更好地掌握整个教学过程，建立大局观，承担责任，实施教学改革；促进教师全面素质的提高。但是，这种形式对教师的要求较高，对学校管理体制的挑战也较多。

（七）独立学习

独立学习是学生在没有教师和其他同学的直接帮助下，以独立形式组织学习，主要目的是促进独立工作能力和个性发展，如学生按照任务书独立完成任务，或在观摩实验后填写学习记录等。

独立学习的优点是[①]：

（1）学生可按照愿望，较自由地学习部分或全部内容。

（2）通过相应学习程序可使培训方式规范化。

（3）可根据学生情况灵活调整学习时间、进度、方法和风格。

（4）容易采用教学媒体，设置更有吸引力的课程。

独立学习的局限性表现在：

（1）需借助工具查询、收集资料等，耗时较长学习效率不高。

（2）知识没有得到充分的交流与论证，易产生知识结构偏差。

独立学习需要一些基本条件，如图书馆、技术档案馆、学习资源中心等。独立学习是对传统教学的支持和补充。

（八）合作学习

合作学习是以学习小组为基本教学组织形式，系统地利用教学中的各个动态因素，包括教师与教师、学生与学生、教师与学生以及学校与家长、学校与社会等，这些因素互相协调、促进学习小组成员的全面发展，以期达到预先设置的共同性的教学目标。每个学习者对自己的学习行为和自己对别人的影响应当有清醒的认识。

合作学习具有以下基本特点：

（1）由小组的全体学习者共同承担学习和工作任务，小组尽可能独立自主完成任务。

（2）不事先分配学习者的任务，整个学习过程的维持、设计权都在学习小组成员手中。

（3）学生自己设计、调控学习和工作过程。

（4）学习小组自己对取得的成果和学习目标进行比较，和同学之间交流学习经验。

在合作学习中，教师只给学习小组提供应解决的问题，问题全部由小组成员自行解决。他们对提出的建议进行筛选，制定具体工作计划，协商分工，保证任务完成，教师主要起陪伴与咨询作用。

学习小组是实现群体合作学习目标的基本手段，一般为 4～8 人一组，小组可根据学生性别、才能倾向、个性特征、现有能力和经验以及特长爱好等方面的差别进行组

---

① 广东省职业技术教研室. 职业技能教学［M］. 广州：广东科技出版社，2007：135－136.

合，它不同于传统的行政组织小组。组织学习小组应注意以下几点：

（1）组内异质，组间同质。可以为公开竞赛创造合理平等条件。有时也可同质组合，程度相同者组合成多个小组，以使弱势学生群体有竞争第一的机会，在学习过程中受到尊重与激励。

（2）合理分工，结果整合。小组任务要体现大体均衡，可把学习任务分解成若干块，小组成员各负其责。除了必须独立承担任务外，还必须为小组集体成果负责，这样就形成了互帮互学的合作氛围。

（3）个人计算成绩，小组合计总分。合作学习既追求团体总分，也不放弃个人得分。这既发挥了优势学生的积极性，也调动了弱势学生的积极性。在小组内只有人人努力，而且互相帮助，共同进步，才能获得团体总分上的好成绩。

（4）分配角色，分享领导。学生可根据课题内容轮流担任项目负责人，亦可分担不同任务的角色，使每个人都在不同角色中得到锻炼和提高。

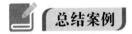 **总结案例**

不拘一格进行教学组织的一堂课

汽装教研室主任邹老师是一名从事职业教育 20 多年的优秀教师，她在教学设计和教学授课过程中有着丰富的教学经验和心得。邹老师一直是年轻教师学习的榜样，本学期邹老师承担的教学任务是"汽车发动机构造与检测技术"，在她的课堂上总会出现前来学习的教师。这不，今天教研室几位老师没有课，特意来到邹老师的课堂进行观摩和学习。

邹老师今天讲授的教学任务是"气门组的拆装与检测"，授课的班级是汽车电子专业，学生人数是 30 人。为了能够观摩邹老师的完整授课过程，几位老师提前 15 分钟就来到教室，当他们到达教室的时候发现邹老师已经穿好工装、正在调试授课的课件，同时告诉提前到达教室的学生打扫卫生，做好课前 5S。

上课铃响，随着一声"上课，同学们好"洪亮而又干脆的声音，邹老师开始了今天的授课。邹老师开始以自己朋友的爱车"缺缸"故障现象，经维修人员检查发现是四缸气门弹簧断裂导致"缺缸"现象发生，自然地导入了今天的学习任务——气门组的拆装与检测。接着，邹老师通过漂亮的板书、授课课件、教学工作页、气门组的实物以及气门组拆装与检测的视频短片等，绘声绘色地为学生们讲解气门组拆装与检测的方法、步骤、注意事项等。

在理论授课环节中，A 同学在下面看手机，被邹老师点名提问了，邹老师通过提问的方式把 A 同学的注意力又拉回到自己的教学进程中。B、C、D 同学对气门组的组成原理有点不太清楚，邹老师通过实物耐心地为他们解答，并鼓励他们每个人对气门组的组成及原理进行叙述，其他会的同学作为考官，看看 B、C、D 同学说的是否完整，并给予补充。

为了更好地让学生掌握气门组的拆装与检测，邹老师首先播放拆装视频短片，然后将班级学生根据实操区的实训台架数量进行分组和工作职责任命，接着让学生们到实操工位就位，并根据视频的拆装步骤进行实操训练，充分调动学生的学习兴趣，她则作为辅助人员在旁边进行纠错和指导。通过现场实际操作教学，邹老师激发和调动学生的学习兴趣，以学生为主体，让学生能够快速掌握操作技能和方法。在现场实操环节，邹老师发现第一组的同学完成的进度很快，她就走到第一组面前告诉组长：你们都操作完成后可以再来一次，这次需要你两人一小组计时完成，看看你们内部分的小组谁的速度又快，完成的质量又好。第一组听完后很兴奋，迫不及待地拿起手机进行计时。与此同时，邹老师发现第四组整体进度比较慢，第四组有的成员已经急得满头大汗，于是她微笑地走到四组成员面前，说：你们不要着急，只要团结一致，认真按照正确操作步骤和方法进行就行，确保完成的质量，速度可以通过后期的反复练习提升。

在距离下课还有 15 分钟的时候，每一组都完成了至少一次的拆装与检测的操作。邹老师利用 5 分钟的时间对本次任务进行了总结，对第一组的操作给予了表扬，对第四组的同学给予了鼓励，对其他组也给了相应的点评，学生们也对本次任务的学习情况做了总结汇报。最后，全体同学对理论教学区和实操区进行了彻底 5S，回到自己座位上静静等待下课。

分析： 邹老师的整个课堂教学设计符合学生的学习规律和职业成长规律，学生们很容易接受。第一，邹老师是一名教学经验丰富的好老师，她驾驭课堂的能力很强，对学生很了解。第二，邹老师在教学过程中，根据教学内容的不同，采用了不同的教学组织形式，通过课堂教学、现场教学、个别教学等充分激发学生的学习兴趣，关注学生的能力差异，通过多样化的教学组织形式让学生们完成教学任务的知识目标、能力目标和素质目标，最终取得了较好的教学效果。

探索思考

1. 有五个学生组队参加省级汽车检测与维修大赛（可以换成你熟悉的专业大赛），请设计一堂竞赛训练课，重点在于教学组织形式的选择。

2. 请听一节其他老师的课，写一篇不少于 500 字的教学组织优劣分析。

第二部分
教学方法体系

模块六　基本教学方法

模块导读

本模块主要目的是使职业院校教师掌握基本教学方法，包括讲授教学法、讨论教学法、演示教学法、案例教学法的内涵、理论依据、实施步骤以及优缺点。

单元一　职业教育教学方法概述

培训目标

◆ 了解四种教学方法的内涵和理论依据；

◆ 掌握不同教学方法选择的依据和程序；

◆ 了解职业教育教学方法设计与创新的基本原则和方法。

导入案例

两种教学方案的比较

以"机械制图"课程为例，看看选择以下两种教学方法，效果有什么不同。

方案一

一、教学内容

第1章　机械制图基础

二、教学目标

1. 掌握什么是国家标准

2. 图纸幅面及格式

3. 图框和标题栏

4. 比例和字体

5. 掌握国家标准，运用国家标准

三、教学安排

1. 什么是国家标准——讲授 10 分钟

2. 图纸幅面及格式——讲授 20 分钟

3. 图框和标题栏——讲授 10 分钟

4. 比例和字体——讲授 20 分钟

5. 练习、总结

方案二

一、教学内容

第 1 章　机械制图基础

二、教学目标

1. 掌握什么是国家标准

2. 图纸幅面及格式

3. 图框和标题栏

4. 比例和字体

5. 掌握国家标准，运用国家标准

三、教学安排

如表 6 - 1 所示。

表 6 - 1　教学安排表

班级		小组		组长		学生姓名		建议学习	20～28
课时		日期		成绩		指导教师			
课程名称	机械制图	学习情景 1		识读方形垫片零件图					
教学内容设计		教学实施设计				课程目标			
导入		教师行动		学生行动		知识技能目标		课程思政目标	
1. 用铅笔抄写下面表格中的数字 表格： 1 2 3 4 5 6 7 8 9 0 Φ10		1. 老师按标准提出书写要求； 2. 老师组织检查学生书写是否符合要求，一一确认是否合格； 3. 老师在黑板上演示书写过程，集体纠正不足； 4. 再次一一确认书写结果		1. 学生用铅笔按要求书写； 2. 学生主动对不合格的进行重新书写； 3. 学生看老师规范书写； 4. 学生重新书写，得到符合标准要求的结果		学生写出工整的阿拉伯数字		预设目标	突发目标
								严谨认真，不写错别字，杜绝造成浪费和损失	

续表

教学内容设计	教学实施设计		课程目标	
导入	教师行动	学生行动	知识技能目标	课程思政目标
2. 请按图示要求，结合老师讲解准备好铅笔和圆规 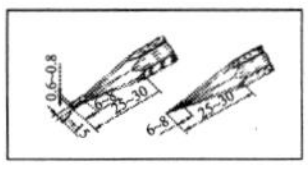 图1　铅笔铅芯削法 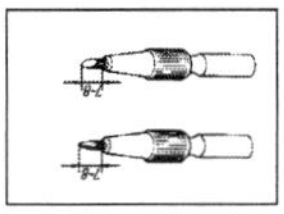 图2　圆规铅芯削法	1. 按标准提出削铅笔要求； 2. 微组织检查学生削铅笔是否符合要求，一一确认是否合格；演示削铅笔的过程，集体纠正错误； 3. 再次一一确认铅笔尖、圆规铅尖符合要求为止	1. 学生拿出铅笔按要求削铅笔； 2. 学生按照老师的示范重新削铅笔； 3. 展示削好的符合要求的铅笔，如图1、图2所示	削出如图所示形状的铅笔铅尖	培养学生执行标准意识
3. 请用直尺、圆规、铅笔等工具，按要求画出几何图形。 （1）半径是20mm的圆； （2）直径是20mm的圆； （3）边长25mm的正方形	1. 老师让学生拿出绘图工具； 2. 老师告诉学生，机械制图课程涉及的图样中给定的尺寸无特殊说明时，单位都是毫米（mm），并让学生拿出直尺和圆规量取20为半径，画半径是20的圆；量取10为半径，画直径是20的圆； 3. 检查学生画图是否符合要求，一一确认是否合格； 4. 让学生比较这两个圆的面积大小； 5. 让学生画边长是25的正方形，要求用三角板保证4个内角均为90°； 6. 检查学生画图是否符合要求，一一确认是否合格	1. 学生拿出铅笔和圆规； 2. 学生按要求，量取20mm和10mm并分别做半径画出两个圆； 3. 经检查确认不合格者重新画图； 4. 按要求画图后，学生得出结论，半径是20的圆的面积大小是直径是20的圆的4倍； 5. 学生拿出铅笔和直尺开始画正方形，不合格者重画； 6. 学生按要求画出符合要求的正方形	1. 掌握圆的画法； 2. 掌握半径和直径的关系； 3. 掌握正方形的画法； 4. 掌握绘图工具的使用方法	培养严谨认真、耐心细致的做事态度

续表

教学内容设计	教学实施设计		课程目标		
布置任务	教师行动	学生行动	知识技能目标	课程思政目标	
任务1 熟悉方形执片平面图形 子任务1-1 结合教材，请仔细观察图3中的图形，它是由哪些基本图形构成？在对应的字母上画"√" 图3 A. 正方形 B. 圆 C. 椭圆 D. 长方形	1. 让学生观察图3中的图形，引导学生根据子任务要求回答问题； 2. 微组织检查学生选择情况、纠错、确认、评价，错误的进行修正	1. 学生观察图3中的图形，并回答问题； 2. 在正确的字母上画√，并根据老师的检查确认、修正，得到正确的答案	1. 掌握圆、正方形是基本图形； 2. 明确在正确答案字母上画√	预设目标	突发目标
				通过"√"画法，加强执行要求意识，提高执行力	
子任务1-2 仔细观察图3所示图样中的线型有哪些不同？工整书写在下面的方格内	1. 让学生观察构成图形的图线是否相同； 2. 提问有哪些不同； 3. 让学生用汉字工整写在方格内； 4. 微组织检查学生，纠错、确认、评价，给出正确的答案，不符合标准的要求重新书写	1. 学生观察并回答"不同"； 2. "线宽不同"，粗线型是连续线，细线型是不连续的线"； 3. 学生按要求书写； 4. 学生根据老师的评价进行修正，得到符合要求的结果	1. 区别粗实线、细实线、点画线的线宽和线的结构的不同； 2. 工整书写在指定的格子内	1. 培养学生的细心观察、辨别能力，培养学生的执行力（格子小，不方便书写）； 2. 端正学生的做事态度	
子任务1-3 请同学想一想，画这个图形时需要选择哪些主要工具？工整书写在下面的方格内	1. 让学生仔细观察图3中的图形，根据构成图形的几何要素的特点，选择绘图工具； 2. 微组织检查学生拿出的绘图工具；并让学生把绘图工具的名称写在方格内，一一确认	1. 学生根据要求拿出三角板和圆规、铅笔； 2. 学生按要求把工具的名称工整书写在方格内	1. 培养学生针对图形正确选择适合图形的绘图工具能力； 2. 书写绘图工具名称加强书写能力的训练； 3. 进一步熟悉绘图工具的功用	1. 熟悉绘图工具； 2. 爱护绘图工具	

续表

教学内容设计	教学实施设计		课程目标	
布置任务	教师行动	学生行动	知识技能目标	课程思政目标
子任务 1-4　请同学们仔细观察下图，这个图形所表示的实物的真实大小吗？为什么？	1. 引导学生观察这个图形，提问学生是否知道它的真实大小； 2. 让学生说明原因	1. 学生观察，回答："不知道"； 2. 学生："没有尺寸"	1. 通过观察、说明原因，学生明确图样上标注尺寸才能知道真实大小	1. 在机械行业中没有大约数； 2. 培养学生按数据下结论，按事实说话的态度
子任务 1-5　若要抄画这个图形，需要哪些尺寸？写在方格内	1. 引导学生互相讨论、分析若要抄画这个图形，应该知道哪些尺寸； 2. 让学生说出尺寸名称； 3. 对学生的回答做纠错和补充，给出标准的名称，让学生复核； 4. 让学生按标准书写	1. 学生开始分析、讨论； 2. 学生回答所需尺寸名称； 3. 学生按照老师的纠正复述尺寸名称； 4. 学生在框格内按标准写出所需要的正确的尺寸名称	1. 通过分析讨论，老师讲解学习定形尺寸和定位尺寸的概念，通过书写尺寸名称，进一步掌握表示基本图形结构要素的名称； 2. 提高书写水平	1. 培养学生善于分析、观察的学习能力； 2. 实现遇到问题相互讨论、互相帮助教学目标

分析： 对于同一教学内容，实施了完全不同的教学过程。第一种以讲授为主，传递知识，对培养能力这个目标没有落脚点，能力培养弱化。第二种以行动为主，以载体承载内容，以完成任务锻炼积淀能力、理解掌握知识，更能落实知识、能力和素质目标。请仔细比较两种教学方法的异同优劣。

教学方法是教学论学科领域的一个重要范畴，对于同样的教学内容，不同教师的教学效果差异会很大，出现这种现象的原因，除了教师的知识水平和教学态度有差异外，关键在于教学方法问题。认识教学方法的特点，有助于职业学校教师正确灵活地应用各种教学方法。

一、职业教育教学方法及其特点

（一）基本概念

教学方法是指为了完成教学任务而采用的手段和方式总称，它包括教师教的方法和学生学的方法。教学方法是教法和学法的辩证统一。随着职业教育教学方法论研究的日益深入，职业教育教学实践的重心出现了两大变化：一是教学目标重心的迁移，即从理论知识的存储转向职业能力的培养，导致教学方法从"教"法向"学"法转移，实现基于"学"的"教"；二是教学活动重心的迁移，即从师生间的单向行为转向教师与学生、学生与学生间的双向行动，导致教学方法逐渐从"传授"法向"互动法"转移，实现基于"互动"的"传授"。与之相应，职业教育教学方法的范畴也扩展至教学方法和协调方法两大领域。

"教"法是基于教师"传授"视野的学习组织结构，其目标是建立一种学习安排，使得现代职业教育的主动接受式学习更有规律并更加容易。

"学"法是基于现代职业教育"习得"视野的学习组织结构，其目标是建立一种学习秩序，使得现代职业教育的主动生成性学习更有规律并更有效果。"学"法既要高质量地掌握学习内容，又要高效率地掌握学习方法。

（二）基本特点

职业教育教学方法有以下基本特点。

1. 整体性

职业教育的目的在于促进职业活动能力的发展，它既包括专业内容，也包括专业以外的内容，如社会、伦理和政治教育，是理论和实践的统一。整体性的学习不但包括认知和技能方面的学习，而且包括心理和社会方面的学习，具体可分为四种形式：

（1）专业的学习：通过学习掌握专业知识和技能，形成专业能力；

（2）解决问题的学习：通过学习基本学习方法、工作技术，形成方法能力；

（3）社会和交流式学习：通过掌握基本的合作和交流技能，形成社会能力；

（4）情感和伦理的学习：通过深入反思和认识自己以及参加社会和集体活动，形成情商。

整体性的教学与促进现代职业教育的个性发展密不可分，其目的是促进学生独立意识、独立决策能力和独立责任心的发展，整体性的教学是一个使学生独立解决问题并对未来产生影响的个性化学习的过程，学习的计划应当由学生在教师的指导下自行制订，只有这样，学生才能通过自己的活动持续追求每一个最新的成果。教师的任务是为学生建立一个时刻能发挥主动性的学习环境。

2. 自主性

现代职业教育在很大程度上是自我管理式的学习[①]。在教师创造出的能发挥主动性的学习环境和资源条件下，学生根据自己的需要，设定学习目标，确定学习需要的资源，选择学习方式并评价自己的学习结果，而教师的职责在于帮助学生更好地控制学习活动。自我管理式学习是一种"我要学"和"我想这样学"的场景，其特征表现在：

（1）学生按照自己的需要选择学习进度、时间和地点；

（2）以现实生活和工作环境为基础，学生从自己的老师、同学甚至是竞争伙伴处获

---

① 杨勇，林旭．四维合一：行为导向教学法的理性逻辑［J］．教育与职业，2021（2）：80-87．

得所需的知识和技能；

（3）课程设置灵活，根据需要选择学习内容，不必重复已经掌握的内容，可随时利用评价标准评价自己的学习成果；

（4）学生对自己的学习负责，成为学习的主体。

3. 行动导向性

教学目标的多样化发展和难度加大，要求在教学中不仅要传授单科知识和单项技能，更加注重解决综合问题能力的培养。这样，简单的知识传授和技能练习方法变得力不从心，而行动导向成为现代职业教育教学方法的必然选择。在行动导向理论指导下，教学一般采用跨学科的综合课程模式，不重视知识的系统性，强调"案例"和"发现"以及自主学习，教师的任务是给学生提供咨询帮助并与其一道对学习过程和结果进行评估。由于职业行动能力中的方法和社会能力只能在"人工"学习情境中获得，因此，将工作劳动与学习结合起来，在现代职业教育教学中具有重要的意义。

4. 非智力性

为了适应"个别化教学"的发展趋势，必然要求教学方法不仅要重视学生的智力因素，更要重视学生的非智力因素。非智力因素对一个人的成功具有的重大意义已在教育理论界达成共识。在当代教学方法改革中，人们正在摸索与创造发展非智力因素的方法，如愉快教学法、启发探究教学法、个别教学法、暗示教学法及和谐教学法等。

二、各种教学方法的选择和应用

古今中外积累的教学方法丰富多样。随着现代教学改革的不断深化和拓宽，新的教学方法又不断涌现。事实上各种教学方法并无绝对优劣之分，而是各有千秋、各有其适用范围。因此，恰当选择、合理运用教学方法，就成为提高教学质量的关键课题之一。实践证明，教学的成败在很大程度上取决于教学方法的选择、组合与优化。科学、合理地选择和有效地运用教学方法，要求教师能够在现代教学理论的指导下，熟练地把握各类教学方法的特性，能够综合地考虑各种教学方法的利弊，合理地选择适宜的教学方法，并能进行优化组合。[①]

运用教学方法应坚持启发式和理论联系实际，反对注入式和教条主义。启发式是从学生的实际出发，充分调动学生学习的主动性积极性，诱发学生学习的内在动机，启发学生独立思考，培养学生的能力。注入式则相反，它是教师从主观愿望出发，简单地向学生灌输知识。

（一）教学方法的选择原则

1. 依据教学目标特点选择

不同领域或不同层次的教学目标的有效达成，借助于相应的教学方法和技术。教师

---

① 韩志伟，王文博. 高职教育教学策略［M］. 北京：中国轻工业出版社，2012：1.

可依据具体的可操作性目标来选择和确定具体的教学方法。也就是说，教学目标不同，教学方法亦不同。表6-2列举了教学目标与教学方法的关系，供参考。

表6-2 教学目标与教学方法的关系

教学方法	教学目标									
	接受和记忆				发现			运用		
	事实	概念	程序	原理	概念	程序	原理	概念	程序	原理
讲授	△	○	◎	○	□	◎	□	○	◎	□
演示	○	◎	◎	◎	◎	○	◎	◎	○	◎
谈话	△	○	□	○	○	○	○	□	○	○
讨论	□	△	□	△	◎	○	◎	○	□	□
练习	◎	○	○	△	△	◎	△	□	○	□
试验	○	△	□	◎	○	◎	○	△	○	□

注：○最好；□较好；△一般；◎不定。

2. 依据教学内容特点选择

不同学科的知识内容，不同的学习要求，不同阶段、单元和课时的内容与要求不一致，这些都要求教学方法的选择具有多样性和灵活性。

一般说来，不同课程应采取不同的教学方法，而课程中的不同的内容，又要采取与之相适应的教学方法。如语文、外语多采用讲授法、谈话法、练习法；物理、化学多采用演示法、实验法；数学多采用练习法；等等。表6-3列出了部分课程特点与教学方法的关系，供参考。

表6-3 课程特点与教学方法的关系

教学方法	教学目标										
	数学	物理	化学	生物	地理	体育	艺术	政治	历史	语文	外语
讲授	○	△	△	△	△	×	×	○	○	□	□
演示	×	□	○	□	□	○	○	×	×	△	△
谈话	△	△	△	△	△	×	△	□	□	○	○
讨论	□	△	△	△	△	×	□	○	○	□	□
练习	○	□	□	□	□	○	△	△	△	○	○
试验	×	○	○	○	△	×	×	×	×	×	×

注：○最好；□较好；△一般；×较差。

每门课程的不同内容，各有其特点和要求，在教学过程中，它们又总是和学生掌握内容所必需的智力活动的性质相联系。因此有些可以用讲授法，有些可以用讨论法，有些可以用练习法或实习法。总之，必须根据具体内容的性质和特点，选择适当的教学方法。为了简便，把教学内容按照认知、动作技能和情感分为三大类，三者与教学方法的关系如表6-4所示。

表6-4 教学内容与教学方法的关系

教学内容	教学方法														
	讲授法	谈话法	讨论法	导读法	演示法	参观法	练习法	实验法	实习法	欣赏法	发现法	示范模仿法	练习反馈法	直接强化法	间接强化法
认知类	√	√	√	√	√	√	√	√	√	√	√				
动作技能类	√				√		√	√	√			√	√		
情感类	√	√	√	√	√	√				√	√			√	√

3. 根据学生实际特点选择

学生的实际特点直接制约着教师对教学方法的选择，这就要求教师能够科学而准确地研究分析学生的上述特点，有针对性地选择和运用相应的教学方法。教学方法要适应学生的基础条件和个性特征。选择教学方法时，要考虑学生对使用某种教学方法在智力、能力、学习方法、学习态度诸方面的准备水平。但这不是消极地适应学生的现实水平，而是要从学生实际出发，选择那些能促进和发展学生智能的方法。

4. 依据教师自身素质选择

任何一种教学方法，只有适应了教师的素养条件，并能被教师充分理解和把握，才有可能在实际教学活动中有效地发挥其功能和作用。因此，教师在选择教学方法时，还应当根据自己的实际优势，扬长避短，选择与自己最相适应的教学方法。

一般来讲，教师常选自己所理解、掌握且运用自如的教学方法。例如有人形象思维水平高，就愿用生动形象的语言把事实和现象描绘得生动具体，然后再由浅入深地讲清理论，就可采用以语言传递信息为主的教学方法；而有人善用直观教具或现代媒体讲清理论，就可选择以直接感知为主的方法。总之，教师选择教学方法，应根据其素质基础，扬长避短来确定；同时，也应不断接受和探索新方法。

5. 根据教学方法特性选择

没有万能的教学方法，每种教学方法都有其独到的功能、适用范围和使用条件。某种方法对于某种学科或某一课题极有效，但对于另一学科或课题可能无用。例如讲授法能在短时间内使学生获得大量系统的知识信息，但不易发挥学生的主体性和积极性；发现法、问题探索法对发展学生智能和创造力有利，但它又受到有限学时的限制。所以，选择教学方法时，应认真分析各种方法的功能、适用范围和使用条件。

6. 依据教学环境条件选择

教师在选择教学方法时，要考虑本校的教学条件。即本校的教学设备、教学软件、教学环境等，是否有利于所选择的教学方法的实施。如果不具备相应条件，再好的方法也无法实施。当然，教师应促进教学条件的建设，但不能无备而施教。要在条件允许的情况下，最大限度地运用和发挥教学环境条件的功能与作用。

（二）教学方法的选择程序

教学的最优化，要求耗时耗力最少，而获得的教学效果最佳。最佳、最有效的教学方法，应当是高效低耗的，至少是能在规定的时间内实现教学目标，并能让师生都感到轻松愉快。

每一种教学方法都有其优势，也有其局限性。没有一种方法能适应千差万别的教学内容。因此，只有经过最佳选择和组合，才能获得综合效果最优的教学方法。这就要求教师在教学设计理论的指导下，掌握教学方法的优选优组，实现教学方法的最优设计。

要实现教学方法的优化，应遵循一定的程序。表 6-5 是巴班斯基提出的优选程序。

表 6-5　巴班斯基教学方法的选择程序

程序和步骤	可选择的教学方法
（1）学生能否独立学习？	自学法、自学辅导法、讲授法
（2）能否采用探索法？	探索法、复现法
（3）采用何种逻辑方法？	演绎法、归纳法
（4）采用何种教学方法？	口述法、直观法、练习操作法
（5）如何激发学习活动？	认识游戏、学习讨论、举例
（6）如何检查学习效果？	口头练习、学习讨论、举例
（7）教学方法如何组合？	单一教法、组合教法

资料来源：王纪东，陈渌漪，梦宁．职业课程新论 [M]．北京：北京理工大学出版社，2012：9.

（三）教学方法选择的制约因素

教学方法在具体运用时受外在因素的影响，主要有以下几点：

1. 受教师因素的影响

任何一种教学方法，都是由教育工作者创造，也是被教师所选择所运用的，所以，教学方法作用的性质及其大小必然受到教师因素的影响。包括：受教师的教学思想观念所影响，受教师的知识水平、素质修养所影响，以及受教师的教学经验与教学个性所影响。

2. 受学生因素的影响

教学方法包括教法与学法，但归根结底来说，学法决定教法，教师的教是为学生的学服务的，为学生的学而存在。因此，教学方法的具体运用，必须充分考虑学生的因素。包括：受学生已有知识水平的影响，受学生心理因素的影响，以及受学生在学习过程中情感因素的影响。

3. 受教学条件的影响

在教学过程中，教学条件是教学的基础物质。例如，实验教学需要实验室，企业参观需要相关企业的合作，模拟教学需要模拟教具等教学条件，包括实验室或工作场所、机器工具和材料以及时间等。

三、职业教学方法的设计和创新

（一）教学方法发展的趋势

职业教育教学法体系是在现代职业教育教学思想指导下的教学方式、教学组织形式和教学方法的整体。作为一个具有特定意义、性质和内涵的整体，真正符合职业教育规律，适合我国国情的职业教育教学方法体系尚在研究和探索之中。目前我国职业教育教学改革有以下几个趋势：一是职业教育的教学目标由培养单一专业性人才向培养复合型人才的综合职业素质教育方向转变。二是教学任务由培养认知能力为主向职业综合能力为主转变。三是教学体系由学科知识中心型向能力实践本位型转变。四是教师教学观由单一传授型向行动导向型转变。五是学生学习观由被动接受模仿型向主动、实践、手脑并重的创新型转变。六是教学手段由讲授、黑板加简单电化教学向多媒体、网络化、现代教育技术转变。七是教学组织形式由班级固定教室集体授课向课内外结合和理论实践一体化教学形式转变。

（二）教学方法的设计和创新原则

教学方法具有变异性和灵活性，教师可以灵活地选用，且应与教学实践相结合，努力设计和创新，这是课堂教学优化设计创新的重要保证。教学方法应用、设计和创新的基本原则，至少有以下几点。

1. 贯彻启发式、发现式教学

启发式教学要求按照认知事物、掌握知识技能和解决问题的思维过程，逐步启发学生专注认知对象，引导探究质疑释疑，激励思考，层层深入，直到积极主动地领会和掌握知识技能。启发类型多种多样，如情境启发、比喻启发、联想启发、类推启发、想象启发、对比启发等。启发式的实质，就是启动学生学习的主体性、主动性、积极性，变教学的单向传输为双向互动。

发现式教学，是教师通过引导、启发和激励，使学生经过一系列发现的步骤，主动、自觉地探究知识、技能或理论。这种方法，有助于培养和发展学生的认知兴趣、创意创造的好奇心和创造欲，以及独立观察、发现、思考和解决问题的能力。

2. 着眼学生能力发展

教学方法的设计和创新着眼于学生智力开发和能力培养，使其知识、智能和素质协调地发展。传统教学方法在传授知识、技能方面着力较多，积累了丰富的经验，但对智力开发、能力培养，以及智能内化为素质等方面研究较少，经验不多，值得大力探索。

从现在来看，职业院校学生的独立认知能力（自学能力）、实际操作能力（动手能力）和探索创新能力（创意创造能力）显得格外重要。这些能力既是最基本的，也是最欠缺的。教学方法的创新，理应从这三种基本能力着手。例如，实验课变检证性实验为设计性实验，设计课变单一模式为多方案模式，等等。

3. 积极应用现代教育教学技术

现代教育教学技术的应用，促进了教学的整体改变，其中也包括教学方法的改革和现代化。如近年来开展的多媒体组合教学，就是一种新的教学方法，为职业教育教学方法全面改革开创了新局面。可见，积极应用和开发现代教学媒体，对探讨现代教学方法或教学方法现代化、实现教学最优化的目标，有着巨大的作用。

4. 积极引进相关科学研究成果

教育学与哲学、心理学、脑科学、系统学、传播学、计算机科学与技术等均有密切的关系。积极引进、吸收和借鉴这些科学的研究成果，是现代教学方法的应用和创新的重要途径。例如学习成功心理学、现代教育技术学、计算机技术等在教育教学过程中的应用，对教学方法的改革和创新都起着不容忽视的作用。

5. 多种教学方法组合或综合

从创造技法来看，综合或组合就会带来创新。有机组合，取长补短，就能使教学方法向多样化、综合化、最优化和新颖化发展。

传统的讲授法计划性、系统性强，传输知识信息量大，有利于师生即时反馈，发挥双向交流等优势；而电化教学法则具有形象逼真、动态直观，利于信息接收和感悟、理解等特征。如果将两法有机结合起来，按系统论原理和方法有序地组织和设计，就会形成很多有效的新型教学法。如插播教学法、多媒体组合教学法、视听强化教学法等。综合是一种创造，组合会带来创新，这是创造学的一条重要原理。

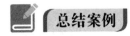 **总结案例**

"一丝不苟、精益求精"打造大国工匠的摇篮
—— 一位职业教育教师的从教自述

我叫关鑫，从事车工教学已经有 15 个年头。我的从教经历可以分成两个部分，10年中职教师，5 年高职教师，先后获得了"吉林市优秀实习指导教师""吉林省优秀实习指导教师""吉林省首席技师""长白山技能名师"等荣誉称号。

严师才能出高徒。记得在刚开始学习车工技术的时候，我的老师对我的要求可以说是非常的苛刻。那个时候我基本上是从早上 8 点钟开始，一直练习到晚上 8 点钟才能放学回家，可以说一天中有近 11 个小时是在学习中度过的。一套组合件下来大概有几十个尺寸，老师规定，如果不合格的尺寸超过 5 个的话，整套工件必须重新加工，难度可想而知。如果那个时候没有老师严格要求的话，我想也不会成就今天的我。

在教学实践中，我尝试着把自己的成长历程完全复制到我的学生身上，但我发现无

论是在中职还是在高职，几乎都没能做到，而且随着时间的推移，我发现这种复制越来越难了。

我仔细探究其中的原因，发现生源的变化是最重要的因素，现在的学生和20年前我上学时相比，发生了很大变化。有一种说法是少讲理论，多动手实践，意思是多动手实践能解决现在面临的问题，我个人的经验，就是现在学生动手能力与理论学习能力一起下降，特别是由于规矩意识、安全意识、自律能力的不足，乱动手、危险动手、不动手的比例大幅上升。仅仅是动手实践还不能完全解决目前面临的困境。

教育对象变了，但社会、企业并没有降低人才培养质量的要求，反而提高了，综合素质提到前所未有的高度。

怎么办？我也曾经迷茫、不理解和抱怨，怎么就教不会呢？学生的自律性怎么提高呢？慢慢地我知道必须改变自己，必须适应教育对象的变化，以创新找出路，寻求新的教育教学方法和手段，但这个过程探索得很艰难。

我有幸全程参与了基于"有效性"的"微组织教学法"教育教学改革。通过三年"微组织教学法"的教学实验，我个人感觉仿佛已经找到了解决问题的答案。

以2016级机械高考班和2017级机械中职转段班车工教学为例，这两个班都是学生入校自然编班，学生没有经过挑选，因此，我想这两个班的教学方法改革实践经验更具有一定的普遍性意义。

学生在刚入学的时候，按照要求，每到一个专业学习，我们都给他们上一堂《××专业的第一课》，通过专业第一课先让学生对本专业有一个初步的认识，然后再把自己和自己的成长经历介绍给学生们，让学生们也了解一下老师也是一个有血有肉的人，老师今天所取得的成就不是先天带来的，而是通过自己的后天努力拼搏出来的。最后拿出一个励志故事和大家一起讨论以激发学生潜在的能量。

在日常的授课过程中，我把学生需要掌握的知识点和技能点进行整理，然后选取一个较为合适的载体，对相关的知识点、技能点进行有效的承载。每天课程开始时，先利用5～10分钟进行工作前的早会，会上会给学生总结昨天上课过程中出现的一些问题，布置今天的学习任务等。在开始工作前，组织学生对工装进行自检。因为实训教学安全是非常重要的，所以一定要时刻提醒学生注意安全。让他们形成"要我安全、我要安全、我会安全"的安全意识。

在授课过程中，我始终坚持把标准、规矩挺在前面，例如，每在交代学生完成某一工件之前，我都会先把这个工件最后的完成标准先给学生们讲授出来，要求学生一定要按照标准执行。在给学生进行操作演示的教学过程中，我坚持"一点、一讲、一练、一确认"的原则，针对这个工件在加工过程中的技术难点进行反复演示操作，待演示完成后，每名同学按照事先制定好的顺序，分别上机床进行操作，进行一对一的"过筛子"，在观看学生操作的过程中，及时指出个别学生在操作过程中存在的问题，并在全班同学前进行再次讲解，直到每名学生都完成了该技能点，才能让学生进行独立操作。学生在刚开始操作练习的时候一定要"手把手"地教，决不能有一丝怠慢，因为学生的学习很多不会重来。学生的整个操作过程，我一直坚持动态与静态"5S"的监控，帮助他们树立标准意识、规矩意识，例如游标卡尺应该放在工具箱的右下角，如果学生摆放在其他位置，这就触犯了标准，要对他进行纠正。因为现在很多企业都在执行"5S"，所以让学生在校期间就开始接触"5S"，这对学生应该是有百利而无一害的，让他们在思想上尽快与企业文化接轨，在就业时才能更好地去适应企业生活。在巡回指导中，通过细心的观察，发现学生在操作时存在的问题，其中包括操作设备的姿势、测量姿势等多个方面，当一个老师可以俯下身去，去关心、关注我们的学生，他们也是非常感动的。

实训课程不光只教学生的实操技能，还要把一些必要的理论知识融合进去。我在教学过程中运用了教学工作页。把需要学生掌握的知识点进行归纳，以问题的形式出现在教学工作页中，通过查找教科书或是上网搜索的方法先让学生进行资料的收集，在学生收集的过程中，教师在学生身边进行一对一的指导，待全班学生都完成后，进行统一讲解，以加深学生对知识点的理解。

通过不断地努力探索与实验，现在2016级、2017级机械实验班的学生，无论从理论知识、实际操作技能还是素养方面都较刚入学时有了很大的提高。学生见到老师能够主动进行问好，在上课过程中，没有玩手机或者是睡觉的现象，在加工零件过程中，大家都能时刻注意工作动态"5S"，物品能够定位摆放，能够按照标准操作机床，没有野蛮操作的现象出现。在工作结束后，能够将所有的物品整齐地放回原处。他们在学校通过一年的学习，简直就像变了个人似的，非常的懂礼貌，见到老师能够主动地和老师打招呼，老师给大家布置的任务都能很好地完成。截止到上学期结束，这几个班级的平均成绩均达到85分以上，基本实现了"知识、技能、素养"的一体化生长。

在日常的教学中，我始终将微组织教学法当作我的第一选择。因为这种方法不仅是教学方法，更是育人方法。

当一个老师掌握了正确的教育教学方法，能够俯下身去，去关心、关注我们的学生，积极向上的种子就会在学生心中发芽、开花、结果。

三年的教育教学实验，我最大的体会就是学生是可以被塑造的，面对不同以往的教育对象，我们必须重新做学生，掌握新的教育教学理念和教学方法。现在，我特别认同一句话，教育教学是一门錾刻学生的技术，凡是技术都需要勤学苦练才能应用自如。

分析：教学有法，教无定法。不同的教学内容，不同的教育对象，不同的教学目标，同时也包括不同的教师，选用的教学方法都不尽相同，以达成教育教学的有效性。

以知识存储为目的的教学目标，以讲授法为主，这种教学方法在教学过程中，以知识逻辑为主线构成传递逻辑，知识传递密度很高，缺点就是忽视知识的应用性，对能力培养不利。

以能力培养为目的的教学目标，以行动导向的教学法为主，这些教学方法在教学过程中，以行动逻辑整合知识，以知识应用为手段，以能力养成为目标构成行动逻辑，知识传递密度不高，能力养成密度高。

教学有法，教无定法，关键在于得法。

探索思考

1. 如何从教学方法的角度理解没有教不好的学生，只有不会教的老师？
2. 举例说明影响教学方法选择的因素。

单元二　讲授教学法

▶ 培训目标

- ◆ 了解讲授教学法的内涵和特点；
- ◆ 了解讲授教学法的理论依据；
- ◆ 掌握讲授教学法的步骤以及优点和局限性。

导入案例

林肯在葛底斯堡的演讲①

八十七年前，我们的先辈们在这个大陆上创立了一个新国家，它孕育于自由之中，奉行一切人生来平等的原则。

现在，我们正从事一场伟大的内战，以考验这个国家，或者说以考验任何一个孕育于自由而奉行上述原则的国家是否能够长久存在下去。

我们在这场战争中的一个伟大战场上集会。烈士们为使这个国家能够生存下去而献出了自己的生命，我们在此集会是为了把这个战场的一部分奉献给他们作为最后安息之所。我们这样做是完全应该而且非常恰当的。

但是，从更广泛的意义上来说，这块土地我们不能够奉献，我们不能够圣化，我们不能够神化。曾经在这里战斗过的勇士们，活着的和去世的，已经把这块土地神圣化了，这远不是我们微薄的力量所能增减的。全世界将很少注意到，也不会长期地记起我们今天在这里所说的话，但全世界永远不会忘记勇士们在这里做过的事。毋宁说，倒是我们这些还活着的人，应该在这里把自己奉献于勇士们已经如此崇高地向前推进但尚未完成的事业。倒是我们应该在这里把自己奉献于仍然留在我们面前的伟大任务，以便使我们从这些光荣的死者身上汲取更多的奉献精神，来完成他们已经完全彻底为之献身的事业；以便使我们在这里下定最大的决心，不让这些死者白白牺牲；以便使国家在上帝福佑下得到自由的新生，并且使这个民有、民治、民享的政府永世长存。

---

① 1863年7月3日葛底斯堡战役是南北战争的转折点。这场战役交战双方战死数万人。四个月后，林肯到葛底斯堡为阵亡将士墓举行落成仪式。在落成仪式上，林肯发表了这篇演讲。林肯在演讲中表达了一个政府存在的目的——民有、民治、民享。其演讲手稿被藏于美国国会图书馆，其演说辞被铸成金文，存于牛津大学。

分析：如果把这次演讲比作一堂课，它具备了一切经典课程成功的基本要素。

老师：林肯（时任美国总统）；

教学目标：纪念葛底斯堡战役阵亡将士；

教学内容：举世闻名的演讲词；

教学方法：演讲（讲授）。

但是，教学效果如何呢？据现场记录，这篇演讲从林肯登台到结束，不到两分钟，人们还没有反应过来，林肯已经走下讲台，现场一片肃静，人们不明所以。是林肯演讲得不好吗？还是演讲内容不够精彩？或是演讲的目的不够明确？很显然，都不是，那么，问题出在哪呢？

一、讲授教学法概述

（一）讲授教学法的含义

讲授教学法是教师利用最为普遍的教学方法，是教师通过语言系统连贯地向学生描绘情境、叙述事实、解释概念、论证原理和阐明规律的教学方法。它是教师使用最早、应用最广的教学方法，在教学过程中，它可用以复习旧课，引入新课，讲授新知识也可用于巩固旧知识，其他教学方法的运用，几乎都需要同讲授法结合进行，如案例教学法、演示教学法、思维导图法等。教师应根据教学内容的目标及重难点，结合职业院校学生特点，通过不同的方式来呈现教学内容，使之适合更多的学生，对更多的学生有意义。

（二）讲授教学法的特点

1. 主导性

在讲授法的实施过程中，教师是教学的主导者，在教学过程中要完成传授知识、培养能力、思想政治教育等职能，同时要通过讲授来激发学生积极性，阐明学习目标及意义，教会学生学习方法、知识、技能。教师可以结合教学内容、学生学情等因素来选取讲授过程中的实施方法和途径。

2. 灵活性

讲授法适应性强，根据专业、知识结构的不同，可以在教学中进行不同的安排，也可根据施教者的教学习惯、能力来组织实施，因此，不同的讲授法也易于反映教师的知识水平、教学能力、人格修养、对学生的态度等。无论在课内教学还是课外教学，讲授法都可运用，相对其他教学方法，它在教学进程中便于调控，且随时可与组织教学等环节结合。

3. 基础性

讲授法是其他教学方法的基础，大部分教学方法都是依托讲授法来开展的，主要原因是讲授法有利于大幅度提高教学的效果和效率，有利于帮助学生全面、深刻、准确地掌握教师所教授的信息。

二、讲授教学法的理论依据

（一）布鲁纳的学科基本结构理论

自 20 世纪 50 年代以来，一些学者就开始探讨学科组织的形式和意义，布鲁纳是最早提出学科基本结构在教育教学过程中极其重要的人士之一，在其 1960 年出版的《教育过程》一书中，他得出了这样的研究结论：每个学科都有自己的结构，由定义这门学科的关键概念组成。在他看来，学生掌握"学科基本结构"应该是学习知识方面的最低要求。学生如果掌握了"学科基本结构"，就能更有效地记忆该学科的具体知识和技能；就能更好地理解、掌握整个学科。这对教师讲授的指导意义是显而易见的——应该教给学生整体的知识结构，而不是为他们罗列、堆砌一些互不相关、支离破碎、无组织的、混乱不堪的知识点。

（二）奥苏伯尔的有意义言语学习理论

奥苏伯尔是当代美国著名的教育心理学家，他在学习心理研究方面作出了巨大贡献，提出有意义言语学习理论。从语言心理学出发，他认为老师讲授，学生接受学习是完全可行的。教师讲授新课之前，学生头脑中都有一个原有的认知结构，教师讲授新课内容时通过语言使新内容与学生已有的认知结构（图式）建立和发生非人为的实质性的关系（认知结构是业已形成的概念系统、定理及心理活动方式），使教授的新内容同原有认知结构发生同化、顺应、并列等关系。

三、讲授教学法的步骤

（一）组织教学

组织教学包括教学内容的选取、教学目标和重难点的确定，做好计划工作，确定每一板块的时间分配，选择合理的教学资源，多媒体、板书，确定教学过程的每个环节所用到的素材。只有前期的教学组织做好了，一堂完备的课才能呈现出来。

（二）导入新课

在课程开始用 5 分钟左右的时间进行复习旧课和导入新课，目的是让学生清晰地了解所学知识的来龙去脉。导入新课可以引入案例、视频、图片，或通过提问引发学生思考。导入新课主要的作用是铺垫，是一堂课的关键，能在铺垫过程中吸引学生的注意力。

（三）讲授新课

在新课讲授过程中，教师需要注意合理安排教学内容，对于职业院校学生而言，不是书本上所有的知识点都要覆盖到，以职业需求为导向，分析职业技能对应的知识点，把时间合理地分配在重点和难点知识上，对重点知识深入剖析，难点知识通过一些例子帮助学生准确理解。

（四）巩固新课

巩固新课的时间一般为 3～5 分钟，在一堂课的尾声进行，当所有知识点讲授完毕之后，对整体内容进行简述，起到强化加深的作用，在此环节可以提炼一些关键词、经典名句等帮助学生加深印象。

（五）作业布置

作业布置的主要目的是检验新课知识是否被学生所吸收及运用，同时可以布置一些开放式的作业来培养学生拓展学习的自学能力，让学生通过完成作业来反思知识的运用和体系的构建。

四、讲授教学法的应用须知

在教学过程中重视导入环境，通过准确的刺激，学生才会有正确的反应，才能引起学生注意。

（一）准确进行项目设计

讲授内容需要教师在课前进行设计，这要求教师对课程知识体系甚至专业课程结构有一个全面的把控，让内容具有科学性和思想性，在讲授过程中要层次分明，合乎逻辑，重难点注意与其他教学方法配合使用，在备课时注意不同知识点的时间分配。

（二）调动学生积极性是关键

讲授过程中导入环节很重要，这是教师提供刺激，引起学生注意和调动积极性的环节。教师往往容易忽视导入环节的重要性，在教学过程中也应该提出适当的问题引发思考。如果学生注意力没有集中，在导入环节匆匆带过，或者教师一节课从头讲到尾，那么，学生的思维积极性就没有很好地调动，课堂效果就不会好。

（三）讲究语言的艺术

讲授过程中教师语言应该注重趣味性、互动性。首先，教师讲授的语言应该贴近学生的生活，能够让学生在其中感受到趣味性，才能更容易地接受知识；其次，师生互动是知识传递和形成共鸣的主要途径，讲授中互动环节必不可少。

五、讲授教学法的优点和局限

（一）讲授教学法的优点

1. 信息量大

通过讲授法可以传递最多的信息，且接受效率高。在相同的时间里，学生从教师讲授中获得的远远大于自己在看书中获得的信息量，这一点非常适合于职业院校教学中课时少、进度快、跨度大的课程。在听讲中，只要学生保持良好的听课效率，对教学内容的理解与接受就远比自己看书快。

2. 承载性强

讲授法是一个包容性较强的教学方法，教师可以对课程进行再创造，然而任何方法都离不开"讲"，因此讲授是一个基础，是很多教学方法开展的载体，通过教学方法和教材融合让课堂更加有效，让知识变得具体形象。当然，作为教师就有更大的空间来设计课堂的组织和教学方法的交叉运用，也有助于展示教师的人格魅力和技能水平。

（二）讲授教学法的局限性

1. 容易形成单向沟通

讲授法的主体是教师，教师是信息的传播者，将信息传递给学生，学生成为信息的接收者，然而这个信息传递通常是一种单向沟通，尤其在职业院校中，按照学生的学情来判断，学生的信息反馈少，很多时候会出现教师准备了大量教学内容，学生却只学到冰山一角的现象。

2. 学生参与度低

在讲授法运用过程中，由于很多时候会形成单向沟通，因此也就造成学生参与度低，形成教师一直在讲，学生选择性聆听、忽略式聆听的现象，如果课堂中长时间都没有学生参与和互动环节，很容易造成听力疲劳。

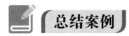 **总结案例**

讲授教学法案例

一、教学目标

（1）了解管理理论发展的阶段划分。

（2）熟悉早期的管理思想及理论代表。

（3）熟悉主要古典管理理论和现代管理理论。

（4）坚持积极的人性假设，在管理中运用人性化的管理方法。

二、教学过程

复习旧课：管理的概念、管理的四大职能、管理的二重性（3分钟）

案例导入：古埃及胡夫金字塔建造（8分钟）

思考：为什么在交通运输条件那么落后的情况下能完成156.59米的建筑任务？成功的关键因素是什么？

新课讲授：（75分钟）

一、管理理论发展阶段划分

（一）早期管理活动或时间阶段（18世纪以前）

亚当·斯密（Adam Smith）代表作：《国民财富的性质和原因的研究》，简称《国富论》（1776）。

1. 分工理论

（1）企业内部工人之间的操作分工。

劳动分工可以得到三种基本利益：工作的熟练、时间的节约和新工具的发明。

（2）社会范围内生产的行业分工。

分工是提高劳动生产力、增加国民财富的重要源泉；

社会生产的专业化分工程度是社会生产力水平的一种重要标志。

2. 利己主义的人性观

认为交换是"人类的本性"，而人们交换的动机都是利己主义的，因此利己主义是"人类的本性"。主观利己，客观利于社会。后来被概括为"经济人"的人性假设，曾被西方资产阶级奉为管理上的一项基本指南。

（二）早期管理思想的萌芽阶段（18世纪到19世纪末）

罗伯特·欧文（Robert Owen）：

（1）主张必须改善对人的管理，重视人的因素在生产中的作用。

（2）认为环境决定人的本性，环境能造就人、改造人。管理的责任就在于为人们创造一种良好的环境。

（3）主张用教育和感化的方法管理工人，否定惩罚的方法。

（三）管理理论形成阶段（19世纪末到20世纪初）

二、早期的管理思想及理论简介

（一）有关管理职能

（二）有关具体的管理技术和方法

（三）古典管理理论

（1）泰罗的科学管理。

（2）法约尔的一般管理。

（3）韦伯的行政组织体系理论。

（4）人际关系学说和行为科学理论。

作业布置：请联系实际说明泰勒的科学管理理论的运用。

探索思考

1. 简述讲授教学法的特点、理论依据以及步骤。

2. 举例说明讲授教学法的优缺点。

单元三　讨论教学法

培训目标

◆　了解讨论教学法的概念；
◆　了解讨论教学法的作用；
◆　掌握讨论教学法的实施要点。

导入案例

一堂网络广告营销课

张老师是一位老教师，讲授法是她的强项，在接触到了讨论教学法之后，设计了一堂网络广告营销课的讨论法教学，主要内容是针对某款牙膏选择广告语和发布媒体。首先张老师对全班学生进行分组，由各组选择了组长，分派了任务，就进行到各组的讨论环节。

通过观察，这堂课存在的主要问题有以下几个：

1. 组长对讨论的问题以及讨论过程的掌控能力不够。

2. 各组员对牙膏、广告语以及媒体的基础知识不是很清楚，导致讨论无法深入。

3. 没有对讨论问题进行分解，讨论过程杂乱无章，无法聚焦。

4. 老师在整个讨论过程中一直居身事外，没有提供指导、引导等支撑。

5. 每个小组积极发言的就是一两个学生，其他学生没有参与讨论。

分析：很显然，没有一定的知识基础是无法展开讨论的，讨论课必须进行知识储备。

组长必须具备基本的主持能力，要起到掌控方向、调动所有组员参与讨论的作用，老师必须时刻观察各组的讨论进程，随时给予支持帮助。

讨论教学法有没有可依循的程序呢？如何设计一堂高效的讨论课呢？

一、讨论教学法概述

（一）基本概念

讨论教学法是学生在教师的组织下，为实现教学目标，对某一观点、某一问题或者案例，独立思考并进行讨论、辩论的教学组织形式，是学生根据教师所提出的问题，在集体中相互交流个人的看法，相互启发，相互学习的一种教学方法。讨论也是一种信息交流活动，但它不同于讲授法的单向信息交流及谈话法的双向信息交流，而是集体成员间的多向信息交流，学生可在听取不同的发言中进行比较，相互取长补短。

讨论教学法以学生的活动为中心，参加活动的每一个学生都有自由表达自己见解的机会，处于主动地位，可以很好地发挥学生学习的主动性和积极性。虽然有一个明确的讨论主题，但发言的内容可以不受教材的限制，有利于发挥学生的独立思考和创造精神。讨论时不可避免地会出现不同的观点，要说服他人，必须提出事实和论据，这绝不是死记知识可以做到的，因此，讨论有利于促进学生灵活地运用知识，同时也可以培养学生的沟通能力。

讨论教学法主要是指开展三个方面的讨论，加深理论知识的讨论、主要问题或疑难问题的讨论、研究性质的讨论。课堂讨论的展开一般要经过情境创设、自由讨论、表述见解、师生总结四个阶段。教师在整个过程中应对学生思维加以引导和启发，而学生则是在教师的带动下积极的思考。

（二）作用

1. 活跃课堂气氛

在教学过程中，教师最担心课堂陷入沉默，因为沉默在很大程度上代表着学生对教师所讲的内容没有任何兴趣，甚至有可能根本没有在听课。与此同时，在这种压抑而又沉默的教学情境下，学生非常容易开小差，并进入神游的状态，从而导致教学的效果得不到提高。

2. 加深学生印象

对职业院校学生而言，当教师持续采用相同的传统的教学方法进行教学时，容易产生厌学的情绪。同时，有些学生即便认真听课，但在听课的时候仍然会感到不知所云，课后对学过的内容毫无印象，考试的时候也不知道该如何答题，从而影响教学的质量与效果。而讨论教学法则是让学生从被动学习转化为主动学习，就某一个教学知识点进行讨论，促使学生的思维能力得到提高，引起他们的兴趣，激发其内在动机，从而加深学生对知识的印象。

3. 提高学生合作与沟通能力

在以往的教学过程中，大部分时间是教师在讲，学生在听，而讨论教学法则强调将课堂交给学生，学生成为课堂教学的主人、语言交流的主体，让学生自由地进行交流和讨论，并就某一问题充分发表自己的看法，从而提高自身的沟通能力与独立思考能力。同时，在聆听与交流的过程中，学生会看到别人的长处与自己的不足，了解到更多看问题的角度与方法，并能够取长补短。此外，通过课堂上的交流与沟通，学生能学会相互合作、相互尊重以及相互信任，最终提高了学生自身的合作能力。

二、讨论教学法的理论依据

（一）开放式教学理论

所谓开放式教学（open education），我国台湾学者认为是指因应学生个别差异妥慎设计学习环境，激发学生不断主动探索学习，使儿童获得全人发展的教育理念与措施。梳理世界各国家和地区开放教育的做法可以看出，这里的开放包括了以下几层含义：

(1) 打开教室与教室之间的墙壁（开放空间）；

(2) 打开教师与教师之间的"墙壁"（协同教学）；

(3) 打开时间与时间之间的"墙壁"（弹性化的时间表）；

(4) 打开学科与学科之间的"墙壁"（综合学习）；

(5) 打破学校与社区的墙壁（社区学校）。

可见，开放式教学就是通过学习环境的开放、课程内容的统整、学生个性化的学习、教师个别化的指导以及协同教学、诊断式成绩评量等方式，给予学生更多自由，让他们在变化的空间和具有丰富资源的学习情境中，自主探索知识，获得适宜其身心的最大限度的发展。换言之，开放式教学就是在教学各环节，教学各要素及各要素相互关系间摒除了封闭制约因素的教学活动形式。[①]

（二）教学相互作用理论

在教学过程中，主体只能是学生，工作的焦点必须放在学生身上，而处于客体地位的教师是实际教育目标的组织者和领导者。在教学过程中，教师应设法创造符合教学要求的学习环境和条件，发挥学生主体作用，使学生通过自己的阅读、讨论，开展积极的思维活动。学生学习越主动，表明教师的主导作用发挥得越好；反之，学生总是处于消极被动的状态，那就根本谈不到教师的主导作用了。这就是教学相互作用的理论。

三、讨论教学法的实施步骤

（一）准备

讨论前，师生都要做好充分的准备。教师要向学生提出讨论的课题，指出注意事项，布置一些阅读的参考资料。每个学生都应按照要求，做好发言的准备。

讨论的题目可以是一个实际的问题，或是一个假设性的问题，但必须具有开放性，或者是不带有简单明了答案的问题。此外，题目应该是有趣的，而有趣的前提是对问题的熟悉。如果对问题一无所知，就无法参加讨论。因此，讨论主题一定要在学生的经验和能力的范围之内。

（二）实施

1. 学生自学

教师指定自学内容，并首先带领学生"鸟瞰式"浏览，指出重点、难点，然后学生逐条地去理解抽象的理论部分、推演公式、演算例题和习题等。[②]

---

① 李洪修. 基础教育改革研究 [M]. 长春：吉林大学出版社，2013：1.

② 张滨桥. 初中教师课堂教学的基本技能 [J] . 2012 (7)：61－62.

2. 自行讲解

教师把要讨论的内容，按基本概念、基本理论、例题、习题等分成若干个"单元"。把学生也分成相同数目的小组，在学生全面自学的基础上，每组又各自有所侧重，待讨论时，再具体指定主讲人，或由小组自选主持人，小组中其他成员自由补充。这里教师要注意鼓励学生大胆发言，并引导学生的发言围绕论题中心，抓住主要矛盾，有理有据，善于追求真理，修正错误。

3. 相互讨论

相互讨论也是按"单元"进行的。在教师的启发和指导下，对对方讲的结果正确与否？有无不同解法？对其中哪些为最简捷解法等进行讨论。教师可根据讨论发言的进展情况，随时抓住和深入理解与主题有关的其他有争论的课题，引导学生深入开展讨论，以求讨论的步步深入。

4. 单元结论

在相互讨论之后，分别由主讲人或教师归纳出正确结论，或推导出正确且最简捷的答案等。

5. 全课总结

教师针对全课的理论部分及其应用部分进行总结。

（三）结束

讨论结束时，教师要做出小结。对疑难问题或有争议的问题阐明自己的看法，指出讨论的优缺点；对某些问题，如果学生一时想不通，允许学生保留意见。

（四）讨论教学法的组织模式

讨论是理智的思想交流，参与者必须能够合乎逻辑地提出看法，并进行论证。为此，要给学生适当的时间准备。

讨论开始前，应提出讨论时遵循的规则。例如，只有给予了发言权才可发言，别人发言时要注意倾听；讨论的目的是明辨是非，而不是谁胜谁负，引导学生善于吸取他人意见的正确之处；要明白意见的差异不等于对个人的否定，防止把争论变成个人冲突或攻击。

1. 全班讨论和小组讨论

讨论中个人参与交流的程度随分组的大小而定。分组较小，每个成员都有机会发表自己的看法；分组较大，不善于或不乐于发言者可能会自动退出讨论。此外，对比分析表明，个性不同的成员组成的小组可以得到更优异的答案。

（1）全班讨论。

当学生还不能自行领导讨论，或某些问题需要全班一起明确时，可采用全员讨论的方式。在这种形式中，教师是讨论的领导者，在提出问题后，发动学生相互交流，教师作为其中的一员参加讨论。一般而言，这种方式能保证交流顺利地向预期目标前进，而讨论的成败，在很大程度上取决于教师启发、引导的能力，其缺点是不能使每个人都有发言的机会。

（2）小组讨论。

全班分成几个讨论小组，教师分别到各组去听取发言、给予指导。这种讨论必须限定时间，才能使学生把精力放在主要问题上。小组讨论后，每个小组要向全班汇报本组的讨论结果。

2. 专题讨论和辩论式讨论

根据讨论的内容，还可以分为专题讨论和辩论式讨论。

（1）专题讨论。

专题讨论是每个小组就一个专题进行讨论，各小组讨论的题目可以相同也可以不同。当各小组讨论的题目相同时，全班交流可以起到相互启发和补充的作用；当各小组讨论的题目不同时，往往是一个大问题的不同侧面，各小组讨论的结果可以对这个大问题给出答案。每个小组的同学虽然只深入讨论了一个子题目，但通过全班交流可以对大问题的不同侧面都有所了解。在学生的讨论结束后，教师要在学生讨论的基础上，进一步归纳、设问、补充，使学生对讨论的问题有更清晰的认识。

（2）辩论式讨论。

辩论式讨论是将对某一问题持相反意见的学生分成两组，在有准备的情况下，让他们发表自己的观点。阐述理由批驳对方的观点。采用这种方式时，辩论的题目应有两个以上的观点，没有简单、肯定性的答案；同时，论题要能够引起学生的兴趣，来源于他们所熟悉、但又不十分明了的问题，从而使学生愿意并有能力进行辩论。为了使辩论顺利进行，要给学生一定的时间准备。教师作为主持人，在开始时做简短的引言，在辩论时要进行干预和引导，结束时进行总结。当学生把辩论变为个人冲突和攻击时，教师要进行干预。辩论过程中的引导，目的在于使全体学生都参与。总结要充分肯定辩论的成绩，指出不足之处，对于结果有时可不做结论。

四、提问的类型及要求

（一）提问的类型

1. 回忆提问

回忆提问一般是用在刚开始上课时教师引导学生回忆前一次的讲课内容，或者是要讲某一问题的时候。回忆提问有两种类型：

（1）教师引导学生回忆某个已经学过的事实或概念之后，要求学生回答"是"或"否"，此时教师在提出这种问题以后一定要让学生立即做出回答。

（2）要求学生基本上能够按照教材上的表述方法来回答已经学过的事实与概念等。

两种回忆提问的难度都比较低，本身并没有给学生提供表达自己思想的机会，容易限制学生思维的发展，所以教师不应该过多地采用。

2. 理解提问

当教师讲解完某个概念、原理、算法或操作之后，或是在课程结束的时候，可采用理解提问的方法来检查学生对于刚才所学知识或技能的掌握情况，了解学生是否准确理解了教学内容。理解提问包括三种：

（1）一般理解。要求学生用自己的话对事实、事件进行描述或解释。

（2）深入理解。让学生用自己的话讲述教材的意义或中心内容，以便了解其是否抓住了问题的本质。

（3）对比理解。让学生对已学过的知识进行回忆、解释或重新组合，才能回答这种提问。

理解提问有助于加深学生对所学知识的理解，发展学生的思维能力，教师应在课堂上多加组织。

3. 运用提问

教师在向学生提问之前，为学生建立一个简单的问题情境，让他们运用刚刚获得的知识或回忆过去学过的知识来解决教师提出的新问题。在信息技术课程的有关概念、操作技能的教学中经常需要采用这类提问方法，因为它不仅要求学生回忆、理解已经学过的知识，而且还能运用到当前的情境之中来解决新问题。不过由于稍有难度，教师在要求学生回答此类问题时，要给予必要的提示或引导，以免学生回答不出而打击他们的积极性。

4. 分析提问

教师要求学生识别条件与原因，找出条件、原因与结果之间的关系，能组织自己的思想来寻找根据以进行解释或鉴别，教师在程序设计的教学中经常需要采用这种方法。分析提问包括三种：

（1）要素分析。要求学生阐述事件中所包含的构成要素。

（2）关系分析。不但能鉴别出各种要素，还能确定各要素之间的关系及各要素与总体之间的关系。

（3）组织原理分析。能检验、判断各种事实、观点和行为等所依据的准则。

学生对于分析提问的回答必须经过较高级的思维活动，所以对于年龄稍小的学生来说，他们的回答往往是简短而不完整的，此时教师除了要鼓励学生积极回答外，更应不断给予提示和探询指导。

5. 综合提问

综合提问能够激发学生的想象力和创造力，比较适合于作为笔答作业和课堂讨论。它包括两种：

（1）分析综合。要求学生对已有的材料进行综合概括，从而得出最终结论。

（2）推理想象。要求学生根据已有的事实进行推理，想象可能的结论。

6. 评价提问

评价提问要求学生进行价值判断，前提是必须让学生先建立起正确的价值观念和思想观念，或者事先给出判断的原则来作为评价的依据。评价提问的内容主要包括评价软硬件性能、判断方法优劣和评价作品等。

（二）提问的要求

第一，设计的问题应依据每节课的教学重点和难点，要有启发性，切中关键处。问题的难度要适宜，适应学生年龄和能力，要使学生经过思考才能够回答出来，同时也要使多数学生能参与回答。教师要预想学生可能的回答及应对方法。同时，教师也要培养和鼓励学生提出问题。

第二，依照教学进展和学生的反应，把握提问的时机。问题的内容要集中，问题的表达要简明易懂，使学生明确问题重点。

第三，提问的态度要亲切和蔼、有吸引力、有鼓励性，使学生愿意思考、大胆回答。在进行提问时应有必要的停顿，使学生做好接受问题和回答问题的思想准备。特别强调的是要先面向全体学生提出问题，然后给学生思考的时间，待全班同学积极思维、跃跃欲试时再指定同学来回答，其原因在于：首先，可以使全体学生注意教师的问题。若教师先指定学生回答再提问，可能只有被指定的学生注意和思考问题，其他学生就"事不关己高高挂起"了。其次，由于每个学生都可能被问到，他们必定会在心中拟定一个答案，当被问到的学生回答问题时，他们就会与自己的答案进行比较并进行评价，这本身就是一个学习的过程，而且还吸引他们倾听老师的"谜底"。

第四，在选择回答问题的学生时，教师要注意避免将班级分为一小组积极参加者和一大组被动学习者。在任何一个班级里，总有一些学生比较活跃，乐于发表自己的见解，而另一些学生不习惯在众人面前表现自己。为了调动每一个学生学习的积极性，教师必须对提问进行适当的分配，特别是要给予那些不善于表达思想的学生锻炼的机会。对于学习不好的学生，可以让他们先回答比较简单的问题，并给予鼓励和帮助。另外，要特别注意坐在教室后面和两边的学生，因为这些学生容易被教师忽视。

第五，要虚心听取学生的回答，外在表现是凝神注目，不时点头，不打断学生的回答，不做其他事，适时给予口语性反应，如"对""嗯""哦"等；内在过程是抓住回答的要点，慎辩正误，做好有效评价的准备。教师的这种虚心态度，不仅可以增强学生回答问题的信心，提高参与的主动性，而且对建立良好的师生关系和激发学生答题灵感都有重要作用。

第六，正确对待意外答案，特别是教师自己也没有把握判断正确与否时，切忌妄作评判，一般可进一步询问学生答问的依据，征求其他学生的意见，待有把握后再作评核。如果问题还不能解决，就应实事求是地向学生说明，待查到资料或思考成熟后再与大家一起讨论。

第七，当学生不能回答或回答不正确时，教师应首先核查学生是否明白问题的意思，如果不是这个原因，教师应以不同的方式鼓励或启发学生回答问题，而不要代替学生回答，以培养他们独立思考的意识和解决问题的能力。根据出现的问题，教师可以从以下几个方面提示：

（1）使学生回忆已学的知识或生活经验。如果是因为旧知识遗忘太多，不能把已学知识和问题有机地联系起来，或因为紧张不能联系生活中的常识，而不能回答问题时，应提示其回忆从前学过的事实概念或生活经验体会等。

（2）使学生理解已学的知识。如果是因为学生对已学的知识没有理解，而不能回答所提出的问题，就应了解其对以前的学习内容理解的情况。了解的方法是让学生对与问题有关的知识进行叙述、比较、说明等。

（3）使学生明确回答问题的根据和理由。如果是因为学生找不出回答问题的根据和理由，或者证据不足、理由不充分，而对问题不能进行完满地回答，就应提示其对和问题有关的事实、概念等进行解释，分析思考，从而使其明确回答的根据和理由。

（4）使学生应用已学过的知识解决问题。如果是因为不能把已学过的概念、原理、法则或技术等和问题联系起来，不能应用已学过的知识解决新的问题，就应有意识地提示其回忆这些概念等的内涵和外延，应用这些知识来解决问题。

（5）引导学生思考，活跃思维，产生新的想法。根据学生已回答的事实或条件，提示其进一步思考，进行推理和判断，预想问题的可能结果。或者加入新的材料，引导其预想事物的进一步发展，进行新的综合，产生新的想法。

（6）使学生进行判断和评价。根据已有的事实和结论，提示其依据已学过的原则概念等进行有根据的判断，评价其价值。

第八，学生回答后，教师要及时反馈，给予确认、鼓励和分析，强化学生的学习，使全体学生受益。主要的方法有以下几种：

重述：重述学生的回答，引起重视与思考。

追问：对答案中的不足之处追加问题。

更正：纠正答案中的错误，给出正确答案。

评议：教师本人或发动学生对答案进行评价、分析。

核查：检查其他学生是否理解同学给出的答案。

拓展：利用答案或评议，联系新教材或新见解，扩大提问的成果，引起对问题新的认识和联想。

评核过程中应注意评议的中肯；要尊重学生，特别是对答错的学生不宜简单否定，要热情地引导。

五、讨论教学法的注意事项

（一）讨论内容要恰当

教师需要对讨论专题精心策划、深思熟虑，才能让学生有话可说，有理可辩，而不是信手拈来，随便挑选。适合的内容有：有争议的概念及原理；有多个答案存在的问题；虽然只有一个答案，但包含较难的概念，需要学生从不同角度分析问题。

（二）讨论时间要充分

课堂讨论展开、完成的整个过程需要教师留给学生充裕的时间自由讨论，让每个阶段环环相扣，真正调动学生的积极性，才能引发精彩的奇思妙想。对于时间的长短，教师应视具体情况灵活掌握。这就需要教师对学生的学情熟悉，对问题的反应有预见性，同时还需要对讨论话题的相关知识做好充分的准备。

（三）讨论空间、成员要灵活多样

讨论空间形式一般采用同桌两人讨论或前后四人讨论，这样的分组会导致得出的结论较多，或有些小组观点未得到发表，打击参与讨论学生的热情。另外，空间组织固定，缺乏灵活性，发出声音的永远都是固定的几位学生，因此要灵活改变空间、改变参与成员、改变参与人数，总之，要有利于调动全体学生的参与热情。

六、讨论教学法的优点和缺点

（一）优点

讨论教学法的优点主要有：容易引起动机；可以刺激思考；能有不同想法，集思广益；对课程记忆较深刻；跟学生互动多；上课较生动活泼；可以增加讨论机会加强同学之间感情；感想易于表达；学生能训练表达组织能力。

（二）缺点

讨论教学法的缺点主要有：容易浪费时间，没有效率；没有重点，偏离主题；教师难以掌握秩序，容易吵闹；气氛两极化，易受参与同学影响；学生先备知识必须有一定程度；学生无法聚焦，课程内容、品质无法追求一致；想法易陷入死巷；主持人责任过重；必须花时间事前准备；容易碰触敏感话题。

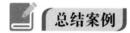 **总结案例**

物业服务与管理

教师提出讨论问题：如何提高物业管理的服务质量和服务范围？

教师提供资料：当前常规物业经营范围及物业管理中存在的问题。

1. 学生小组讨论：20 分钟（教师巡视指导）。

分组原则：5～8 人一组，选择关系融洽的在一组，学习能互补，且有发言积极分子。

2. 每个小组发表讨论的结果，每小组阐述观点不超过 5 分钟。

3. 教师将收集到的问题组织全班讨论：5～15 分钟，针对小组不能解决的问题交给班内讨论解决，讨论时间长短根据问题的多少来决定。

4. 教师点评并总结本课学到的知识。

探索思考

1. 什么是讨论教学法？

2. 讨论教学法有哪些注意事项？

单元四 演示教学法

▶ 培训目标

- ◆ 了解演示教学法的概念；
- ◆ 掌握演示教学法的原则；
- ◆ 掌握演示教学法的注意事项。

导入案例

一堂视图课的启示

视图课既简单又复杂，对于空间感好的学生而言就简单，对空间感差的学生而言就复杂、理解起来就困难。对于中职生的机械制图课，我已经有了 10 年从教的经历，记得第一次给他们上课的时候，在讲到三视图时，我认为很简单，设计了下面的教学过程：

1. 口诀：主俯长对正、主左高平齐、俯左宽相等。
2. 口诀解读：结合黑板画图，解读口诀的含义，即：

　　主视图和俯视图的长要相等

　　主视图和左视图的高要相等

　　左视图和俯视图的宽要相等

3. 看图画三视图（如图 6－1 所示）

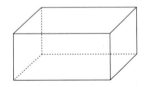 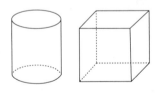

图 6－1　三视图示例

问题出现了，在我看来简单的三视图，很多学生就是不能理解"主俯长对正、主左高平齐、俯左宽相等"这句口诀，其中一个学生随口说了一句："老师啊，能不能拿一个实物给我们看一看？"这句话对于初为人师的我来说不亚于醍醐灌顶，有一种豁然开朗的感觉。

分析：这节课粗看起来没问题，但是教育对象不同，方法一定不同，对于制图课程初学者而言，实物展示对于理解空间关系，建立空间感，至关重要，一个视图模型展示，胜过千言万语的解释。

一、演示教学法概述

（一）基本概念

演示教学法是指在课堂教学中，教师根据教学内容、学生认知等方面特点，出示实物、模型、挂图进行示范性实验（如呈现实物或模型）或通过画图、投影、计算机等现代化教学手段使学生获得知识和实验技能的一种基本教学方法，常配合讲授法一起使用。这种方法可以使学生加深对事物的印象，集中注意力，激发学习兴趣。同时，理论与展示物的结合可帮助学生形成正确的概念。教师对演示物要精心选择，并使多种媒体相互配合，综合利用。对演示的课堂实验要在课前做一遍，以免出现意外。演示前要提出问题和观察重点，使学生注意观察事物的主要特征和重要方面，演示时要适当配合讲解或谈话，并尽可能让学生运用各种感官去充分感知事物，演示后要及时总结，明确观察结果。

（二）演示的类型

1. 实物、标本和模型演示

实物、标本和模型演示的目的是使学生具体感知教学对象的有关形态和结构的特征，以便获得直接的感性认识。[①] 为了使学生的观察更有效，教师需要注意以下问题：第一，材料的演示与语音讲解结合。在学生想看时，教师要知道他们看什么，怎么看，学生需要仔细观察时，教师要给学生思考的空间。第二，实物演示与其他直观手段结合。实物、标本所表现出来的现象，有时在结构上界限不清，影响学生清晰而准确地感知。例如汽油机、电动机等设备，看不到内部结构及其运动，这时需要与挂图、幻灯、影像资料等直观手段相配合，从而深化学生的直观感受，引导学生深入观察。第三，模型的演示要说明与实物的区别。例如分子结构模型要比实物大许多倍，而且在模型中，将碳原子涂成黑色、氢原子涂成白色、氧原子涂成红色，这些都是为了便于观察或相互区别而人为设定的，必须向学生交代清楚，以免引起误解。

2. 幻灯、投影的演示

幻灯、投影的演示容易吸引学生的注意，激发其学习兴趣，但如果时间过长，也会引起学习疲劳。因此，演示的次数不能过于频繁，每次演示的时间也不宜过长。演示时要注意室内局部遮光，即把靠近银幕的窗户遮挡起来，这样，既不影响放映效果，又不影响学生看书或记笔记。

在演示幻灯投影时，教师也应对幻灯片的内容做简短说明，告诉学生观看的重点，提出观看的要求，留下思考的问题，使学生明确观看的目的。放映结束后要及时总结或

---

① 薛荣堂，梁星初. 课堂演示与教学结课方法［M］. 北京：中国人事出版社，1998：7.

讨论，把幻灯片的演示与教学内容紧密结合起来，使学生巩固所得到的感性知识，进一步提高到理性认识。

3. 电影、电视的演示

电影、电视的演示对教学能否起到辅助作用或在多大程度上可以辅助教学，取决于教师对电影、电视的精心选择。

第一，教师要了解影片的详细内容和长度。

第二，要考虑以下问题：

（1）影片内容和教学内容的联系是否紧密？长度是否合适？

（2）使用这部影片能达到什么样的教学目的？

第三，如果决定在教学中使用该影片，教师要考虑：

（1）影片中哪些内容需要学生特别注意，教师指导时应该强调？

（2）哪些内容是与教学密切相关的？哪些与教学内容关系不大？

（3）影片中缺少哪些材料，需要教师补充说明？

（4）是全部放映还是部分放映？

第四，在放映前，教师应对观看的目的、内容、重点及在观看中应思考的问题做出必要的提示。在放映过程中，教师要进行必要的讲解。

4. 多媒体的演示

多媒体集图文声像于一体，以多层次、多角度的形式呈现教学内容，将深奥的理论浅显化、抽象的理论具体化，静态的事物动态化，枯燥的知识形象化，为学生创设丰富多彩的立体式的教学环境。如一些较抽象的概念和理论、复杂的变化过程等，都可以用多媒体动画或图像等方式，形象生动地表现出来，这样呈现在学生面前的是逼真的图像、生动的声音和形象的动画，由此创设出符合教学主题要求，并接近真实的情境，再加上教师的补充讲解，更增强了学生对教学主题内容的理解和掌握，最终帮助学生完成对所学知识的意义建构。同时，还可以培养学生的形象思维，促进学生抽象思维的发展，在学生潜移默化地掌握知识的过程中，锻炼学生观察问题、分析问题、科学推理思维的能力和方法。

多媒体用于课堂教学，可以增加教师教学手段的灵活性和多样性，使教学内容的表现形式更丰富、更生动、更形象，为学生创设了一种更加逼真的教学情境。在这种环境中，学生通过多种感官接收信息，激发了学习的积极性和主动性，从而提高了教学质量和效率。

5. 实验演示

实验演示从目的上看，可分为获取新知识的演示实验和巩固知识的演示实验两种。

获取新知识的实验演示是由特殊到一般的教学过程，属于归纳法。由于实验演示时，学生并没有掌握有关的理论知识，他们的观察容易忽视最关键的地方，教师要努力引导学生注意实验的条件和产生的主要现象，因此，教师演示的方法通常是"边讲解边演示"。演示时，教师要先详细说明实验的各种条件，当学生看到实验现象后，要启发、引导学生对现象进行解释，并做出正确的结论。从实验中所得出的结论，只是个别现象的特殊结论，还应该把它推广到一般或其他同类现象中去。对于学生没有使用过的仪器、设备，还应该说明它们的操作方法及注意事项，可以训练学生的基本技能。

巩固知识的实验演示是由一般到特殊的教学过程，属于演绎法。在进行这种实验演示时，学生是在已有理论知识指导下观察，他们能预见到实验的结果。因此，教师可采用灵活多样的方法。一种方法是在演示前，教师向学生说明要做什么实验，引导学生运用刚学过的理论预测将产生什么结果。实验后，请学生解释实验现象。另一种方法是在实验演示前，向学生说明要做什么实验，打算得到什么结果，让学生讨论实验需要的条件，怎样才能产生预期的结果。这样，学生运用刚刚学过的知识，设计实验，教师对学生的方案修改完善后进行实验。这种方法可激发学习兴趣，鼓励学生积极思维。

二、演示教学法的理论依据

演示教学法的理论依据主要是教学原则中的直观性原则。直观性原则是基本教学原则之一。教学中引导学生直接感知事物、模型或通过教师的形象语言描绘学习对象，使学生获得感性认识。反映了从感性到理性的认识发展规律。运用这一原则能促使具体形象与抽象概念相结合，减少理解抽象概念的困难，能激发学习兴趣和热情，有助于发展学生的观察能力、形象思维能力，促进对知识的理解和巩固。类似这一原则的教学思想，古代教育家已有论述，如荀子说："不闻不若闻之，闻之不若见之"。直接提出这一原则的是教育家夸美纽斯。他认为，在教学过程中，教师要利用直观手段，通过引导学生开展多种形式的感知，丰富学生的感性认识，发展学生的观察力和形象思维，并为形成正确而深刻的理性认识奠定基础。贯彻这一原则的基本要求有：

（1）直观手段的选用要符合教学的目的要求和各科教学的特点。

（2）直观教具的选用要符合学生的年龄特征和认识水平。

（3）运用直观手段，要与教师适当的讲解相配合。

（4）要重视运用语言。

（5）教师要合理考虑使用直观教具的数量、时间和地点。

这一原则的主要依据是：学生的认识，对书本知识的掌握是以感性认识为基础的；学生的思维发展正处在从具体形象思维向抽象逻辑思维过渡的阶段，特别是低年级，仍以具体形象思维为主；从教育效果看，运用直观手段，使学生感到形象、鲜明、生动有趣，容易巩固所学知识。

三、演示教学法的实施步骤

（一）提出主题

除物理、化学、体育需要演示教学外，其他学科也可采用演示教学法。在数学中采用演示教学法，需要根据具体内容来定。在进行这一环节的时候，教师要注意营造一定的演示氛围，引发学生的学习动机，同时提出演示的主题，向学生介绍演示主题的重要性，让学生进入参与演示教学的状态。比如在进行圆柱的教学时，侧面展开卷起来的图书，以及圆锥的侧面展开图是扇形等。

（二）说明目标

在这个环节，教师要说明演示要达到的目标，讲解演示中涉及的相关知识，强调在观察时要注意的事项，让学生在观察演示前对演示主题有基本认识，以便在观察时能把握重点，有所依循。假如没有向学生说明演示目标，学生不带目的地观察演示，效果肯定不明显。在讲图形的变换时需要采用演示教学法。但是对于相似变换、位似变换、旋转变换、对称变换，每一种要求是不一样的，在对图像进行操作演示的时候，应该让学生明白，从哪一个角度来观察体会有关的性质。

（三）进行演示

在说明概况的基础上，进行操作演示，完成演示的整个程序，让学生对演示主题有整体性的认识。如果有必要的话，可以进行第二次或第三次演示，将演示技能分成几个组成部分，逐一分解并详细演示。很多时候老师演示一遍，学生很难把握其中的重要性质和现象，这个时候就需要老师进行多次演示，甚至把演示进行分解。比如，在图像的变换有关教学时，进行变换的时候，为了便于学生理解，同时把几种变换进行演示。

（四）练习强化

在这个环节，教师可以提出问题，让学生围绕演示主题作进一步思考，也可以让学生自己动手操作，按照教师演示的步骤进行练习，通过这一环节的教学，使演示教学的效果得到进一步强化。一定要注意避免为了演示而演示，演示教学是为了解决具体的教学问题。学生在观看了演示后，应该进行相应的思考，把演示中看到的现象进行归纳。甚至需要的时候，让学生自己也动手进行演示，强化对现象的理解。

四、演示教学法应用须知

（一）演示教学法的原则

1. 准备性原则

教师应做好演示前的准备。在实际的课堂教学中，演示有时可能仅是课堂教学中的某一环节，但在进行课堂教学之前，教师应根据教学内容特点、学情及学校的条件等方面做好充分的准备。对一些典型的实物或教具应事先演练所要演示的教学内容，对教学中可能出现的问题进行预设等，以确保演示顺利进行。

2. 解释性原则

课堂教学中，教师的演示是为了能够把抽象性或本质性的教学内容变得更加直观和形象，以便于学生理解。因此，在教学演示这一环节，就有必要突出抽象知识的本质特征以及展示某个抽象概念或定理的形成过程。教师在演示中应向学生进行说明和讲解，以使学生明确在教师演示过程中先看什么、再看什么，以及应注意哪些问题等。这样，学生就可能会带着目的或问题有针对性地观察、思考和学习。

3. 重点性原则

演示要突出重点，摒弃过于花哨的形式。教师开展课堂演示教学时，用学生能够理解的简明、通俗易懂的语言讲解，以引导学生抓住演示对象的主要部分，把握知识的实质。在课堂中，应着重突出知识的重点、难点，舍弃一些无关的演示内容，避免内容过多而让学生关注点转移到不重要的知识点上。

4. 综合性原则

演示教学法一般不会单独运用在课堂教学中，往往与其他教学方法配合使用。当下的课堂教学中，多数教师会经常使用多媒体，而在运用多媒体课件向学生演示教学内容时，教师往往也会与讲授、谈话等教学法灵活配合使用，以使学生尽可能运用多种感官来认知事物的主要特征和变化，从而达到更好的教学效果。

（二）演示的要点问题

1. 演示物应保证学生看清

要保证学生看清演示物，需要注意三个方面：第一，演示物有足够尺寸，过小的材料只能用投影器放大或分组演示或传看，当然，过大的材料也无法在课堂上演示。第二，演示物放在一定的高度，以保证全部学生坐在原位置上就能看清演示材料，一般以前面的学生不遮挡后排的学生的视线为宜。第三，演示物要有适宜的亮度。除幻灯片、投影、电影、电视外，其他直观材料都应在光线充足的条件下进行演示。如果用灯光辅助，光源的位置以从标本、模型等的前斜上方照射为宜；玻璃器皿中的溶液、标本等，以后侧方照射为宜。

2. 对演示物的指示要确切

在讲解演示物的某一位置时，教师的指示一定要确切，才不至于造成学生的误解。

3. 实验操作要规范

演示实验的操作必须规范，对学生起到示范作用，它可以培养学生一丝不苟的优秀品质。教师还应把学生容易出错或有疑问的地方，有预见性地交代清楚，防止错误的发生。

4. 语音讲解要与演示紧密结合

必要的讲解有利于帮助学生理解和思考，可以使演示发挥更好的作用。

五、演示教学法的优点和局限性

（一）演示教学法的优势

1. 能够有效缩短理论到实践的距离

在系统讲授时配以生动、具体、形象的实物、模型、挂图等教具以及实验、动画、视频等媒介，不仅能活跃课堂，也能让学生获得感性认识，形成正确概念，教学效果更显著。对于看不见、摸不着的难以理解和记忆的教学内容，可使学生加深印象，真正理解，缩短理论到实践的距离。

2. 能够发挥学生的主体性

在讲授中，教师可以创设情境或提出问题，如课程讲述过程中可通过步步设疑，层层引导，激起学生的求知欲，引发学生的思维活动。在演示中，也可让学生自己演示，培养学生的能力。这样，学生在教师引领下，照样可以发挥自身的主体性，主动和老师的活动配合，跟着教师的思路，积极主动地思考问题，探究新知识，掌握新内容。

3. 能够培养学生的语言和观察能力

演示教学法注重教师的讲授和演示，学生侧重于聆听和观察，因此能不断地提高学生的语言和观察能力。

4. 能够控制课堂纪律，适合班级授课

演示教学法由于教师是主体，因此教师能更容易掌握课堂的节奏和气氛，做到有的放矢，更好地完成教学任务。

（二）演示教学法的局限性

演示教学法虽然在课堂中普遍适用，但它也并不是万能的，使用不当也会暴露出如下的缺点。

1. 忽视个体差异，对学生的思维有一定的限制作用

演示教学法侧重的是教师的活动，给学生的思维空间较少，易让学生养成依赖老师的习惯，一定程度上限制了学生思维的发展。尤其是对一些基础好、能力强的学生来说，可能在知识层面上会因得不到拓展而难以激发他们的潜能。所以，此法易忽视个体差异，造成"一刀切"的现象。

2. 对教师的要求较高

演示教学法侧重于教师的活动，所以对教师的基本功要求很高，尤其是语言组织能力和演示能力，而且操作不当会出现"灌输"再现，这对于教师是一个很大的挑战。因此，要不断提升教师的素质与能力，尽量保证教学效果。

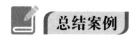 **总结案例**

"胸部检查和腹部检查" 模型人演示教学法

"胸部检查和腹部检查"是此次授课的重点和难点,尤其是肺部呼吸音和心脏杂音听诊的特点特别抽象,机制复杂,无论教师讲得多么精彩,学生也无法想象是何种声音,而利用心肺触诊听诊模型人可使其结构和声音再现。在教学过程中,可将学生每4~5人分成一个小组,每个小组配备一具模型人,每个人配备一个听诊器。教师每讲完一种听诊特点,就让学生在模型人身上反复听诊,使抽象的问题具体化。讲课结束后,教师可以设置小组演示随堂测验,并记入平时成绩。

探索思考

1. 演示教学法的概念与起源。
2. 演示教学法的原则与注意事项。

单元五 案例教学法

▶ 培训目标

◆ 了解案例教学法的概念与作用;
◆ 掌握案例教学法的案例选择方法;
◆ 掌握案例教学法的实施要点。

导入案例

举例子是案例教学吗?

在"认识简单机械"这节课中,我用四幅图举例(见图6-2)说明什么是机械,要求同学们观察回答:(1)设备名称。(2)判断哪个是机械,哪个不是。(3)说出这四个设备的根本不同。

在我的引导下,学生观察仔细,发言热烈,纷纷抢答,教学效果显而易见。

下课了,一位同学和我聊起来这些例子,随口问了一句话:"老师,举例子是不是案例啊?"我一时蒙住了,举例是案例吗?举例子说明是案例教学法吗?

分析:教学中用这四个例子来区分什么是机械,什么不是,引起学生的思考,非常好,特别是这四个设备都是生活中常见的,学生非常熟悉,没有知识壁垒,在教师的引导下,很容易对问题作出判断,相当于举例说明,那么案例也是一个例子,举例子说明教学方法和案例教学法有什么异同呢?

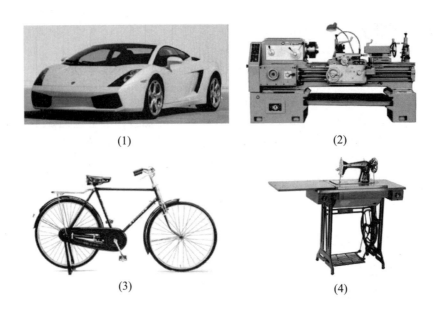

(1)

(2)

(3)

(4)

图 6-2　"认识简单机械"案例配图

一、案例教学法概述

（一）基本内涵

案例教学法是运用典型案例模拟或者重现某一特定场景，教师在其中引导学生进行独立思考研究和课堂讨论的一种教学方式，旨在将理论知识应用于实际问题的解决，从而提高学生发现、分析以及解决问题的能力。劳伦斯认为，"案例是对一个复杂情景的记录。一个好的案例是一种把部分真实生活引入课堂，从而使教师和全班学生对之进行分析和学习的工具，它可使课堂讨论一直用只有真实生活中才存在的棘手问题来进行。但一个好的案例首先必须是一篇好报道。"因此，案例有别于举例。在教学中，教师经常会举例子，进一步解释某些知识点或观点，这样的例子往往是一些简单明了的事例，并非教学案例。案例应该包括故事的要素，如时间、地点、人物、背景、起因、详细的情节，以及矛盾和冲突。

案例教学的应用方式多种多样，但通常情况下主要包括案例设计、案例发布、案例分析和讨论结果。首先，案例设计是案例教学的出发点，教师根据教学目标及教学内容的重难点，对相应的部分设计合理的教学案例。其次，教师要根据教学时间安排，选择合适的时机，发布案例，布置相应的问题和任务。再次，学生要根据教师要求，收集案例所需的相关材料，了解案例的背景和内容，并以集中或分组的形式展开讨论。最后，在教师的组织下，学生汇报分析结果，展开讨论，得出最终结论。

（二）作用

1. 有利于提高学生的积极性

案例教学法是以学生为主的教学活动。在案例教学中，通过教师有目的的引导，让学生通过多种渠道去查资料，通过个体独立或团队合作的方式做出分析和判断，积极寻找多种答案，从而掌握自主学习的方法，让学生在学习过程中有获得感，提高学习的积极性。

2. 有利于提高教师教学水平

案例教学法要求将理论教学环节与实践教学环节紧密联系起来，把教师的知识水平和教学能力结合起来。在案例的选择上要求教师不断地更新教学内容，补充教案，在案例的实施过程中要求教师不断提升自身教学水平和拓展专业知识面。因此通过案例教学法，可调动教师教学改革的积极性，更好地发挥教师在教学中的重要作用，不断提高业务水平。

3. 有利于培养创新思维

案例教学法是一种以学生自觉为主要理念的教学方法，变死记硬背为活学活用。在案例教学过程中学生独立思考、自觉主动地追求知识、探求真理。学生在教师的指导下，认真阅读案例材料，独立思考，调动自己的学识和才智，对案例进行细致的分析，通过思考、探究、讨论做出正确的判断，发现和解决问题。案例讨论的结果没有绝对的对与错，站在不同的角度得出的结论不同。因此，运用案例教学法，有利于培养学生的创新意识、创新精神和创新思维。

（三）特点

1. 明确的目的性

通过一个或几个独特而又具有代表性的典型事件，让学生在案例的阅读、思考、分析、讨论中，建立起一套适合自己的完整而又严密的逻辑思维方法和思考问题的方式，以提高学生分析问题、解决问题的能力，进而提高素质。

2. 客观真实性

案例所描述的事件基本上都是真实的，不加入编写者的评论和分析，由案例的真实性决定了案例教学的真实性，学生根据自己所学的知识，得出自己的结论。

3. 较强的综合性

原因有二：一是案例较之一般的举例内涵丰富，二是案例的分析、问题解决过程也较为复杂。学生不仅需要具备基本的理论知识，而且应具有审时度势、权衡应变、果断决策之能。案例教学的实施，需要学生综合运用各种知识和灵活的技巧来处理。

4. 深刻的启发性

案例教学，不存在绝对正确的答案，目的在于启发学生独立自主地去思考、探索，注重培养学生独立思考能力，启发学生建立一套分析、解决问题的思维方式。

5. 突出实践性

学生在校园内就能接触并学习到大量的社会实际问题，实现从理论到实践的转化。

6. 学生主体性

学生在教师的指导下，参与进来、深入案例、体验案例角色。

7. 过程动态性

在教学过程中存在着老师个体与学生个体的交往，教师个体与学生群体、学生个体与学生个体、学生群体与学生群体交往，也就是师生互动、生生互动。

二、案例教学法的理论依据

案例教学法的理论依据是人本主义心理学理论、情景学习理论、合作学习理论、研究性学习理论，这些理论在案例教学中是融为一体的。

（一）情境学习理论

传统教学模式在班级授课制式的形成过程中，有过其辉煌的历史，对知识的传授在相当长的一个时期内产生过一定的积极作用。但随着社会的发展，科学技术的飞速进步，知识经济与社会形态的出现，传统教学模式的缺陷及弊病也就随之日益凸显。教学脱离生活实践，学生通过课堂教学获得的知识常常无法应用。人们往往忽略了这样一个事实：人们所熟悉的一切不是外部教学的结果，而是周围环境文化的产物。我们应使学生有可能在真实的、逼真的具体案例中，通过观察、概念工具的应用以及问题的解决，形成科学看待世界的方式和解决问题的能力。需要通过模仿真实活动的学习环境，或借助信息技术设计逼真仿真环境和虚拟情境来提高学习的有效性，并保证知识向真实环境的迁移。在特定情境中获得的知识比所谓的一般知识更有力和更有用。情境认知自 20世纪 80 年代末已成为一种能提供有意义学习并促进知识向真实情境转化的重要学习理论之一。

（二）合作学习理论

合作学习是当前教育心理学研究的热点之一，主要指学生为完成共同的学习目标，在特定的小组或团体内共同学习，也是有明确的责任分工的互助性学习。合作学习的主要代表斯莱文教授认为："合作学习是指使学生在小组中从事学习活动，并依托他们整个小组的成绩获取奖励或认可的课堂教学技术。"美国明尼明达大学合作学习中心的约翰逊兄弟俩认为："合作学习就是在教学上运用小组，使学生共同活动以最大限度地促进他们自己以及他人的学习。"以色列特拉维夫大学沙伦博士对合作学习进行了这样界定："合作学习是组织和促进课堂教学的一系列方法的总称。学生之间在学习过程中的合作则是所有这些方法的基本特征。"在课堂上，同伴之间的合作是通过组织学生在小组活动中实现的，小组通常由 3～5 人组成。小组充当社会组织单位，学生们通过同伴之间的相互作用和交流展开学习，达成共同的学习目标，同样也通过个人研究进行学习。合作学习是以生生互动合作为教学活动主要取向的，学生之间的互动合作为其共同特征。当然，还存在以师生互动、教师间互动及完全互动为特征的合作学习。合作学习恰恰体现出案例教学法所必不可少的五个共同的基本要素：积极的相互依赖，使小组成员确信他们"同舟共济"；面对面的交互作用，确保小组成员能直接对案例分析交流；个体承担一定责任，如收集或整理等责任；合作技能，即与他人在小组中协同学习所需要的组织能力、交流能力、协同能力、相互尊重的态度等；集体自加工，小组成员采取自我检查或反馈方式考查集体学习进行得如何并提出改进措施。

（三）研究性学习理论

研究性学习，就是在教学过程中创设类似科学研究的情境或途径，让学生在教师的引导下，从学习生活及社会生活中去选择和确定研究专题即案例，用类似科学研究的方式，主动地去探索发现和体验。同时，学会对案例进行收集分析和判断，去获取知识、应用知识、解决问题，从而增强思考力和创造力，培养创新精神和实践能力。让每个学生有进步是研究性学习的核心价值取向。学生在研究性学习过程中始终处于主体地位，既学到了知识，又锻炼了直觉思维能力和创造思维能力，塑造了自信和自尊。教师成了学生学习的引路人，同时也是共同的探讨者、合作者、发明者。学生从被动地接受知识、储存知识的转变为乐于想象、敢于批判、大胆提问、标新立异、大胆质疑。

三、案例教学法的实施步骤

（一）准备案例

在案例教学中，学生是主角，教师在课前将准备好的案例告知学员，让学员了解案例内容，并要求学员查找一些必要的资料，做好发言准备。

（二）讲解讨论案例

讨论案例是案例教学过程的中心环节，教师应设法调动学员的主动性，引导学员紧紧围绕案例展开讨论，方式可以是全班一起讨论，也可以划分成小组讨论。例如在危险化学品安全培训中，我们用现代化教学手段，仿真模拟事故发生的经过，使学员感到形象逼真，从而大大提高教学效果。

（三）总结案例

在学员对案例进行分析、讨论、得出结论之后，教师要进行归纳总结，做出恰如其分的评价。针对案例中的主要问题做出强调，使学员加深对知识点的把握。对学员讨论中不够深入、不够确切的地方，做重点讲解。同时教师还要特别提出，通过案例分析讨论，学员应吸取什么样的经验教训。

四、案例教学法应用须知

（一）案例的选择

教师所选择的案例首先结论是开放的，其次案例内容是有内在矛盾的或存在突出问题的。案例的核心是对"故事"中的突出问题进行分析，得出结论，所以案例应该有一定难度，甚至可以是有争议的，而不应该是一些结论一目了然的案例。学生对内在矛盾存在的问题进行分析，形成解决问题的答案，结论可能是五花八门的，有多个相近或相反的解决方案，只要符合知识框架，与教学内容一致，都是可以接受的。关键是教师要将案例中的解决措施进行总结和归纳，提炼出共性，即与自己教学结论相符的知识要点，作为以后学生处理相应问题的指导。

（二）案例的使用

案例在教学中使用一般有两种情况：一是用案例导入课程内容，即先进行案例分析，再得出或总结理论，通过结论引出本节课要讲的内容和观点。学生在分析之后所得出的结论就是课程的学习要点。这样可以加深学生对教学内容的求知欲，且在知识点讲完后，案例结论也就不言而喻，通过知识和案例的融会贯通，提高对理论的理解程度。二是用案例总结课程内容，即先进行理论讲授，再进行案例分析加以巩固和深化。教师在讲完相关知识点后，发布案例，组织学生讨论、提问、解决问题。这个环节可以放在课后作业，给学生一定的准备时间研读案例，查阅相关资料，然后进行分析得出结论。这种安排可以保障知识传输的系统性和准确性，加深学生对所学知识的巩固和理解。

（三）案例教学法的实施

第一步，准备一个案例，给学生5～10分钟进行小组预先讨论。

第二步，然后让学生在课堂上交流讨论结果，开展相互辩驳，提出有创意的观点，约10分钟，教师在其中起到一个调和剂和催化剂的作用，通过师生互动、生生互动实现对教学难点、重点的深入理解。

第三步，在案例教学的最后阶段，教师结合所学知识点进行总结。教师的总结起到统领和点睛的作用。在总结中教师应注意：肯定学生的多维思考，引导学生进行宏观层面上的思考，对于有创造性的结论给予正向反馈，鼓励学生大胆假设，知识点总结应回归教育原理。

五、案例教学法的注意事项

（一）注重教学的互动性

案例教学法的运用过程实际上是一个师生互动、生生互动、共同发展的过程。只有师生间、学生间形成了有效的互动，才有可能提高教学效率，发挥出这一教学方法的作用。为此，教师要精心准备案例，营造良好的教学氛围，想方设法调动学生参与教学的积极性，与学生分享彼此的经验、感受及认识等。

（二）要引导学生深入思考

教师在运用案例教学法时，不能只是向学生简单地介绍案例或是直接给出结论，而是要引导学生进行深入思考、合作探究、集思广益，培养他们的发散性思维能力，使其养成良好的学习习惯。

（三）做到全员参与

教学要面向全体学生。教师应通过案例教学法的运用，激发学生学习的主动性，发挥学生特长，引导他们积极参与教学活动，如：可让学生进行小组讨论或开展辩论比赛，促使全体学生在原有基础上都能取得进步。

六、案例教学法的优缺点

（一）优点

1. 能够实现教学相长

教学中，教师不仅是教师而且也是学员。一方面，教师是整个教学的主导者，掌握着教学进程，引导学员思考，组织讨论研究，进行总结、归纳。另一方面，在教学中通过共同研讨，不但可以发现自己的不足，而且从学员那里可以了解到大量感性材料。[1]

2. 能够调动学员学习的主动性

教学中，由于不断变换教学形式，学员大脑兴奋点不断转移，注意力能够得到及时调节，有利于学员精神始终维持最佳状态。

3. 生动具体、直观易学

案例教学的最大特点是真实性。由于教学内容是具体的实例，加之采用的是形象、直观、生动的形式，给人以身临其境之感，易于学习和理解。

4. 能够集思广益

教师在课堂上不是"独唱"，而是和大家一起讨论思考，学员在课堂上也不是忙于记笔记，而是共同探讨问题。由于调动集体的智慧和力量，容易开阔思路，收到良好的效果。

（二）缺点

1. 案例的来源往往不能满足培训的需要

研究和编制一个好的案例，至少需要两三个月的时间。同时，编写一个有效的案例

---

① 姚屏. 机械专业教学法 [M]. 北京：机械工业出版社，2018：8.

需要有技能和经验，这是阻碍案例法推广和普及的一个主要原因。

2. 教学时间需求大

案例教学法需要较多的培训时间，对教师和学员的要求也比较高。

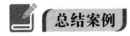 **总结案例**

"Flash中文字动画的制作"——案例教学法实例

表6-6是关于"Flash中文字动画的制作"的实例，其中对学习过程（情境导入、知识储备、案例分析、发布任务、实践探究、总评总结）各环节的教师活动和学生活动均做了说明，可供参考。

表6-6　案例教学法实例

学习过程	教师活动	学生活动
情境导入	展示文字动画：电影片头、生日贺卡等引出教学内容：用Flash制作文字动画	观看、提问，获取文字动画直观印象，明确学习目标
知识储备	1. 创建静态文本方法 2. 文本格式与属性 3. 文本编辑方法 4. 文字图层插入时间轴特效方法	初识Flash中文本的构造原理与文本创建基本方法
案例分析	展示文字动画案例并引导学生分析文本内容与基本创建编辑方法，可选取多个案例，逐一分析	1. 分析案例中文字效果创建编辑方法，在老师的引导下抽丝剥茧 2. 注重对方法的理解
发布任务	任务1：制作出"七彩"效果的文字动画，保存后测试一遍 任务2：制作出"阴影"效果的文字动画，保存后测试一遍 任务3：利用文本工具，制作出"镂空文字"效果的文字动画，保存后测试一遍	
实践探究	老师巡视，即时纠正错误，并将一些集中出现的典型的问题反馈给所有学生	在实践中掌握文字动画的制作方法
点评总结	1. 展示学生作品，师生共同点评，并展示案例，比较优劣 2. 回顾总结本节课的主要知识点、技能点	

探索思考

1. 案例教学法的概念及实施要点。
2. 结合自身教学内容，完成一节案例教学法教学设计。

模块七　思维训练教学方法

模块导读

　　思维是人脑对客观事物的反映，它包括分析、综合、比较、概括、归纳、演绎、推理等能力。在专业教学中，培养学生的思维能力，就是要求学生会比较、概括、理解和掌握基本概念。本模块介绍了头脑风暴教学法、思维导图教学法、卡片展示教学法、角色扮演教学法等基本的思维训练教学方法。这些方法最开始并非教学方法，但在行动导向教学的框架下，它们越来越广泛地被应用到教学中，获得了良好的教学效果。

单元一　头脑风暴教学法

▶ 培训目标

◆ 了解头脑风暴教学法的理论基础；
◆ 掌握头脑风暴教学法的实施步骤；
◆ 了解头脑风暴教学法的优点和局限性。

导入案例

一节头脑没有风暴的头脑风暴课

　　范老师是一位汽车专业的老师，学习了头脑风暴教学法之后，想在课堂上尝试一番，正好讲到火花塞，他设计了一个头脑风暴环节，让学生们思考：汽车打不着火，可能是什么原因？有同学说可能是火花塞问题，还有说可能是线路问题，应答者寥寥，答案寥寥，设想中的同学们踊跃发言，脑洞大开，头脑风暴的场景没有出现。

分析： 为什么会出现这种情况呢？是不是什么情境都可以展开头脑风暴呢？实施头脑风暴教学法对主持人有什么要求呢？需要前期做什么准备呢？范老师怎么做才能让学生开启一场头脑风暴之旅呢？

一、头脑风暴教学法概述

（一）基本概念

"头脑风暴"是"Brain-Storming"的汉译，是当今最实用的一种集体式创造性解决问题的方法。头脑风暴教学法，又称智力激励法，是由奥斯本（Alex F. Osborn）于 20 世纪 30 年代提出的，是通过一种特殊的"会议"形式，教师引导学生就某一学习目标自由发表意见，可以发散思维，互相启发，教师不对其正确性进行任何评价的方法。头脑风暴教学法是通过一群人以会议形式围绕一个特定的主题进行自由的、无拘束的想象并表达自己的观点，参与者之间相互激发，产生新点子、形成新方案或新计划的工作或者教学过程。它被广泛地用于创造性思维活动中，是一种能够在最短时间内获得最多观点和思想的方法。

（二）基本原则

1. 不批评原则

在意见发表过程中，对于所有能解决问题的答案，应做到不自谦、不批判、不阻拦，师生及生生之间也互不点评，每个人的思维不可能完全一致，因此会出现完全相反的意见，在这种情况下不要急于否认别人的观点，而应虚心听取大家的想法。对他人观点直接否认和批评，可能会扼杀了很多好的主意和新的观点。

2. 自由发言原则

在课堂上，相对于发表意见，学生常常更愿意选择保持沉默，这样也限制了思维的发散，因此作为组织者的教师，应尽量鼓励学生，给学生发散思维的时间和空间，让学生敢于提出自己的见解，哪怕是不切实际的想法。

3. 综合改善原则

在头脑风暴的过程中，学生不仅可以提出自己的见解，也可以在他人想法的基础上，继续提出新的想法，在这个自我观点与他人观点不断碰撞的过程中，提出的观点可以不断综合、不断改善。

4. 以量求质原则

以量求质原则具体体现了"质量递进效应"。它的目的就在于以创造性设想的数量来保证创造性设想的质量。这就好比捕鱼，要想收获更多更大的鱼，就要大面积撒网，多次撒网。长期以来，教师习惯性地对学生提出的一些看似"无用"的想法进行过早的批判，但这种做法往往使人们无法突破局限，无法创造性地解决问题。因此在头脑风暴的过程中，我们要控制这种批判。而克服这种批判的较好办法，就是追求设想的数量。当人们思维的目标是追求一定数量的设想时，就会有意识地减少批判或者拒绝批判。这样，思维的界限自然就会打破，联想也会更加丰富，有价值的设想、有创见的方案才可能涌现出来。因此，头脑风暴法强调成员要在规定的时间内，加快思维的流畅性、灵活性和求异性，尽可能多地提出有一定水平的新设想，作为获得质量好、价值高的创造性设想的一个重要保证。

上述四项原则各有侧重，相辅相成，构成一个整体，从而保证了头脑风暴的顺利进行。[①] 第一条原则突出求异创新，这是智力激励的目标。第二条原则要求思维轻松，气氛活跃，这是激发创造力的保证。第三条原则追求创造性设想的数量，这是获得高质量创造性设想的前提。第四条原则强调相互启发、相互激励、相互补充和相互完善，这是头脑风暴成功的关键。

二、头脑风暴教学法的理论基础

"联想式记忆模型"是头脑风暴法的主要理论基础，而"联想式记忆模型"又是以语义网络为基础的。

语义网络是关于语义结构之心理表征的假设。它是柯林斯和奎连等在语义特征分析基础上提出的。这种假设认为心理词汇即概念是根据词的语义特征，以有层级的网络形式组织起来并储存在记忆中的。图7-1是一个简化了的语义网络。

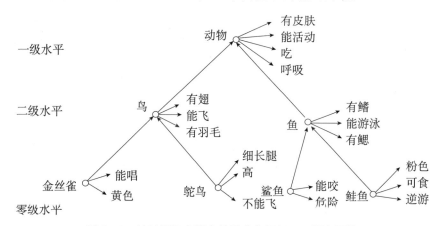

图7-1　长时记忆中概念的层次化组织——语义网络

网络中的每个实点表示一个心理词汇即概念，并有一组特征与之相联系。例如，有皮肤、能自由移动、能进食、能呼吸等是动物的特征。线条表示心理词汇之间的关系。例如，鸟和鱼都属于动物。每一个心理词汇都从属于有关词汇构成的一个层级网络，人们的语义记忆实际上就是这样的一个网络，并用它来判断有关陈述的正确与错误。如果一个陈述是由高一级或高几级的层次产生，那么这个陈述就是正确的。例如"鸟是动

---

① 吴敏，李劲峰. 大学生创新创业基础教程［M］. 合肥：中国科学技术大学出版社，2018：8.

物"的陈述是正确的。反之，如果一个陈述是由低一级或低几级的层次或由旁支所产生，那么这个陈述就是错误的，如"动物是金丝雀"或"鸟是鱼"。低层次心理词汇除了具有与其直接相关联的语义特征外，同时也具有与之相联系的高级心理词汇的语义特征。例如与金丝雀直接联系的语义特征有会唱歌、黄色，但金丝雀也同时具有鸟的语义特征及动物的语义特征，只是金丝雀有翅膀、会飞等语义特征储存在鸟的层级上，有皮肤、能自由移动等语义特征储存在动物的层级上。检索与心理词汇直接相联系的语义特征，比检索储存在高层次的语义特征要容易。

依据语义网络，当你想到或听到一个单词的时候，很容易地会想起与之有联系的其他词，如听到金丝雀这个名称，你就会很容易想到跟金丝雀一样具有黄色羽毛，会唱歌的黄莺鸟，这个过程在理论上叫作扩散激活，我们通常可以通过联想来实现。联想，由一事物的观念想到另一事物的观念的心理过程。在欧洲心理学史上，洛克最先提出"联想"一词，含义是"观念的联合"，客观事物是相互联系的，事物之间不同的关系反映在人脑中，形成各种不同的联想。联想是由人脑中各种事物联系的强度和数量及人的活动任务、兴趣、情绪等所决定的。一般来说，联想可分为简单联想和复杂联想两大类。简单联想又可分为接近联想、类似联想和对比联想。复杂联想又称关系联想或意义联想，可分为因果关系联想、种属隶属关系联想等。联想在心理活动中具有重要作用。

基于以上的研究，文森特·布朗和保罗·B.保罗斯提出用一种联想式记忆模型来解释头脑风暴。他们认为，从长时记忆里检索相关信息是头脑风暴过程中重要的一部分，因为一个人不可能对一个一无所知的主题有效地进行头脑风暴。这些储存在长时记忆的概念可以被认为是以这样一种方式联结在语义网络里，即有关联的概念比无关联的概念联系更紧密，这样更可能激活彼此。他们把关于头脑风暴主题的所有知识表征为一个观点类型转变可能性的矩阵，在矩阵的每个条目代表着形成下一个观点的可能性，这种观点与先前观点是相同类型或不同类型。一些个体差异对头脑风暴的影响在这个框架中体现出来。像流畅性或者是个人关于头脑风暴问题的知识总量，被表征为矩阵可能性的主体，这是相对于无效类别信息而言，无效类别信息表征的是在给定时间间隔内没有提出意见的可能性。辐合思维和发散思维类型的参与者也很好地适应于这个框架。一方面，一个辐合思维者在矩阵里被表征为在类型内转换观点的可能性高，即辐合思维者更可能提出同质的观点。另一方面，一个发散思维者的思维更可能在不同类型观点之间跳跃，在矩阵里被表征为在类型内转换观点的可能性低，即发散思维者更可能提出异质的观点。

文森特·布朗和保罗·B.保罗斯还认为，影响头脑风暴效果有两个重要的因素：

一是接近性。人们不太可能去探索与他们语义网络中不太相关的"观点类型"，这是符合联想的接近性原则。但从这些不太相关的类型产生一些新的观点则需要来自其他头脑风暴者观点的激发，即需要通过第三者来牵线搭桥，产生远距离的联想。因此，鼓励"自由联想"，欢迎参与者提出大胆、独特的想法以激发其他成员提出创造性的观点。实验表明，头脑风暴者从低接近类型提出观点不仅增加了从那些类型产生观点的数量，而且总体来说增加了观点的总数。

二是注意。在矩阵模型里，注意被表征为一个群体成员把当前发言者的观点作为形成他下一个观点基础的可能性。模拟实验预测，一般而言，群体中的每一成员越是把注意力放在群体的小组成员中，这个群体的表现就越好。相反，群体中成员的表现就会下降。主要是因为在头脑风暴过程中，当某个成员阐述自己观点，其他成员可能一方面不得不努力记住自己已经产生但还没来得及表达的观点，以免发生遗忘；另一方面他又被迫去听别人的观点，结果导致注意力分散或妨碍继续产生新的观点，从而所产生的观点被遗忘，继而影响整个群体观点的产量，这就是产生式障碍。因此，在课堂上参加小组头脑风暴的学生来自不同知识背景、经验背景，他们能从多角度、多方面去考虑问题，提出观点，给予其他学生以丰富的刺激，而且我们鼓励自由联想，大胆想象，越是大胆、奇特的观点越容易冲破思维定式的束缚，越可能激发其他成员提出创造性的观点。

最后，需要通过一定的方法来吸引头脑风暴者的注意力，以减少产生式障碍。例如准备纸笔让学生可以及时记下自己的观点，同时又可以去听同伴的发言。

三、头脑风暴教学法的实施

在教学实践中运用头脑风暴法类似于企业开会时进行的头脑风暴。头脑风暴会议的实施要点有两个方面需要：头脑风暴前的准备，头脑风暴的实施步骤。

（一）会前准备

1. 确定主持人

一般而言，头脑风暴会议需要有一个主持人。主持人的主要职责是对头脑风暴会议的掌控、引导，使其达到预期目的。主持人对头脑风暴会议实施的质量高低有重要的意义，主持人的激励和与会者积极地参与讨论是头脑风暴成功的基础，因此主持人的准备是很重要的。在职业教育教学中，主持人通常可以由教师担任，也可以挑选合适的学生担任。主持人不一定要有深厚的专业知识，重要的是有较好的表达能力、归纳能力以及对会议进程的掌控能力。

2. 安排记录员

根据对头脑风暴所产生信息的记录方法和要求的不同，头脑风暴会议可以考虑安排记录员。记录员的职责是负责记录与会者在头脑风暴过程中产生出来的各种想法和结果。记录员参与工作，一方面可以使所有的信息不致丢失，另一方面可以使头脑风暴实施者注意力集中在开动脑筋想问题上，而不被记录文字所打断，使头脑风暴顺畅进行。

3. 形成讨论小组

头脑风暴法实施的是一种集体讨论会议，讨论的单位可以是小班或小组。一般以10～15人为宜。与会者人数太少不利于互相启发、激发思维；而人数太多则不容易掌握，干扰太多使参加者的注意力分散，并且每个人发言的机会相对减少，也会影响会场气氛。在特殊情况下，与会者的人数可不受上述限制。

4. 安排场地和座位

头脑风暴会场在有可能的情况下可作适当布置，例如圆桌会议形式，或将座位排成U形，主持人位于U形的开口处。这样的场地和座位布置较之于教室课桌形式的好处是，每个与会者互相都有面对面的目光交流，这对头脑风暴法的相互激励、开发思维是有利的。在条件不具备的情况下，用传统的教室座位形式来进行头脑风暴会议也是可行的。

5. 熟悉规则和注意事项

从方法角度而言，头脑风暴法有自己的实施程序和规则。为了保证创造性讨论的有效性，参加头脑风暴会议的成员应该了解头脑风暴法的实施规则并在实施过程中遵守。具体的规则在下面会有详细论述。

（二）实施步骤

头脑风暴法的实施大致可以分为三个步骤。

1. 确定主题、引入讨论

一个高效的头脑风暴会议从对问题的准确阐述开始。在开始头脑风暴会议时，要使与会者明确，通过这次会议需要解决什么问题。主持人用语言或文字的形式明确告诉与会者讨论的主题和要达到的目的，使得后面的头脑风暴讨论的目标明确，有的放矢。讨论主题可以很具体，也可以比较抽象。一般而言，比较具体的讨论主题能使与会者较快产生想法，主持人也较容易掌握；比较抽象和宏观的议题引发想法的时间较长，但想法的创造性也可能较强。在明确主题的基础上，主持人创造一种宽松自由的讨论氛围，通过一些激发性的问题将参加者的思绪引入对讨论主题的思考。

2. 激发思维、产生想法

与会者在明确了讨论主题和目的的基础上，以及在主持人的引导下进入对问题的积极思考并踊跃发言，将自己的想法表达出来。记录员将个人的想法记录下来并展示出来，如写在黑板上或写在纸条上张贴出来。头脑风暴参与者一方面可以无拘无束地表达自己的想法，另一方面可以从他人的想法中得到启发、获得灵感，形成自己的想法并进一步表达出来，在相互启发和积极思考中产生脑力激荡。如同宁静的池塘中扔进一块石头，在平静的水面上激起一阵涟漪不断扩散开来，在发散性思维过程中获得越来越多的解决问题的想法。

主持人注意把握会场气氛，力求会场处于思想碰撞和积极思考的氛围中，鼓励各种观点的充分表达，在会场讨论气氛低落时用激励性的话语或问题激发参与者的情绪，在讨论偏离主题时及时干涉。

3. 处理想法、形成结果

在收集了一定数量的对问题的想法（如记录员的记录结果）后，需要对结果进行处理。这时可以对有关结果进行讨论分析、归类总结，形成结论性的成果，完成头脑风暴会议。对头脑风暴的结果进行归类总结的方法可参见"卡片展示法"。

当然，通过分析、归纳、总结，形成逻辑性的、合理的结论，这本身已经超出了头脑风暴的范畴，这个过程也可以放在与头脑风暴会议在时间上分离的时间单元里，并非一定要在头脑风暴会议中当场形成最后结论或确定的工作方案。

四、头脑风暴教学法应用须知

（一）主要问题及原因

在课堂中使用头脑风暴法时易出现的一些问题：

第一，头脑风暴进行不下去。包括以下情况：课堂讨论太热烈或太沉默，学生参与度不均衡，或者说学生发言的积极性有差别，要针对不同情况加以调整和解决。

第二，观点是低产的或是低质的。学生提出的观点达到一定数量，但还远远不够。学生的思维还没有很好地打开，有许多观点是重复的或是类似的。严格意义上对问题的解决是无效的，最后整理观点时应剔除。

第三，不能很好地达成教学目标。在课堂上实施头脑风暴法，虽然表面上呈现"百家争鸣"，一派"欣欣向荣"的大好景象。事实上，学生只顾着热闹或看热闹，时间在不知不觉中流失了，不能很好地达成教学目标。

产生上述问题的原因归纳如下：

（1）部分老师缺少给学生在课堂讨论的机会；

（2）讨论是临时发起的，而不是事先布置的；

（3）对发言的要求既要数量也要质量，对质量有所偏重；

（4）不适当的即时评价；

（5）对学生奇思怪想重视不够；

（6）缺少引导学生在形成自己观点时适当参考其他学生的观点；

（7）学生还不熟练或不太习惯此种教学方法。

因此，下面的基本规则以及应用场合和环境的设置可能有助于解决上述问题。

（二）基本规则

头脑风暴法在实施中有一定的规则，这些规则是与头脑风暴法的教学目标和功能联系在一起的。

1. 不作批评，延时评价

在形成想法、提出观点的过程中，所有与会者包括主持者和发言人，都不能对别人提出来的想法和观点进行是好是坏的评价。特别是主持人更要避免使用诸如"不对，你的观点有问题"或"这个想法有点可笑"等带有评判性的话语，同时也要在与会者对他人的想法发出批评或嘲笑时给予纠正，注意保护发言者的积极性，要让每个人都不受限制，克服大脑的思考禁区，否则就可能使与会者产生思维禁区，或人云亦云，不能提出有创见的设想或方案。在需要作出对错与否或是否合理评判的场合，应该遵循对事不对人、延时评价的原则，在提想法的过程中不予置评或采用匿名提交想法的方法，在最后分析处理总结阶段进行点评。

这一点在职业教育教学中具有特别的意义。在传统教学方式制约了学生自主思考和主动发言的积极性。而在头脑风暴法学习过程中，学生提出的每个点子或想法都被接受而无对错。这种宽松的教学环境降低了学生进入交互学习、自主讨论的门槛，提高了学生学习自信心和积极性，这是非常重要的。

2. 欢迎离奇想法，鼓励创新

头脑风暴法鼓励的是积极的、即时的、发散性的思维，让与会者驰骋思绪，甚至异想天开，想什么就说什么而不要有顾虑。头脑风暴法的思维并非是对某事物或问题的深思熟虑，所提出的观点或想法也不一定是深思熟虑的结果，而可以是对某个事物或问题的即时的、有可能是灵光一现的想法，当然，思考者本身对该事物或问题是有一定认识的。从创造性培养的角度来讲，仅仅有循规蹈矩而没有异想天开，创造性是不足的。

关于在头脑风暴中离奇想法获得的应用，有一个烤面包机的例子。美国有家公司生产烤面包机，不满于本公司产品的现状，于是组织头脑风暴会议，希望开发新产品。会议上大家纷纷提出自己的建议，公司的清扫工发言说，希望给面包机加一个抓老鼠的功能，引来哄堂大笑。主持人鼓励清扫工说出理由，她说打扫卫生时发现面包机旁常有老鼠活动的痕迹。于是思路逐渐引导到：烤面包—掉面包屑—引来老鼠—改进面包机使之不掉面包屑—新产品"带抽格的面包机"。

3. 鼓励巧妙地利用并改善他人的想法

作为头脑风暴法的集体讨论会，某人的一个"闪念"可能会引起许多人的联想。所以俗话说"三个臭皮匠，抵个诸葛亮"，就是这个道理。在头脑风暴教学中，应该鼓励学生之间的相互启发联想，不要因为有人提过就不能提，不值得提，而应该鼓励在别人想法基础上的再创造。与会者相互启发，可以滚雪球般形成越来越多新的想法。

4. 追求设想的数量

一般来说，在头脑风暴中，提出来的假想、方案、主意越多越好，即要求达到足够的数量。这样才能从众多的假想、方案、主意中选择最佳方案，或者得到创造性的启发。想法越多，所包含的对问题解决的元素也就越多。当然想法多，对于随后处理想法，进行分析归纳，形成最后解决问题的方案所需要的时间也越多。在教学中，教师作为主持人可以根据教学目标的设定适当把握处理。

（三）应用场合和环境设置

1. 选择合适的场合

"头脑风暴"教学应在一个开放、轻松的环境中进行，可将其插入任何一个教学单元或工作过程中。但是，对各种意见的评价和整理需要花费较多的时间。在教学实践中，"头脑风暴"法适用于解决没有固定答案的或者没有标准答案的问题，以及根据现有法规政策不能完全解决的实际问题，如商品销售中的买卖纠纷、导购、广告设计、加工专业的工作程序设计教学等。

头脑风暴会议时间由主持人掌握，一般来说以几十分钟为宜。时间太短，与会者难以畅所欲言，时间太长，则容易产生疲劳感，影响会议效果。经验表明，创造性较强的设想一般要在会议开始 10～15 分钟后逐渐产生。美国创造学家帕内斯指出，会议时间最好安排在 30～45 分钟之间，倘若需要更长时间，就应把议题分解成几个小问题分别进行专题讨论。

2. 创造自由畅谈的气氛

创造心理学家阿曼贝尔曾指出，丰富的知识并不危害创造力，但是过多的规则是创造的障碍。一个再有才能的人，如果他被捆绑了手脚，失却了心灵的自由，那么他就没有可以发挥创造性的才能可言。所以，在进行头脑风暴时要尽可能创造一个自由、安全的环境，让每个参与者都不受任何约束地说出自己的想法，不管这个想法听起来是多么的可笑，或多么的不切实际。"头脑风暴"中没有无效的观点，任何想法都是有效的，即使表面看起来是无效、可笑，但若再发散组合一下，极有可能得到一个你预想不到的好点子。

3. 注意主持的技巧

头脑风暴的主持人应对所要探讨问题的相关知识或资料有所了解，并熟悉头脑风暴法的程序和处理方法。头脑风暴主持人的发言应能激起参加者思维的"灵感"。在"头脑风暴"开始时，主持人要想在头脑风暴开始一分钟内创造一个自由交换意见的气氛，并激起参与者踊跃发言有一定难度，可采取询问的做法。主持人的主动活动主要体现在头脑风暴开始之时，一旦参加者被鼓励起来，新的、好的设想就会源源不断地涌现出来，这时，主持人只需按照头脑风暴的规则进行即可。主持人应尽可能发动所有的人都积极发言，因为发言量越大，设想就越丰富多彩，受到的启发就越大，出现有价值的设想的可能性也就越大。

4. 对设想的增加和评价

一是对于设想的增加。主持人宣布头脑风暴结束之后，应给参与人员一个设想酝酿时期，使他们还能提出一些设想来进一步补充在前面的头脑风暴中他们已提出的设想。二是对于设想的评价和挑选。第一，记录员应将设想打印出来，并留出三倍空白；第二，主持人要检查设想目录，确保所记录的每个设想简单明了，同时用逻辑分类方法将这些想法归类。通过选择和价值判断，大部分设想将被排除，只有部分设想是有实用价值的。

五、头脑风暴教学法的优点和缺点

（一）优点

头脑风暴教学法有利于实现教学的三维目标。采用头脑风暴法教学，教师不是直接传授给学生现成的死的知识，而是间接培养学生获取活的知识的基本能力，即获取、收集、处理、运用信息的能力、创新精神和实践能力。通过学生自己的努力建构，最终获得知识，实现了第一维目标——知识与能力目标。而头脑风暴的过程实际上也是学生自主学习与合作学习相结合的探究发现学习的过程，当然也是生生互动交往式学习的过程，因此，它也同时实现了第二维目标——过程与方法目标。头脑风暴法具有民主的品格。它所注重的是参与者主体本身的价值，不论参与主体的能力高低，都享有平等的参与权。因为如果只让教材和教师有发言权，旨在培养理智与性格的学习就不能完成。无论个人在一定时期的经验背景是多么贫乏，只有当他有机会从自己的经验出发做出某种贡献的时候，这个人才有受到教育，最后通过经验与观念的交流来体现。而在这个交流经验与观念的过程中，头脑风暴法拒绝评判性评价，认为每个学生的观点都是有价值的，即使是那些"天马行空"，看似"荒谬"的观点我们也是接纳的，头脑风暴教学法培养学生对自己宽容、对别人也宽容的人生态度。在课堂中实施头脑风暴法，学生的主体价值得到了充分体现，在轻松、自由的氛围中获得知识，提高学生的学习兴趣，实现了学习的第三维目标——情感态度与价值观目标。

（二）缺点

头脑风暴教学法的缺点表现在：一是容量有限。此种教学方法一节课最多也只能讨论两个议题，所以掌握知识的量是有限的。二是学生中的部分人会跳离课堂，使思维转移到话题之外，不便于控制课堂秩序。三是面对不太感兴趣、理解不够的问题，学生参与度有限。

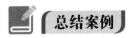 **总结案例**

头脑风暴法在大学英语课程中的应用

应用一：

在学生学习课程文章时，教师在讲完前半部分时，可以让学生结合前半部分运用头脑风暴法推断文章结局。学生可以充分发挥想象力进行结局的推测，在推测过程中可以要求学生用英文来表达。在推测讨论过后，教师继续将文章内容讲解完毕，留下课后作业，让学生对内容有延续性思考。

应用二：

在词汇学习时，教师可以在黑板上写出一个单词，让学生根据这个单词进行思维发散，想出跟这个单词相关的单词，通过头脑风暴的方式来提升学生的词汇量，从而培养学生的创新意识，打破思维定势，提高学生的创造性思维。在高度活跃的思维中，产生创造性思维。

探索思考

1. 头脑风暴教学法的实施原则与步骤。
2. 结合自身教学内容，完成一节应用头脑风暴教学法的教学设计。

单元二 思维导图教学法

▷ 培训目标

- ◆ 了解思维导图教学法的理论基础；
- ◆ 掌握思维导图教学法的实施步骤；
- ◆ 了解思维导图教学法的优点和局限性。

导入案例

一个总结，两种形式

教学内容：矿石破碎。

教学总结：以两种形式总结如下。

第一种：罗列式

一、岩石破碎

1. 破碎原理：挤压破碎、劈裂破碎、折断破碎、研磨破碎、冲击破碎；

2. 破碎种类：粗碎、中碎、细碎；

3. 破碎指标：极限破碎比、名义破碎比、真实破碎比。

二、破碎机

1. 颚式破碎机；

2. 反击式破碎机；

3. 锤式破碎机；

4. 辊式破碎机；

5. 高压辊磨机。

第二种：思维导图式

采取思维导图的形式对概念加以总结，如图 7-2 所示。

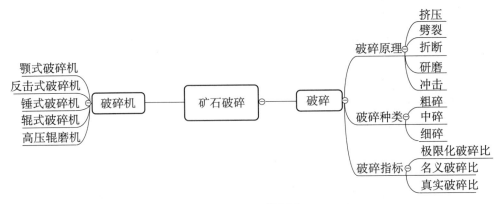

图 7-2　思维导图

分析：罗列式总结得很好、很全面，从总结的角度看，没有问题。思维导图式总结提纲挈领，主次分明，逻辑性很强，可视化便于理解和记忆。比较一下，第二种方式是不是更好？

一、思维导图教学法概述

（一）思维导图

"思维导图"，又称"心智图"或"心灵地图"，是一种图像式思维的工具。它是运用图文并重的技巧，把各级主题的关系用相互隶属与相关的层级图表现出来，把主题关键词与图像、颜色等建立记忆链接。"思维导图"是由英国的托尼·巴赞（Tony Buzan）于 20 世纪 70 年代提出的一种笔记方法。思维导图是大脑的语言，是大脑潜能的图解工具，是人类语言的思维工具，充分体现了大脑的联想和想象。思维导图是从一个中心概念引出各种从属概念或观点的图形，帮助人们在认识方面拥有一个整体的、全局化的观念，它注重表达与核心主题有关联的内容，并可展示其层次关系以及彼此之间的关系。

（二）思维导图在教学中的功能

思维导图是用图示的方式来呈现知识结构，展示概念之间的各种关系。在构思思维导图时需要对知识融会贯通，因此思维导图能提高对概念的理解及对整体意义的把握。思维导图作为一个很好的教学工具，体现了学习的积极性和自主性。上面所列的具体应用也只是作为学习工具在部分领域的应用。思维导图除了作为教学工具之外，[1] 还有其他用途，如思维创造、交流讨论、问题解决、反思评价等。在终身学习时代，只有学会了学习，才有资格和能力成为时代的主人。因此，我们必须学会和掌握思维导图。

在职业教育的教学过程中，思维导图可以运用在很多课堂环节，如：学习计划的制定、预习、课堂笔记、小组讨论结果的呈现、复习、总结、演讲、分析问题等。通过绘

---

[1]　钟志贤，陈春生. 作为学习工具的概念地图 [J]. 中国电化教育，2004（1）：23-27.

制图形来组织和表征知识，以及知识之间的联系，使学生能够轻松地掌握整个知识框架和知识体系。它一方面有利于理清层次，另一方面能够显示出思维的过程，从而帮助学生进行有效的记忆、分析和决策，发展思维能力、感知能力、记忆力和创造力。

1. 提高教师教学水平

思维导图可以作为教师的教学工具，也可以作为教师的备课工具。很多教师工作兢兢业业，查阅大量教学资料以装满自己的"知识桶"，以便在课堂上自如地舀出一杯来与学生分享。但是，经常在一翻激情"演讲"后，学生还是一脸茫然。如何让学生听得懂，听得有兴趣？教师在备课过程中，可以试着用思维导图对老教案进行整理。思维导图可以打破传统的以提纲式文字为主的板书，并让教师在讲课时思维清晰、重点突出。

2. 增强师生互动，促进交流与沟通

教师在绘制思维导图过程中，可以让学生一起参与进行。在教师的引导下，可以激发学生活跃的思维，提高创造力。

3. 便于学生积累知识，提高学习效果

目前，大部分书籍是用线性文字表达的，在做学习笔记时学生也习惯于用线性文字来记录。但当我们需要"温故而知新"的时候，会发现传统线性表达的标准化笔记存在诸多弊端：大量文字埋没了关键词，阅读其中不相关的文字或在阅读中要查找出关键词会浪费许多时间；单纯的文字缺乏大脑兴奋度，不能有效刺激大脑，不易于记忆。事实也是如此，我们课后翻看自己的笔记时，往往要从大篇文字开始阅读，其中知识点的联系则要重新回忆和建立，大脑由此而产生疲劳感，反而把重要的内容遗忘。而用思维导图做的笔记，事后复习能很快地抓住知识要点，并能直观地掌握知识之间的联系。

4. 实现协作学习，完成集体创作

思维导图有助于协作学习的实现。如完成多个组员参加的较大课题的毕业设计时，前期的设计思想、功能模块、结构等的确定非常重要。如何做到多个组员思想统一、认识一致呢？采用思维导图来表达，效果会提高很多，因为它不但表达出了各功能模块之间的联系，还涉及数据流向、功能操作步骤等，包含的信息量更大，增进了学生对课件功能需求的理解。而且，同组成员也可以方便地在图上对功能的描述进行修改和补充。

（三）思维导图的绘制

1. 绘制方法

不论采用何种方式制作思维导图，都必须遵循思维导图制作的基本方法。下面几个方法是制作思维导图的一个参考。

（1）认定中心主题：确定你希望利用思维导图解决的问题焦点或希望理解的概念主题，并用这个焦点主题作导引，找出与中心主题相关的次级问题或概念，并罗列出来。

（2）将列出来的次级问题或概念及更次级的问题要素或概念要素按照其逻辑从属关系排序，梳理清楚层级关系。

（3）开始制作思维导图：把主题问题或概念置于中心位置，向四周放射出次级问题或概念。在从主题放射出来的第一层级上可以有若干个次级问题或概念。

（4）依此类推，根据各个问题或概念要素的逻辑从属关系将二、三、四层的次级要素放置在思维导图上。

（5）将上下层级的概念用线条连上。在连接线上写上合适的连接词。当大量相关的概念连接起来并形成层次后，可以看到对应某一知识、命题、中心主题的意义架构。

（6）重新审视和整理思维导图的结构。这包括为思维导图进行概念的增减或改变上下层关系等。这可能需要进行多次的整理，但也正是这些整理的过程能带来新的启示和有意义的学习。

（7）在不同分支的概念之间寻找有意义的"横向连接"，并在连线上用连接词标明关系。横向连接能有效地帮助在某一知识范畴内看到新的关系。

2. 绘制手段

（1）传统手段：纸和笔。

准备几张白纸和多种颜色的笔。步骤如下：

第一，把主题画在纸的中央。主题可以用关键词和图像来表示。所谓关键词，是表达核心意思的词或短语。关键词应该是具体的、有意义的，这样有助于我们进行回忆。

第二，考虑次主题，也就是在上一层主题下的延伸。

第三，次主题后，罗列更为细节的要点。任何一个要点出现的时候，尽可能自然地将它用"关键词"的方式表达出来，并把它和最相关的"次主题"连接起来。

第四，整理思维过程。在完成思维导图后，可以用阿拉伯数字把它们标记出来。任何一个"次主题"都尽可能用一种颜色来表示。而且，如果可能的话，要尽可能用图像来表达一个关键词，这可以大大加深记忆。

（2）现代手段：计算机。

计算机已经在许多方面取代了纸和笔，在制作思维导图上，计算机也以它的操作快捷、图像形式多样和容量大的特点显示了其强大优势。它在学习与教学上的应用丰富多彩。

现在国内外涌现了许多可以绘制思维导图的工具，几乎所有专门用于绘图的软件都可以用来绘制思维导图。目前，针对思维导图的设计特点而开发的软件也很多，例如Inspiration、Axon Idea Processor、IHMC、Cmap、MindMan、InfoMap、Activity Map、Visio、Personalbrain、Brainstorm 和 MindManager 等。

图 7 - 3 所示的是使用 MindManager 制作的思维导图。

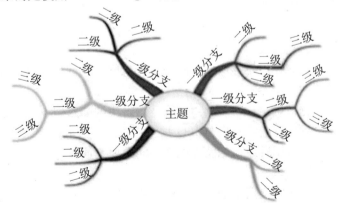

图 7 - 3　思维导图示例

二、思维导图教学法的理论依据

（一）脑科学

大量实验研究和临床证据表明，人的大脑分左右两个半球，左半球主管语言、计算和逻辑推理，具有连续性、有序性、分析性等特点，右半球主管想象、创造和形象思维，具有不连续性、弥散性、整体性等特点。因此，左脑又被称为思维脑，右脑又被称为创造脑。美国加利福尼亚大学罗杰·斯佩里的"左右脑"研究认为：大脑分为左脑和右脑，左脑负责词汇、逻辑、数字、次序、线性、分析、序列，右脑负责节奏、空间知觉、维度、想象、白日梦、色彩、整体意识。[①]

"全脑"思维模式是一种创造性思维模式。脑科学研究发现，目前人类右半脑的开发和利用非常有限。人类大脑的各种技巧如果能被和谐而巧妙地加以运用，将彼此分开工作产生更高的效率。思维导图利用"全脑"思维模式，有利于激发大脑的潜能，并使大脑平衡协调发展。无论是在效率、效果还是效益上，思维导图都比传统学习方法更有效。"可以让复杂的问题变得简单，简单到可以在一张纸上画出来，让你一下子看到问题的全部。它的另一个巨大优势是随着问题的发展，你可以几乎不费吹灰之力地在原有的基础上对问题加以延伸。"

着眼于对构成大脑物理结构的神经元网络的分析和研究，托尼·巴赞认为，人脑的思维具备类似庞大的分支联想模式，即从婴儿出生起直至其整个一生，"成根的思维线条从一个几乎无限的数据节点处放射开来产生无限制的联想序列。大脑正是以分类和关联的方式，将信息存储在树状的神经树突上，并可以据此综合地研究学习者所关心的任何主意和问题。"

思维导图能够帮助学生轻松记住知识的原因在于：它运用了学生的左右两边大脑一起参与学习和记忆。一般而言，左脑偏重于逻辑思维，右脑偏重于形象思维，形象记忆更轻松、更容易被人所接受。以前，我们在教学中只注重培养学生的逻辑思维，而人的右脑处在被动和闲置状态。思维导图调动了人的右脑的机能，使人的左右脑一起配合，让人的神经通路更畅通、人的思维潜力挖掘得更充分，因而记忆更轻松，学习起来更容易。所以，思维导图不仅帮助学生记忆，而且还能全面锻炼学生大脑的综合能力，这就是为什么学生使用思维导图后变得聪明的原因。思维导图不仅带给学生轻松学习的方法、学习的兴趣和学习的自信，而且带给他们创造性的思维。思维导图就像一个神奇的魔棒，激发了学生的学习潜能，培养学生的创造思维。

思维导图能让思维过程外显，以图形的形式表现出来，展示思维过程的全局，是一个发散性的、非线性的思维过程，较好地训练了人的右半脑，使左右脑协同工作，或者说"全脑"工作，激发人的想象力和创造力。使用思维导图，可以把枯燥的信息变成彩色的、容易记忆的、高度组织的图，它与我们大脑处理事物的自然方式相吻合。

---

① 周洪茜，刘丹. 基于思维导图的翻转课堂教学模式研究［J］. 软件，2018（4）：63-67.

（二）认知心理学

结构性知识也称理性知识，是指某一领域内各概念如何相互关联的知识。结构性知识将陈述性知识整合成有用的知识结构，描述了个体对不同内容领域概念的组织（知识结构）。结构性知识有助于促进先前知识的运用。学习者对某一领域内各概念相互关联方式的清晰程度和独立描述的能力，是先前知识的基本组成部分，也是高阶思维的重要组成部分。仅仅知道"是什么"是不够的（通过记忆来测试），还应该知道"如何用"（先前知识的运用）以及知道"为什么"。结构性知识为知道"为什么"提供了概念基础，它描述了先前知识是如何相互联系的，这有助于学习者提高对此种关系的理解。就知识的表现来说，思维导图非常直观形象地表现了由事实、概念、命题以及原理构成的知识。

格式塔心理学主要研究人们怎样理解整体和构成整体的部分之间的关系。格式塔理论认为如果对构成部分有恰当的认识，将有助于形成整体的意义，了解各构成部分之间的联系。思维导图从整体上表现了某个较为广域概念中的各个组成部分。

认知心理学认为，知识的本质在于概念和命题之间的内在联系。我们对世界的认识，正是由反映概念与概念之间关系的复杂的概念结构系统构成的。思维导图作为一种元认知工具，超越了有关知识的分类，有利于将传统教学所导致的机械学习转变为有意义的学习。

三、思维导图教学的实施步骤

（一）课前阶段

1. 创设引入情境，给出学习任务

在教学导入时，教师针对教学目标和教学内容的要求，运用生动的语言、借助丰富的信息化教学手段，创设与学生相关联、能引发思考的情境，激发学生的好奇心。此情境既能使学生身临其境，又能与所学知识相联系，体现知识发展的过程、应用的条件或在生活中的意义与价值。通过情境中蕴含的问题引出学习任务，激发学生浓厚学习兴趣，形成良好的求知心理，使学生参与知识的探索、发现和认识。

2. 总览教学内容，提供学习资源

在课前阶段，教师利用思维导图可以有序地梳理教学思路、归纳教学内容，为学生呈现一张清晰的知识主干导航图，有助于学生在课前明确自主学习的内容和目标；同时，让学生在脑海中形成知识整体展望，搭建知识框架，引领学生深入探究。

此外，在思维导图中插入与知识点相关的多媒体学习资源，如文档、视频、动画等。一方面，帮助学生加深对知识点的理解，另一方面，为学生利用资源、完成任务提供指引。教师可以通过移动学习专业平台（如超星学习通）共享知识主干导航图及其他教学资源。

3. 自主完成学习，初步绘制导图

在知识主干导航图的指引下，学生可以结合自身喜好选择性地查阅教材、参考书、电子期刊、网上资料等多种学习资源，根据实际情况安排学习时间、地点，调整学习节奏。学生对收集的信息和学习内容经过大脑筛选、分析、提炼和加工，在先前知识组织基础上整合新、旧知识点，最终形成具有新知识结构的个性化思维导图。同时，学生可以记录学习过程中产生的疑虑和问题，待课堂上与同学和教师共同讨论。

（二）课堂阶段

1. 解析知识要点，互动答疑解惑

教师需要在课前检查学生提交的思维导图以了解学生的自学情况，针对性地绘制本次课程内容的全景式思维导图，并在课堂中详细讲授。对于学生在自学中遇到的问题，通过课堂的师生互动讨论，教师给予指点迷津、答疑解惑。本环节是课堂学习活动能否深入的起点，也是学生进行深入学习的基础。

在这个环节中，教师要在分析学生特征和教学目标的基础上，确定研究性课题题目，说明本次研究性课题的活动安排情况。研究性课题题目要开放灵活、贴近学生生活实际。本环节时间不宜过长，控制在 5～10 分钟。

2. 分组交流讨论，协作绘制导图

学生分组进行协作学习，开展组内交流和讨论，以完成学习任务为目标绘制小组思维导图。在此过程中，各小组成员共享个人思维导图及相关学习资源，通过思维碰撞、头脑风暴，修正、加深对当前问题的认识，获得对所学知识相对全面的理解；在整合个人思维导图及完善、调整分支结构的基础上，最终实现小组思维导图的构建。

在此环节中，学生采用小组协作学习的形式，3～4 个学生为一组进行头脑风暴、交流讨论，共同绘制一幅思维导图，思维导图的形式不限。在此过程中，教师扮演学生指导者和帮助者的角色，及时解决学生在绘图过程中出现的问题。本环节的时间控制在20～30 分钟，教师可根据学生的绘图情况灵活应变。

3. 汇报展示导图，开展总结评价

完成小组思维导图后，每小组选派一名代表向全班进行汇报。以学习任务为导向，从小组思维导图的中心主题开始展示分支、关键词等相关内容，同时，介绍小组成员分工和协作情况。在汇报过程中，本小组成员要接受来自其他同学的考察、质疑与评论，并对此进行思考、做出反应。汇报结束后，教师应对本次课程内容进行全面总结，进一步加强学生对知识的理解和掌握。对存在争议或问题较大的部分，教师可以开展全班讨论并给予指导、纠正。

教师请学生到讲台展示和介绍本组的思维导图作品，学生在介绍的过程中要明确地说明整体结构如何，学生介绍得越详细越好。学生介绍完毕后，其他同学要根据这些学生的介绍提出自己的意见，可以是补充性的、修正性的，也可以是提示性的，形式不限。

教师对学生所绘制的思维导图进行讲评，包括对内容主题表达的完整性、系统性、层次性、逻辑性、直观性、简明性等方面，然后要求学生将自己的思维导图再进行修改。

在本环节中，教师的作用是非常重要的。教师不仅要维持课堂秩序，保证课堂讨论在有序的环境中进行，更重要的是要对上台学生的介绍和其他学生的意见进行评价和归纳，强化优点，指出缺点，让学生在课堂辩论中理清思路，找到恰当素材，选择合适的表现手法。

在本环节中，需要注意以下几个问题：学生上台汇报可以采用教师点名的方式，也可以采用学生自愿的方式。每组学生汇报的时间、其他学生提意见的时间，教师要灵活把握。教师要对每组上台的学生的汇报进行适时地指导和评价，汇报结束后要做一个总体的评价。汇报的时间控制在 30 分钟左右，教师根据课堂情况灵活掌握。

（三）课后阶段

1. 拓展学习任务，扩充延伸导图

为了学生能够灵活迁移、运用知识，教师需要精心设计课后学习任务。课后学习任务的设计应具有内在逻辑性，能够将新旧知识点有序地隐藏于学习任务中，是课堂学习任务的拓展和迁移。

2. 反思总结内容，调整完善导图

课后阶段，教师可以对教学过程进行反思，有针对性地调整教学思路、完善教学内容、修改授课所用的全景式思维导图。

四、思维导图教学法应用须知

（一）学生对原有的知识接受和理解的程度

教师应结合学生的实际情况，清楚地了解学生对知识的掌握情况，对缺乏的知识进行适当补充和提示，在学生有了一定的理论知识基础之后，再要求学生根据自己所掌握的知识绘制思维导图。

（二）注重过程

在思维导图绘制过程中，教师应巡视指导，而不是放手不管让学生自己去做，对做得好的学生要及时提出表扬和鼓励，对知识覆盖不全面的作品要提出修正指导意见。

（三）形式与内容结合

思维导图的绘制核心主要是将知识点相关内容有层次、有逻辑地体现在一张纸上，将思维形成可视化内容进行学习记忆，切忌单方面注重图形的美观和颜色或单纯的文字表述，要使二者相结合才能相得益彰。

（四）个人应用与同学交流结合

思维导图完成后，教师要对思路清晰、表达到位的作品进行表扬，并请个人将自己的思路及想法跟全班同学进行分享和交流，这样学生既对图中所总结知识形成二次记忆，又能够在他人优点中发现自己的不足，在思维模式上不断进步。

五、思维导图教学法的优点和缺点

（一）优点

思维导图是一种简单易学的革命性思维工具。它可以帮助我们提高记忆力、激发想象力、制订生活和工作计划，轻松自如地掌控工作与学习。思维导图作为一种非常有用的学习工具，可以增强使用者的思维广度和清晰度，提高学习效率和记忆能力，它是打开大脑潜力的一把金钥匙。在职业教育教学中，要体现学生的主动性，以教师为主导、学生为主体，利用思维导图，既可以激发学生的潜能和学习兴趣，又可以帮助学生从整体上系统地提高学习效率和成绩，这是一种有效的、积极的新型教学方式。在教学中推广和应用思维导图具有积极的现实意义。

1. 便于厘清思路，找准焦点

思维导图从中心出发，其焦点集中，对于内容较多、知识体系较为复杂的学习内容，思维导图可以将复杂的信息简单化，可以疏通思路，系统整合知识点，从根本上把握事物的关键点。

2. 便于培养良好的逻辑思维

经常使用思维导图来进行学习，是培养良好的思维方式的途径之一。思维导图具有可发散性、可聚合性，层次分明，重要的话题靠近中心，不重要的话题层次较深。通过反复训练可以培养良好思维品质。

3. 便于记忆

思维导图中心主题主张将不同的色彩、图表联合使用，将相关的知识点联系起来，从而刺激视觉器官，实现可视化学习，创造性地解决问题，同时加强和深化了我们的记忆。

（二）缺点

思维导图教学方法的缺点在于：一是课前准备时间长；二是笔墨花费得更多；三是图形布局往往要花费很多精力；四是关键词容易混淆；五是由于现实中的事物概念之间的关系比较复杂，要考虑的因素很多。所以，凡事都用思维导图，其实是对思维导图的曲解。

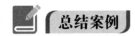
📝 **总结案例**

思维导图在中职会计专业教学中的应用

浙江省衢州中等专业学校蔡文兰等人根据思维导图基本原理，在中职会计教学中构建了思维导图教学模式的基本框架，如图 7-4 所示。

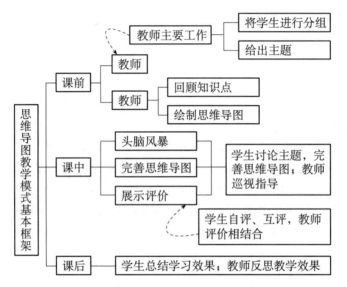

图 7-4　思维导图教学法在中职会计专业教学中的应用

具体分以下几个步骤：

第一步：教师在课前，先将学生进行分组（每组 4~6 人），确定小组长。这样分组旨在促使学生在讨论过程中进行思维交换，尽量让每个学生参与讨论，也不会造成过多的时间浪费。

第二步：教师给出任务——中心知识点。学生先进行知识点的回顾复习，再利用绘制的思维导图回顾知识点，同时不断地发散思维，将相关联的知识点进行整合。

第三步："头脑风暴式"小组讨论，根据教师的指导点拨，对已完成的思维导图进行补充完善。在此步骤中，教师应进行巡视，观察学生在讨论和绘制思维导图时的表现，并对不同层次的学生进行个别指导和帮助。

第四步：评价展示。要求学生先进行组内自评以及组间互评，再进行教师评价，教师在评价时既要评价各组绘制的思维导图，也要评价各成员的表现，并最终展示优秀作品。

第五步：课后总结反思。教师应对学生的学习效果、课堂效率等多方面问题进行反思总结，以便及时调整教学策略；学生在课后应加强巩固，并学以致用，培养发散性思维的能力。

分析：通过应用思维导图教学方法，让学生参与思维导图的绘制，提高了课堂参与度。绘制思维导图的过程也使学生对已学的知识点进行系统性的梳理，厘清知识脉络，建立自己的知识结构，并检查自己对知识的掌握情况，以便全面巩固知识、查漏补缺，有助于培养学生的会计思维能力。教师可以从指导学生绘制思维导图的过程中了解学生对会计概念、定义理解的清晰度。这不仅顺应了中职会计专业学生的学习心理，而且顺应了当前教育教学改革趋势。

📖 探索思考

1. 掌握一款思维导图绘制软件。

2. 选择一门你所担任的课程中的一个概念作为主题，就同一主题绘制三种不同的思维导图。

单元三 卡片展示教学法

▶ 培训目标

◆ 了解卡片展示教学法的理论基础；

◆ 掌握卡片展示教学法的实施步骤；

◆ 了解卡片展示教学法的优点和局限性。

📻 导入案例

利用卡片展开的教学

张老师为了提高教学效果，在讲授"机械制图"课程中"基本体"这部分的内容时，为了让学生能够快速掌握平面体、回转体的形状特点和投影特点，准备了几组圆柱体、圆锥体、球体、正六棱柱体、正三棱锥体的立体图卡片和这些立体对应的正确的三视图及存在错误的三视图卡片，分发给学生，让手中拿有立体图的同学寻找与自己手中对应的正确三视图的同学。这样的方法收到了非常不错的教学效果。

分析： 教学过程中，每个学生手中有卡片，利用卡片展开教学活动，课堂氛围活跃，学生思维和行动并行发展，教学效果很不错，张老师认为这就是卡片展示法的应用。这种教学方法是卡片展示法吗？

卡片展示法是一种很好的记录方式。它不仅能将思想完整记录下来，而且十分有利于后续的讨论、加工整理，因此常常将其和头脑风暴法结合运用，在教学中有独特的作用。相关内容可以参照"头脑风暴教学法"单元。

一、卡片展示教学法概述

（一）基本概念

卡片展示法是一种应用于团队讨论交流的方法。它是由德国人施耐勒兄弟（Wolfgang & Eberhard Schnelle）发明的会议技术，在管理领域称为元规划法（Metaplan），之后被引入职业教育教学中而成为一种经常使用的教学方法。

元规划法是一项组织交流模型和沟通促进方法。根据元规划法，在团组的交流讨论过程中，围绕某一既定问题及其解决方案的各种不同观点得以充分阐述，团组成员最终达成共识、建议以及行动方案。在元规划中，主持人扮演着讨论促进的角色，他不仅管理整个讨论组，而且还要保证讨论过程中的有效沟通、互相合作以及充分理解，并在恰当的时间为讨论组成员提供恰当的交流工具。在讨论过程中，要用到一些适合于讨论交流的工具：包括展示板、各种形状和颜色的卡片等，因此在作为教学方法时形象地被称为卡片展示法或张贴板法。

在职业教育的教学领域，卡片展示教学法是指学生将讨论内容或教学内容写在卡片上，通过在张贴板上添加、移动、拿掉或更换卡通纸片进行讨论，最终得出结论的方法。卡片展示法也是行动导向教学法中较常用的方法，是适用于以学生为中心的教学方式，在职业教育教学中可以用于制订工作计划、收集解决问题的建议、讨论和做出决定、收集和界定问题、征询意见。

卡片展示法教学法的优点是，能够最大限度地调动所有学生的学习积极性，有效克服谈话法中不能记录交谈信息及讨论内容难以更改、归类和加工整理的缺点，高效运用时间，在较短的时间里获得最多的信息。展示板上的内容既有讨论的过程，又有讨论的结果；既是学生集思广益和系统思维的过程，又是教师教学活动的结果。因此，卡片展示法几乎是现代职业教育的各种教学方法如头脑风暴教学法等中必需的工具。

（二）基本原则

1. 结构化

结构化主要体现在研讨过程阶段的结构化，卡片展示法是将思维的不同阶段划分展开的过程，并且合理分配每个阶段的时间，这样可以避免思维方式的相互干扰，同时也保证了时间的有效利用。

2. 强制性

小组在合作过程中，成员必须按照程序要求积极参与，保证集体讨论始终处于激发状态，确保每位成员在发言权上人人平等，因此人人都要表述自己的观点，并参与集体的讨论。

3. 多工具

在实施过程中，小组将用到不同的方法和工具，如：集体讨论工具、原因分析工具、方案评估工具、风险评估工具等。具体的工具主要有：问题呈列、鱼骨图、流程图、差距分析、头脑风暴、想法呈列等。

二、卡片展示教学法的理论基础

（一）建构主义学习理论

建构主义学习理论认为，学生是认知的主体，是知识意义的主动建构者。学习不是一个被动吸收、反复练习和强化记忆的过程，学习是以学生已有的知识、经验为基础，在一定的社会文化背景下，通过个体与环境的相互作用，通过积极交流、主动探索而实现的意义建构过程。它强调教学中的社会性和相互作用对知识建构的重要作用。建构主义认为，学习不仅受外界因素的影响，更主要的是受学习者本身的认知方式、学习动机、情感、价值观等的影响，有效的学科学习须通过学习者与教师、同伴及学习素材的互动来进行。在此过程中，教师不再是知识的传授者和灌输者，而是意义建构的协助者、帮助者、促进者，应当发挥导向的重要作用，重视对学习情境的创设，调动学生的积极性。而互动卡片教学以卡片为载体，根据教学内容的不同，创设多种情景，重视合作交流、多向互动的学习方式，让学生在已有的认知结构、原有知识经验和认知策略基础上对新信息进行加工和建构，从而通过这样的建构性学习获得持续的进步。

（二）合作学习理论

合作学习是21世纪初兴起于美国的一种教学理论与策略。合作学习理论认为，每个学生由于发展水平、兴趣爱好不同，对同一事物有着不同的理解和认识上的差异，而这种差异正是学生间可以进行交往与合作的前提。该理论认为，教学过程既是一种师生间、生生间情感交流的人际交往过程，也是一种师生间、生生间信息传递的互动过程，特别强调生生互动是教学活动成功不可缺少的因素，学生只有在相互合作与交往中才能得到发展。这种理论认为，学习是满足个体内部需要的过程，因此教学应建立在满足学生心理需要的基础之上，教学活动应带有浓厚的情意色彩，教师要充当"促进者""顾问"和"咨询者"等多种角色，教师与学生之间的关系应逐渐变成"指导-参与"的关系。互动卡片教学法构建了一种群体合作关系，以卡片为载体将师生之间、生生之间的合作贯穿于整个课堂教学的全过程，创设教师、学生、文本间的多边互动，使各种动态因素协同配合，使主体的认知、情感和技能目标均衡达成。

三、卡片展示法的实施步骤

（一）准备

教师准备好必要的工具，包括：

（1）展示板：展示板可用硬泡沫塑料、硬纸板等制成（便于大头钉或工字钉钉入），也可以用白板替代（用磁铁代替大头钉）。张贴板可以固定在墙壁上，也可以安置在支架上。

（2）书写卡片：可采用多种颜色、各种形状，如长方形、圆形、椭圆形甚至云彩形和箭头形状等。如为了节约费用，也可以用打印纸代替卡片，一张A4纸可以按需要裁成两张或三张。

（3）记号笔：各种颜色的记号笔若干，用于让学生在卡片上书写文字。

（4）底纸：即面积与张贴板等大的书写用纸，必要时可以在上面书写、画线或粘贴。

（5）大头钉：头比常用的要大些，以便于插拔。

（6）胶棒、剪刀等文具。

卡片展示法教学要求有一个较为开放宽松的场地环境。应用该方法调动学生的积极性和参与性，不像以往坐着讨论，卡片展示法"书面讨论"的交流可以是参与者在座位与展示板之间运动中进行，随时可以起身张贴卡片或移动卡片。故要求学生座位秩序宽松，方便学生走离座位。可以采取 U 字形座位排放，尽量避免产生通道障碍的秧田式座位形式。

（二）开题

教师提出要讨论或解决的问题，常采用谈话或讨论方式。具体做法是在展示板上钉上底纸，将讨论的主题写在卡片上用工字钉钉在展示板上，卡片的颜色和形状应与后面学生写的卡片区分开来。教师在明确讨论主题后用一些启发性的问题引发学生对问题的思考。

（三）分组

每个小组 5～6 人，其中一名主持人，一名记录员，一名汇报人。

（四）收集意见

学生就提出的问题进行独立思考，形成自己的意见后再进行小组自由讨论，且经过讨论后将问题/障碍归类。具体做法是：学生把自己的意见以关键词的形式写在卡片上，[①] 并由教师或某个学生代表将写好的卡片钉在展示板上。这个过程可以是一个头脑风暴的过程，学生思考产生各种观点或问题的解决方案，而卡片填写可以看作头脑风暴结果的记录工具。需要注意的是：在一张卡片上只能写一种意见，允许每个学生写多张卡片。卡片上的文字尽量简短醒目（关键词），要使每个参与讨论的学生都能看清楚卡片上的信息。

（五）加工整理

这是卡片展示法的核心功能和特点所在。师生共同通过添加、移动、取消、分组和归类等方法，将卡片进行整理合并、系统化处理，得出必要的结论。具体的操作是：

（1）剔除在内容上文字表达和意义完全相同的卡片，使展示板上不要有重复的卡片。

（2）考察各张卡片，如有意义上的不解或歧义，可以通过简短讨论或说明，统一参

---

① 熊杰. 现代职业教育与新型劳动者［J］. 职教论坛，2006（24）：25－26.

与者对卡片表达意义的理解，这是为了使参与者有一个共同的讨论基础，避免讨论时南辕北辙，产生误解。

（3）从卡片数量最多的一列开始提取中心词，将中心词写在卡片上，放在最顶端，当中心词选择意见不合时进行投票选择。

（4）对卡片的观点或方案进行归类整理，形成讨论结果。在归类整理过程中可以有多次反复，其间也可以随时增加卡片，完整和丰富讨论结果。

（5）根据关键词每人独立写出 5 个解决问题的方案，再进行小组交流，可以在交流之后形成新点子。

（6）集体选出不多于 10 个可执行的解决方案，并进行投票选出最好的 4 个解决方案，进行小组汇报。

（六）总结

教师总结讨论结果。必要时，可用各种颜色的连线、箭头、边框等符号画在底纸上。

（七）完成结果

将卡片用胶棒粘贴在纸上固定，成为最终结果。

四、卡片展示教学法应用须知

（一）选好工作任务

教师布置的任务最好是贴近实际工作、生活中需要解决的问题，这个问题能与课程知识点相呼应。卡片展示教学法一般需要 1.5 小时左右，教师根据班级人数多少来把控时间。

（二）做好主持环节

在卡片展示法教学活动中，教师作为活动的主持人，可以提出以下的讨论主题：一是制订工作计划；二是收集解决问题的建议；三是讨论和做出决定；四是收集和界定问题；五是征询意见。

学生将自己的意见或观点写在卡片上，张贴在展示板上并进行讨论，充分发表自己的意见并进行分类、综合、归纳、整理，最后形成集体讨论的结果。对卡片的运用要求是：一张卡片只能描述一个观点，且用关键词来描述观点，这样便于直观地看到问题的关键及解决路径的关键点。在这个过程中，教师作为主持人维护讨论的进程，激发学生表达观点，但不直接表达自己的观点，保持中立。同时，教师要促使学生积极主动地去思考和表达意见，不要随便扔掉任何一张卡片或批判某种意见。

主持人要按顺序组织小组成员分阶段进行逐一讨论，记录员负责记录每个人关键词的描述和观点的表述，主持人和记录人同样要按要求发表个人意见、参与小组讨论和投票。

（三）发挥指导作用

教师在整个过程中扮演的是一个学习导师，在中心词提炼环节、措施方案形成环节，以及选择可实施方案等环节中，教师需要逐一对小组进行引导和说明。

（四）与头脑风暴法结合使用

卡片展示法经常和头脑风暴法结合起来应用，可以作为头脑风暴法结果的记录和处理的工具。在对学生的智力开发上，卡片展示教学法同样有独特的价值。相对于头脑风暴法的发散思维，卡片展示法则体现了与之相反的思维逻辑，即分类和归纳。对一个问题，要求学生通过积极思考之后，逐步归纳成几个主要方面或主要意见、观点，这也称为收敛思维，这种训练也可通过卡片展示教学法来进行。

目前，职业院校很少用真正的实体卡片，一般都用软件代替。

五、卡片展示教学法的优点和缺点

（一）优点

（1）调动学生的学习积极性。卡片展示教学法让学生动手写卡片、贴卡片、研究卡片可以最大限度地调动所有学生的学习积极性。

（2）有效地克服谈话法不能记录交谈信息和传统的黑板上的方案内容难以更改、归类和加工整理的缺点，在较短的时间里获得最多的信息。

（3）充分展示教学活动的全过程。展示板上的卡片内容和位置既可以反映讨论的过程，又有讨论的结果；既是学生集思广益和系统思维的过程，又是教师教学活动的结果。

（二）缺点

卡片展示教学法的缺点是占用时间较多、应用场合局限性大，而且只能用在较小的班组中，学生人数一般不超过 15 个。

总结案例

卡片展示教学法在开学第一课中的应用

闫老师开学给新生上的第一课，有一个教学任务，全体同学参与："如果你是企业老总，你将招聘有什么特质的员工？或者说企业需要具备什么能力、素质的员工？"

教学是这样展开的：

给全班同学每人发一张卡片，要求每名学生在卡片上写出至少 3 个能力或素质，然后粘贴在黑板上。班级所有学生开动脑筋，在卡片上按要求写出理由。同学们写了很多，例如：诚实守信、敬业、团结、积极、认真、尊老爱幼、礼貌、文明、能吃苦、奉献、和气、听指挥等。

闫老师按照粘贴在黑板上的卡片上的理由又提问：以上都是反映员工人文素质的描述，哪位同学还有其他理由进行补充？一名同学来到黑板前在自己的卡片上补充一条："技术过硬"，看到这名同学的补充，又有一名学生到黑板前在自己的卡片上补充写上一条：对工作一丝不苟，精益求精……

最后闫老师对卡片内容合并同类项，按照学生认同的多寡排序，对企业需要员工具备的素质、能力进行了进一步的说明和解读。

同学们全程热烈参与、认真领会，在闫老师的引导、激励中开始了新学期的学习。

探索思考

1. 简述卡片展示教学法的原则及实施要点。
2. 结合自身教学内容，完成一节卡片展示教学的教学设计。

单元四 角色扮演教学法

▶ 培训目标

◆ 了解角色扮演教学法的理论基础；
◆ 掌握角色扮演教学法的实施步骤；
◆ 了解角色扮演教学法的优点和局限性。

导入案例

课堂上的医患纠纷

一名同学躺在病床上，表情痛苦，不断呻吟。两位患者家属正在一旁安慰患者，一位年轻的小护士为患者作处置。病人执意不肯打针，害怕打针，说护士打不好。家属关心孩子心切，责怪护士。护士言语犀利，丝毫不给病人和家属留情面。吵闹声引来护士长，柔弱的护士长面对你争我吵，说话的声响都被盖住了。其他同学看到此景，都不由自主地笑了起来。一个没有结局的故事告一段落，角色扮演到此为止。

分析： 以上的剧情是教师在用角色扮演法授课。角色扮演对教师和学生都是一个不小的挑战。每个角色要充分分析自己的工作内容和动作步骤，要跳出自己的思维和个性来适应角色。故事中，护士长是一个很有挑战性的角色，要压得住场，面对问题要有预案，在上面的角色扮演中，护士长成了弱女子，未能平息小小争端。

那么角色扮演法有哪些关键点呢？教师在过程中要注意什么才能很好地把控课堂呢？

一、角色扮演教学法概述

（一）基本概念

角色扮演（role-playing）原本是一种心理治疗技术，其含义是使人暂时置于他人的社会位置，并按这一位置所要求的方式和态度行事，以增进对他人社会角色及自身角色的理解，从而学会更有效地履行自身角色。这一技术是由美国精神病学家莫雷诺（Jacob L. Moreno）于 20 世纪 30 年代为进行心理治疗始创的，现已广泛应用于各个领域。[①]

将角色扮演应用于教学活动中的方法被称为"角色扮演教学法"，它是一种使学生在模拟的环境中扮演特定的角色，从而掌握相应的知识与技能的实践性教学活动。角色扮演是一种情景模拟活动。所谓情景模拟，是指根据角色扮演者担任的角色，设计特定的情景，使角色扮演者在模拟的、逼真的情境和场景中，获得一定的心理体验，处理可能出现的各种问题。角色扮演法可提高角色扮演者在特定情境下处事和解决问题的能力。角色扮演教学法是以一种情景模拟的方式，是教师设定一个逼真的工作情景让学生按照真实情景里发生的事件、人物等要素，来处理各种可能出现的问题或者是设定好的问题。通过课堂实践，掌握知识和技能的实践性教学方法。

结合职业院校学生的学习特点和认知规律，角色扮演的实践教学环节可以让学生发挥其优点，让其成为课堂的中心，在课堂上"动脑、动口、动手、动情"，提高学生积极性的同时，提高学生的应变能力和表达能力。

职业院校在课程教学中使用角色扮演法，会依据不同的课程性质，对这一方法进行适当的改进。按照课程不同的教学目标，可以将角色扮演法的运用分为三种类型：一是以技能为基础的课程；二是以事件为基础的课程；三是以问题为基础的课程。角色扮演法的教学过程分为情境设计、角色分工、分析情景、扮演角色、评价总结五个环节。教师在角色扮演法的实施中，既要有丰富的专业知识，还要有较强的业务技能，才能够发现学生角色扮演中存在的问题，并给予指导。学生在角色扮演之前，应该具备一定的理论基础并对相关的行业岗位有所了解，熟悉所扮演角色岗位的基本操作程序。

（二）基本特点

1. 能活跃课堂气氛，增强趣味性

通过角色扮演激发学生参与积极性，让学生在不同的角色中分析和解决各种问题，完成教师所布置的任务。在模拟中把所学的知识用自己身体力行的方式进行实践，而旁边观看的学生也会自觉自愿地关注到扮演者的身上。教师就不再是从头讲到尾，因为有情景模拟，课堂不再枯燥乏味。

2. 互动性强，提高学生合作能力

角色扮演法是以学生参与为主的行动导向教学法之一，其很大的特点就是互动性

[①] 潘月俊. 情境德育："指导"学生家长的道德教育 [J]. 思想·理论·教育, 2002 (10): 30-34.

强，这种互动更多的是生生间的互动，以小组为单位的角色扮演环节，学生在模拟前的准备、策划就是一个需要相互配合、群策群力的团队合作过程，在他们沟通讨论的过程中能够增强表达、沟通能力、拓宽知识面，学会团队合作的精神。

3. 实践性强

职业教育的很多教学内容是贴近岗位实际的，但是在教师教学过程中是无法将学生带到真实的岗位去锻炼相关技能和知识的运用。角色扮演法可以很好地解决这一难题，在没有真实岗位实训的情况下，通过模拟真实环境来让学生在模拟过程中将所学的知识和技能进行锻炼。

二、角色扮演法的理论基础

角色扮演理论是以美国社会学家米德（George Herbert Mead）的角色理论和美国心理学家班杜拉（Albert Bandura）的社会学习理论为基础发展起来的。

（一）角色理论

角色的原意是指演员根据剧本扮演某一特定人物。角色的定义十分广泛，但一般认为，角色是指个人在特定的社会或团体中占有的适当位置和被社会或团体所规定的行为模式。①

美国社会学家米德率先将这一概念引入社会心理学，用来说明人的社会化行为。米德认为，人的社会化过程的实质是"角色扮演"，即学会理解他人对于角色的期待，并按照这种期待从事角色行为。角色是在互动中形成的，在不同场合，人们所扮演的角色是不同的，这就要求人们根据社会环境的变化，适当地调整自己所扮演的角色。例如一个男性教师，在一天中至少可以有三种角色，上班前、下班后在家庭中扮演着家庭角色，为父为夫为子；上班途中乘坐公交车、下班后上街购物，扮演着社会角色；在学校教学，扮演的是职业角色。每一种角色都有其自身的行为模式，一般不能混淆和错位。显然，将家庭角色的行为模式用到社会成员关系上或职业中是不合适的，常常不能为他人所接受。

（二）社会学习理论

在著名的"充气娃娃"实验的基础上，班杜拉提出了社会学习理论。观察学习亦称替代学习，是该理论一个基本概念，就是通过观察他人（或榜样）的行为（这种行为对于观察者来说是新的行为），获得示范行为的象征性表象，并引导学习者做出与之相对应的行为的过程。班杜拉认为，靠直接经验获得的任何行为都可以通过观察榜样的行为来获得；同样，也可以不用亲自体验直接强化，通过榜样的替代反应和替代强化也能学会某种行为。班杜拉指出，学习通过观察便可发生，但学习是否转化为行为表现出来，

---

① 朱峥. 高校辅导员角色心理失衡成因及自我调适探析 [J]. 教育与职业，2009（12）：56－57.

则取决于强化引起的动机作用。强化可以是直接强化，即通过外界因素对学习者的行为直接进行干预；也可以是替代强化，即学习者看到他人成功受到赞扬或失败受到惩罚的行为，就会增强或抑制产生同样行为的倾向；还可以是自我强化，即行为达到自己设定的标准时，以自己能支配的报酬来增强、维持自己的行为。因此，有意识地给予学习者正面、规范的行为刺激有利于其养成良好的习惯。

三、角色扮演法的实施步骤

在角色扮演教学活动中，可以根据教学目标和内容的要求，由教师或者学生构思一个事件，这个事件可能发生在某个工作场合，也可能是生活中会遇到的事情，然后针对这个事件的情境设身处地处理。它要求教师与学生事先做十分充分的准备和计划工作，同时要求扮演活动具有高度的真实感。具体可以有以下步骤。

（一）确定目标

角色扮演活动的学习目标必须配合整体的教学目标，根据教学内容的重点合理地开展要学习的主题。

（二）构思事件情境

情境的描述应与真实情境相符合，应尽可能符合实际的职业生活。

（三）决定扮演的角色

扮演的角色必须配合问题情境、表现教育的功能，应以能促进当事人各种经验的发展为原则。

（四）选择扮演者

角色确定之后，由学生选择自己有兴趣或是对个人职业发展有帮助的角色。

（五）准备演出

扮演的角色人选应有相当的准备时间，先行揣摩有关角色的责任和条件。有关扮演情境的详细说明应事先告知扮演者，例如可以通过从实际职业岗位所获得的职业资料来说明角色的特点及条件等，必要时还可由学生写出演出脚本。

（六）布置表演场所

表演场所的布置可根据情境的需要考虑以下因素：空间、环境、道具等，模拟环境的真实性可以激发学生的表演欲望，使学生更加投入地进行角色扮演，从而达到较好的效果。

（七）进行演出活动

角色扮演活动应尽可能具有真实性和自然性，使剧情顺利地发展。扮演者应尽可能自然地表达，以达到职业生活的真实性。

（八）讨论与评价

一方面可以由扮演者表达自己演出时的想法和感受，另一方面可以由观察者表达观感。通过讨论可以扩展当事人对职业层面的认识，并对职业角色行为有新的体验。评价的内容包括：

（1）扮演过程表达的是怎样的职业或生活情景？表达出什么样的思想和感受？

（2）事件情境描述是否深刻？表演是否进入角色？

（3）角色扮演的经验是否为当事人提供了真实职业生活的练习机会？哪里给你留下了深刻感触？

◎ 案例

丰田 4S 店发生的故事

1. 创设情境，定位角色

维修组长——小组长

维修操作技术员——同学 1

质检操作员——同学 2

5S 操作员——同学 3

维修主管——教师

情境：吉林市某丰田 4S 店维修接车员接到一台故障小轿车，客户反映，自己的轿车加速无力，燃油、机油消耗快，排气管冒蓝烟，需要修复。

2. 分析问题，收集信息

从故障现象引出维修中要完成的问题后，教师需要对问题进行简单的引导分析，再安排维修组长对本维修小组成员进行工作任务分配。通过问题激发学生的求知欲，引导学生自主前置学习，如本次任务涉及的零件结构原理、维修工具和设备的使用等。在学生自主学习完本次工作任务的基本知识点后，教师组织他们到资料室查找维修手册，准备相关工具和维修必备的数据资料。同时，学生可以利用网络，对发动机维修作业等进行相关搜索，从中收集大量的维修资料和作业经验。

3. 整理材料，制订计划

资料收集完成后，维修组长再组织维修小组进行信息筛选和归类，把"气缸盖检修"作业相关的资料整理出来。小组成员根据这些维修资料对"如何进行气缸盖的检修"制订维修计划，经过小组全体成员的思考、讨论和修改，制订出小组最佳的维修计划，为维修作业做好准备。在此过程中，教师需要进行必要的指导，对小组的维修计划作业反馈意见，帮助小组完成计划制订。

4. 角色扮演，生成技能

维修计划制订好后，维修班组在组长带领下开始发动机的维修作业。首先，维修组长（小组长）根据工作计划去维修主管（教师）那里领取作业用的工具，如精密刀口尺、塞尺等和小铲刀、清洁抹布等。然后，维修组长安排维修操作技术员（学生）进行气缸盖的清洁和平面翘曲度的检测工作，数据记录员把维修操作员检测的数据记录在工单里，以作为进行下一步检修的依据。最后质检及 5S 操作员收取记录员的工单去查找维修手册和维修资料进行数据对比，得出维修结论是否正常，再把结论反馈到维修组长那里，由维修组长决定气缸盖是否需要进行修理。

5. 学习反馈，总结评价

维修组长在小组完成检修工作任务后，组织大家对操作遇到的维修问题进行讨论，并得出问题的最佳解决方案。同时，维修组长组织成员对工作任务进行自我评价，并对维修小组的整体作业进行评价。然后，组长向维修主管（教师）汇报维修情况和小组评价结果。维修主管在各维修小组中选出典型的两到三个问题进行点评，促使专业知识和专业技能的生成。另外，维修主管对小组评价和各维修小组完成任务的情况进行综合评定，完成整个教学过程。

四、角色扮演法应用须知

（一）实施难点

由于角色扮演法的实际操作有着一定的难度，教师习惯于照本宣科教学，学生习惯于亦步亦趋学习，师生在角色扮演法的具体实施中会遇到以下一些困难与问题：首先是准备阶段，教师对于情境脚本的准备，既不能超过学生的专业理解能力，又不能太低于学生的认识水平，要选择较为合适的脚本。其次是学生自身性格因素与专业素质之间存在的差异，会影响到角色扮演法的教学效果，有的学生不愿意扮演角色，只愿意充当观众参与点评分析；有的学生缺乏合作精神，愿意独自扮演某一个角色，不愿意在职业团队中扮演角色。再者就是学生在角色扮演过程中，要么沉浸于表演之中，忽视了表演是为职业学习服务；要么不善于表演，不能很好地进入职业角色所需要的剧情之中。最后是对于角色扮演法中的评价与讨论中，学生自我的评价与探讨较少，多数是教师一人充当评委在点评学生的扮演中出现的职业技能问题，不利于学生的自我学习与教育。

（二）注意事项

鉴于角色扮演法教学的实施有一定的难度，需要仔细设计情境模拟。同时，保证角色扮演全过程的有效控制。在实施中要注意以下几个方面：

1. 仔细设计

其要点是模拟的情境能很好地反映职业或生活的典型事件或状态，不要偏离主题。要有真实感，能够使参加者通过角色扮演得到心理体验和技能发展。角色扮演不是为了表演而表演，要能够通过体验获得思考，促进发展。

2. 选择好角色人选

参与者对角色及其定位的认识、对演出的投入等因素对角色扮演的效果都起着重要的作用。既要避免角色扮演人员勉强参演的情况，也要避免参演的人员漫不经心。

3. 避免负面的情境

情境尽量避免可能会对学生产生负面影响的内容。冲突性游戏往往会产生戏剧性效果，然而在表演结束后，必须引导学生及时退出角色。

4. 明确教师职责

教师的重要任务是帮助学生认识事件主题，帮助演员进入角色，指导观察员和评论员，进行教学总结。表演结束后应让表演者与观察者阐述各自的感受，教师则应从学习目的出发给予归纳性引导，深化扮演的正面效应。

5. 一定要导演

角色扮演法是在培训情境下给予受训者角色实践的机会，使受训者在真实的模拟情境中，体验某种行为的具体实践，帮助他们了解自己，改进提高。在使用角色扮演教学法时，一定要事先导演。需要注意的是，在使用角色扮演法时，可以有一定的引入，但是绝对不能导演。

五、角色扮演教学法的优点和缺点

（一）优点

角色扮演是在模拟状态下进行的一种社会性、群体性的教学活动，其应用于职业教育教学有以下一些优点：

1. 参与性

角色扮演是一项参与性的活动，并带有娱乐性功能。在扮演过程中，学生会抱有浓厚的兴趣，这对于改善职业学校学生厌学现象有积极的意义。为了在角色扮演中获得更高的评价，扮演者会积极表现自我，施展自己的才华，因此容易激发学生的学习积极性。

2. 模拟性

角色扮演培训为学生提供了广泛获取多种工作生活经验的机会。通过角色扮演可以模拟现实的工作生活，从而获得实际工作经验，明白本身能力的不足之处，使各方面都得到提高。同时，角色扮演是在模拟状态下进行的，因此学生在做出决策行为时可以尽可能地按照自己的意愿完成，不必考虑在实际工作中决策或行为失误所带来的损失问题。它是一种可反馈的、可反复的行为，学生只要努力地扮演好角色，没必要为自己的行为担心，也没必要在意他人对自己的看法。

3. 角色性

角色扮演过程中，伴随着角色之间的配合、交流与沟通，可以增加角色之间的感情交流，培养学生的沟通、自我表达、相互认知等社会交往能力、集体荣誉感和团队精神。

（二）缺点

角色扮演教学法的缺点在于：

第一，场景是人为设计的，如果设计者没有精湛的设计能力，设计出来的场景可能会过于简单，使受训者得不到真正的角色锻炼、能力提高的机会。

第二，实际工作环境复杂多变，而模拟环境却是静态的、不变的。

第三，扮演中的问题分析限于个人，不具有普遍性。

第四，有时学生由于自身原因，参与意识不强，角色表现漫不经心，影响培训效果。

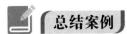 **总结案例**

服务行业的职业精神培训教案

本教学案例取材于中职教师培训，是在相关教师培训班中开发的，并已在教学实践中应用。应用领域：服务行业专业人员的培训。

饭店、宾馆、商场等服务行业涉及与人打交道。服务行业专业人员应将服务群体贯彻在职业工作中，以职业的态度和技能面对和解决各种事端。

一、设计主题

酒店服务，如何应对顾客的责难，化解矛盾。

二、教学目标

以企业的利益为重，正确应对顾客的责难或不正确的对待，提高应对各种情况的技能，提高职业素养。

三、教学内容

酒店服务中的客房和前台服务与接待。

四、教学对象

酒店服务与管理专业二年级学生。

五、教学组织

全班课堂教学。

六、教学课时

任务布置和准备（包括确定主题、设计事件进程、编写脚本、分配角色、准备演出），2～3课时；演出和讨论评价，1课时。

七、教学过程

1. 组织和分工

按照角色扮演法的要求，在明确任务领域和主题后，教师根据学生的积极性和能力，帮助学生建立两支扮演队伍，确定扮演的角色分配和相关的表演脚本设计人员。其余的学生有观察和评论的任务。建立两支扮演队伍是基于两个考虑：一是在一定的主题下可以有不同的事件进程和结果表现，帮助学生拓宽视野，丰富职业认识和经验；二是形成相互竞争的态势，有助于激发学生的积极性和创造性。

2. 演出脚本设计编写

在教师的指导帮助下，学生自己按照教学要求和主题范围设计、编写事件的进程和角色的行为。事件及其进程应该反映酒店服务职业工作的典型情境，设计的演出时间为5~10分钟。同时考虑场地、简单道具等。

3. 演出和观看

学生进行角色扮演的演出，没有角色的学生作为观察者观看演出。演员应投入演出，追求模拟真实情境，真实再现事件进程和场景，切忌笑场、做鬼脸、与场外同学使眼色或打招呼等小动作。观察组的学生在演出过程中注意观察和体验并被要求在演出后作出观感或评价。

4. 讨论和评价

由角色扮演者和观看者分别阐述角色体验和观后感。可以事前给观察的学生布置任务，提出问题：

(1) 扮演过程表达的是怎样的职业或生活情境？有什么感受？

(2) 事件情境描述是否深刻，表演是否进入角色？

(3) 角色扮演的经验是否提供了真实职业生活的练习机会？

(4) 哪里给你深刻感触？如何把职业工作做得更好？

八、脚本设计

脚本一：失而复得的手机

事件情节和进程：一位客人入住某酒店。前一晚出去应酬，喝醉，凌晨乘出租车回酒店，下车时将手机落在车内未察觉。第二天一大早匆匆退房赶火车，半途中发现手机不见了，以为手机忘在酒店里，所以回酒店前台述说情况。前台联系客房部，说查房时未见有遗落手机，客房部将查房服务员叫到前台和客人对话。客人恼火起来，一口咬定服务员捡到手机未交出。服务员受委屈，辩解，客人依然不依不饶，骂服务员是小偷。冲突由此产生。前台还有许多入住和退房的客人，如何应对事件？对事件发展及结果设计了不同的表演（开放的结果）。

第一种，服务员受委屈，情绪激烈，和客人吵了起来，引发其他客人围观和议论，事情解决不了，客人因赶火车只得悻悻离开酒店。

第二种，前台经理前来调解，先将客人请到经理室，了解情况，向客人介绍服务员在酒店工作多年没有发生过偷窃事件，引导客人回想前一晚的情况。

正巧出租车司机打来电话，说早上出车看到手机，记得昨晚最后一单生意是将客人送到该酒店，问是否有客人遗失手机。真相大白，客人非常不好意思地向酒店和服务员道歉。服务员很宽容地原谅了客人，并欢迎客人以后再入住本酒店，客人很感动并表示以后来该市一定再来入住。

讨论评价：

(1) 学生观点：服务员也是人，凭什么要受气？受不了也要受，当服务员没办法。

(2) 讨论：企业的利益是什么？职业素质的要求是什么？为什么不要和顾客争论得一清二楚，如何区分社会角色和职业角色？

(3) 可以学习的职业技能、策略和态度有哪些？

——了解情况掌握信息，做到心中有数：了解到客人前一天晚上醉酒，可能有遗忘和疏漏。

——降低紧张气氛，缓和矛盾：例如自我批评、解释员工工作履历清白。

——将影响降低到最低：例如离开前台营业的地方到经理室。

——尽管错在客人，仍正确对待：例如不与客人发生正面冲突，尽量做到不卑不亢。

——让顾客成为回头客是企业的利益，也是企业员工的职责。将职业角色和社会角色区别开来，不因为对方错误就非要争得你错我对，出一口冤枉气。

脚本二：账单上的点播费

事件情节和进程：一位客人入住某酒店，打开电视看天气预报。酒店的电视节目有常规电视和付费点播电视，客人不熟悉操作误按了点播。离店结账的时候账单上有20元的点播费，产生矛盾冲突。

客人：我没有看过点播电视，这20元点播电视费是哪里来的？

前台：电脑单上打的，点播了两个故事片，每个10元，共20元。

客人：什么？我开电视只看了天气预报，根本没有看过点播节目，还两个！岂有此理！

前台：这是电脑自动记录的，我们不可能改的。

客人：单子拿来我看看。你看这两个点播故事片，前后持续时间才5分钟，有谁5分钟看两个故事片的？

前台：（看了一下电脑单上的记录）那我们也没有办法，电脑上有记录就要付钱的。

顾客：你这是什么道理！明明不合逻辑，还一定要收费，抢钱啊？电脑也会发生故障，叫你们经理来。

经理：什么事啊？

前台：他点播了节目不肯付钱。

客人：你讲话干净点，什么点播了不肯付钱，再胡说我揍你！

讨论评价：

(1) 学生观点：

——照章办事嘛，收费无可厚非。那个客人也太凶了，要我就让他试试看，做服务员又不是做孙子。

——算了，就不收费了，反正只有20元，他下次来多住一个晚上也都有了。

···········

(2) 讨论：

大家来设计可能的发展和结局：

——冲突升级，言语充满火药味。

——尽量不使冲突升级，缓和语言，但按规定付费不能少。顾客没办法只好付，但发誓再也不来该酒店了。

——向客人解释电脑记录了5分钟点播时间，似乎是客人误操作遥控器，根据实际情况做灵活处理，免去该项费用。客人也感觉到可能是自己误操作了，觉得酒店还是很人性化处理的，感觉很好，下次再来入住。

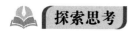**探索思考**

　　1. 角色扮演教学法中教师要对学生备哪些课？

　　2. 如何让学生很好地实现自己的角色人物？

综合教学方法

模块导读

　　综合教学方法是恰当地选择和综合运用国内外基本的教学方法，以取得较好教学效果的教学方法。本模块主要介绍职业教育教学中常见的五种综合教学方法，简要分析每一种教学方法的内涵及特点、操作方法以及运用时要注意的问题，主要目的是使职业院校教师掌握项目教学法、模拟教学法、引导课文教学法、情境教学法、混合教学法的主要内涵、理论依据、教学步骤、应用须知及优缺点。

单元一　项目教学法

培训目标

- ◆ 了解项目教学法的内涵和理论依据；
- ◆ 掌握项目教学法的主要步骤；
- ◆ 了解项目教学法的优点和局限性。

导入案例

"建筑工程质量评定与验收"课程

项目二　验收实训场1工程质量

任务一　检查模板工程质量（2学时）

一、教学目标

1. 熟悉模板工程质量验收规定。

2. 掌握现浇结构模板安装的允许偏差及检验方法。

3. 掌握模板支架体系安装方法及检查要领。

4. 提高解决工程现场实际问题的能力。

5. 锻炼沟通、协作及实际操作的能力。

6. 培育工程意识与工匠精神。

二、教学重点

模板工程质量验收规定。

三、教学难点

现浇结构模板安装的允许偏差及检验方法。

四、教学准备

图纸、工作页、规范、验收记录单等。

五、教学过程

（一）任务引入（20分钟）

1. 复习模板施工知识。

2. 交代任务，进行二楼模板工程质量检查。

3. 组织学生查阅图纸了解工程基本信息。

4. 找出二层 KL6 截面尺寸、跨度、板厚、KZ2 截面尺寸、二层层高。

（二）任务分配（15分钟）

1. 学生分组。

2. 了解现浇结构模板安装及支架检验工具。

3. 写出工具名称。

4. 教师指导。

（三）任务实施（40分钟）

任务1：进行实训场二楼模板起拱高度检查。

学生实操：各组进行模板底部起拱高度检查。

教师答疑。

任务2：模板支架体系安装方法及检查要领。

教师讲授分析模板支架垂直度、间距。

学生实操。

教师观察记录学生实操中的问题。

（四）任务评价（10分钟）

1. 教师指出各组实际操作中存在的问题，学生听取教师意见。

2. 教师讲解正确操作。

六、总结新课（3分钟）

概括本工程施工的注意事项及措施，提出各组操作整改意见。

七、布置作业（2分钟）

略。

　　分析：随着职业教育教学方法改革的深入，项目教学法逐渐走进职业教育教学，教学方法的引入为职业教育教学注入新的活力。目前，教师们对项目教学法在认识上存在差异，如果没有深入理解项目教学的本质，以及项目教学中学习行为的特点，就会导致项目教学不能取得预期的教学效果。本案例中的"程序式"项目教学，具备项目载体，教学过程也基本符合项目教学程序，但忽视了项目任务的要求，以及学生在制订计划、实施计划和检查总结的学习经历中的深度学习，知识的理解、行动能力和职业素养难以得到深入发展。

　　项目教学法是职业教育中最典型、最有效的，以行动导向为指导思想的教学方法之一，在我国职业教育教学改革中得到广泛应用。厘清职业教育项目教学法的概念、特点、具体的操作程序等基本理论，有助于澄清教学实践中的一些错误、模糊的认识，保障项目教学实践的顺利进行。

一、项目教学法概述

　　项目（project）是指"以完成一件具体的、具有实际应用价值的产品为目的的任务。这项任务应与一定的教学内容相联系、与企业的生产活动直接相关，有具体的成果展示，具有一定的难度，是学生综合运用知识和技能才能解决的问题"[①]。概括地说，"项目"可以是生产的具有应用价值的产品、提供的服务或者是决策，如室内装修、成本核算、服装制作等。"任务"是指职业岗位的工作任务，而不是具体个体的工作任务，是以工作任务为载体的学习任务。"技能"是指肢体或智力操作，"项目"是按照工作任务要求进行这些"操作"所获得的结果。

　　项目教学法又称项目作业法，是指"在教学中选择一个核心课题，据此为学生设计一个项目，师生通过共同的实践活动，完成一个完整的'项目'（一个产品）的教学方法"[②]。项目教学法是教师以行动导向为指导思想，在教学过程中发挥咨询、指导与解答疑难的作用，通过指导学生完成项目而实施的一种以学生为主体的教学方法。项目教学法最显著的特点是"强调以工作任务为依托组织教学内容，以学生为主体开展教学活动，以多样化的解决任务的策略展示学习成果"[③]，其本质是以工作过程为导向。

二、项目教学法的理论依据

　　项目教学法的理论依据主要有建构主义学习理论、杜威的实用主义教育理论和情境学习理论。

---

　　①②　马建富. 职业教育学［M］. 2版. 上海：华东师范大学出版社，2014：118.
　　③　徐涵. 项目教学的理论基础、基本特征及对教师的要求［J］. 职教论坛，2007（3）：9-12.

（一）建构主义学习理论

建构主义学习理论兴起于 20 世纪 80 年代，该学习理论认为学习不是教师简单地传递知识，而是由学习者通过主动建构意义的方式获得的。以建构主义学习理论的"知识观""学习观"和"教学观"为依据，项目教学法反对灌输式教学，要求学习者在完成项目的过程中，对原有的知识进行再加工和再创造，通过主动建构意义的方式获得知识。构建主义学习理论强调教学以学习者为中心，教师引导学习者在独立完成项目的过程中，从信息的收集、方案的设计与实施、项目完成的评价中自己发现问题，寻求对策和解决问题。

（二）杜威的实用主义教育理论

杜威的实用主义教育理论产生于 19 世纪 80 年代，该理论在批判传统学校教育的基础上，提出关于教育本质、教育目的、教育的基本原则等的看法。项目教学法以实践为中心，强调"现实、强调活动，与杜威的实用教育理论是一致的"[①]。教师以真实的或模拟的岗位任务为起点，以学生的项目活动为教学过程的主线，让学生利用校内外一切可以利用的教学资源及自身的经验，通过行动达到脑力与体力劳动的统一、理论与实践的结合、学与用的结合，学习者能够更为有效地获得完成工作任务所必需的理论知识、应用知识与综合职业能力。

（三）情境学习理论

情境学习理论是 20 世纪 90 年代学习领域经历的一次科学革命。该理论认为，学习是在一定情境下发生的，是个体在参与实践中，与他人、环境等相互作用，形成能力以及社会化的过程。项目教学法中有模拟的项目，也有真实的项目，即使模拟的项目也可以在真实的设备、设施中实施。教师利用真实的工作环境或借助信息化手段，创设一种工作情境引起教与学的互动，由"行动产品"缔结并引导着教学过程，学习者和教师或者同伴积极有效的互动合作，全面提升能力。

三、项目教学法的步骤

项目教学法的实施主要有四个步骤。

（一）确定项目内容和任务要求

这是实施项目教学法的首要环节，其关键是项目的选择。教师拟定一个或若干个可供选择的项目，与学生讨论，共同确定项目的内容，提出项目相关的要求和条件，明确工作任务要求，熟悉项目相关的理论知识。

（二）制订工作计划

制订工作计划是教师指导学生进行具体任务分解、制定实施方案、最终形成行动计

---

① 徐涵．项目教学的理论基础、基本特征及对教师的要求［J］．职教论坛，2007（3）：9－12.

划书的过程[①]。教师首先要对学生进行合理分组，并明确职责。然后学生以小组为单位，通过相互讨论交流的方式，运用所掌握的知识分解项目，找出项目的重难点，制订具体的项目工作计划，确定工作步骤和程序，并最终得到教师的认可。

（三）实施计划

实施计划是项目教学最为关键、最具有实质意义的环节。学生分工，按照既定工作步骤和程序展开项目活动。首先，教师要选取恰当的方式激发学生的学习兴趣，促进学生以工作小组的方式对项目进行分析和交流。其次，要通过小组合作探究、查阅相关资料、自学等方式获取本项目所需的信息。最后，小组对搜集到的信息进行分析、归纳和运用。

（四）检查总结

这是项目教学法的最后环节。先由学生总结，再由教师对学生的学习成果进行检查评价。师生共同评判工作中的问题，寻找解决的办法。

四、项目教学法的应用须知

由于对项目教学法认识的误区，导致项目教学实践中易出现几种扭曲现象，即"标题式项目教学""片段式项目教学""程序式项目教学"[②]。为避免这些教学问题的出现，运用项目教学法时需要注意以下几个问题。

（一）准确进行项目设计

项目教学是以学生的项目活动为逻辑主线展开教学，项目设计是项目教学的首要环节。从不同的角度，可把项目划分为"封闭项目与开放项目""单项项目与综合项目""模拟项目与真实项目"。[③] 教师在选择不同类型项目进行设计时应注意：第一，所选项目既要紧扣课程标准和教学目标，又要具有一定的实用价值。第二，项目的难易水平应适宜。为了让每个学生都能参与其中，教师在选择项目时要考虑学生是否具备完成项目的能力，如果不具有这种能力，就要通过"改变项目实施的顺序""增加过渡性项目""细化实施环节"[④] 等方式，对项目实施过程进行再设计。同时，可以在教学中增加一些教学性步骤，如理论知识学习等，促进学生理论联系实际学习。第三，项目是具有真实性、典型性的具体工作，包含着明确的工作成果要求。项目尽量来源于实际工作情境，但不能简单将企业的实例直接用于课堂教学，项目如果不符合学生的学习规律，要适当地调整，使之尽可能易于操作、可能操作。第四，项目要关联各个知识点。要考虑"任务"的大小、知识点的含量及其前后的联系等多方面的因素。教师对知识点的分析要全

① 齐洪利．董玉菊．荷兰项目化教学模式的借鉴与应用 ［J］．教育与职业，2011（25）：97-100.
② 徐国庆．职业教育课程、教学与教师 ［M］．上海：上海教育出版社，2016：170-171.
③ 徐国庆．职业教育项目课程开发指南 ［M］．上海：华东师范大学出版社，2009：134-135.
④ 同②179.

面具体、重点突出，要善于将课程标准中的知识转化为项目所承载的知识，并做好各个知识点和技能培养的衔接。

（二）转换教师和学生的角色

项目教学实质是一种开放性的研究性教学，教师由"讲授者"向"引导者""合作者""促进者"转变，由注重"教法"向注重"学法"转变。根据学生的未完成性、认识的发展性等特点，教师从学生制订计划、实施方案到展示学习成果，都要进行伴随性指导。一方面要进行过程性的监控和指导，使小组成员发挥合作精神，团队成员协同完成项目或任务；另一方面，教师要做好答疑解惑的工作，以便学生能够顺利完成项目。

（三）科学制定并使用可操作性强的教学评价标准

项目教学是以学习成果为导向的教学方法，有效的评价能够避免项目教学形式化、低效化。为避免项目教学"检查总结"环节评价中多元评价、多种方式评价的盲目性、随意性，教师要依据教学目标制定评价标准，用以判断学生是否获得学习产出。教学目标应包括职业行动能力、对知识本身的记忆与理解、对知识的行动意义的理解、综合职业素养四个方面[①]，其中职业行动能力是项目教学在教学目标上的首要追求。[②] 教师依据教学目标制定评价标准并运用于过程性评价和项目后评价，不仅考核知识学习，同时考核技能、态度。要对学生出现的问题给予针对性的点评和指导，通过客观、系统的评价使学生善于发现别人的长处来提升自己的不足，反思项目完成的过程与结果，在评价中得到提高。

五、项目教学法的优点和缺点

明确项目教学法的优缺点，并不断改善教学方法，有利于促进职业教育教学最优化。

（一）优点

1. 项目教学法注重以学生为主体

项目教学是一个人人参与创造的实践活动，不注重最终的结果，而是完成项目的过程。学生是开展活动的主体，教师主要提供必要的帮助和指导，学生在"做中学"中提升职业行动能力，获得知识。项目教学法虽然注重以学生为主体，但是项目不一定建立在学生自愿的基础上，学生必须接受这个工作的要求。

2. 项目教学法是一种对学习要素综合度较高的教学方法

项目教学法的学习结果具有很强的包容性。从教学目标来看，不仅包括理论知识，

---

① 徐国庆. 职业教育课程、教学与教师［M］. 上海：上海教育出版社，2016：177.
② 徐国庆. 基于分析的职业教育项目教学设计模型［J］. 职教论坛，2015（18）：4-11.

也包括实践知识；不仅重点要培养学生的职业能力，还关注综合职业素养的提升。从项目教学的过程来看，理论与实际的结合、学与用的结合不是线性的，而是有机的相辅相成的过程。因此，项目教学法不仅能完成预设的教学目标，而且能完成超出预设之外的教学目标。

（二）缺点

1. 不适合系统理论知识的学习

项目教学法强调培养学生的职业行动能力，教师在实施项目教学法的过程中，虽然以项目为载体，以任务为中心融合知识和技能。但是，这些知识是有选择的，不能将所有的专业理论知识、普通文化课知识都融入任务中，甚至将所有的课程都项目化，这是极其不科学的。为了弥补项目教学法的不足，在项目学习之外，有必要加强基本知识和基本技能的学习。

2. 比较难以控制学习的发生过程

项目教学法跳出传统教学法中刺激与反应的单向接受教学方式的"舒适区"，项目设计中科学合理的选择和程序化项目，项目中"知识""技能"的确定，项目实施中的不确定性，项目评价中的系统性，对教师的能力提出很高的要求。"在项目完成过程中，如果没有主动对学习过程进行刺激，很可能不能产生自觉的学习行为，而如果要对学习行为进行刺激，又存在在项目活动的哪个环节进行刺激才比较合适的问题。"项目教学法过程的复杂性，要求教师不仅要理解项目教学法的本质，而且要通过行动研究不断优化教学。[①]

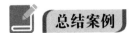 **总结案例**

"建筑工程质量控制与验收"课程

项目二　砌体工程质量验收

任务1　检查砖砌体工程质量（2学时）

一、教学目标

最终目标：能够利用检验工具按照一定规范对砖砌体进行质量检查

促成目标：

K. 理论知识

K1. 掌握砖砌体工程质量检验的主控项目和一般项目判定合格的标准

K2. 掌握常用的实测实量工具的使用方法

K3. 熟悉《砌体结构工程施工质量验收验收规范》（GB5203－2011）（以下简称"规范"）

K4. 掌握检验批的划分和实测区（点）的选择方法

---

① 徐国庆. 基于学习分析的职业教育项目教学设计模型［J］. 职教论坛，2015（18）：4－11.

K5. 了解《监理通知单》的写作规范

M. 实践知识

M1. 能根据砌体工程检验批的划分标准划分检验批

C. 职业行动能力

C1. 会查找"规范"中对应验收项目的具体规定

C2. 能选取合适的实测区（点）

C3. 会熟练利用常用的实测实量工具对砖砌体进行质量检查

C4. 会正确填写《砌体工程检验批验收记录》

C5. 能对检查不合格的项目下达《监理通知单》

S. 综合职业素养

S1. 能够准确理解和执行领导下达的任务

S2. 具有跟领导就检查结果进行有效沟通的能力

S3. 汇报工作时重点突出、言简意赅

S4. 能选择合适的工作方式和方法提高工作效率

S5. 能准确分析工程现场实际问题并能有效的解决

二、教学过程（见表 8-1）

表 8-1　建筑工程质量控制与验收教学过程

教学过程		学生学的活动	教师教的活动	时间安排	学习成果	教学目标
项目引入	项目描述	明确项目任务与要求	1. 展示项目范例 2. 介绍项目及达到的学习目标	课前准备		M1、S1、S5
	知识准备	了解与项目相关的理论知识	1. 示范讲解常用的实测实量工具的使用方法以及注意事项（视频） 2. 出示检查验收记录表、监理通知单，及填写规范 3. 互动答疑			
	活动导入任务定位	1. 组建工作小组 2. 查看土建综合实训现场 3. 结合规范找出砌体工程存在的问题 4. 根据验收规范找出砌体工程质量检验的主控项目和一般项目 5. 形成项目计划	1. 组织、巡视 2. 点评、引导发现 3. 相关建议 4. 引导查找、点评 5. 相关建议	18	1. 砌体工程常见问题汇总表 2. 主控项目和一般项目列表 3. 砖砌体质量检查计划	C1、K1、K3、S5

续表

教学过程		学生学的活动	教师教的活动	时间安排	学习成果	教学目标
项目实施	选择合适的实测区和实测点	标注出不同项目对应的实测区和实测点	1. 巡视指导 2. 纠错	10	图纸上标注出的实测区和实测点	C2、K4
	领取和选择检查工具	根据检查项目选择检查工具	1. 纠错 2. 提醒注意事项	5		C2、K2
	按照工作页要求进行项目检查	分工完成砌体垂直度、水平度等6个项目的检查	1. 现场巡视 2. 发现问题 3. 指导和纠偏	25	标注完成的实测区数据示意图	C3、C4、K4、S5
	填写验收记录表并判定各项检查结果	填写检验批验收记录表	巡视、指导和纠偏	5	砌体工程检验批验收记录表	C4、S4
	对不合格项目下达监理通知单	1. 讨论确定检查不合格项目 2. 下达监理通知单	巡视、答疑、引导和纠偏	10	监理通知单	C5、K5
项目总结	成果展示、总体评价	1. 提交成果 2. 汇报答辩 3. 评价	1. 组织展示成果 2. 组织自我评价、组别互评 3. 点评	10	砌体工程检验批验收记录表、监理通知单	S2、S3
	项目学习小结	归纳学习成果	1. 倾听 2. 归纳性讲解	7	小组汇报学习心得	S3

	评价标准	教学目标	分目标评价方式、占分比例（%）
应知考核（占30%）	1. 能完整、流利说出砖砌体工程质量检验的主控项目和一般项目判定合格的标准 2. 能准确描述检验批的划分和实测区（点）的选择方法	K1、K2、K3、K4、K5、M1、S3、S5	组别评价50% 教师评价50%
应会考核（占70%）	1. 正确、快速查找"规范"中对应验收项目的具体规定 2. 熟练、准确利用常用的实测实量工具对砖砌体进行质量检查 3. 独立、及时、规范填写《砌体工程检验批验收记录》 4. 在规定时间内完整规范制作并下达《监理通知单》	C1、C2、C3、C4、C5、S1、S2、S3、S4、S5	自我评价20% 组别互评20% 教师评价60%

资料来源：徐国庆.基于学习分析的职业教育项目教学设计模型［J］.职教论坛，2015（18）：7.

> **探索思考**
>
> 1. 简述项目、任务和技能的联系与区别。
> 2. 简述项目教学法实施的环节及注意的问题。

单元二　模拟教学法

▶ 培训目标

- ◆ 了解模拟教学法的内涵和理论依据；
- ◆ 掌握模拟教学法的主要步骤；
- ◆ 了解模拟教学法的优点和局限性。

导入案例

"咖啡制作"课程中的"咖啡萃取技术"

一、教学目标

1. 了解咖啡品种的命名、产地、特点。
2. 了解两种咖啡壶萃取咖啡的流程。
3. 能熟练利用两种咖啡壶制作咖啡。
4. 培养团结合作的团队精神。

二、教学重点

虹吸壶萃取咖啡的流程和 Chemex 壶萃取咖啡的流程。

三、教学难点

两种咖啡壶萃取咖啡时应注意的问题。

四、教学准备

虹吸壶、磨豆机、咖啡豆、咖啡杯、热水壶、毛巾、搅棒、电子秤、酒精灯。

五、教学过程（38 分钟）

（一）复习导入新课（5 分钟）

1. 咖啡的原产地有哪些？
2. 常见的咖啡品种有哪些？
3. 咖啡有哪些主要产地？
4. 咖啡的原生种名称是什么？
5. 我国有哪些地区生产咖啡？

（二）交代任务（5 分钟）

1. 介绍任务及完成任务的要求。

2. 师生一起做好准备工作，包括咖啡壶、咖啡豆等。

（三）学生演示（8分钟）

1. 学生分组探究性学习：利用虹吸壶萃取咖啡的方法及注意的问题。

2. 学生分两组练习。

3. 教师观察记录。

（四）教师讲解示范（10分钟）

1. 教师纠正学生实操中的问题。

2. 教师边示范演示虹吸壶萃取咖啡的方法，边讲解操作步骤及注意事项。

3. 教师边示范演示 Chemex 壶萃取咖啡，边讲解操作步骤及注意事项。

4. 将两种方法萃取的咖啡进行对比，讲解味道、气味、颜色的不同。

（五）学习练习（10分钟）

1. 学生分为四组，两组练习虹吸壶萃取咖啡，另外两组练习 Chemex 壶萃取法萃取咖啡。

2. 教师指导。

3. 学生完成制作后，教师评价。

六、总结新课（1分钟）

总结利用两种不同的萃取方法进行咖啡制作的注意事项。

七、布置作业（1分钟）

1. 预习了解摩卡咖啡壶的起源及使用方法。

2. 预习了解法压壶的起源及使用方法。

分析： 在职业教育教学中，采用模拟教学法进行教学，教师的"教"与学生的"学"均发生了很大的改变。本案例中模拟教学法能够帮助学生理解和补充课堂理论教学内容，培养学生的操作技能，同时，这种实操训练，有利于提高学生相互沟通、合作的能力。模拟教学法并非排除教师的"教"，教师适宜的讲解示范，有利于学生有效、高效的模仿练习，否则，将影响教学的实效性。

模拟教学法是以行动导向教学思想为指导的一种教学方法。该教学方法广泛使用于需要实验及动手操作的各种技能、技巧训练之中，常与任务驱动型教学法、项目教学法和引导课文教学法等教学方法结合使用。

一、模拟教学法概述

（一）模拟教学法的含义与类型

模拟教学法又称模拟实习法或模拟练习法，是指学生在教师的指导下，利用模拟的工作环境或器物进行学习、训练的教学方法。

按照替代物的不同，将模拟教学法分为"器物模拟""环境模拟""人物模拟"三种类型①。器物模拟教学法是指用模拟器物，即生产设备、器材等代替真实设备来达到教学目的。如汽车维修专业模拟汽车、火车驾驶，模拟医学诊断与急症抢救等。环境模拟教学法是指模拟真实环境辅助教学的教学方法。如财会专业的财会模拟实习室、旅游服务专业的模拟总台服务实习室、护理专业的模拟病房等。人物模拟教学法是在某个假定的情境中扮演某个职业角色，依照其角色的情境和问题做出决定，师生给予相应的点评以促进其改进的教学方法。如模拟会计、模拟采购员、维修人员等。

（二）模拟教学法的特点

1. 以能力培养为本位

模拟教学法中的工作环境或器物尽管不是真实的，但模拟实习与真实实习的效果非常相似。通过教学与职业工作岗位零距离对接，培养学生的职业岗位工作能力，提高职业适应能力。

2. 操作相对真实性

职业教育以能力为本位的特点决定了要通过实操培养学生的职业能力，由于学校的设备、场所和资金等条件的限制，学生不能或很少到实际工作岗位上实习，或者不能直接接触真实的生产设备、器材，不利于学生实际技能的获得。模拟教学法解决了上述困难，用以"假"代"真"的方式模仿再现真实的现实职业环境或器物进行技能训练，使教学更加接近实际。学生在从事指定的活动中，可以得到在真实职业岗位进行操作基本相同的体验。

二、模拟教学法的理论依据

（一）刺激-反应学习理论

刺激-反应学习理论又称行为主义学习理论或学习的联结理论。尽管在刺激-反应学习理论这一流派中，各代表人物对学习分别做出了解释，但都认为学习包含着一系列刺激与反应之间的某种联系来实现的。模拟教学法根据刺激-反应的学习原理，预先让学生在模拟的职业环境条件下进行反复的练习，使人的机体产生对这种刺激的适应性反应。一旦学生到真正的职业工作岗位后，遇到这种外部刺激或类似的外部刺激时，人体在生理、心理上就能产生良好的应答反应。可见，利用刺激-反应的学习理论进行模拟教学，能够有效提高学生的职业适应性。

（二）戴尔的经验之塔理论

美国教育学家戴尔（Edgar Dale）对视听教育理论进行研究并形成了"经验之塔"

---

① 马建富. 职业教育学［M］.2版. 上海：华东师范大学出版社，2014：120.

理论。该理论将人的学习经验划分为三大类，分别是做的经验、观察的经验、抽象的经验。[①] 该理论分析了学习者获得经验的来源、渠道或媒介，拓展了对职业教育教学媒体、环境的认识。依据该理论提出的电影、电视、广播等媒体具有传播"替代经验"的作用，模拟教学法对真实环境、器物进行模仿、复制，解决由于客观原因无法开展实际操作的问题，帮助学生获得观察经验和操作技能的经验。

依据该理论对学习者所得到的经验的分类，以及某些经验来自何种媒体或何种活动方式，各类经验之间的关系的理论。模拟教学法根据不同类型的经验在学习中的作用，以模拟练习促进个体的具体经验向抽象发展，最终把具体经验普遍化形成概念。

三、模拟教学法的步骤

概括地说，模拟教学法主要包括三个步骤。

（一）充分准备

师生在开始模拟教学前，都要做好相应的准备。教师要科学论证，选择模拟项目或任务，设计并布置好模拟场景，准备好器物，使学生明确教学目标和模拟学习的任务与要求。然后引导学生获取信息，激发学生对角色模拟的兴趣。

（二）角色模拟

学生通过分组或其他方法进行模拟练习。教师要先通过讲解和示范使之明确模拟训练的内容、步骤及其要求，学生模仿练习，教师及时跟进指导。

（三）活动后的讨论与评价

模拟练习结束后，师生互动交流，总结模拟练习的成绩，指出存在的问题，并鼓励学生继续努力，以达到预设的教学目标。

四、模拟教学法的应用须知

教师在运用模拟教学法时应注意以下几方面。

（一）模拟前建设好模拟教学环境和器物

模拟教学法的关键在于建设好模拟教学环境和器物，并缩小虚拟与现实的差距，使学生突破真实情况的某些条件限制来实现技能训练。在模拟前，一方面要按照企业实践和学校专业特点、教学内容与要求，设计和制作教学环境和器物，要力求逼真、实用。另一方面，要做好模拟器物的准备与安放、模拟环境的布置、模拟任务的物色与指导等准备工作。

---

① 李红波．职业教育信息化教程［M］．桂林：广西师范大学出版社，2013：9．

（二）教师要进行适宜的讲授和指导

实施模拟教学法，教师通过现场讲解和示范的方式，使学生明确操作的流程与要求以及需要注意的问题。在组织学生自己动手模拟练习时，教师要严格要求学生，通过全面系统地观察或巡回检查、跟进指导，发现问题并及时给予纠正。模拟结束后要进行总结，做出必要的提示、评价。

五、模拟教学法的优点和局限性

（一）模拟教学法的优点

1. 有利于反复训练

在真实的职场中，由于生产成本、安全隐患、生产效率以及情境的不可重复再现性等问题，一般不允许反复操作训练。模拟教学法则不然，模拟教学情境和器物能够激发学生的学习兴趣，根据自己的学习需要进行反复实践模拟，不用担心反复训练造成器物的浪费或者因为操作失败而产生的不良后果，反复训练有效促进学生习得操作技能并提高其水平。

2. 有利于节省训练时间和训练经费

模拟教学中的环境和器物专为教学而设计，是对真实情境或器物的仿效或模仿。计算机技术的发展以及虚拟显示技术的问世使得模拟仿真训练获得突破性进展，模拟设计能够突出表现真实情境或器物的主要特征，既逼真、简洁、安全、具有非破坏性又不影响实现目标。从教学出发添加一些观察、提示、警示等设置，便于学生在学习技能的过程中有针对性训练，节省教学经费。此外，模拟教学过程中能够给学生训练提供反馈，使之感悟正确的要领并及时纠正，缩短了教学周期。

（二）模拟教学法的局限性

1. 近似模拟与真实训练有差距

从模拟效果与真实训练的差别程度的角度看，模拟教学有仿真模拟和近似模拟。仿真模拟的实习效果与真实实习效果非常相似，近似模拟的模拟实习效果与真实训练有一定距离，无论是哪些类型的模拟教学，最终都需要在真实的职业环境和器物上完成实际训练。

2. 不适用于对系统知识的传授

针对模拟教学法的重点内容，教师本着理论够用的原则教授知识，示范动作。在教学中教师精讲，学生多练，该方法不适于系统的知识的传授。

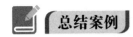

总结案例

"客舱安全与急救"课程中的"现场心肺复苏术"

一、教学目标

知识目标

1. 掌握客舱紧急施救的流程。

2. 熟悉胸外按压及人工呼吸的原理。

能力目标

1. 能够准确配合完成对呼吸、心搏骤停旅客的施救。

2. 能够正确实施心肺复苏术。

情感态度、价值观目标

1. 具有急救意识。

2. 具有沉着冷静地处理突发状况的职业素养。

3. 具有救死扶伤的职业责任感。

4. 培养救死扶伤人道主义精神，树立爱的观念。

二、教学重点

1. 心搏、呼吸骤停的判断。

2. 客舱紧急施救的流程。

3. 心肺复苏的操作步骤及注意事项。

三、教学难点

1. 客舱紧急施救中机组人员的配合。

2. 正确的心脏按压及人工呼吸动作要领。

四、课前准备

多媒体教室、PPT 课件、智能模拟人（仿真设备）、蓝墨云班课软件、摄像设备、网络、三维虚拟仿真动画。

五、教学流程

（一）充分准备（5 分钟）

1. 复习回顾。

投屏蓝墨云班课，检查并指导"心脏体表投影图"及蓝墨云班课在线测试情况。

2. 发布任务。

判断与施救客舱突发状况视频（35S）中乘客的症状。

（二）角色模拟（32 分钟）

1. 讲授与示范。（22 分钟）

（1）心脏按压及人工呼吸的原理。播放"心脏供能原理"和"人工呼吸原理"的两段 3D 动画资料，结合动画讲解心脏按压及人工呼吸的原理。

（2）现场心肺复苏术。教师打开蓝墨云班中的学习任务，教师边示范边讲解，如何判断患者意识是否丧失。小组研讨写出如何启动急救系统、机组配合救助病人旅客的实施方案，教师巡视并指导。

（3）立即施行心肺复苏。实时摄像技术投屏虚拟仿真设备模拟，教师边示范每一个动作，边用简洁的语言解释怎么做，标准及注意事项，为什么这样做。

学生观摩，注意看清楚实施的各个环节、细节及注意事项。分步骤模仿操作，对照电脑显示的数据，反思自己的错误之处，教师具体指导。

2. 角色模拟——心肺复苏客舱情境模拟训练。（10分钟）

（1）通过蓝墨云班课测试学生对心肺复苏的原理和动作要领的掌握程度。

（2）学生利用智能模拟人进行客舱现场救助。两人交替分别两分钟内完成5个循环，达到成功施救。

（三）活动后讨论与评价（5分钟）

（1）连线场外专家点评。

（2）学生谈体会。

六、课堂小结（2分钟）

结合思维导图，总结新课。

七、布置作业（1分钟）

在两分钟内完成5个循环，成功救活模拟人，并在规定的时间内将相关视频上传至蓝墨云班课的作业中。

（注：本案例由辽宁现代服务职业技术学院翟静、韩丽萍、王冬梅提供。）

探索思考

1. 简述模拟教学法的教学步骤。

2. 简述选择和运用模拟教学法进行教学时应注意的问题。

单元三 引导课文教学法

▶ 培训目标

◆ 了解引导课文教学法的内涵和理论依据；

◆ 掌握引导课文教学法的主要步骤；

◆ 了解引导课文教学法的优点和局限性。

导入案例

"列车运行控制系统"课程中的"CTCS－3列控系统的维护"

一、教学目标

1. 掌握列控地面设备的常见故障及处理方法。

2. 掌握列控车载设备的常见故障及处理方法。

3. 培养学生良好的协调能力和合作意识。

4. 激发爱国情怀，培养工匠精神。

二、教学重点

1. 列控地面设备的维修、故障及其处理措施。

2. 列控车载设备的检修、故障及其处理措施。

三、教学难点

列控地面设备和列控车载设备的故障及其处理措施。

四、教学流程

（一）确定引导问题（15分钟）

1. 列控地面设备维修的分类和范围有哪些？

2. 列控地面设备常见的故障有哪些？

3. 列控地面设备故障的一般处理方法有哪些？

4. 列控车载设备故障查找、分析及处理的一般方法有哪些？

5. CTCS－3列控系统车载设备维修范围和周期是什么？

6. 如何按CTCS－3列控显示屏查询和指示灯判断与处理故障？

7. CTCS－3列控系统故障查找的步骤有哪些？

（二）收集信息（15分钟）

1. 教师下发任务书，学生分组。

2. 学生围绕引导问题查询资料（教材、课件、学习任务书、书籍、期刊、设备结构图、影像资料等）、收集信息。

3. 解答引导问题。

（三）制订计划（15分钟）

1. 学生讨论计划方案。

2. 明确基本思路、方法和学习步骤以及必要的材料、工具和设备。

（四）做出决策（10分钟）

1. 小组确定计划方案。

2. 师生共同对工作计划进行讨论和纠错。

3. 检查引导问题的正确性、实施方案的合理性。

（五）实施计划（25分钟）

1. 组内任务分工。

2. 在教师的指导下完成任务。

（六）评价反馈（10分钟）

1. 每个小组选择一名组员进行汇报。

2. 教师点评。

五、总结新课（3分钟）

略。

六、布置作业（2分钟）

略。

分析： 引导课文教学法通过"引导文"唤起学生的学习兴趣，由"学会"变为"会学"。从查阅技术资料、获取有关信息、解答引导问题、制订工作计划、确定质量控制指标体系、准备工具、选择材料、加工制作到检测评估，学生不仅自始至终积极参与教学，而且能够发现自己存在的问题和不足，主动不断地自我完善。这样可以避免传统教学方法理论与实践的脱节、难以激发学生学习兴趣的弊端。本案例中引导课文教学法缺乏"检查反馈"环节，学生完成任务过程中不知道干得怎么样，学习过程缺乏质量监控，不可避免会出现盲目性。

引导课文教学法起源于20世纪70年代的德国，最初是企业传授实践技能的方式，之后推广到职业教育和培训领域。这种教学方法有利于培养学生的独立工作能力和学习能力，所以逐渐被世界各国职业教育与培训所采用。

一、引导课文教学法概述

（一）含义

引导课文教学法，简称引导文教学法，是借助预先设计的"引导课文"这种专门的教学文件，通过工作计划和自行控制工作过程等手段，引导学生独立学习和检查工作，并最终完成项目学习任务的一种行动导向教学方法。"引导课文"是引导课文教学法的关键，是工作指导文件或指导书。一般由"任务描述""引导问题""学习目的描述""学习质量监控单""工作计划""工具与材料需求表""专业信息""辅导性说明"几个部分构成。[①] 其中的"任务描述""引导问题""学习目的描述"明确告诉学生将要完成的任务及其要求、目标，提供与完成工作任务有直接联系的信息。"学习质量监控单"引导学生自我检验控制，避免学习过程中的盲目性。"工作计划""工具与材料需求表""专业信息"即"辅助性说明"，引导学生对一个简单或者复杂的项目进行策划和操作。

（二）特点

1. 重在引导

引导课文教学法的"秘诀"是"引导课文"，教师借助于引导性问题，结构化地处理学习内容，学生借助引导课文有目的、有计划地学习。以科学的研讨与实践训练为基本方式，充分吸取启发式、讨论式教学的精髓，达到深入的研究、生动的讨论和科学的训练相统一，引导课文教学法使封闭式教学转变为开放式教学，教学形式由课内向课外

[①] 罗什. 职业教育行动导向的教学［M］. 北京：清华大学出版社，2016：65.

扩展，教学内容由课本向网络应用扩展。引导课文教学法体现了以学生为主体、教师为主导的教学原则。

2. 培养学生独立工作

引导课文教学法无论采取独立工作形式还是小组工作形式组织教学，都要培养学生自己分析引导课文所给出的重要信息（如专业书、手册、表格、操作和使用说明书、标准表等），通过获取、加工和处理信息，提高独立工作能力。

3. 循序渐进学习

根据学生原有的理论知识和实践经验安排学习内容，由易到难，由浅入深，螺旋上升。

二、引导课文教学法的理论依据

（一）罗杰斯的"以学生为中心"的学习理论

人本主义学习理论的代表罗杰斯将学习分为意义学习和无意义学习。意义学习是指能够引起学生行为、态度及个性变化的学习，学校教育应倡导意义学习。意义学习的前提是学生自由学习，相信其有自己学习的潜能。为促进学生自由、有意义地学习，引导课文教学法中教师为学生提供各种学习资源，学生借助现有材料和辅助手段，通过独立或团队合作方式完成学习和工作任务，由学会转向会学。

（二）克伯屈的"设计教学法"

克伯屈依据杜威的"从做中学"的教育思想，创立了一种教学组织形式和方法，即设计教学法。以杜威的"思维五步法"为基础，设计教学法包括四个步骤，即确定目的、制订计划、付诸实践和进行评价。这四个步骤的次序是逻辑上的而不是实际的，教师在教学时可以根据具体情境从任何步骤开始。[①] 引导课文教学法采用设计教学法的方式合乎逻辑地组织教学过程。学生先通过引导课文明确任务，然后"获取信息"，为有目的、有效地制订计划、做出决策和执行计划奠定基础，在检查控制和评价反馈环节，学生练习自己做出判断和评价，整个教学过程有效地培养了学生独立判断、思维、计划和行动的能力。

三、引导课文教学法的步骤

引导课文教学法包括六个步骤：

（一）收集信息

明确工作任务和目标，告知学生其学习任务的状况和学习目标，提供（部分）与完

---

① 克伯屈. 教学方法的基础［M］. 北京：人民教育出版社，1991：239.

成工作任务直接联系的信息。本阶段的重点是"明确问题情境（problem situation），即描绘出工作目标、弄清存在的困难以及为达到目标所需做的工作、条件和应当满足的要求"[①]。学生独自或以小组为单位在引导课文中的核心问题引领下，想象完成工作任务的全过程，从专业手册等学习资源中获取学习和工作所需要的信息，并整理分析。

（二）制订计划

主要策划"怎么做"。明确工作行动的内容、程序、阶段及所需要的条件，其首要任务是根据给定设备和组织条件列出多种可能性，通常以书面的形式确定工作方法和工具。

（三）做出决策

师生共同确定怎么做。师生对拟定的工作计划进行可行性分析和重新修订，最终确定最佳方案。

（四）实施计划

学生各自开始进行准备工作，然后按照决策的最佳方案开展工作。为促进目标任务的完成，往往要及时观察并记录偏差，反馈、调整进度和修订方案。

（五）检验控制

在实施过程中采用适当的方式对工作过程进行质量控制，以保证完成预期项目任务。

（六）评价反馈

根据学习成果和相应的评价标准，对学生的工作过程和工作成果进行全面评价，总结经验教训，促进其认识不足以及将来改进等。

四、引导课文教学法的应用须知

（一）引导问题的设计

引导课文的编制是影响引导课文教学法实施效果的关键因素，其中心是引导问题的设计。引导课文中的引导问题不是给出现成的答案，实质是教师把要讲授的内容以引导问题的形式体现出来，学生依据这些引导问题，有目的地从专业信息栏目中提供的获取信息的渠道，如专业期刊、技术资料、车间和学校劳动安全规程、互联网、操作说明等，独立获取所需要的专业信息并完成任务，从而获得解决新的、未知问题的能力。

（二）做好引导课文编制工作

引导课文是工作指导文件或指导书，具体包括课本、专业书籍、字典、图表、程序

---

① 罗什. 职业教育行动导向的教学［M］. 北京：清华大学出版社，2016：67.

教学、互动学习体系、操作性教学、生产指南、服务文件、技术图表、练习指示、实验描述等。为撰写好引导课文，教师需要提前做好准备工作；明确教学目标；清晰准确表述引导问题；了解专业信息渠道[①]；根据教学内容的难易及学情和完成工作任务所需要的物质条件，确定教学组织形式。

（三）担负起学习顾问的角色

教师的行为重点是开头和收尾教学阶段，在教学过程中以学习顾问身份出现。教师设计好引导课文后，要下发引导课文材料，组织学生阅读。在获取信息的过程中，教师组织学生积极讨论，有目的地整理信息；在制订计划、做出决策阶段，教师可参与学生计划的制订，共同对工作计划进行可行性分析。教师要提前设计好检查表，以便学生能够了解为实现学习目标需要达到的标准；在实施计划和检查控制阶段按照检查表的要求及时发现纠正错误；在评价反馈阶段，教师依据评价标准，组织学生综合利用多种评价方式对工作过程和工作成果进行全面评价。

（四）结合其他方法灵活运用

根据课程与教学内容、实践中技术问题的复杂程度以及具体的工作任务与范围的不同，将引导课文分为专题研讨型、序列式、岗位描述型、项目工作式四种类型。教师在实施引导课文教学法时，可将这种教学方法与其他教学方法结合起来使用，如演示法、头脑风暴法、张贴板法、角色扮演法、项目教学法等。

五、引导课文教学法的优点和局限

（一）优点

1. 有利于培养关键能力

学生通过自我控制学习和工作，可获得获取信息、自行组织和控制工作过程以及检验工作成果等关键能力。

2. 学生自学学习效果好于课堂听课效果

学生在引导课文的引领下自主学习，教师在教学过程中有更多的时间帮助学习有困难的学生。在开放的学习环境中，学生不仅学习如何完成学习和工作任务，而且学习如何控制、评估自己的工作过程和工作效果。

（二）局限

1. 不适合对理论知识的学习

引导课文教学法以项目、任务等为依托，向学生展示一个复杂工作过程中的各个工

---

① 冯国群，曹青. 引导文教学法在化妆技能教学中的运用［J］. 职业技术教育，2010，31（5）：57-59，62.

作步骤，它能够帮助学生通过在做中发现、在做中体验、在做中反思，将已经获得的理论知识运用于实践，并且可以帮助学生掌握新的知识，以刺激学生自觉组织学习。教师不能在教学过程中随意地介入，应系统地讲授理论知识。

2. 教学要投入一定的人力、物力和财力

引导课文教学法的实施需要一定的设备设施、材料和场地等物质条件。同时，为了引导课文的开发以及教师扮演学习顾问的角色，要求教师深入了解企业实践，并具有一定的职业教育教学能力。

 总结案例

"婚礼跟妆"课程中的"新娘妆"

一、教学目标

1. 针对婚礼流程，知道自己的跟妆流程。

2. 了解跟妆过程中的妆面种类和要求。

3. 重点掌握新娘妆的化妆技巧。

4. 了解跟妆工作所需的化妆用品和饰品。

5. 了解与客人以及婚庆策划人员的沟通内容。

6. 能够检验和评价工作结果。

二、信息资料来源

1. 书籍。

● 上海市职业技能鉴定中心公布的《化妆师五级程序化实施方案》。

● 中国劳动社会保障出版社 2008 年 1 月出版的《化妆师（初级）》。

2. 互联网资料。（略）

3. 专业教师的指导。

4. 来自行业专业人士及有婚礼经历的亲朋好友的咨询。

三、引导正文

准备：×××的婚礼跟妆服务。

1. 您的任务是：为×××提供婚礼当天的跟妆服务。

请在下列信息中挑选出对于上述任务至关重要的信息：

● 新娘的皮肤和脸型特征。

● 婚礼当天的气候和天气。

● 婚礼当天的行程和时间安排。

● 婚纱的款式。

● 婚宴的流程。

● 跟妆劳务费用的计算。

经过团队讨论，列举出上述未提及的内容。

2. 跟妆的前期准备工作包括哪些？与新娘应具体沟通哪些内容？您可以为新娘提供

哪些美容化妆方面的建议?

3. 结合新娘的皮肤特点和脸型特征,具体说明新娘的妆型特点与化妆技法。

4. 根据婚礼当天的行程和时间安排,详细列出您的跟妆流程(见表8-2)。

表 8-2 跟妆流程

序号	时间安排	化妆类型	化妆对象	需用物品	备注
1					
2					
……					

备注:

(1) 化妆地点指新娘家、新郎家、酒店客房、外景地等;

(2) 化妆类型指更新化妆、妆面类型、补妆内容等;

(3) 化妆对象指新娘、伴娘、新娘妈妈等。

5. 列举婚礼当天您需要携带的物品(见表8-3)。

表 8-3 婚礼当天需要携带的物品

必需的化妆品	必需的化妆工具	必需的饰品

6. 在新娘试妆后,介绍您的新娘妆设计构思,解释说明您的建议,并记录他们的意见。

7. 与服务对象沟通您的收费情况,记录协商过程,写出具体收费方案。

8. 与老师讨论您的跟妆方案,记录老师提出的修改建议。

9. 按照您的新娘妆的设计思路,模拟您在新娘家的首次新娘妆的具体实施步骤。

10. 根据下列标准检查您的工作任务完成结果情况(见表8-4)。

表 8-4 工作任务完成情况检查表

序号	评价要求	等级	评分细则	评分
1	……	A	全部达到要求	
		B	一项达不到要求	
		C	二项达不到要求	
		D	准备工作不够充足	
2	……	A	粉底运用能在肤色及肤质上良好体现妆型特点,反映美的气质	
		B	粉底效果理想,基本符合妆型特点	
		C	粉底效果较理想,肤色及肤质欠佳	
		D	粉底不匀,肤色及肤质不够协调	

续表

序号	评价要求	等级	评分细则	评分
3	……	A	能用化妆技巧改变原有脸型的不足，且修饰自然	
		B	粉底效果理想，基本符合妆型特点	
		C	粉底效果较理想，肤色及肤质欠佳	
		D	粉底不匀，肤色及肤质不够协调	
4	……	A	能用化妆技巧改变原有脸型的不足，且修饰自然	
		B	能用化妆技巧改变原有脸型的不足，但修饰欠自然	
		C	脸型的修饰生硬，不自然	
		D	脸型的修饰不够柔和	
……		……	……	

11. 请与老师讨论您的评价结果。

资料来源：冯国群，曹青. 浅谈引导文教学法在化妆技能教学中的运用［J］. 中国职业技术教育，2010（11）：47－51.

 探索思考

1. 简述引导课文教学法的含义和引导课文教学法的实施步骤。
2. 简述引导课文教学法与传统的"讲解示范教学法"的主要区别。

单元四　情境教学法

▶ 培训目标

◆ 了解情境教学法的内涵和理论依据；
◆ 掌握情境教学法的主要步骤；
◆ 了解情境教学法的优点和局限性。

导入案例

"中国旅游地理"课程中的"滨海景观旅游资源"

一、教学目标

1. 了解滨海景观的类型。
2. 熟悉我国著名的滨海景观。
3. 能够准确生动进行滨海景观导游词讲解。

4. 欣赏我国著名的滨海景观，提升审美意识与环保意识。

5. 培养审美素养，筑牢文化自信。

二、课前准备

我国著名的滨海景观的相关图片、视频。

三、教学流程（35分钟）

（一）复习导入新课（5分钟）

湖泊旅游资源的类型及其特点。

（二）讲授新课（30分钟）

1. 创设情境。（5分钟）

欣赏滨海景观的视频，初步感受滨海景观的雄伟辽阔，尝试对滨海景观进行分类。

教师总结滨海景观的类型。

2. 凭借情境。（25分钟）

（1）亚龙湾景区。阅读并讲解亚龙湾景区的导游词，总结亚龙湾景区的滨海类型、地理位置及别称。

（2）北戴河景区。播放北戴河景区的导游词讲解视频，总结北戴河景区的滨海类型、地理位置及别称。

（3）学生模拟导游训练，教师点评。

四、课堂小结（3分钟）

总结滨海景观的类型及我国著名滨海景观的地理位置与别称。

五、布置作业（2分钟）

搜集我国其他滨海景观的资料，撰写新的导游词，并进行模拟导游练习。

分析： 情绪心理学研究表明：个体的情感对认知活动至少有动力、强化、调节三方面的功能。本案例中教师利用情境与认知活动的相互作用原理，通过"创设情境""凭借情境"教学环节，重视引导学生充分认识滨海景观，导游词的撰写、讲解等的系统训练少。学生在模拟的情境中，参与设计、实施、检查和评价职业活动全过程的机会缺失，情境教学法等同于情景教学法，认知学习过程与职业行动联系不紧密。

情境教学法是20世纪60年代以帕尔默（Harold Palmer）和霍恩比（A. S. Hornby）为代表的英国应用语言学家创立起来的英语教学法。20世纪70年代，我国的语文教师李吉林开始对情境教学法进行了实验研究。情境教学法不仅广泛应用于普通教育领域，而且在职业教育领域也得到了推广使用。

一、情境教学法概述

（一）情境与情景

"情境"比"情景"复杂丰富得多，情境教学中蕴含着情景教学。情景教学适用于入门的、基础的学习，强调物化的或创设的"景"对学生的情感激励；情境教学则适用于渐进的、深入的学习，强调物化的或仿真的"境"对学生的动机激励，通过物理场与心理场的自激而产生谐振，形成自觉学习的态势，是心理场与物理场的融合，更多地具有行动导向的特征①。情境教学是行为引导型教学，从"情景教学"发展到"情境教学"，实质是学习者从经验学习到策略学习的跃升。

（二）情境教学法的含义及特点

职业教育以教学程序性知识为主，程序性知识需要在"做中学"中习得，职业教育的教学目的和教学活动的实践性特点决定职业教育教学需要创设教学情境，利用情境教学法进行教学。情境教学法是指在教学过程中教师有目的地引入或创设以形象为主体的、具有一定情绪色彩的、具体活动的、能够提供学习资源的场景，以此为支撑启动教学，使学生产生智力和情感的需要与体验，促进学生实施学习活动，同时通过情境中传播的信息，引起学生一定的认知和态度体验，从而帮助学生建构知识意义，并使学生心理机能得到发展的一种教学方式②。教师基于项目、案例、问题意义的"境"，激励、支持、指导学习者在物化的或仿真的情境中完成学习任务。情境教学法的实施促进教学方法从注重"教"法向"学"法转移，对于工学结合的职业教育具有特别重要的意义。

情境教学法的独特性具体表现为：

1. 形真

情境教学法中的"学习情境"无论是物化的还是仿真的，都必须真实反映生活情境、职业工作情境、社会情境等情境。通过"情"寓于"境"、以"境"育"情"，激发学习者对知识的意义建构。

2. 情深

情境教学法以"情境"为媒介，由现实的或者建构的客观的"境"激发主观的"情"。"情"与"境"融合不仅引导学生在"做中学"中知道做什么、如何做，同时，生动、直观的情境还会激发学习者产生积极的情感体验，自觉参与学习活动，主动寻找解决问题的途径。

3. 意远、理蕴

职业教育情境教学法中的"情境"不同于"情景"，不是单纯的以"景"为媒介激发学习者的情感和兴趣，而是多个情境集成的教学活动。按照"比较—鉴别—异同—范畴—迁移的逻辑顺序，学习者从凸显实践的学习情境的载体学习中获得感悟，再经过同一范畴的学习情境的载体学习而辨明异同，形成完全符号的类概念，进而有能力应对新的情境"。情境教学将学习内容寓于情境中，通过"理寓其中"，凸显情境的教育性、开放性、综合性和生成性。学习者置身于学习情境中，将完成学习任务的过程与理论实践一体化的能力形成、发展过程融为一体，情境教学法实现了直接感受与间接知识的获得、理论学习与实践训练的紧密结合。

---

① 姜大源．职业教育：情景与情境辨［J］．中国职业技术教育，2008（25）：1.
② 郑勇，等．情境·探究·建构：课堂教学的最优化［M］．济南：山东教育出版社，2007：97.

二、情境教学法的理论依据

情境教学法的理论依据主要有情境认知理论和建构主义学习理论。

（一）情境认知理论

情境认知理论认为知识和技能的学习是在一定情境中进行的，"学习的情境性""实践共同体""合法的边缘参与"三者之间密切联系。依据情感和认知活动相互作用的原理，情境教学法通过激发学习者的情感，推动认知活动的进行。教师将原理、概念等显性知识和隐性的工作过程知识蕴含于一定的情形、环境和背景中，赋予情境的学习性，引导学习者从形象的感知达到抽象的理性顿悟，在完成学习任务的过程中有意义地建构知识，并获得关键能力。学习的情境性服务于"实践共同体"与"合法的边缘参与"的实践，实践既是共同体明显的外在特征，也是共同体所面临的任务。情境教学法中的情境蕴含着学习任务，需要实践共同体合作探究完成。"合法的边缘参与者"（新手），不是独自工作，而是在专家、同伴的相互协作中完成学习任务、解决实际问题，在这一过程中，个体既学习了知识又掌握了技能。

（二）建构主义学习理论

建构主义学习理论十分强调情境、协作、对话和意义建构在学习过程中的作用，认为理想的学习环境应当包括这四个部分。在情境教学法中，情境必须有利于学习者对所学内容的意义建构，学习内容要选择真实性任务，不能过于简单化处理。情境教学法将创设有利于学习者建构意义的情境作为教学的最重要环节，将协作贯穿于整个教学过程。在教学中，师生、生生之间的协作和交流是教学过程的最基本方式或环节，意义的建构是教学活动的最终目标，一切都要围绕这个最终目标进行。

三、情境教学法的步骤

情境教学法的实施分为四个步骤：

（一）创设情境

教师凭借一定的载体营造直观、具体、生动、形象的情境，主要有"实体情境"、"模拟情境"、"语表情境"（语言表述情况）、"想象情境"与"推理情境"。[①] 在职业教育教学中，创设情境的途径一般包括：运用案例创设问题情境；围绕项目、任务创设真实的或模拟的职业工作情境；根据教学目标和教学内容创设技能竞赛情境、游戏情境、表演情境等。创设情境的目的是激发学习者的学习兴趣，为主动探究做好铺垫。

---

① 李吉林．情境教学实验与研究［M］．成都：四川教育出版社，1988：32.

（二）强化情境

这一步是在学习者感知情境后，引导其明确情境中隐含的教育信息，激发学习者对原有经验的回忆，产生主动探究解决问题的意愿。如问题情境中引入矛盾问题，案例分析中明确问题是什么，项目或任务的学习情境中教师要讲清楚需要完成的学习任务的内容、条件和目标。

（三）凭借情境

教师深入剖析情境，引导学习者以理析境，使之领悟情境中蕴含的知识意义，为下一步自主探究学习奠定基础。

（四）续编情境

这是情境教学法的重头戏，主要是让学习者在做中加深理解。当学习者充分感知情境、分析和理解情境后，教学仅停留在教的层面。接下来需要通过续编情境，提出新的问题情境，进行迁移学习，把教学过程延伸到"做"。学习者置身于典型意义的、真实的具体情境中，通过合作探究方式解决问题。

四、情境教学法的应用须知

教师在运用情境教学法应注意：

（一）突出情境中心

情境是情境教学方法的支架，应突出情境中心。第一，创设的情境要具有真实性与复杂性。坚持真实性、可迁移性、教育性、适切性、简约性等原则设计情境，情境不要脱离学习者的生活实际和职业工作情境以及已有的知识经验，要难易适中。第二，创设的情境要有趣、有效。情境要能够吸引学习者的注意力，促进其由被动学习进入主动学习，完成学习任务。第三，创设的情境要有教育性。情境创设要体现知识意义建构的目标，是目标导向下的情境创设。第四，对多个学习情境进行合理的排序。如果涉及多个学习情境，就要按照"初学者到专家"的职业成长规律，对学习情境的内容和时间结构做好安排。

（二）教师要适宜进行知识的讲授

情境教学法以情为中介，反对教师对教学的权威控制。教师是教学的组织者、设计者、引导者，是学习者知识意义建构的促进者。教师在情境教学中要适当地穿插知识的讲解，这样才能在续编情境时，引导学习者将所学的知识应用到实践中。

（三）建立平等的师生关系

运用情境教学法进行教学，要以学生为中心，以情境为纽带，形成民主和谐的学习气氛，有助于师生之间的信息传递和情感交流以及创新思维的培养。

五、情境教学法的优点和局限性

教师只有明确情境教学法的优点和局限性，才能在教学中有针对性地运用，并不断优化教学过程。

（一）情境教学法的优点

1. 有利于促进认知和情感的相互作用

情境是促进学习者知识意义建构的平台，教师依托情境的创设把一些抽象、难以理解的知识形象化，激发学生产生积极的情感体验，提升学习的主动性，加深对知识的理解。

2. 有利于提升综合职业能力

情境是学习者进行自由探究和自主学习的场所，学习者在特定情境中，作为认识主体将知识与能力、情感融入现实的实践活动中，知识的系统性、活动的可操作性和审美的愉悦性融为一体。学习者能动的合作探究活动的过程就是一个知识向实践转化、实践向知识转化的综合职业能力提升的过程。

3. 有利于促进教学的开放、生成

情境的目标导向性、开放性、综合性和生成性促进了教学中师生、生生和生本间的互动和交流以及环境的积极作用，有利于达到预设性教学目标之外的生成性目标。

（二）情境教学法的局限性

1. 易将创设情境目的化

创设情境是教学的首要环节，教师如果一味地关注情境的创设，而忽视了教学的目的性，教学活动就会看似生动、有趣，实则效果不佳。

2. 不适用于对系统知识的传授

采用情境教学法进行教学，学习者要在特定情境中体验和实践，其中教师可以穿插知识的讲授，以便其能更好地理解和感受情境。但是，这并不意味着教师可以满堂灌，情境教学法反对说教式教学。

总结案例

"中国旅游地理"课程中的"瀑布旅游资源"

一、教学目标

1. 识记瀑布的构成要素及类型。

2. 撰写瀑布景观导游词并进行导游讲解。

3. 欣赏瀑布情境，提高审美情趣。

二、课前准备

学生通过学习平台下载三大瀑布景观的相关知识点、图片与视频，做好预习，教师答疑。

三、教学流程

（一）复习导入新课（5分钟）

1. 职业素养训练：站姿。

2. 复习旧课：黄河流经的省份。

（二）讲授新课（35分钟）

1. 创设情境。（5分钟）

欣赏瀑布的视频，感受瀑布的壮美，请学生用词语描述瀑布的美。

2. 强化情境。（5分钟）

播放瀑布形成的视频，归纳总结瀑布的构成要素。

3. 凭借情境。（10分钟）

（1）黄果树瀑布。教师示范性讲解黄果树瀑布的导游词，归纳分析黄果树瀑布的类型。

（2）壶口瀑布。阅读分析壶口瀑布的导游词，归纳分析壶口瀑布类型。

4. 续编情境。（15分钟）

（1）吊水楼瀑布。分组分析吊水楼瀑布的类型，完成导游词的撰写及导游讲解。

（2）开展模拟导游讲解竞赛，学生自评与互评，教师点评。

四、课堂小结（4分钟）

总结三大瀑布的构成要素及类型，指出导游词撰写及导游讲解中应注意的问题。

五、布置作业（1分钟）

搜集其他瀑布的资料，并将其融合到三大瀑布导游词中。撰写新的导游词，并进行模拟导游练习。

（注：本案例由沈阳市旅游学校谷月提供，沈阳师范大学教育硕士王芳萌整理。）

探索思考

1. 简述情境教学法与情景教学法的联系与区别。

2. 结合案例说明情境教学法的实施步骤。

单元五　混合式教学法

▶ 培训目标

- ◆ 了解混合式教学法的内涵和理论依据；
- ◆ 掌握混合式教学法的主要步骤；

◆ 了解混合式教学法的优点和局限性。

导入案例

"大学生心理健康教育"课程中的"勇于面对人生挫折"

一、教学目标

1. 理解挫折的含义及特点。

2. 认识面对挫折时的态度,掌握应对挫折的方法。

3. 增强挫折承受和排解能力。

4. 养成积极健康的心态,激发战胜挫折的勇气。

二、教学重点

积极心理防御方式的运用。

三、教学难点

挫折疏导方法。

四、课前准备

学习通、MOOC 等学习软件。

五、教学流程

(一)课前自主学习

1. 课前推送任务书,学生登录 MOOC 平台,学习压力与挫折的基本概念、特点,以及常见的挫折类型,并完成测试。

2. 根据测试数据分析学生对压力和挫折的应对等知识点的掌握情况。

(二)讲授新课(38 分钟)

1. 正确认识挫折。(10 分钟)

回顾挫折的含义和构成要素。

讲解挫折的性质。

(1)挫折具有普遍性。

回顾自身印象中最深刻的一次挫折及应对的办法。

运用学习通软件,随机抽取学生,让其说说自己的挫折经历和应对方法,其他同学将答案一并发布在软件平台上。

说明挫折具有普遍性。

(2)挫折具有双重性。

通过学习通软件,阅读故事《农夫和驴子》,学生谈感受,说明挫折具有双重性。

分享小故事《化蛹为蝶》,说明适度的挫折会减少惰性,催人奋进。挫折并不是越多越好,没有必要主动寻找挫折。

2. 挫折后常见的行为反应。(10 分钟)

(1)文饰。

介绍文饰的两种心理反应方式:"酸葡萄"心理和"甜柠檬"心理。

总结文饰的作用。

（2）否认。

解释什么是否认。

举例子说明，如掩耳盗铃、沙漠中的鸵鸟。

学生举例子介绍生活中的"否认"现象。

总结"否认"的作用。

（3）幽默。

学生阅读苏格拉底和歌德的故事，分享体会。

总结幽默的作用。

（4）升华。

解释什么是升华。

阅读司马迁《报任安书》中的一段话，思考应该如何面对挫折。

思考：哪些是积极的行为反应？为什么？

3. 增强挫折承受力的基本方法。（18分钟）

（1）合理宣泄情绪。

运用软件平台，发布问题"当你心情不好时，通常会采取哪些方式宣泄情绪？"。

学生提交答案，师生共同分析这些情绪宣泄方式的合理性。

（2）善于合理归因。

通过学习通软件，学习"韦纳的成败归因理论"。

分组研讨：如果取得成功，如何归因比较合理？如果遭遇失败，如何归因比较合理？

（3）勇于面对挫折。

观看视频《中国达人秀——刘伟》。

学生分享交流。

（4）寻求社会支持。

思考：为什么要寻求社会支持？在什么情况下寻求社会支持？

学生讨论，教师总结。

六、总结新课（1分钟）

略。

七、布置作业（1分钟）

"逆境对强者来说是一块垫脚石，对弱者来说则是一道万丈深渊"。你是如何理解这句话的？

分析：混合教学法的最终目的不是去使用在线平台，而是通过"线上"与"线下"两种途径开展教学，把学习者的学习引向深度学习。本案例混合教学法中的"线上"教学，通过 MOOC 平台把传统课堂讲授内容进行前移，分解课程教学基本的知识点，并辅以配套的练习，通过在线小测试反馈学习效果，给予学生充分的学习时间，使之带着较好的知识基础进行课堂学习活动，从而增强教学活动的针对性，充分保障课堂教学质量的提高。课堂上教师仅针对重点、难点或者学生在线学习过程中反馈的共性问题进行讲授。如果教师在"线下"之后，再通过"线上"教学途径，组织学生对"线上"和"线下"所学的知识作进一步巩固与灵活应用，同时，对课堂教学活动查漏补缺、重点突破、精心设计，将"线上"测试活动作为过程性评价的依据，就会更有利于促进学生深度学习。

混合教学法是近年来国际新兴的一种教学方法，随着现代信息技术的深入发展，这种课堂教学与在线学习或远程学习混合的授课形式，逐渐被应用到不同教育层次、专业领域中，成为教学改革的一个重要方向。

一、混合教学法概述

（一）混合教学法的含义

"混合教学法"也称为"混合式教学法"，是把面对面授课和在线教学的优势有效融合，以达到提高教学效益的一种教学方法。目前较为盛行的混合教学法有：基于 MOOC 的混合教学法、基于翻转课堂的混合教学法以及基于雨课堂的混合教学法等。

（二）混合教学法的特点

1. 采用"线上"与"线下"两种途径开展教学

混合教学法的着眼点在于整合"线上"和"线下"两种教学途径的优势，既要发挥教师引导、启发、监控教学过程的主要作用，又要充分体现学生作为学习过程主体的主动性、积极性与创造性，使教学效率达到最大化。

2. 多种学习方式的混合

混合教学法包含了多种学习方式的混合，主要有"线上"学习与"线下"学习的混合、自主学习与协作学习的混合、自主学习与在线指导的混合、结构化学习与非结构化学习的混合。学生根据教学目标、教学内容和自己的学习风格、学习水平，灵活选择多种学习方式，达到目前某种单一的学习方式无法达到的效果。

3. 以学生为中心的互动教学

传统的"传授—接受"的教学方式难以实现多维度的互动教学，混合教学法则不然。由于多媒体技术、网络通信技术的支持，学生参与教学的机会增多，必然会发生人人互动、人机互动，不仅互动的类型多样化，而且是多频次的。从互动的场所来看，主要有"线上"互动和"线下"互动。从互动的方式来看，主要有师生互动、生生互动和人机互动。从互动的主体来看，主要有教师、学生和助学者之间的互动。从互动的程度来看，主要有浅度互动、中度互动和深度互动。

二、混合教学法的理论依据

混合教学法的理论依据较多，这里着重介绍关联主义学习理论、有效教学理论和自我导向学习理论。

（一）关联主义学习理论

加拿大学者乔治·西门斯（George Siemens）立足于系统科学理论，在整合了混沌、网络、复杂性和自组织理论原则的基础上提出了关联主义学习理论，此后，不同学者从多个视角探讨关联主义学习理论。关联主义的"知识观"认为无论是现实生活还是网络学习环境，学习所连接的节点既是人，也可以是物，即人工设备等。人与人的节点之间所建立的是协作学习机制。当学习网络连接的节点是物，则是一种从节点关系中掌握知识的分布式认知机制。关联主义的协作学习机制和分布式认知机制对混合教学法产生了深远的影响。混合教学法依据分布式认知理论优化学习环境，通过课堂教学与在线教学中多种教学媒体、教学技术与教学任务的混合，营造物理、技术和情感的学习环境。同时，为使机器知识最有效地辅助认知主体的认知活动，通常借助于"制品"即物理工具，促进人与机器、人与人交互协作，提高认知效率。关联主义的"学习观"认为学习就是形成连接、创建网络的过程，学习不仅发生于学习者内容，也发生于社群、组织和设备中。以关联主义"学习观"为指导，混合教学法更关注人与外部关系的建立和知识网络的建立，遵循学生的认知规律和学习特点，促进"线上教学"与"线下教学"混合，建设网络虚拟环境和教学资源，体现共享性、互动性。通过远程同步交互系统或异步交互系统提高教学的交互性，教师跟踪掌握每个学生的学习情况，对个体和群体的学习活动进行辅导答疑，组织交流讨论及其他帮助支持，保持各节点的联系畅通。学生在教师的指导下进行自我控制学习的过程中，不仅知道"怎样学"与"学什么"，还逐渐学会"从哪里学"。

（二）有效教学理论

有效教学理论既强调教学目标的达成，也追求教学过程的有效，是一种强调高效率、高质量的教学理论。有效教学理论关注教学效果和教学过程，关注不同资源支撑的成效等，对混合教学有一定的价值。混合教学法的本质是根据学习者的特征以及学习过程中出现的问题、需求，通过对各种教学要素的优化、选择和组合，以最小的成本达到教学目标，获得最大化的教学效益。

（三）自我导向学习理论

自我导向学习概念源于20世纪60年代的成人教育。自我导向学习是在完整支持服务体系下主动学习的一种学习形式，强调学习的自主性和灵活性。在混合教学中，自我导向学习主要体现在学习者利用网络资源进行自我控制的学习。

三、混合教学法的步骤

混合教学法的实施主要分为三个步骤：

（一）虚拟课堂：导学先行

教师发布导学任务，将教学通知、教学范例、结构性知识、学生的作业作品等教学资源上传网络，学生接受任务，进行在线自主学习。教师组织学生在线讨论，答疑解惑，调控学习进程，通过在线自测等方式检验先行探索的学习效果。

（二）真实课堂：协作研讨

首先，教师要检验学生现行学习情况；然后，基于学生的学习情况精讲重难点，组织课堂讨论交流答疑，进行开放性探究活动；最后，进行课堂学习评价与布置课后作业。

（三）虚拟课堂：拓展巩固

教师检测学生作业情况，发布拓展性学习任务，并组织学生在线学习和讨论，答疑解惑，批阅巩固练习结果并反馈给学生。

四、混合教学法的应用须知

教师在运用混合教学法应注意以下事项：

（一）合理选择并整合技术

随着现代媒体技术的发展，教师与时俱进引入各种新技术进行混合教学法的教学环境建设、师生互动、学习者支持、教学评价等教学改革。教师在选择并整合技术进行混合教学时，应本着经济、适用的原则，从学生和教学实际需求出发，设计并开发适合特定教学对象需求的混合学习工具、学习环境。

（二）重新认识教师和学生的角色

在混合教学法的教学实践中，要处理好教师主导与学生主体的关系，教师和学生均面临着新的挑战。教师要发挥主导作用，做好教学准备、实施和评价工作。在教学准备环节，教师对教学资源和教学活动等进行具体设计之前，既要考虑课堂面授，又要考虑在线学习。要按照适配性原则、效能原则，根据教学目标和学习目标、学生学习的特点以及教学环境等受限条件，选择适宜混合式学习的内容和情境，做好教学设计和教学准备工作。在课堂教学中，要激发学生的学习动机，精讲课程内容，突出重点和难点，促进师生、生生、人机之间的互动交流，引导主体知识意义的建构。在线上学习中，教师要提供学习资源，组织好课前自主学习和在线互动交流，引导学生在线学习反思，组织课后协作交流，做好教学评价，以最小的成本达到最大的教学效能。学生在混合教学中，要提高自主学习意识和能力，从被动学习转变为主动学习，发挥主体作用，学会自我管理、时间管理，提高学习动机，主动、积极和创造性地学习。

五、混合教学法的优点和局限性

（一）混合教学法的优点

1. 融合了传统教学与信息化教学的优势

传统的课堂教学以面对面传授知识为主要特征，有利于师生情感交流，以及基本概念、原理、规律以及事实性知识的传授，但内容形式较为单一，教学质量取决于教师授课质量。在线教学包括实时的在线学习和自定步调的在线学习，突破了时空限制，学生按需选择学习内容，并且可多次重复学习，能够满足学生个性化学习需要，但对学生的自学能力、自我管理、时间管理能力要求较高。课堂教学与在线学习各有所长，混合教学法将二者优势有效结合，通过基于学习目标的线上与线下的混合，提供最佳的互动条件和社会支持系统，使学习达到最佳效果。

2. 提供个别化、差异化的教学

混合教学法是离线学习和在线学习、自定步调学习和实时协作学习、结构化学习与非结构化学习的混合，多种学习方式并用，促进学生积极参与。学生可以反复学习，解决学不懂的问题，自主安排学习进度，高效利用学习时间，自主决定学习难度和内容，学习效果透明化。学生不仅学到了知识，提升了专业能力，表达能力、思辨能力、学习能力等关键能力也得到了提高，混合教学法满足了学生个体性学习的需要。

（二）混合教学法的局限性

1. 教学的不确定性增强

"混合"是混合教学法实现最佳教学效果的手段，实施混合教学法的关键是如何混合才能达到最优的教学效果。混合教学法包含学习理论、教学参与者、教学空间、教学时间、教学媒体、教学资源、教学活动、教学环境和教学评价等多重混合要素，不同的混合要素的融合形成不同的混合教学模式，产生不同的混合教学效果，因此混合教学法具有不确定性。

2. 混合教学法需要一定的人力、物力和财力资源支持

混合教学法中的教师、教学资源、教学评价、网络建设都不同于传统的面对面授课，教师团队建设、教学资源建设、教学平台研发、学习过程评价、网络环境是一个协调联动的建设过程，因此，混合教学法的有效实施，需要一定的人力、物力和财力资源保障。

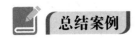

总结案例

混合教学法案例

"大学国文"课程中的"无悔求索 余情信芳：感悟《九歌·湘夫人》之美"。

一、教学目标

1. 理解屈原及其作品的基本信息，明确文中的重要意象。

2. 了解屈原在文学史上的地位和影响。

3. 能够有感情地朗诵诗歌。

4. 提高学生利用网络资源查阅资料并归纳信息的能力。

5. 培养爱国情怀、高尚的道德情操。

二、教学重点

理解《湘夫人》深刻的思想内涵。

三、教学难点

能够深入探究文中"人神相恋模式"的象征意义。

四、教学流程

（一）虚拟课堂：导学先行

1. 任务下达。

（1）借助超星课程平台，布置整体学习任务书。

（2）学生提前两周登录超星课程平台，获取本次课的学习任务书。

（3）观看超星慕课，完成作者生平及两首词的写作背景、思想内容等基本文学常识的积累。

2. 小组合作自主学习，教师答疑。

（1）依据学生的兴趣或学习需要，将学生分为五组，学生确定组长。

（2）小组分别下载学习任务书，明确小组学习任务与分工，在老师的指导下进行活动，并将活动资料输入超星学习通，记录分数。

第一组：阅读组——查找学校图书馆中和楚辞有关的书籍，查找网络资源对屈原或楚辞的论述，组长准备汇报。

第二组：写作组——利用第一组的研究成果，结合网络资源，汇总关于屈原及其重要作品的基本信息和主要思想精髓，以及本次课所涉的《湘夫人》的神话传说，归纳书写出来，组长汇报。

第三组：朗读组——小组讨论"本篇文章应该怎样朗读，才能读出楚辞的韵味"，组长汇报。

第四组：手绘组——小组手绘湘夫人形象。

第五组：化妆组——小组合作画出湘夫人妆容。

3. 学习测试。

（1）学生完成慕课测试题，将学习成果以图片形式上传到慕课平台。

（2）教师评价反馈各小组合作自主的学习情况。

（二）真实课堂：协作研讨（80分钟）

1. 课前导入。（5分钟）

初入情境美。教师播放剪辑的意象动画，由阅读组的学生代表配合动画视频讲解与课文有关的神话传说"湘妃竹传说"。

2. 讲授新课。

（1）基础知识梳理。（10分钟）

由阅读组和写作组的代表汇报，配合课件展示作者简介等相关文学基础知识。

（2）教师点评。

（3）诗词诵读，欣赏音韵美。（10分钟）

学生欣赏名家朗诵视频，由朗读组代表汇报课前诵读心得，并带领全班同学朗诵。

教师点拨诵读技巧，跟随诵读软件练习有感情地诵读课文。

（4）意象领会，品意象美。（10分钟）

学生运用网络资源查找文中出现的众多香草意象，将香草图片并上传学习通，标注香草名称，之后投屏，共同观赏。

教师引导，讲解《楚辞》的崇香情节，学生领会香草的象征意蕴。

（5）情节结构分析，析情节美。（20分钟）

观看视频片段，了解《九歌》的基本情节、思想内涵以及"人神相恋模式"深刻的象征意义。

（6）课堂活动，探文化之美。（15分钟）

跟随诵读软件，朗诵现代诗歌《湘夫人的泪水》，赏析诗歌意蕴。

3. 课堂总结。（10分钟）

（1）学生观看王步高教授及《百家讲坛》关于屈原评价的视频。

（2）学生自由发表感言。

（3）教师总结。

（三）虚拟课堂：拓展巩固

1. 作品展示。

（1）手绘组和化妆组学生将手绘作品和妆面作品在超星学习通平台展示。

（2）学生互评与教师评价。

2. 拓展阅读。

（1）学生查找、观看超星学习通专题"屈原与《九歌》"、超星学术视频《世界的品牌 人民的选择——屈原文化与端午习俗》。

（2）学生在学习通作业任务栏书写观看感受，超星学习通计分评价。

（3）课后测试。本单元教学重点内容，学生网上答题，检查本次课程学习情况。

（注：本案例由辽宁现代服务职业技术学院李青提供。）

探索思考

1. 混合教学法的理论依据有哪些？

2. 结合实例谈一谈你在运用混合教学法进行教学时的成功经验。

实践教学方法

模块导读

实践教学方法是教师和学生为了实现共同的教学目标，完成共同的实践教学任务，在实践教学过程中运用的方式与方法的总称。本模块主要介绍四种职业教育实践教学方法，即技能教学法、考察教学法、任务驱动教学法和实验教学法，重点分析每一种教学方法的概念及特点、理论依据、实施的步骤及注意的问题等。主要目的是使职业院校教师掌握这些教学方法的基本要点，并依据具体的可操作性目标与学科内容、学生的特点，合理地选择实践教学方法进行有效教学。

单元一　技能教学法

培训目标

- ◆ 理解技能教学法的内涵、特点及操作步骤；
- ◆ 了解技能教学法实施过程中应注意的问题；
- ◆ 能够在实际教学活动中有效运用技能教学法进行教学。

导入案例

"会计手工模拟实训"课程中的"手持式单指单张点钞"

一、教学目标

1. 理解手持式单指单张点钞的基本方法。
2. 能在规定时间内利用手持式单指单张点钞的指法清点一把点钞券。

3. 培养严谨认真、准确规范、诚实守信的会计职业品质。

二、教学流程

（一）复习导入新课（5 分钟）

1. 手持式单指单张点钞法的步骤。

2. 手持式单指单张点钞法的基本要求。

（二）讲授新课（30 分钟）

1. 教师讲解。（10 分钟）

进行任务说明，讲解手持式单指单张点钞法的操作环节：

（1）拆把与持钞。

（2）清点。

（3）记数。

（4）扎把。

（5）盖章。

2. 教师示范。（5 分钟）

3. 学生模仿。（15 分钟）

学生模仿练习手持式单指单张点钞法，教师巡回观察并指导。

三、课堂小结（4 分钟）

简要概述手持式单指单张点钞法的要点。

四、布置作业（1 分钟）

略。

分析： 技能教学法在职业教育实践教学中扮演着重要角色，应用这种教学方法进行教学，就要遵循教学方法实施的步骤有条不紊地实施教学活动。本案例虽然按照教师讲解、教师示范、学生模仿的教学步骤实施教学活动，但缺乏合作探究、训练测试以及拓展训练教学活动，教学方法实施步骤的误读会直接影响教学效率。

技能教学法，又称操作技能教学法或者四阶段教学法，常运用于以操作技能为主的实训教学，是职业教育行动导向教学中的传统教学方法。

一、技能教学法概述

（一）技能教学法的含义

技能教学法把教学过程分为准备、教师示范、学生模仿和练习总结四个阶段进行，是以"技能为本位"的教学方法。

（二）技能教学法的特点

1. 以教师示范讲述为主

技能教学法是针对技能学习形成的四个阶段所实施的教学方法。在四阶段教学过程中，学生通过倾听、观看、模仿和练习的学习过程，逐步达到领会动作要领，掌握局部动作，形成稳定、熟练和准确的动作，学生学的活动更多是受纳性的。

2. 侧重掌握操作技能

实施技能教学法进行教学，学生通过教师的示范讲解和反复练习，理解有关概念、性质和功能，这些知识内容并非深奥难懂。教授这些知识的目的是促进知识转化为行动，让学生尽快领会操作技能的基本要求，通过模仿和练习逐步熟练化操作技能。

二、技能教学法的理论依据

（一）行为主义的刺激-反应学习理论

行为主义学习理论认为学习是由经验引起的行为相对持久的变化，其实质是刺激与反应之间关系的联结，该学习理论也称刺激-反应学习理论。行为主义学习理论学派的代表人物桑代克提出试误学习的三条学习定律，即"准备律""练习律""效果律"。操作性条件反射理论的首创者斯金纳借鉴试误学习理论及"效果律"法则，提出了"强化律"，认为强化是构成学习的必要条件，复杂的动作技能是一系列刺激与反应的联结而形成的。按照刺激-反应理论的"准备律"学习策略，在教学准备阶段，教师通过设置问题情境，引导学生获得学习任务的信息，以学习动机的激发形成目标意向和目标期望，进而提高操作技能的学习效果。遵循"练习律"学习策略，在教学的模仿阶段和练习阶段，引导学生进行模仿学习和反复练习，通过练习促进一连串刺激与反应的联结。遵循"效果律"和"强化律"学习策略，通过评价、打分、表扬、奖励、批评和惩罚等反馈方式，进行及时强化、部分强化，增强刺激与反应的联结，努力矫正不良行为，使操作技能熟练化。

（二）认知取向的动作学习理论

认知取向的动作学习理论主要有韦尔福特的动作学习过程论、亚当斯的动作学习闭环理论等。

动作学习过程论认为动作学习有三个连续过程，即感受—转换—效应器。与这三个阶段对应，技能教学法将教师示范、学生模仿和练习总结三个过程作为教学的核心环节，准备阶段的获取信息是为这三个阶段服务的。

动作学习闭环理论揭示了动作学习的内部控制机制。按照该理论的知觉反馈学习策略，为促进个体在感觉阶段形成正确的知觉，教师不是一味地描述解释怎么做或让学生单纯的"做"，而是边示范边解释做什么、怎么做，直观的演示和生动的讲解有效避免了感觉信息超载或贫乏所导致的知觉判断错误。按照动作矫正策略，教师在解释示范后，先让学生说出所示范的操作技能的步骤甚至是注意事项，然后再尝试模仿，检查并纠正学生对感觉输入的反应。如果所获得的基本概况和第一印象准确、全面，就会促进知觉到动作的顺利转换，然后通过练习、反馈进一步矫正或强化动作。

三、技能教学法的步骤

顾名思义，四阶段教学法主要包括四个步骤。在教学过程中，教师可根据教学内容的难易程度，四个教学步骤互相交替配合运用。

（一）准备阶段

这一阶段以教师行为为主，教师进行任务说明和行动分析，也称为讲解阶段。教师让学生演示已掌握的操作或行为方式，了解他们的现有操作技能水平，然后通过一定教学方式引入新课题。教师说明学习课题及要求，介绍操作技能的作用及重要性，展示操作过程中使用的设备、工具及动作的名称与作用等，使学生明确学习目标，确立操作技能的概念。

（二）教师示范

教师的行为仍占主导地位，主要任务是解释示范操作技能，使学生了解所要学习的动作的具体形象、结构、要领和方法。学生观看操作，倾听并了解操作程序、要点及注意的问题。

（三）学生模仿

学生的行为占主导地位。学生按照示范步骤重复教师的操作行为，必要时解释做什么、为什么这样做。教师观察学生的模仿过程，得出反馈信息。

（四）练习总结

教师有目的和有针对性地布置练习任务，让学生进一步独立练习或小组练习，教师对整个操作过程进行观察指导，检查练习结果并纠正错误，最终形成协调和完善的操作技能。学生结束操作技能后，教师要对学习成果进行评价，归纳总结课程教学，强调重点和难点及操作过程中需要特别注意的问题。

四、技能教学法的应用须知

（一）灵活运用多种形式的示范、模仿

兼顾学生学习的个体差异性，教师的示范教学包括整体示范和分解示范。整体示范是指教师按照操作步骤熟练准确地示范整个工作过程，之后讲解操作流程、要领及规范，使学生获得初步的整体性认识。分解示范是指教师按照整个工艺过程，将复杂的劳动过程分解成若干个基本的操作动作，边示范每一个动作，边用简洁的语言解释"怎么做、为什么这样做"，让学生看清楚每一个动作的各个环节，如方向位置、幅度、速度、停顿与持续变化等。教师要重复示范细小、难度大的步骤。在示范教学环节，教师可以先

整体示范然后讲解，也可以先讲解然后再整体示范，还可以边分步示范边讲解，为增强效果，通常将讲解和示范结合起来进行，为使学生形成正确的动作视觉形象，教师在示范后或者示范过程中，可以让学生简单概述操作过程、要点及注意事项，使之了解各个动作的幅度及力量等特点。在模仿教学阶段，教师可以根据操作任务的复杂程度及学生的学情，让学生在视觉形象的基础上进行整体模仿与分步模仿。整体模仿是让学生模仿练习，教师不打断学生的模仿过程，巡回观察每个学生的模仿行为，之后肯定初次尝试操作所取得的成绩。如果学生模仿完全正确无误，就可以进行下一阶段学习，否则，教师要重复示范操作过程，着重解释说明并引导学生反思操作失败与问题的原因。分步模仿是让学生分步骤模仿操作，教师要注意观察学生的操作过程，纠正操作过程中的错误，最后让学生学会把各个基本动作连贯起来，增强动作的协调性、稳定性和灵活性，促进动作自动化。整体模仿和分步模仿的最终目的是让学生加深对"怎么做"和"为什么这么做"的理解。

（二）合理分配教学时间

教师要合理分配技能教学法四个阶段的教学时间，其中教师示范与学生模仿练习对学生操作技能的形成具有重要作用。在示范阶段，教师要为整体示范和分解示范提供充足的时间。由于初学者不熟悉操作行为，注意范围及知觉的广度一般较小，为便于学生观察、理解、记忆和模仿，教师要适当控制示范的速度，可以借助多媒体等现代信息技术手段制作慢动作或反复播放示范动作，促进学生形成全面、准确的认知，为转化行为奠定基础。在练习阶段，教师要先使学生明确操作技能练习的目的和要求，然后在练习过程中，根据操作技能的性质、复杂程度、客观条件、学生情况，合理分配练习时间，注意解决出现的"高原现象"。

五、技能教学法的优点和局限

（一）技能教学法的优点

1. 提高练习效率

职业教育的实践性决定操作技能的学习内容多，操作技能的培养是职业教育的重要任务。技能教学法的学习过程遵循人类认知学习的规律，按照操作技能形成过程的阶段性开展教学，能够促进学生快速掌握操作技能，达到职业岗位的要求。

2. 促进教与学的统一

在四阶段教学过程中，分别是教师解释、学生倾听，教师示范、学生观看，教师纠正、学生模仿，教师评价、学生练习。尽管每个教学阶段，教师和学生的地位和作用不同，但都是教师的"教"和学生的"学"的双边活动，教与学的统一，提高了练习的效率。

（二）技能教学法的局限

1. 教学目标过于狭隘

技能教学法是一种典型的行为主义的模仿学习，重点让学生掌握操作技能，不利于开发多方面的能力。

2. 缺乏创新

技能教学法的目标是实现学生操作技能的熟练化、自动化。教师在示范教学中传授的仅仅是操作方法，学生在简单的"示范—模仿"和操作能力训练中，尽可能机械地跟从和模仿教师的操作行为，难以个性化行动。

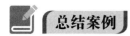 **总结案例**

"武术"课程中的"功夫扇"

一、教学目标

1. 知识目标：了解武术基本功及套路，掌握功夫扇组合。

2. 能力目标：在教师口令提示下准确完成功夫扇组合。

3. 情感态度、价值观目标：在完成功夫扇组合中培养小组团队协作意识和能力，确立文化自信。

二、教学重点

理解功夫扇组合动作路线。

三、教学难点

提高学生上下肢协调配合的能力，达到动作连贯。

四、教学流程

（一）准备阶段（10分钟）

1. 课堂常规。

整队、报告人数、宣布上课、师生问好。

检查服装、布置任务、强调安全问题。

2. 热身运动。

慢跑。

行进间开合扇练习。

原地基本功热身。

3. 复习功夫扇的前四个动作。

4. 教师讲解任务。

（二）教师示范（10分钟）

1. 整体示范。

2. 分解示范。

3. 边示范边讲解砸拳架掌、马步开扇、马步亮扇、收势。

4. 整体示范。

（三）学生模仿（20分钟）

1. 学生练习，巡回观察，集体纠错与个别指导。

2. 变换队形集体练习并指导。

3. 分组进行自由创编展示。

（四）练习评价（2分钟）

小组互评，教师点评。

五、课堂小结（3分钟）

1. 放松活动。

2. 整队集合、总结本课内容。

（注：本案例由沈阳市旅游学校杨舒荑提供，编者做了少量修改。）

探索思考

1. 简要介绍技能教学法的实施程序。

2. 试述运用技能教学法进行教学时应注意的主要问题。

3. 利用技能教学法，尝试进行课堂教学实践。

单元二　考察教学法

培训目标

◆ 理解考察教学法的内涵、特点及操作步骤；

◆ 了解考察教学法实施过程中应注意的问题；

◆ 能够在实际教学活动中有效运用考察教学法进行教学。

导入案例

"连锁经营综合实训"课程中的"连锁企业配送中心的作业"

一、教学目标

1. 理解连锁企业配送中心各种作业活动的特点，熟悉该配送中心的订单处理、进货、拣货、补货、配货、送货、盘点及退货等作业流程的管理。

2. 能够较好地从事连锁企业配送中心作业各环节的工作。

3. 培养严谨求实的工作作风。

二、教学重点

连锁企业配送中心各作业流程的管理。

三、教学难点

连锁企业配送中心各作业流程的管理方法。

四、教学流程

（一）准备阶段

1. 布置考察任务。

向全班学生说明本次考察活动的主题、内容和范围，明确考察活动的任务和要求。

2. 分组并做好考察任务分配。

将全班同学分组，确定组长，共同制订考察计划，确定考察任务分工。

（二）实地考察（5学时）

1. 乘车前往×××配送中心。（1学时）

2. 考察连锁企业配送中心。（4学时）

（1）订单作业管理的考察。在规定的时间内，如何将各个用户的订货单进行汇总，并以此来确定所要配送货物的种类、规格、数量和配送时间等业务。

（2）进货作业管理的考察。配送中心如何制订进货作业计划，做好进货前的准备、接运与卸货、分类与标示、核对单据、入库验收、进货信息处理等基本流程。

（3）分拣、配货、补货、配送加工作业的考察。

（4）送货作业考察。包括配送车辆、装车和送货的作业流程。

（三）考察结束（1学时）

1. 乘车返回学校。

2. 撰写考察报告。

分析：本案例中的考察教学法主要包括考察准备、实地考察和考察结束三个程序。如果只重视实地考察活动的组织，而忽视考察教学中的探究学习活动，以及考察活动结束后的评价总结活动，就无法检验考察教学法的实施效果，也会影响学生职业行动能力，尤其是关键能力的提升。

一、考察教学法概述

（一）考察教学法的含义

考察教学法是指根据职业教育教学目的，教师组织、指导和协助学生到实地进行直观的、详细的观察、调查和学习，从而获得新信息、新知识，巩固、验证已学知识和技能，丰富专业经验，增强专业情感和专业精神的教学方法。

（二）考察教学法的特点

考察教学法的独特性具体表现为：

1. 本质目的是以活动促发展

在考察教学法中，考察活动既是学习的外部形式，也是唤醒主体意识，促进学生认知和心理发展的基础。考察教学法中贴近现实的活动不是通过书信、电话、网络等调查，也不是参观，而是由教师组织、指导和协助学生走进现实生产、生活中，如企业、车间、田间、社区、机关等实践场所，进行切身观察、调查和研究，促进学生在积极行动中多方面发展。

2. 倡导积极主动学习

考察教学法把教学的重心从教师的"教"转移到学生的"学"身上，充分尊重学生的主体地位，把学生看成学习的主人，在考察活动中给学生自我设计、自我组织和自我评价的机会。教师的主导作用必须以尊重学生的主体地位为出发点，激发他们的求知欲望和学习动机，为积极主动的探究发现学习提供指导和帮助。

3. 综合性学习

考察教学法以学生主体的活动及体验学习为主要形式，在真实情境中，学生综合运用所学知识，调动多种感官协调活动，从中受到的教育、锻炼是多方面的、综合性的，不仅可以拓宽学生的知识视野，培养和发展能力，更有助于陶冶情操，发展人格。

二、考察教学法的理论依据

（一）班杜拉的社会学习理论

社会学习理论又称观察学习或替代性学习，该理论阐明了人怎样在社会环境中学习，从而形成和发展个性①。该理论的代表人物美国心理学家班杜拉（A. Bandura）在前人研究的基础上，以信息加工和强化相结合的观点阐述了学习的过程和机制，提出了交互决定论和观察学习理论。

交互决定论认为行为与人的内部因素、环境因素三者彼此联结、相互决定。在职业教育教学活动中引入考察教学法，意味着学习阶段由课堂教学转向社会实践阶段。在考察活动中，学生的内部认知因素与外部环境因素相互作用，促进其内化高度抽象的专业理论知识，并应用于具体的实践活动，考察教学法能动地作用于职业能力的形成和发展。除交互决定论外，考察教学法还利用观察学习对人类学习的重要作用，从学生实际出发，按照观察学习的注意、保持、再现和动机四个阶段组织实施考察教学。在考察教学前，为引导学生选择性注意，教师布置考察任务，明确考察的对象与范围、考察的重点，引起学生将注意力集中在教学关键之处。在考察学习中，为促进学生对示范活动的保持，学生深入考察点与榜样密切接触，了解榜样行为，刺激考察者在观察了解榜样的示范行为过程中，有意或无意识地现场模仿、参与模仿等。通过考察活动中榜样行为的反复再现，开阔学生的视野，教会某些技能，激发职业情感，形成良好的职业角色行为。考察活动结束后，为促进学生建立动机，教师利用强化学习策略，通过多种形式的总结评价活动刺激个体进行直接强化、替代强化和自我强化，使之形成正面的效能信念。

---

① 崔诣晨. 大学生自我效能感与课堂互动教学关系的实验研究［J］. 中国健康心理学杂志，2012，20（9）：1400－1401.

（二）活动教学的理论

活动教学思想的集大成者杜威认为教育应以儿童及其活动为中心，学校教育的作用就是传递、交流和发展经验。杜威的"做中学"和经验学习的活动教学思想为职业教育引入考察教学法提供了理论依据。职业教育具有教学对象的复杂性、教学活动的实践性和教学内容的实用性等特点，按照职业教育教学的特点和特定的学生、特定内容的教学需要，教师运用考察教学法进行教学，安排学生考察适宜的职业情境和社会生活情境，引发学习动机。在考察过程中，教师根据教学原则和自己的实践经验，对考察活动因势利导，学生在体验学习中验证已有的知识经验，改造和获得新的知识经验。除杜威外，活动教学理论的积极倡导者，瑞士心理学家、教育家皮亚杰在认识论中，特别强调活动在儿童的智力和认知发展中的重要作用。他认为学生是学习的主体，只有让他们共同参与揭示事物与现象之间的内在联系，才能真正地理解和掌握所学习的新知识。考察教学法汲取皮亚杰活动教学理论的优点，照顾学生身心发展的需要，通过提供有教育价值的活动，激发学习的兴趣和主体意识，使之按照自身的能力参与由教师设计的考察学习活动，教师主导与学生主体有机结合。学生自主自动学习必然要比被动学习收获得多。

三、考察教学法的步骤

考察教学法的实施过程包括确定考察主题和考察对象、考察的准备、实地考察、评价总结四个步骤。

（一）确定考察主题和考察对象

教师在实施考察教学法之前，要根据学生的实际和课程特色，计划好什么时间进行集体教学、什么时间进行考察活动。在运用考察教学法进行教学活动前，教师以教学目标为基本依据确定考察的目的、主题和内容，选择最佳的考察对象，向全班学生提出基本的活动任务和要求。教师选择考察对象，一要就近。在可供选择的几个地点中选择距离学校最近的地点进行考察。二要易达。在可选择的几个地点中选择交通最便利的地点进行考察。三要典型。选择最具代表性的考察对象进行考察。

（二）考察的准备

为顺利完成考察任务，考察之前师生有必要做一些相关的准备工作。教师要事先实地踩点，了解考察对象的实际情况，就考察主题商谈约定考察的日期与时间。考察会给考察单位带来额外负担，教师组织学生考察前要争取获得考察单位的支持。为避免考察活动的随意性、盲目性、形式化，教师要引导学生通过网络等方式初步了解考察对象，然后师生共同制订考察计划，围绕考察的主题与范围，确定考察的目的、时间、内容与程序、组织方式，以及知识准备、物品准备、安全须知等保障。

（三）实地考察

做好考察的组织工作，稳妥推进考察活动。教师往往采用小组合作形式推动考察活动，各小组根据考察任务独立工作。在考察活动中，教师认真解答学生在考察中的疑难，引导他们自我发现，调控考察的节奏。

（四）评价总结

考察活动结束后做好评价总结工作。要求学生汇总考察纪录，整理分析考察资料，形成考察报告。运用小组报告、PPT 等形式展示并分享交流考察结果，教师指出考察活动的成绩与不足，分析原因，提出改进措施。

四、考察教学法的应用须知

（一）提升考察活动的规范性、专业性

为使考察结果可信、可靠，要科学编制考察测量工具。教师要指导学生规范设计观察纪录表、问卷调查表、访谈提纲、考察内容核查表、纪录报告等材料，提升考察活动的规范性、专业性。

（二）做好考察的组织工作

教师提前联系考察地点时，应不影响被考察者的正常生产经营活动，争取最大程度的支持和参与。如果考察的地方距离学校很远，要与教学行政管理人员协调，做好车辆及住宿安排，组织学生有序参与考察活动。在考察时或结束后，要对全班同学进行控制，避免出现学生偏离考察主题，对学生的问题和总结要做出正确的解释和评价。

（三）注意适用范围

以学生的主动学习为特征的考察教学法受知识本身特点所制约，虽然职业教育教学以程序性知识为主、陈述性知识为辅，但并非所有的教学内容都适合运用考察教学法。该方法主要适用于以问题性、策略性、情感性和技能性等程序性知识为基本学习内容的教学。

五、考察教学法的优点和局限性

（一）考察教学法的优点

1. 强调能力本位

考察教学法是不同于常规教学的教学方法，它使学生走进现实，能够激发好奇心，进行综合性学习，有利于培养学生的社会能力、沟通协调能力、交流和团队协作等多种关键能力。

2. 提高学生学习的自主性

考察教学法采用不同于传统的以教师讲授为主的课堂基本教学组织形式，通过现场

教学激发学生的好奇心。教师从一开始就让学生带着明确的目标、任务，有目的、有计划、有组织地去实地考察学习，学生在考察活动中按照考察计划与考察对象接触。生动的教学情境能够激发个体自主地观察学习、体验学习和模仿学习，使学生丰富感性认识，进一步理解书本知识并将其运用于实践中。

（二）考察教学法的局限性

1. 需要一定的条件

影响考察教学法的内外部因素很多：从外部来看，需要考察对象的积极支持；从内部来看，需要学校提供充足的经费保障、物质保障。是否采用考察教学法进行教学，除要考虑教学任务、教材性质和学生实际情况外，还要综合考虑内外部的影响因素，适切地做出选择。

2. 存在安全隐患

考察教学法需组织或指导学生到校外进行观察、调查、研究和学习，必然涉及一些安全问题。为此，教师要注意事前预防、事中控制，避免安全隐患的发生。

3. 难以兼顾全体学生

考察教学法由学生自主观察、调查和研究，由于学生的学习态度和理解能力等方面存在差异，加之考察学习的自主性，教师很难控制学生在考察时都认真观察、有效合作、探究学习。因此，教师要想方设法调动学生的积极性和主动性，使其能够认真完成考察任务，最终实现教学目的。

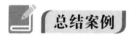 **总结案例**

"会展设计"课程中的"会展场馆设计"

一、教学目标

（一）知识目标

1. 了解什么是会展场馆。

2. 了解会展场馆的设计布局。

3. 熟悉会展场馆外环境、公共区域、展示区域、观众参观路线、消防安全等设计要求。[①]

（二）能力目标

能简单设计会展场馆的布局。

（三）情感态度、价值观目标

1. 和小组成员合作完成考察任务。

2. 认真独立完成小组内分配的考察任务。

---

① 陆金生．如何提高学生学习会展设计课的兴趣［J］．中国职业技术教育，2005（4）：56-57．

3. 培养家国情怀。

二、课前准备

1. 场馆平面空间设计应注意哪些问题?

2. 怎样系统设计场馆环境标志?

3. 场馆环境和建筑物的装饰设计应注意哪些问题?

4. 如何进行场馆消防与安全设计?

三、教学流程

（一）确定考察主题和考察对象

1. 确定考察主题。

根据教学目标，确定理论教学与考察教学课时分配，明确考察主题。

2. 考察对象。

与××国际会展中心负责人取得联系，说明此次考察的目的与任务，协商考察的时间安排和路线，落实接待人员。

（二）考察的准备

1. 布置考察任务。

向全班学生说明本次考察活动的主题、内容和范围，明确考察活动的任务和要求。

2. 分组并做好考察任务分配。

将全班同学进行分组，自选组长，共同制订考察计划，确定考察任务分工。

3. 材料准备。

考察记录本、笔、摄像设备、话筒等。

（三）实地考察（5课时）

1. 前往考察地点。（1课时）

由任课教师和会展公司接待人员带队，乘大巴车前往××国际会展中心，学生有序上车分组坐好。

在途中，由会展公司接待人员简单介绍××国际会展中心概况，并结合正在举办的展览活动，形象描述展馆的各区域设计，学生边听、边记，为进入现场考察做铺垫。

2. 场馆外区域考察。（1课时）

学生下车，进入场馆外区域，考察并做好观察学习纪录。各组考察场馆外部环境设计、车辆交通指示牌、人流引导牌、道路交通环境布局图等。结合正在举办的展览活动，观察并分析引导图和指示牌的色彩、图案、字体、标志等的特点，实用性和美观性，展馆的消防设计。

3. 场馆室外考察。（1课时）

学生进入考察场馆室外，考察平面空间设计并纪录。观察出入口、通道、停车场设计及标志和指示牌、客货车停车场、展品卸货区域、场馆外的绿化、场馆外的广告及类型、露天展区和表演区、展台装饰的色彩搭配、建筑的风格、室外展区的交通、音响设备、展馆的消防设计等。

4. 展馆正门与馆内区域考察。（1课时）

学生进入展馆正门与馆内区域，考察并纪录。观察正门设计是否突出展会主题，色彩，灯光图案，广告设计，展馆内区域及功能，展位类型及分布，特装展位的特点，展馆内的会议厅及观众行走参观路线设计，指示牌设计，展馆的消防设计等。

5. 考察结束返程。（1 课时）

各组汇总考察结果。

集合返程。

分析讨论考察结果。

（四）评价总结（1 课时）

1. 汇报考察情况。

各小组派代表汇报总结考察情况。

2. 教师点评。

3. 总结，说明会展场馆设计中应注意的问题。

四、布置作业（略）

探索思考

1. 简述考察教学法与调查的区别与联系。

2. 结合自身的教育教学实践，谈谈你在运用考察教学法进行教学时的成功经验。

单元三　任务驱动教学法

培训目标

◆ 理解任务设计的原则；

◆ 掌握任务驱动教学法的操作步骤；

◆ 了解任务驱动教学法实施过程中应注意的问题；

◆ 能够在实际教学活动中有效运用任务驱动教学法进行教学。

导入案例

"电子商务"课程中的"电子商务业务流程及主要环节"

一、教学目标

（一）知识目标

熟悉网上订购与电子支付的基本流程。

（二）能力目标

能够按照一定流程自主完成网上订购和电子支付。

（三）情感态度、价值观目标

培养团结协作完成实际任务的意识和精神。

二、教学重点及难点

网上订购和电子支付的基本流程。

三、教学用具

多媒体等。

四、教学流程

（一）任务设计

1. 任务准备：设计两个任务。

2. 创设情境：电子商务实验室营造完成任务的情境。

3. 自主学习：比较网络购物流程与超市购物流程的异同。

（二）尝试完成任务（18 分钟）

1. 尝试完成任务一。教师结合实例讲解网上购物（包括订购和支付）的基本流程。

2. 学生登录淘宝网，完成注册、搜寻商品、选择支付方式、输入支付的账号和密码、选择送货方式、完成交易的流程，在该网站购买一件价格不超过五元的自己喜欢的商品。

3. 教师巡回指导、答疑。

（三）回归任务（15 分钟）

1. 尝试完成任务二。去易趣网购买一个鼠标，并通过银行电子支付的方式完成交易。学生注册、登录购物网搜寻商品、选择购买的商品，选择支付的方式，选择相应的银行在线支付，输入在线支付的账号和密码，完成交易。

2. 教师记录学生任务完成的情况，对存在问题的个别同学进行指导。

（四）任务汇报、评价（5 分钟）

1. 学生任务完成情况汇报。

2. 教师评价。

五、课堂小结（1 分钟）

（略）

六、布置作业（1 分钟）

利用课后时间到其他的电子商务网站，比较不同网站的网上订购与支付环节的异同。

分析： 本案例中的任务驱动教学法虽然包含了任务设计、尝试完成任务、回归任务、任务汇报和评价四个教学环节，但该教学过程的实质是教师首先讲解知识，然后学生在教师的指导下完成任务，最后再尝试完成新的任务。任务驱动教学法强调以"任务"为主线实施教学，增强实操能力。如果"任务"的设计缺乏层次性，任务实施过程中缺乏问题的引导，任务就无法有效、高效"驱动"学生自主探究学习。

任务驱动教学法产生于 20 世纪 80 年代初，在我国最早被应用于计算机课程教学领域。该教学方法是一种典型的以行动导向理念为指导的教学法，被广泛应用于职业教育实践性教学特别是实操性教学中。

一、任务驱动教学法概述

（一）任务驱动教学法的含义

任务驱动教学法（Task-Based Approach，TBA），简称任务教学法，是以任务为主线、教师为主导、学生为主体，将所要学习的新知识隐含在一个或几个任务之中，学生通过对所提出的任务进行分析、讨论，寻找完成任务的途径，在教师的指导下完成任务，在完成任务的过程中掌握解决问题的方法，自主学习相关新知识的教学方法[①]。任务驱动教学法是一种学生自主学习和教师给予启发指导并行的教学方法。

（二）任务驱动教学法的特点

1. 任务为主线

任务驱动教学法的本质是通过"任务"来诱发、加强和维持学生学习的成就动机。"任务"是知识与技能的载体，是明确的、具有整体性和较强可操作性且可用于学习的工作任务。"任务"按照规模大小可以分为整体任务和单独任务，按学生主观思考程度可以分为封闭任务、半封闭任务和开放任务。一般大任务会包含封闭任务、半封闭任务和开放任务，考虑企业需求，也可以是被动的任务。教师以教学目标和教学内容为指导，确定和设计学习任务时，应知道完成任务所涉及的学习资源，明确学生的学习方式、学生与教师的角色分配。在布置任务时，教师要引导学生认识任务中蕴含的学习目标及其意义，以便激发其完成学习任务的成就感，进而由"任务驱动"走向"动机驱动"。在任务完成后，教师还要积极引导和总结，让学生形成自主发现问题、分析和解决问题的能力。

2. 以学生为主体

任务驱动的目的是使学生带着真实的工作任务学习，形成以解决问题、完成任务为主的探究式学习方法。该种教学方法不强求理论的系统性，较为注重内容的务实性。

3. 做学结合

该方法突破了传统的理论与实践互不交涉的局面，采用"任务"中心，将问题引导理论与实践有机结合进行教学。

二、任务驱动教学法的理论依据

（一）布鲁纳的发现学习理论

布鲁纳认为，学生不是被动的知识接收者，而是积极的信息加工者，学习过程是学习者主动发现问题和解决问题的过程。主动探究的发现学习有三个基本步骤，即激发、

---

① 陈钢，刘丹，张金姣. 职业教育专业教学法［M］. 桂林：广西师范大学出版社，2014：179.

维持和引导。在某项任务中，激发探究产生的最主要的条件是设置适宜的不确定性。好奇心就是对不确定性和模糊性的一种反应。有关好奇心的争论是非常多的，一项索然无味的常规作业难以激发探究欲望，但是，过难的不确定性任务又可能导致困惑和焦虑，因此也会降低探究欲望。[①] 在任务驱动教学过程中，教师合理设计任务，通过任务驱动学生进行探究发现学习。当学生在任务完成中遇到问题，教师根据学生完成任务的情况，适当给予示范、讲解、点评、指导，激发学生在继续探究发现学习中，将所获得的知识与任务联系起来学习，从而发现最优的方法和策略。

（二）维果茨基的社会建构主义思想

建构主义学习理论的主要奠基者之一维果茨基深入研究和揭示了"活动"和"社会交往"在人的高级心理技能发展中的重要作用，提出了人的心理发展的一般机制，即"内化"机制以及最近发展区的理论。内化过程是一种转化的过程，而不是传授的过程。任务驱动教学法主张教师在教学中是教学活动的组织者，学生是知识建构的合作者、帮助者、促进者。学生的学习活动在于产生"情境"性的理解。教师基于学生最近发展区创设真实的任务，使学生基于实践性问题进行探究学习成为可能。学生知道所学的知识的意义，为促进知识内化奠定基础。学生在对现实问题的探究过程中，教师通过解释、示范、提供线索等为知识内化提供支架，促进其对知识进行修改、重组、扩充和深化，从现有水平向更高的水平发展。

三、任务驱动教学法的步骤

任务驱动教学法的实施主要有四个步骤。

（一）任务设计

任务设计是任务驱动教学法的首要环节，该环节的关键在于确定任务、创设情境。任务可以是一个项目任务，也可以是典型职业情境中的案例性工作任务。教师通过任务书提出具体任务和要求，并对如何完成任务做一些方法上的提示，以引起学生的学习兴致。

（二）尝试完成任务

引导学生在尝试完成任务的过程中体会、感受和领悟。对于学生完成任务过程中的共性问题，教师要统一示范讲解，集体解决，对于学生的个别问题可单独辅导。然后根据学生完成任务的情况组织学生交流讨论，教师查缺补漏，有针对性地讲解教学难点和重点，或者就一些重点、难点问题安排学生讨论，开拓思维，引导创新，还可以通过优秀作品欣赏或方法启发，引发学生再次尝试的欲望。

---

① 布鲁纳. 教学论 ［M］. 北京：中国轻工业出版社，2008：38.

（三）回归任务

引导学生将所获得的知识与任务联系起来，更好地完成任务。教师要兼顾学生差异，如果任务容易完成，教师则要适当地、有针对性地提高任务的难度；如果任务难以完成，教师应当进行讲解指导，降低任务难度，保证课堂教学进程。

（四）任务评价

在任务评价环节，教师可以先通过学生自评和小组互评的形式总结学习成果，引导学生发现不足，汲取经验，再由教师对学生的任务完成的效果进行评价。教师既要对学生完成当前问题的解决方案的过程和结果进行评价，还要对学生自主学习和协作学习的能力等进行综合评价。点评之后，可以根据学生完成任务的情况，再设新任务。

四、任务驱动教学法的应用须知

教师在使用任务驱动教学法时应当注意以下几个问题：

（一）合理设计任务

任务驱动教学法，"任务"的设计是关键。合理设计"任务"，要做到以下几点：第一，"任务"不能由教师主观判断提出。教师要紧扣教学目标这条主线，明确每个任务应达到的教学目标、任务要求，以及需要掌握的知识点。第二，"任务"要具有可操作性，任务情境要真实。第三，"任务"的设计要有层次性，由简单到困难，逐渐递进，要留给学生发挥延伸的空间。第四，面向全体学生，要合理把握"任务"的难易程度和趣味性，保证教学进程和学生的积极性。

（二）明确教师角色的定位

任务驱动教学法虽然是以学生为主体，但也不能忽略教师的引导者、激发者、帮助者的作用。首先，教师作为引导者，应精心设计"任务"，以"任务"引导、激发学生主动探究。其次，教师作为激发者，在学生完成"任务"的过程中，并不是把学习内容完全交给学生去探究。对于封闭性任务的教学，要对新知识，特别是一些基础性知识进行讲授；对于半封闭性任务的教学，要通过案例展示等方式提出任务主题，引发学生通过观察发现问题或抛出有趣味性的小"任务"，激发学生自主探究的兴趣。最后，教师在教学中要一直担任帮助者的角色，前期要帮助学生创设"任务"所需情景；中期要参与学生的探究过程，及时给予理论和实践的帮助和支持，促进"任务"的完成；后期要支持引导学生开展任务评价。

（三）合理把控课堂教学时间和教学进程

任务驱动教学法以学生的积极参与为前提，以教师的有效组织为保障。为保证教学时间，教师应当首先进行"任务"难易的测评，对于难度较大的任务，选取重点环节或关键步骤为学生进行课前讲解，同时合理安排和控制讲授时间，讲授时间不应超过课堂教学时间的四分之一，以便将课堂的大部分时间留给学生进行"任务"的实操。在"任务"进行过程中，教师应当实时监控"任务"进程，适时指导或调整，以便掌控课堂教学进程。

五、任务驱动教学法的优点和局限

明确任务驱动教学法的优点和局限，有助于教师在使用该教学法时扬长避短，并在教学实践中不断完善教学方法。

（一）任务驱动教学法的优点

1. 转换教学方式，增进师生情感

任务驱动教学法不再是传统教学法中以教师为中心的教学方式，而是以"任务"为载体，以学生为主体、教师为主导的教学方式。教学中教师讲授时间缩短，师生转变了教学中的角色，在互动探究中增进了情感。

2. 以"任务"驱动，理论与实践紧密结合

任务驱动教学法中的学习任务是教师以教学目标为主线而制定的，具有明确的目标导向性。由"任务"驱动学生在完成工作的过程中，依据自身的需要从实践中学习理论知识，能够更好地将理论与实践紧密结合。

3. 增强实操能力，提高学习的自主性

任务驱动教学法以"任务"为驱动，在课堂上更加注重学生亲自动手进行"任务"的实际操作。任务驱动让学生产生主动获取理论知识，分析和解决实践问题的动机，任务驱动的实践大大提高了学生学习的自主性。

（二）任务驱动教学法的局限

1. 质量难以保证

任务驱动教学法存在影响教学质量的因素：一是难以保证任务设计的合理性。任务多数情况下是教师根据教学目标主观设计出的任务，质量难以保证。二是难以确保学生在实际操作过程中的实效性。在任务完成过程中，教师要以学定教。学生的个性差异性以及任务的开放性，加大了教学的组织难度。学生在学习的自主性、完成任务的进度、遇到问题的难易程度上均存在差异。如何在有限的教学时间内完成教学任务，使每个学生都达到理想的学习效果，对教师来说是个挑战。

2. 不适合系统学习理论知识

任务驱动教学是以实际训练、引导探究为主的教学方法。在教学中，教师主要在方法上对学生进行引导，学生将主要时间花在动手操作上，这种教学方法不适合系统的理

论知识的学习。

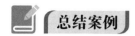 **总结案例**

<h2 style="text-align:center">"导游实务"课程中的"全陪导游服务准备"</h2>

一、教学目标

（一）知识目标

1. 理解全陪导游服务的准备程序。

2. 知道全陪导游服务准备工作的技巧。

3. 了解全陪导游服务需要准备的工作。

（二）能力目标

针对不同游客的需求做好全陪导游服务准备。

（三）情感态度、价值观目标

1. 遵守导游员形象要求。

2. 具有与游客、相关人员进行有效沟通的能力。

3. 培养敬业精神，激发爱国情怀。

二、教学重点

掌握全陪导游服务的准备程序。

三、教学难点

了解不同游客的需求。

四、教学用具

多媒体、任务书、计划书、全陪导游服务准备工作的基本用品等。

五、教学过程

（一）任务设计（8分钟）

1. 任务准备。按照导游员形象标准要求完成形象准备。

2. 复习地陪导游服务准备工作的内容。

3. 接受全陪接待计划书，查找旅游客源地、旅游目的地等相关资料。

4. 确定任务，创设情境。营造旅行社工作情境，带领学生进入模拟旅行社。

5. 学生接受任务书。教师提出具体任务和要求，并对如何完成任务做一些方法上的提示。

（二）尝试完成任务（10分钟）

1. 组建工作小组，推选组长。

2. 分析全陪接团计划书，小组分别确认具体任务。

3. 各组分析讨论旅游客源地概况、旅游目的地概况及热点话题并制订任务实施计划。

4. 学生按照全陪接团计划书的内容做好准备工作。

5. 教师展示全陪导游服务准备工作流程图，讲解全陪导游服务的准备程序、服务技巧及相关的准备工作。

任务书见表 9-1。

表 9-1　任务书（1 课时）

任务名称	全陪导游服务准备
任务目的	1. 了解不同游客的需求 2. 理解全陪导游服务的准备程序 3. 知道全陪导游服务准备工作的技巧 4. 能够详细介绍旅游客源国（地）概况、旅游目的地和当前热门话题等 5. 能够根据不同游客的需求做好全陪导游服务准备
任务重点	理解全陪导游服务的准备程序
任务难点	了解不同游客的需求
任务资源	1. 教材：《导游实务（第三版）》 2. 任务书 3. 全陪接团计划书（略）及相关资料 4. 学生自我评价表 5. 电脑、旅游目的地地图、景区介绍书等
任务内容	1. 复习地陪导游服务准备工作内容 2. 接受全陪接团计划书，查找旅游客源地、旅游目的地等相关资料 3. 进入模拟旅行社，接受任务书 4. 讨论全陪接团计划书及相关资料，分析归纳全陪导游服务准备的程序、注意的问题 5. 制订全陪导游服务计划并做准备工作的练习 6. 填写自我评价表（略），小组报告，教师点评

（三）回归任务（15 分钟）

1. 学生运用头脑风暴法分析不同游客的服务需求。

2. 修改完善全陪导游服务计划，教师巡回指导。

3. 按照计划做好全陪导游服务准备工作。

（四）任务评价（5 分钟）

1. 自我评价，各组汇报。

2. 教师点评。

六、课堂小结（1 分钟）

（略）

七、布置作业（1 分钟）

（略）

探索思考

1. 简述任务设计的原则及需注意的问题。

2. 结合教学实践尝试设计一份任务书。

▶ 培训目标

◆ 掌握实验教学法的操作步骤；

◆ 了解实验教学法实施过程中应注意的问题；

◆ 能够在实际教学活动中有效运用实验教学法进行教学；

◆ 树立"诚信""务实""求真"的科学精神和探索意识。

导入案例

"食品营养与检测"课程中的"牛乳酸度的测定"

一、教学目标

1. 知识目标：了解滴定法测定牛乳酸度的原理。

2. 能力目标：运用牛乳酸度测定方法准确测定牛乳酸度。

3. 情感态度目标：培养科学、严谨的工作态度。

二、教学重点

滴定终点的判定。

三、教学难点

实验结果的处理。

四、教学流程

（一）新课引入（3分钟）

1. 出示不同酸度的牛奶。

2. 学生品尝。

3. 引出新课，介绍本课的教学目标。

（二）讲授新课

1. 讲授。（10分钟）

酸碱滴定的原理。

2. 实验演示。（20分钟）

教师示范。演示牛乳酸度测定的实验操作过程。

学生模范练习。进行牛奶酸度测定的实验操作。

3. 实验结果处理。（5分钟）

讲授实验结果的处理过程。

帮助学生正确处理实验结果。

五、总结新课（1分钟）

（略）

六、布置作业（1 分钟）

（略）

分析：兴趣是最好的老师，被动地接受知识只会让学生觉得学习枯燥乏味。本案例中，教师运用传统实验教学法，通过讲解、示范和学生模仿练习的教学环节，让学生在动手实验过程中，加深对滴定法测定牛乳酸度的原理知识的理解。如果教师在学生模仿练习过程中能够及时发现和纠正出现的问题，实验结束后由师生或教师进行总结性评价，并由学生写出实验报告，将更有利于提高其实验操作能力，养成科学的态度。

实验教学是职业教育实践教学的重要组成部分，实验教学法是职业教育实践教学常用的教学方法之一，这种教学方法常运用于理工科专业领域。

一、实验教学法概述

（一）实验教学法的含义与类型

1. 实验教学法的含义

传统实验教学法是科学实验教学法，是验证性实验，教师告知学生实验材料、实验方法和步骤等实验知识，学生自行实验，得出实验结果。职业教育中的实验教学法除了传统的实验教学法外，提倡探究性实验和设计性实验。这些实验教学法改变了以教师为中心的传统实验教学模式，将实验与教学结合，学生在教师的指导下，对来源于真实的职业工作情境，且具有教育功能的"技术实验任务"进行尝试、检验和优化等实践活动的教学方法。[①]

2. 实验教学法的分类

依据"学生积极参与程度""实验目的""实验环境与真实情境的契合度"三个方面进行分类，实验教学法有多种类型。[②] 按照学生参与度的不同，实验教学法可分为"开放式实验法"和"引导式实验法"。开放式实验法所实验的问题有多种解决方法，引导式实验法所实验的问题则要教师提供引导；根据实验目的的不同，实验教学法可分为"验证性实验""探索性实验""设计性实验"。验证性实验是根据已有的理论知识，预先拟订好实验程序，让学生按照实验指导书中提示的仪器、设备、材料及操作步骤，完成实验过程，按照规定的观察、测定方法，记录实验结果，得出实验结论。探索性实验是通过实验过程对未知事物或已知事物的未知性质进行观察、测试和研究，借以发现新现象，得出新的实验结果。设计性实验是以制成某种产品或形成某种工艺路线为目标，运用已有知识和经验进行结构或程序设计，综合应用多种实验手段，尝试达到预定目标的

---

① 罗晓妮，梁成艾. 生态学视域职业院校项目主题式模式研究 [J]. 职教论坛，2011 (18)：58 - 62.

② 罗什. 职业教育行动导向的教学 [M]. 北京：清华大学出版社，2016：94.

实验方法。根据实验环境与真实情境的契合度，技术实验教学分为真实职业情境下的技术实验、用真实设备在模拟情境下的技术实验、完全的模拟实验，由于通俗易懂，不再赘述。

（二）实验教学法的特点

1. 主张发现式学习

实验教学法类型多样，其中探索性实验和设计性实验具有挑战性，需要通过引导学生运用发现式学习方法完成专业任务。在学习过程中，学生在教师指导下，带着技术实验任务综合利用所学的知识，通过实验，自己去发现工艺、技术、设计、经济或者组织层面的事实。这种探究学习方法，旨在帮助学生形成概念，理解、验证和巩固有关理论知识，促进知识向技能的迁移。

2. 实验内容的探索性

发现学习主张在教学中，教师引导学生围绕一定的实验任务，依据教师和教材所提供的材料，进行自主探究学习活动。为促进学生发现学习，实验内容须有探索性，实验任务的设计最为关键。教师按照教学目的和教学计划的要求，精心设计技术实验任务，营造问题情境，引发学生运用已有知识和经验进行探索、研究、讨论、设计，对比不同选择和投入在实践中的差异，深入认识和理解不同的原材料、工具、工艺流程、测量方法和检验流程。由于实验内容的探索性，实验教学成为职业教育实践教学中学生学习知识、培养能力的基本方法和有效途径。

二、实验教学法的理论依据

（一）布鲁纳的发现学习理论

美国心理学家布鲁纳认为发现是教育学生的主要手段，发现不限于那种寻求人类尚未知晓之事物的行为，正确地说，发现包括用自己的头脑亲自获得知识的一切形式[①]。布鲁纳的发现学习理论对优化实验教学法具有重要启示意义。按照发现学习的步骤开展探索性实验教学和设计性实验教学，激发学生发现式的直接经验式学习。教师设计探究性实验任务，创设包含了人类已知而学生未知的问题情境，激发学生探究学习的欲望，由此，实验教学过程就是学生探究知识、发展能力的过程。

（二）罗杰斯的学习理论

美国当代心理学家和教育学家罗杰斯的学习理论包括"以学生为中心"的教学理论、知情统一的教学目标观和有意义的自由学习观。罗杰斯的学习理论对职业教育探索

---

① 布鲁纳.教学//瞿葆奎，徐勋，施良方.教育学文集·教学：上册［M］.北京：人民教育出版社，1988：584.

性实验教学产生了积极的影响。依据"以学生为中心"的教学理论，实验教学中教师基于职业实践设计技术实验任务，创设问题情境，给学生提供一个安全、自由探究的心理环境，充分激发学生学习的潜能和内驱力，引导他们发现学习。教师转换角色，作为学习的促进者、学习资源的提供者，与学生建立真诚的师生关系，在实验过程中观察学生的表现并跟进式指导。学生按照实验计划自己控制学习过程，自由而有意义地学习，在小组合作学习过程中，学生的能力、态度和人格等获得全面发展，知情统一的教学目标观得以实现。

三、实验教学法的步骤

概括地说，实验教学法分为三个步骤。

（一）明确实验目的，充分准备

教师作为实验教学活动的设计者和策划者，事前要做好充分准备，不仅要根据教学目标精心设计有职业实践和教育价值的实验任务，还要进行先行实验，为学生营造一个尽量真实的学习情境，调动学生的学习兴趣。除此之外，还要认真、充分准备实验材料和学习资料，仔细检查仪器设备、实验材料，确保实验过程安全、顺利进行。

（二）实施实验

学生了解教学任务后，在教师的指导下熟悉实验所需要的工具和设备的使用方法及注意事项。学生通过小组合作形式共同讨论制订实验计划、明确实验程序，师生共同论证计划的可行性。学生在教师指导下按照实验计划，独立或者通过小组合作形式亲自动手进行实验。在实验过程中，教师要做好巡视指导工作。

（三）评估结果与应用

小组报告实验情况，在教师指导下对比不同小组的实验结果，形成规律性的认识，并学会迁移到类似的职业情境中。

四、实验教学法的应用须知

教师在运用实验教学法应注意：

（一）完成教师角色的转换

实验教学法是以学生为中心的教学方法，为提高实验教学的效率，教师在教学活动中要承担起设计者，组织者，学生学习的指导者、促进者的角色。在实验教学前，教师要作为教学活动的设计者，精心设计实验任务，做好实验准备。在教学过程中，教师作为实验教学的指导者和组织者，根据实验场所、设备等条件对学生的实验方案进行审核，对学生正确使用实验工具进行培训和指导，观察工作进程、表现，在必要时给予指导。在实验后，要以欣赏、批判的眼光看待学生的学习成果，通过恰当的点评使他们认识取得的成绩，反思存在的不足并改进。

（二）适切选择实验类型

实验教学法类型多样，要根据教学内容、教学对象和教学时间合理选择实验类型。验证性实验费时少，一般在低年级学生中进行。探索性实验强调发现式学习，得出确切的、理想的结论占用的时间较多。设计性实验具有综合性，难度较大，对师生专业素质要求较高，一般在高年级进行，学生完成实验任务的时间要充足。

五、实验教学法的优点和局限性

（一）实验教学法的优点

1. 有利于培养职业行动能力

实验教学运用实验手段，使学生经历一个发现学习过程，进行科学实验方法和技能的基本训练，使之得到长久保持而又便于迁移的知识。在发现学习的过程中，学生独立主动探究学习，自主发现问题、探究和解决问题，较为完整、系统地了解科学实验和工程技术实践的主要过程和基本方法，设计能力、操作能力等专业能力得以提升。同时，在团队协作完成实验任务的过程中，学生的自主学习能力、沟通交流能力、合作能力、解决问题能力等方法能力和社会能力也能得到提升。

2. 允许学生"犯错"

在实验教学过程中，学生经常会犯错，教师纠错任务重。对于有些错误，教师通过观察发现以后并非都直接告诉学生。在教学中，教师有意识地允许学生经历一些错误的尝试动作，让他们从中更深入认识错误操作的危害及原因，主动探索错误的原因，这比直接告诉学生正确的做法印象更为深刻，理解更深入。

（二）实验教学法的局限性

1. 费时、费力

实验是为了检验某种假设或理论而进行的操作训练，在实验前，教师要花费一定时间和精力充分做好实验准备工作。在实验过程中，需要给予学生充足的观察与测量等实验时间，方能了解实验对象的某些变化。如制作某种产品，过程科学、指导得当，才能提高实验教学效率。

2. 对实验条件有一定要求

实验教学法一般在实验室、农业或生物实验园进行，需要运用一定的场所、仪器设备和材料。实施实验教学法，对专业设备设施、工具、网络资源和实验环境有一定的要求，相比于传统教学，实验教学需要更多的投资。

 **总结案例**

"食品微生物检验"课程中的"生活饮用水的卫生标准检验"

一、教学目标

1. 理解生活饮用水的卫生标准。

2. 掌握生活饮用水中菌落总数的检测方法。

3. 能够对检测结果做出准确、规范的报告。

二、教学重点

总大肠菌群的国标检测方法（多管发酵法）。

三、教学难点

结果的判定。

四、教学流程

（一）明确实验目的，充分准备（0.5学时）

教学资源准备。

实验室及仪器设备、实验材料、多媒体、网络。

（二）复习

1. 培养霉菌所用的培养基及其添加氯霉素的目的。

2. 实验任务引入。目前市面上的饮用水多种多样，饮用水的卫生受到质疑。请同学们比较三种不同样本的水质，并用实验法验证比较的结果。

（三）实施实验（7学时）

小组合作制定实验方案。

1. 讨论制订实验计划，明确实验程序与注意问题，教师帮助学生修正落实实验方案。

学生准备实验材料。

配制培养基，检查实验所需玻璃器皿，调试实验需要仪器，教师指导。

2. 学生培养基与试剂，教师重点指导培养基灭菌。

（四）评估结果与应用（0.5学时）

1. 实验结果。

2. 5天后观察结果并撰写实验报告。

3. 汇报评价。

每组出具一份实验展示报告和检验报告。小组报告实验情况及结果，在教师指导下对比分析不同小组的实验结果。

4. 教师点评。

五、总结本次实验操作的要点

六、布置作业

（略）

探索思考

1. 简述实验教学法的类型。

2. 结合教学实践，尝试运用探索性实验教学法进行有效教学。

参考文献

［1］韩志伟，王文博．高职教育教学策略［M］．北京：中国轻工业出版社，2012.

［2］周永凯，李淑珍，王文博．大学教学策略［M］．北京：中国轻工业出版社，2016.

［3］周国烛，马红麟，王文博．高职教学论［M］．北京：中国轻工业出版社，2009.

［4］王纪东，陈渌漪，梦宁．职业课程新论［M］．北京：北京理工大学出版社，2012.

［5］李体仁．专业教学法和教学设计［M］．北京：化学工业出版社，2017.

［6］高荣侠．教师教学方法创新与实践［M］．长春：吉林出版集团股份有限公司，2021.

［7］李亚杰．高职公共基础课程教学设计［M］．北京：高等教育出版社，2012.

［8］周国烛，王文博，韩志伟．高等职业教育课程教学设计与案例［M］．北京：中国轻工业出版社，2009.

［9］邓泽民．职业教育教学论［M］．北京：中国铁道出版社，2011.

［10］邓泽民．职业教育教学设计［M］．4版．北京：中国铁道出版社，2016.

［11］王文槿．职业院校信息化教学方法与策略研究［M］．北京：中央广播电视大学出版社，2009.

［12］邓泽民，杜俊．职业教育实训设计［M］．北京：科学出版社，2018.

［13］谢利民．教学设计［M］．北京：中央广播电视大学出版社，2004.

［14］邓泽民，赵沛．职业教育教学设计［M］．北京：中国铁道出版社，2009.

［15］陈渌漪．职业院校理实一体化课程开发、设计与实施［M］．北京：北京师范大学出版社，2017.

［16］《职业课程：职业技能课程的开发理论与实务》编写组．职业课程：职业技能课程的开发理论与实务［M］．北京：北京师范大学出版社，2010.

［17］魏光月．BOPPPS 和对分课堂混合式教学模式的研究：以无机化学教学为例［D］．吉林大学，2021（5）．

［18］李杰．BOPPPS 教学模式在中职《机械基础》课程中的应用研究［D］．河北师范大学，2021（6）．

［19］刘丽宁．对分课堂在中职《常用工具软件》课程教学中的应用研究［D］．山东师范大学，2021（6）．

［20］姜飞霞．五星教学模式在高校公共课体育课啦啦操课程教学中的应用研究［D］．南京师范大学，2020（5）．

［21］李汉青．PBL 教学法在中职《计算机应用基础》中的应用研究［D］．江西科技师范大学，2022（5）．

［22］李晓慧，王文博，罗家莉．高校人才合作培养模式和实施［M］．北京：中国纺织出版社，2017．

［23］夏海鸥，孙宏玉．护理教育理论与实践［M］．北京：人民卫生出版社，2012．

［24］刘凤娟，郑宽明，龙英艳．现代教育技术［M］．北京：科学出版社，2020．

［25］孙宏玉，范秀珍，沈翠珍，等．护理教育理论与实践［M］．2 版．北京：人民卫生出版社，2018．

［26］刘合群．现代教学论新稿［M］．武汉：武汉大学出版社，2004．

［27］常青，苏德刚．现代学校管理学概论［M］．哈尔滨：哈尔滨地图出版社，2007．

［28］赵才欣．论教材的有效研究与有效使用［J］．上海教育科研，2008（1）．

［29］陈文举．建筑设备安装专业教学法［M］．北京：中国建筑工业出版社，2012．

［30］迎春．职业教育教学法［M］．上海：华东师范大学出版社，2010．

［31］杨彦如，王文博，韩志伟．高职教学设计［M］．北京：中国轻工业出版社，2009．

［32］周永凯，王文博，田红艳．现代大学教学设计与案例［M］．北京：中国轻工业出版社，2010．

［33］康霖．现代教学环境构成要素与功能探析［J］．井冈山师范学院学报，2003（3）．

［34］盛文平，王汉礼．全面优化教学环境运行机制的研究探讨［J］．经济研究导刊，2013（8）．

［35］霍佳静．全面优化教学环境活动机制探析［J］．科技资讯，2011（2）．

［36］蔡跃．现代教学媒体开发与应用［M］．上海：同济大学出版社，2017．

［37］邓泽民，王立职．现代五大职教模式［M］．北京：中国铁道出版社，2015．

［38］高芳．教育技术实用与协同创新的多元化发展［M］．延吉：延边大学出版社，2020．

［39］韩延明．新编教育学［M］．北京：人民教育出版社，2006．

［40］韩志伟，王文博．高职教育教学策略［M］．北京：中国轻工业出版社，2012．

［41］金小芳．教师必备的十大职业能力［M］．吉林：吉林大学出版社，2008．

［42］雷体南，金林．教育技术学导论［M］．武汉：湖北科学技术出版社，2006．

［43］李红波．职业教育信息化教程［M］．桂林：广西师范大学出版社，2013.

［44］李怀龙，韩建华．现代教育技术［M］．芜湖：安徽师范大学出版社，2016.

［45］刘艳华．生态农业与职业教育［M］．哈尔滨：黑龙江人民出版社，2007.

［46］卢家楣．学习心理与教学：理论和实践［M］.3 版．上海：上海教育出版社，2016.

［47］卢晓东．在服务中育人：农业高职教育育人理念与实践探索［M］．成都：电子科技大学出版社，2009.

［48］罗玮琦．新时期职业教育与校企合作中法律制度建设研究［M］．长春：吉林人民出版社，2019.

［49］罗毅，蔡慧萍．英语课堂教学策略与研究方法［M］．武汉：华中科技大学出版社，2011.

［50］时俊卿，沈兴文．新时代教与学策略［M］．北京：语文出版社，2020.

［51］王辉珠．现代职业教育学概论［M］．西安：西北大学出版社，2015.

［52］王利明．高等职业教育教学评价理论、评价体系与评价技术［M］．北京：中国轻工业出版社，2011.

［53］文源，汤晓伟，等．现代教育技术［M］．镇江：江苏大学出版社，2016.

［54］乌美娜．教学设计［M］．北京：高等教育出版社，1994.

［55］邬志辉．当代教育改革实践与反思［M］．长春：东北师范大学出版社，2006.

［56］徐国庆．职业教育课程、教学与教师［M］．上海：上海教育出版社，2020.

［57］杨为群，董新伟．高等职业教育学校管理［M］．沈阳：东北财经大学出版社，2004.

［58］杨小微，张天宝．教学论［M］．北京：人民教育出版社，2014.

［59］赵志群，海尔伯特·罗什．职业教育行动导向的教学［M］．北京：清华大学出版社，2016.

［60］钟启泉．课程与教学概论［M］．上海：华东师范大学出版社，2004.

［61］周永凯，李淑珍，等．大学教学策略［M］．北京：中国轻工业出版社，2016.